Dale DeGroff

The Craft of the Cocktail

**Everything You Need to Know
to be a Master Bartender, with 500 Recipes**

著者と本書に寄せられた賛辞

「デイル・デグロフはほぼ間違いなく、世界一高名な現役バーテンダーだ」
　　　　　　　——diffordsguide.com（カクテル専門WEBメディア）

「ミクソロジー研究家の大半が現代カクテル・ルネッサンスの起源を1987年と、具体的には、レインボー・ルームとデイル・デグロフとしている。レインボー・ルームはミッドタウンマンハッタンにそびえ立つロックフェラー・プラザの65階にあり、眼下に広がる街の景色も、店内に集う常連のセレブリティや政治家、社交家の姿も格別に煌びやかな所だった。
　開店当初、デグロフが供したカクテルは26種類。いずれも生の材料を使用し（当時は珍しかった）、いずれも50年代以来、長らく忘れ去られていた古典的レシピに準じていた。それから20年にわたり、デイルは10人以上のバーテンダーからなるスタッフを指揮し、レインボー・ルームを世界屈指の影響力を誇るバーにした。しかも、デイルはそれにとどまらず、コンサルティングを通じて後輩や同輩たちの良き師となり、業界に揺るぎない地位を築き上げるに至った。オードリー・サンダース、ジュリー・ライナー、サーシャ・ペトレイスキ、デュシャン・ザリック、ジェイソン・コスマス——その誰もがデグロフの影響を公言している。そして、その影響力は『The Craft of the Cocktail』〔注・本書の原著名〕の出版により、まさに絶大なものになった」
　　　　　　——ジム・ミーハン（"世界のベスト・バー"ランキング第1位獲得バーテンダー）

「デイルは現代カクテル・ミクソロジーの父です。初めて会ったのは1998年のことで、わたしは彼を師と仰ぎました。彼は多くの人々を刺激する人々を刺激した。つまり、バー業界という生態ピラミッドの頂点にいるのです」
　　　　　　——ジュリー・ライナー（クローヴァー・クラブなど、ニューヨークの有名バーの共同経営者）

「もしきみが、たとえ5分でもバー業界に足を踏み入れたことがあるなら、デイル・デグロフが誰なのか、説明は無用だろう。デグロフはいわば、20年前に始まったクラフトカクテル・ルネッサンスのゴッドファーザーであり、これまでに数々のバーテンダーから師と仰がれ、数千もの同業者を鍛えてきたばかりか、その著書『The Craft of the Cocktail』〔本書の原著〕を通じて、なおも多くの人々に影響を与えている」
　　　　　　——australianbartender.com.au（カクテル専門WEBメディア）

カクテル パーフェクト・ガイド
デイル・デグロフ

Dale DeGroff
The Craft of the Cocktail
Everything You Need to Know
to be a Master Bartender, with 500 Recipes

［日本語版監修］
一般財団法人カクテル文化振興会理事
上野秀嗣

［訳］**新井崇嗣**

楽工社

これまでの人生はまるで、バーカウンターで過ごす一日のようでした。店を訪れる常連の皆さん、意外なお客さま、ひとり静かに飲む晩年の老紳士、明けて暮れる一日を仲間同士、屈託なく祝う人々。わたしはバーと恋に落ちました。そこには、決まりごとの一切ない、無秩序そのものの、何とも素敵な人生の縮図があったからです。わたしを成長させてくれたのは、バーで偶然出会い、甘い、酸っぱい、濃い、淡いなど、さまざまな思い出を残してくれたさまざまな方々です。本書をわたしのいるバーを訪れ、ひと息つき、すばらしい話を披露なさり、わたしを励まして背中を押してくださった、すべての友人知人と見ず知らずの方々に捧げます。

Contents
[目次]

8
イントロダクション

11
[1章]
カクテルという芸術
12 カクテルの歴史　23 カクテルの材料
53 カクテルの道具、技術ツール、ガーニッシュテクニック

77
[2章]
レシピ──楽しい逸話・豆知識とともに

215
[3章]
資料・情報源
216 製品・サービス・情報　219 分量単位
219 主なスピリッツの一般的なアルコール度数
220 ベーシック・レシピ　221 ミキシング用語とテクニック
222 用語集　233 参考文献　234 謝辞
235 日本で入手が難しいと考えられる酒・食材のリスト

[索引]
236 カクテル名 50音順索引
242 カクテル名 アルファベット順索引
247 カクテル名 ベース別索引
252 事項・人物名索引

◎凡例（日本語版制作にあたっての注記）
＊度量衡に関して、原著のヤード・ポンド表記をそのまま残した箇所もあるが、原則として日本で使われている単位に換算した。特記なき場合は以下の基準で換算・表記した。
1オンス→30ml、1クォート→950ml、1/8インチ→3ミリ、1/4インチ→6ミリ、0.5インチ→1.3センチ（または「1センチ強」と表記）、1インチ→2.5センチ、1フィート→30センチ、1ポンド→450g、1パイント（米国液量）→475ml
＊ヘビークリームは、脂肪分36％以上の生クリームのことである。
＊酒や材料の銘柄名の後に「※」がついているものは、日本では入手が難しいと思われるもの（2019年4月調査）。これらについては日英対照のリストを作成し巻末に収録した。
＊［　］内は訳注。

イントロダクション

　12才の頃にはもう、大人になったらどこに住みたいのか、はっきりと決めていました。大きなことは大きな所で起きるのが世の常。アメリカで最大の都市といえば、ニューヨーク・シティです。幸い、わたしは父から楽観主義を自分でも信じられないほどたっぷりと注ぎ込まれており、そこが誰彼構わず跡形もなく飲み込んでしまう街だと知っても、怖じ気づくことはありませんでした。この楽観主義、そして数名の友人と強運。1969年、ニューヨークに着いたわたしが持っていたのは、ほぼそれだけでした。

　1年弱後、わたしは親友の兄ロン・ホランドが共同経営する、小さいけれど創造性にあふれる広告代理店、ロイス、ホランド、キャラウェイで働くことになりました。そして、そこの一番の得意先にして、誰もが愛して止まなかったのがレストラン・アソシエイツでした。伝説のレストラン事業家ジョー・バウムと仕事ができるというありがたい機会を頂戴できるだけでなく、ジョーとの貴重なコネを駆使して、街で指折りのレストランで食事を楽しみ、他の顧客を接待することができたからです。[ジョー・バウム（1920-1998）。米国外食産業の発展に多大な貢献をしたレストラン事業家。レストラン・アソシエイツの社長としてニューヨークのザ・フォー・シーズンズ（The Four Seasons Restaurant）をはじめとする多くの有名レストランを経営し成功させた。レストラン・アソシエイツの社長を退任し独立したのちも、世界貿易センタービルの有名店ウィンドウズ・オン・ザ・ワールド（Windows on the World）のリニューアル、ロックフェラー・センターの伝統あるレストラン、レインボー・ルーム（Rainbow Room）の復活などに腕をふるった]

　ジョーは掛け値なしに最高の得意先でした。この会社におけるわたしの主な業務は、顧客との無料の高級食事会に何回でも、人間としての能力が許すかぎり参加することであり、実際、寛大なロンのおかげでそれは造作もないことでした。わたしがそんな毎日にのめり込むまでに、時間はかかりませんでした。

　日曜日にはいつも、マンハッタンの中心48丁目とロックフェラー・プラザの角のレストラン、チャーリー・オーズ（Charley O's）でブランチを取ったものでした。集合は昼少し前。当時は、日曜の午前中のアルコール類提供は法律で禁じられていましたから、正午の鐘を皆、心待ちにしていました。チャーリー・オーズはロン・ホランドと、共同経営者にして伝説のアートディレクター、ジョージ・ロイスがジョー・バウムと建てた美しいレストランでした。ダークマホガニーとステンドグラスをふんだんに使った内装、東側の壁沿いに伸びる長いバー、ロックフェラー・プラザを臨む美しい卵形の窓。壁には偉大な作家や偉大な酔っ払いの写真と言葉がずらり。ロンの祖母が臨終に際して残した名言「作ってくれるかぎり、あたしは飲むよ」も飾られており、そんな彼女の叡智のすぐ横に、ロバート・ベンチリー[1889-1945。作家・ナレーター。また俳優として映画『奥様は魔女』等に出演]やエロール・フリン[1909-1959。俳優]の言葉が並んでいました。一本筋の通った酒、心のこもった料理、そしてあふれんばかりの元気をくれる店、チャーリー・オーズは作家から博徒、事務方から政治家まで、誰のことも惹きつけるバーでした。パット・モイニハン[1927-2003。民主党の政治家。ニクソン大統領の顧問、国連大使などを務めた]が毎年、聖パトリックの祝日を祝う朝食会を開いたのも、ボビー・ケネディ[1925-1968。第35代米国大統領ジョン・F・ケネディの弟。大統領候補指名選挙の最中に暗殺された]が大統領選出馬を宣言したのも、そしてわたしとNYバー＆グリル界との恋が始まったのも、この店でした。

　わたしの将来を決定づける転機となった1日があるとすれば、それはチャーリー・オーズが仕出しをしたニューヨーク・シティ市長官邸グレイシー・マンションでのパーティに、もともと来るはずだったバーテンダーが現れず、わたしがその代役に立候補した日を置いてほかにありません。マネージャーは大慌てで、バーを任せられるやつを誰か知らないかと、皆に訊ねまわっていました。ですが、昔気質のバーテンダーが感謝もチップももらえない場で働くはずもありません。そこで、わたしは大胆にも、自分はバーテンダーだと嘘をついたのです。とはいえ、邸宅に急行する前、ヘッド・バーテンダーのマイク・フリンのもとに駆け寄ることは忘れ

ませんでした——「ところで、バーテンダーって何をするんでしたっけ？」。時間はほとんどなかったのですが、マイクは優しく、思いやりのある人でしたから、一般的なカクテルのリストとレシピをその場で書きだし、注ぎ方のコツまでいくつか教えてくれました。それから間もなく、気づいたときにはもう——本当に、感覚としてはほんの何十秒後だったのです——わたしはグレイシー・マンションのバーカウンターの中にいました。エイブ・ビーム市長がルパート・マードック［1931-。実業家。21世紀フォックス、ニューズ・コーポレーションなどを所有する「メディア王」］に街の鍵を贈呈することになっており、ビーム陣営の重要人物が全員、そして著名なニューヨーカーも大勢集まっていました。不意に、わたしは、はっとなりました——いまぼくは、表舞台に立ってるんだ、目の前にいるのは皆、嫌も応もなく、ぼくのお客なんだ！　そこは間に合わせで作っただけの、アルコールの種類も数も乏しいバーでしたし、実際、凝ったものは1杯も作らなくて済んだのですが、それでもそのカウンターの中はなんとも居心地が良く、どことなくしっくりと来るものがありました。モハメド・アリが初めてリングに上がったときにどんな気持ちだったのか、ルイ・アームストロングが初めてトランペットを手にしたときにどんな気持ちだったのかは、もちろん知るよしもありません。ですがそのとき、わたしは確信しました——ぼくはいま、とてもなじみのある、落ち着ける場所にいる。そこは間違いなく、わたしの家（ホーム）でした。

　1987年、ジョー・バウムが改装したレインボー・ルームにプロムナード・バー（Promenade Bar）を開くことになり、わたしはそこに正統派の古き良きバーを作るという得難い機会をいただきました。バーテンダー歴10年目を迎えたその年、わたしの経歴書には2つ、すばらしいバーの名前が載っていました。初代チャーリー・オーズとホテル・ベルエア（Hotel Bel-Air）［ホテル・ベルエアはロサンゼルスの老舗高級ホテル。著者は1978年にいったんニューヨークを離れ、1984年に再度ニューヨークに戻るが、その間にこのホテルに勤務していた］です。ですから、何が優れたバーなのか、感覚としてはわかっているつもりでした。ただ、どうしたら優れた酒（ドリンク）を作れるのかについては、学ぶべきことがまだまだたくさんありました。そこでわたしは、クラシックなスタイルでのクラシックなカクテルの再現法を学ぶため、時間を遡る旅に出ることにしたのですが、作り方を覚えている人は周囲に誰もいませんでした。伝統に則（のっと）り、生の自然の素材しか使わないとはつまり、手軽な出来合いのミックスを捨て、甘味と酸味のちょうどいい配合を自分で見つけ出さねばならないということであり、それは絶版のカクテル本を探し求め、数百ものレシピを試し、現代人の舌に合わせて、そして以前よりも量が多くなった一人前に合わせて、ひとつひとつ調整することを意味しました。

　こうして、正しいレシピで作る正しいカクテルの探求が始まり、忘れ去られていたバーテンディングの技法を再発見していくなかで、わたしはたくさんのことを学びました。それをすべて、この本で皆さんにご紹介したいと思います。皆さんの味覚をくすぐり、皆さんのパーティを活き活きとしたものにし、皆さんの胸を踊らせる新たなミックス法。それを見つける旅に出てみたいと、きっと皆さんにも思っていただける——そんな宝物のようなレシピの数々をどうぞお楽しみください。

　では、乾杯！

Part 1

[1章]
カクテルという芸術

The Craft of the Cocktail

The History of the Cocktail

カクテルの歴史

　カクテルのことは、バーテンダーの仕事と同じようにして学びました。もちろん自分なりに研究もしましたが、多くは経験を通じて身につけたものです。バーテンダー仲間から接客を教わり、お客さまから人生を教わり、そして何より、わたしの心の師にして、偉大なるレストラン事業家ジョー・バウムからは、自分がいかに何も知らないかを教わりました。どうしたら優れたカクテルを作れるのだろう？　ジョーはわたしの好奇心に火をつけてくれました。

　カクテルは、ひとことで言えば、アメリカです。ジャズやアップル・パイや野球と同じくアメリカであり、アメリカという国と同じく、多様で、多彩で、広大で深い。実際、カクテルはアメリカ人を表す比喩とも言えます。カクテルは混成の飲み物であり、わたしたちは混成の国民ですから。ではまず、カクテル誕生の背景から見ていきましょう。

初期

アメリカ大陸に移住する以前から、ヨーロッパ人は何世紀にもわたり独自の飲料文化を育んでいました。南ヨーロッパ、つまり地中海沿岸の人々はワインとブランデー作りに長けた一方、北部に暮らす人々は古くから穀物の蒸留酒を作っていました。北は寒冷地のため、ワイン用のブドウが育たなかったからです。また、発酵させたブドウや穀物の糖化液(マッシュ)で作る蒸留酒もその"薬効"から珍重され、ラテン語で「アクア・ヴィータ／アクアヴィタエ(acua vitae)」、フランス語で「オー・ド・ヴィー(eau-de-vie)」、ケルト語／ゲール語で「ウイスケベーハー(uisgebeatha)／ウスケボー(usquebaugh)」、英語で「ウォーター・オブ・ライフ[命の水、の意]」として知られるようになりました。穀物やブドウから蒸留酒を作る技術が進化するにつれ、命の水はより安く、より大量に生産できるようになり、ついにはそれを使って香りの強いコーディアル[香草をアルコールに漬けて作る強壮薬]やリキュールが作られるようになりました。

大西洋の彼岸(ひがん)に定住すると、ヨーロッパ人は旧世界から持ってきたビール造りとワイン造りの技術を大いに活用します。彼らはまた、水を飲むことは健康に良くないばかりか、危険だという旧世界の信念も持ち込みました。初期の入植者たちは貪欲な実験家であり、かぼちゃ、パースニップ[アメリカボウフウ]、大黄(だいおう)、くるみ、エルダーベリー[ニワトコの実]など、手に入るものはほぼ何でも使って蒸留飲料を作りました。また、樺(かば)や松、トウヒやサッサフラスでビールに香りも付けました。さらには、ヴァージニア州以北一帯にリンゴの木を植えてリンゴ酒(サイダー)を、そして何よりアップルジャック[発酵させたリンゴ酒を蒸留させたもの]を造り、後者は初期入植者が楽しむ多くの飲み物の基盤(ベース)になりました。アップルジャックは高価な蒸留器具を使わなくとも造れる手軽もあり、人気を博しました。発酵させたリンゴ果汁、いわゆるハード・サイダーを晩秋から初冬にかけて屋外に出しておきます。すると、サイダーの表面に氷の層がいくつもできるのですが、これらを取り除くと、含まれていた水分が抜け、残った液体のアルコール成分が凝縮されるのです。

一方、欧州でも、新旧世界間の交易が盛んになるにつれて、人々は入植者たちがさまざまな活用法を考案していた新たな植物の存在を知るようになりました。1571年には早くも、スペイン人医師ニコラス・モナルデスが南北アメリカ大陸産の植物や薬草などを詳しく書き記したものを出版しており、そうした薬草類は欧州全土の人々の生活に取り入れられていきます。イタリアとフランスでは、これらの植物が酒精強化ワイン(フォーティファイド)や香り付けワイン(フレーバード)に使われました。ベルモットなどの食前酒がこれにあたります。その後、このようにして生まれた製品がふたたび大西洋を渡り、カクテルの伝統を育むうえで極めて重要な役を果たすことになったのです。

カクテルの伝統はラム酒から始まりました。商業目的での蒸留酒の製造は、1640年、ニューアムステルダム(現在のマンハッタン)の長官ウィルヘルム・キーフトがジンを造る蒸留所とそれを売る酒場を建てさせたのが最初です。マンハッタン[元々オランダ人が植民・開発していた]が英国の手に落ちると、その蒸留所はラム酒造りに使われ、こうしてラム酒は諸外国にも知られる新世界初の蒸留酒となりました。ただ、じつのところ、ラム酒は偶然の産物でした。クリストファー・コロンブスが二度目の航海で砂糖きびを中米に持ち込んだのに、もちろん、砂糖を造るためでした。ラム酒は仕事熱心な入植者たちが砂糖造りで余った糖蜜を有効活用するために考案したもの、つまり、砂糖の副産物だったのです。ところが17世紀も末になると、ラム酒の製造量

Column

カクテル・トリビア

バーでしゃっくりが止まらないお客さまには、ビターズに浸(ひた)したライムか砂糖に浸けたレモンのくし切り(ウェッジ)をお出しします。これを噛むとあら不思議、(必ずとは言いませんが)たいていはぴたりと止まるのです。お試しあれ。

が砂糖のそれを上回ります。その盛況ぶりは、英政府が収穫した砂糖きびのうち一定量を砂糖造りに使うよう定めた法令を敷くほどでした。ラム酒はパンチをはじめ、入植者が生み出したさまざまな飲料のベースになり、カリブ諸島や南米、さらにはニューイングランド[米国北東部6州の総称。メーン、ニューハンプシャー、バーモント、マサチューセッツ、ロードアイランド、コネティカットをさす。英国から渡米した清教徒をはじめとする初期の植民者たちが入植した地]でも大量に生産されるようになりました。

　ラム酒の製造は成長著しい経済を後押ししました。ラム酒は実際、1733年には植民地の他の全輸出品を凌ぐ人気を博すまでになります。当時、ニューイングランドのラム酒造業者は糖蜜をカリブ諸島の安い供給源、主にフランス領やポルトガル領から買っていました。結果、自国領産の糖蜜を使っていた英国のラム酒造業者は、植民地の新興酒造業者と彼らが安く仕入れる糖蜜に、そして彼らが作る安いラム酒に市場シェアを奪われていきます。報復として、英政府は1733年に糖蜜法を施行し、植民地に入る糖蜜に関税をかけ、その量を制限しようと試みます。続いて砂糖法を、1765年には印紙法を定め、あらゆる証書や許可書の類に印紙の貼付を義務づけます。こうした法令が第1次大陸会議[1774年。英国の北米13植民地のうち12植民地の議会代表による会議]に、ついには独立戦争[1775-1783]につながりました。これでおわかりのとおり、米国と大英帝国との決別を促したのは、お茶ではなく、ラムだったのです（もちろん、ほかにもいくつか要因はあったのでしょうが、これは繊維ではなく、あくまでカクテルの本ですから）。

　この戦争での勝利はしかし、独立したばかりの米国に多大な借金を残しました。そこで初代財務長官アレクサンダー・ハミルトンは、目を丸くして驚く新政府の同僚たちを尻目に、戦債を手っ取り早く返すため、ラムをはじめとする蒸留酒に連邦税を課すことを決めます。法案は1791年に議会を通過し、ジョージ・ワシントン大統領によって批准されました。戦争のツケを蒸留酒への課税で返済するという伝統の始まりです。これは実際、約20年後の1812年、米国が大英帝国とふたたび戦争状態に入った際[第2次米英戦争。1812-1815]にも功を奏しました。英国は誕生間もない米国の海岸線をふたたび封鎖、カリブ海の糖蜜生産者らとの交易を遮断し、すでに激減していたラム酒造業者をほぼ全滅させます。この反動で、穀物を使った蒸留酒の自国生産量が急増。これがアメリカ第二の蒸留酒、わが国の代名詞とも言うべきコーン・ウィスキー、バーボンの誕生につながったのです。

> **Column**
>
> ### カクテル・トリビア
>
> アンゴスチュラ・ビターズはアルコールを含みますが、バニラ・エッセンスと同じく、アルコール飲料ではなく、食品添加物や香り付け用の液体とされています。実際、少量の使用でしたら、ドリンクのアルコール度数は変わりません。ただし、重度のアルコール過敏症の方は、ビターズでの香り付けはお控えになったほうが良いでしょう。

　"カクテル"という言葉が使われるようになったのも、この2つの戦争の間だったようです。植民地時代のニューイングランドで、冷たいものを、あるいは温かいものを求めて宿屋にふらりと入ったとしたら、頼むのはおそらくラタフィア、シュラブ、ターニップ[かぶ]のワイン、ミルク酒、ポープ、ビショップ、サック酒、フリップ、もしくはエールといったところだったはずです。これらはカクテルでしょうか？　いえ、厳密には違いますが、これらこそがカクテルの祖先でした。"カクテル"の名は1806年に初めて印刷物に登場しました。『The Balance and Columbian Repository(ザ・バランス・アンド・コロンビアン・リポジトリー)』に載ったのが最初です。その編集者に宛てた手紙の中で、1人の読者が新語"カクテル"の意味について訊ねており、編集者は次のように答えています。

「カクテルとは刺激の強い酒(リカー)であり、あらゆる類の蒸留酒(スピリッツ)、砂糖、水、ビターズからなります。俗称はビタ

ード・スリングといい、人を豪気かつ大胆にすると同時に、頭を朦朧（もうろう）とさせるとされており、それゆえに選挙運動には最適の一服になると思われます（中略）。また、民主党候補者に対して極めて有用であるとも言われています。グラス1杯を飲み干すだけで、ほかのものを何でも飲む気になるからであります」

　皮肉がたっぷりこめられた最後の一文は、投票者に酒を勧める慣行を揶揄したものです。飲ませて票を集める伝統はジョージ・ワシントンの時代に始まり、公には禁酒法が施行されるまで続きました。この編集者の返答はまた、いわゆるカクテルとそれ以前のあらゆる混合飲料との明確な違いを初めて定義してもいます。その違いとは、ビターズの有無です。"ビターズ"とは、植物またはその根の抽出液を蒸留した、もしくは混ぜたアルコール飲料の総称です。アメリカ先住民は初期移植者に、飲み物や薬の香り付けに土着の植物を使う術を教えました。その後、ゲンチアナ［リンドウの根］、コロンボの根、キナ皮（キニーネ）、カキドウシ、ニガハッカ、カッシア、ヨモギ、アンゴスツラの樹皮と根など、旧世界の植物も使うようになりました。これらの浸出液はもともと、生薬（しょうやく）として売られていました。主に酒税を逃れるための措置ではありましたが、実際、こうした諸々がダイジェスティフ、つまり消化促進剤として重宝されたのも事実です。ただし、真の働きは何と言っても、混合酒（ミックス・ドリンク）に香りを加えることでした。

　初めて商品として作られたビターズはおそらくペイショーズであり、これはニューオーリンズ［ルイジアナ州の都市］に移住したクレオール人［ルイジアナが米国に編入される1803年以前の、フランス領ルイジアナ時代の移住者を先祖に持ち、（フランス白人とアフリカ黒人などの）異人種間の子孫として生まれ育った人々］アントワーヌ・ペイショーが考案したものでした。ペイショーは1793年から1830年代を通じ、フレンチ・クォーターのロイヤル・ストリートで薬局を営んでいました。当初、ペイショーは少量のビターズを手作りしていましたが、1840年、これが大量生産されて国内外に広く販売されるようになりました。薬剤師だけに、ペイショーは生来の"ミクソロジスト"であり、夜更けに店で宴を開いては、集まった友人たちに独自に考えた酒を振る舞っていました。コニャックに自家製ビターズをひと振りし、ダブル・エッグカップに入れて出すのがペイショーの十八番だったのですが、このエッグカップをフランス語で"コクティエ"といいました。どこかで聞いたことがありませんか？　そう、この言葉が進化して英語の"カクテル"になったとも言われています。もっとも、似たような有力説はほかにも多数ありますが。ペイショーがこの混合酒（ミックス・ドリンク）を何と呼んでいたのかはわかりませんが、いずれにせよ、これが進化してアニスの香りを付けたサゼラックになりました――ただしもちろん、当時のレシピにアブサンは含まれていません。

> **Column**
>
> **カクテル・トリビア**
>
> 　いくつかのビターズには、薬効とまでは言えなくとも、胃の調子を整えたり、消化を助けたりする成分が含まれています。現在最も有名なビターズのひとつであるアンゴスチュラは、1824年に青年ドイツ人軍医J. G. B. シーゲルトが生み出しました。シーゲルトはシモン・ボリバル率いるベネズエラ解放軍に義勇兵として加わった際、スペイン軍とのジャングル戦で疲弊した兵士たちの健胃剤として、これを考案したと言われています。

　ラムからウィスキーへの移行は、じつのところ、英国が米国への糖蜜供給路の封鎖をふたたび試みるはるか前から始まっていました。18世紀前半、飢饉に見舞われたブリテン諸島を逃れ、海を渡った移民たちは、ニューイングランド諸州が決して住みやすくないという現実を目の当たりにし、多くは西ペンシルベニアの辺境に居を構えました。クエーカー教徒とオランダの移民たちはニューイングランドを占めていた清教徒の不寛容な態度を嫌い、ペンシルベニアに落ち着きました。また、屈強で知られたスコットランド人はさらに西の未開拓地に入植し、荒野を拓いて小さな農場を作りました。彼らの多くは旧世界でウィスキーの蒸留技術を学んで

おり、小さな蒸留器も新世界に持ち込んでいました。一方、必要に迫られて蒸留所を建てる者たちもいました。ウィスキーは交易における貨幣代わりだったからです。彼らはウィスキーで物を買い、負債を返しました。こうしたウィスキーは、西部の開拓地と未開拓地を分ける川の名前を取って、モノンガヘラと呼ばれるようになりました。

その後、財務長官アレクサンダー・ハミルトンが蒸留酒に課した重税から逃れるため、多くの蒸留酒造者が揃って植民地をあとにし、辺境の地に移り住みました。のちにケンタッキー、テネシー、オハイオ、インディアナ各州となる辺りです。これらの地域はウィスキー作りに理想的でした。土壌が豊かで、東部よりも作物がよく穫れたうえ、石灰岩の隙間から澄んだ鉱水が湧き出ていたからです。目の利く入植者らは土地を開拓してとうもろこしを植えました。とうもろこしは土着の植物であるばかりか、1エーカー当たりの収穫量が他の穀物と比べて高いのも魅力でした。彼らはこのとうもろこしからコーン・ウィスキーを作り、樽に詰め、はしけ舟[港湾内や内陸水路で使われるエンジンのない平底小舟]に乗せてニューオーリンズに送りました。距離と川の水量によっては、目的地に着くまでに何カ月もかかることもありました。ですが、これが効を奏し、まったくの偶然から、ウィスキー製造者たちは樽熟成の利点を発見したのです。蒸気機関が発明される前、樽の移動は一方向、つまり湾に向けて南下するだけであり、平底舟やはしけ舟に乗って非常にゆっくりと進む以外にありませんでした。ところが19世紀中頃、蒸気を利用した川船と運河の登場により、実入りの良い東部市場に至る北回りの路が開けます。北部および東部の大きな市場との行き来が簡便になったことで、ウィスキー製造業は活況を呈しました。さらに、続いて起きた蒸留技術の革命的進歩(マイケル・クラフトによる1804年刊行の貴重な一冊『The American Distiller(ジ・アメリカン・ディスティラー)』に詳しい)が大規模な蒸留施設を有する業者たちを生み、彼らが零細農家に代わって、"西部"産のウィスキーの主な供給源になりました。ウィスキーのラベルに"バーボン"の文字が登場したのもこの頃、1833年のことで、これはイギリスからの独立戦争をアメリカ人とともに戦ってくれたフランス人に敬意を表したものでした[バーボンはフランスのブルボン(bourbon)王朝に由来]。バーボンに限らず、フランス語の名称は当時、植民地および辺境地一帯で大人気でした。大都会ニューヨーク・シティの通りからルイビルやラファイエットといった田舎町に至るまで、さまざまなものがともに戦ってくれた同士を讃える意味を込めて、フランス語の名に変えられたのでした。

黄金時代

1815年、英国との戦争が終わると、米政府は戦債を返すため蒸留酒にふたたび重税を課したのですが、これは幸いあまり長くは続きませんでした。1817年、負債の完済とともに、自国産蒸留酒に対する物品税はすべて廃止され、それから40年間——南北戦争[1861-1865。南部諸州と北部諸州による内戦]に至るまで——蒸留酒業界は無税の成長期を謳歌しました。こうして、のちにカクテル黄金期と呼ばれる時代の礎が築かれました。この間、バーや酒場は大いに賑わいました。1832年、"パイオニア・インズ・アンド・タバーンズ・ロー"が制定され、宿屋は部屋を貸さなくてもアルコー

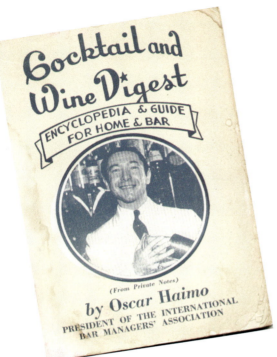
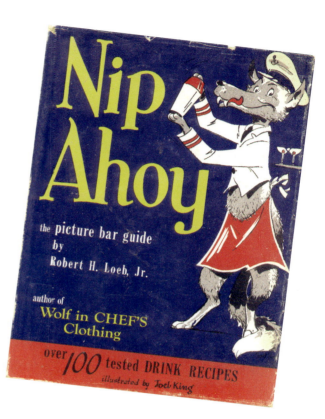
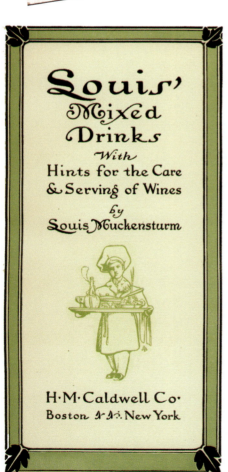
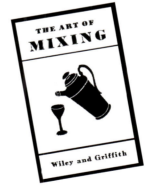

ル飲料を出せるようになります。これで独立戦争後、植民地時代の規制が緩くなって以来こっそりと行なわれていたことが、大手を振ってできるようになりました──バーの営業です。ついに、水門が開かれたのです。

19世紀に西側諸国を席巻した産業革命は、アメリカ人の生活のあらゆる面に多大な影響を及ぼしたのですが、当然、アルコール飲料業界も多大な恩恵にあずかりました。工場群に惹かれて多くの人々が都会に集まり、これが飲食や会合のあり方を一変させます。街が大きく発展するにつれ、レストラン──つまり、宿泊施設のない食事処──は都会の風景に欠かせない存在になっていきました。1820年から1855年の大量移民の時代には、スコットランドやイングランド、アイルランドのほか、ドイツをはじめ中央ヨーロッパ諸国からも、大勢の人々が活気づく街々を目指して新大陸にやって来ました。そして先輩格の植民者らと同じく、彼ら新たなアメリカ人たちも蒸留や醸造の技術を、そしてパブリックハウス[いわゆるパブ]やタップルームといった酒場で皆と過ごすという伝統を持ち込みました。

新たな入植者たちはたいてい、都市部の最も環境の悪い地域に暮らしたのですが、各々の地で力強くしたたかに生き抜きました。多くは地元に小さな社交クラブを作りました。クラブには違法の蒸留酒が何ガロンも用意されており、彼らはそれを近隣の人々に広く売りさばきました。こうした無免許の施設は"ブラインド・ピッグ"や"ブラインド・タイガー"と呼ばれていました。盲目の豚を見るために一定額を支払うと、おまけとして飲み物が無料でもらえる、という仕掛けです。クラブを営んでいた者たちが目指したのはもちろん、名目上は豚を見るために金を支払う人をできるだけ多く集め、いつか合法の施設を開くことでした。こうしたいわゆる酒場は往々にして1ブロックに2、3軒あり、そのどれもが地域の社会および政治活動の中心的存在であり、男たちが集まっては政治を語らう、共用の居間のような働きをしていました。

> **Column**
>
> ### バーテンダーは陰の実力者
>
> 19世紀後半のバーテンダーについて、セオドア・ルーズヴェルト[1858-1919。第26代米国大統領]はこう語っています。「バーテンダーはおそらく、現在のわが国の有閑階級に最も近接できる存在である。職業柄、彼らは店を訪れる常連たちと半親密な関係にある。バー・ルームほどゴシップが話される場所はほかになく、そうしたゴシップの大半を占めるのは政治関係の話だ(中略)。もっとも、国政ではなく、地域のそれではあるが」

ニューヨークの下町にこうした安酒場が次々に出現する事態を大いに歓迎したのが、悪名高き政治組織のタマニー・ホール[1930年代までニューヨーク市政を牛耳った民主党の政治組織。買収による集票などで市政を腐敗させたとされる]でした。当時の有力政治家は皆、アイルランドやドイツ移民に酒場の営業権を喜んで認めました。金銭的見返りを期待したのではありません。酒場を自身の支配下に置くことで、その地の政治を支配できると考えたからです。当時、選挙権を有する男たちはたいてい、暇さえあれば酒場に向かったものでした。こうして、酒場の主人たちは地元を仕切る陰の実力者になっていったのです。

1870年代にはすでに、バー業は一大ビジネスでした。業界は活況を呈し、カクテル本やマニュアル本が市場にあふれました。大都市にはどこにも、地元の人々のたまり場から大きなホテル内の御殿を思わせるところまで、あらゆる類のカクテルバーがありました。ニューヨークにおける後者の代表がホフマン・ハウスです。見上げるほど高い天井、マホガニー材に凝った装飾を施した15メートル長のバーカウンター、大理石の床と壁、シガーカウンターにオイスターバー。バーテンダーは皆、ぱりっと糊のきいた真っ白いジャケットに身を包み、飲み物とサービスのすべてを心得た腕の立つ職人でした。そして、どういうわけかちょうどこの頃、すべての要素

The History of the Cocktail

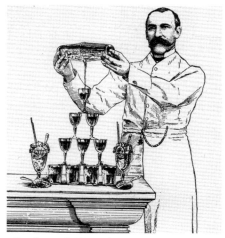

ハリー・ジョンソン（1845-1933）

が出揃いました。冷凍技術、チャージド・ウォーター（炭酸水の別名。ガスを文字どおり注入した水のこと）、ビール・サービング・システム、機械式製氷方式の導入。輸入、自国産ともに、驚くほど豊富な種類の瓶詰め蒸留酒の流通。やる気に満ち、よく訓練された働き手の急増。成長著しい産業経済による消費の後押し。この時代がカクテル黄金期の頂点であり、現在定番とされる多くのドリンクはこの頃に生まれ、あるいは完成しました。マティーニ、マンハッタン、サワー、フィズ、オールドファッションド、プース・カフェ、スリング、ジュレップ。その多くは現在もクラシックとして親しまれています。

この黄金期はプロの中のプロ、"ザ・バーテンダー"の時代でもありました。お客さまへのサービスそのものが、お客さまに提供（サーブ）するものと同じくらい重要になりました。競争は熾烈であり、通りの角という角にバーが続々と誕生しました。失敗と成功を分けたポイントはもちろん、質とサービスです。1888年、ハリー・ジョンソンは自著『Bartender's Manual（バーテンダーズ・マニュアル）』に「How To Attend Bar［バーテンダーの心得、の意］」という章を設け、初心者にさまざまな教えを授けています。飲み物を出したら、すぐに氷水を出すこと。ドリンクはお客さまから見えるよう、カウンターの上でミックスすること。そして「しなやかに、美しく、科学的に」ミックスすること。また、プロとしてショーマンシップも忘れず、「お客さまの目を引くようにミックス」すること、とも書いています。さらに、バーテンダーは思いやりのある友人になるべし、とも説いています。「お客さまが注文なさる際、その方またはご家族がじつは、そのお金をほかのもっと有益なことのために必要としている可能性があるならば、その方に飲み物ではなく助言を供し、飲み物代として10セントをいただく代わりに、25セントをお渡してお帰りいただくくらいの心構えが必要です」

禁酒法と憲法修正

ところが、20世紀に入ると、にわかに各地の禁酒家が力を持ちはじめ、酒類の製造販売に激しく圧力をかけるようになり、1912年には早くも、禁酒法が多くの州で施行されていました。そして1919年、合衆国憲法修正第18条案が議会を通過し、アルコールの販売はかたちを問わず、全州で違法となりました。現在、禁酒法はつまるところ、重大な過ちだったとされています。スピークイージーの類、つまり違法のアルコール飲料にありつけるもぐりの酒場が頭角を現して大いに栄えたばかりか、これらに関わる犯罪組織の根を裏社会に

深く張らせてしまったからです。街の役人や警官までもが禁酒法の悪用に手を染めていました。こうして、酒類は依然として出回り、カクテルも変わらず社会に欠かせない存在であり続けた一方、バーマンたちは多大な被害を受けました。バー勤めはもはや人々の尊敬を集めるどころか、おおっぴらに語れる仕事でさえなくなってしまったからです。当時の多くのバー ── と呼ぶに値するかどうかはさておき ── は間に合わせのものでしかなく、ショーマンシップと高い技術を披露する舞台は時代遅れの遺物と化し、事実上消滅してしまいました。

1932年、禁酒法が廃止される頃にはすでに、丸々2世代分にあたる時間が経過しており、バーテンダーという職業のイメージは、バーやスピークイージーを牛耳っていた犯罪組織のせいで地に落ちていました。もちろん、禁酒法が解かれた後もバーテンダーの需要はあったのですが、求められる技術のレベルはひどく下がり、立派な職業として敬意を払う向きも激減していました。もっとも、数は少ないとはいえ、憲法修正後に復帰を果たしたベテランバーテンダーもいました。ニューヨーク・シティはアシュランド・ハウスのパトリック・ギャヴィン・ダフィもその1人です。当代屈指のバーテンダーとして人々から敬われるに至ったダフィは、ハイボールの生みの親としても知られています。1890年代から、ダフィは氷を入れたトール・グラスにウィスキーを注ぎ、クラブソーダで割ったものを出していました。

Column

カクテル・トリビア

ニューヨーク・シティ49丁目と6番街の角の店ハーリーズ・サルーンを20年にわたって営んだ主人エイドリアン・バーブは、自身の成功はひとえに、店のバーに立つ者たちのおかげだと公言していました。バーテンダーは「国籍なんかどうでもいい。うちのバーに立っている間、アイルランド人でいてくれさえすれば、それでいいのさ」──それがバーブの口癖でした。

復活を期す酒類業界は禁酒法の廃止を喜びましたが、憲法修正によって新たな障壁がいくつも建てられたのもまた事実であり、その多くはいまも残っています。新たな法は個々の州に ── さらには州内の個々の郡にまで ── アルコール産業を牛耳る権力を与えました。その結果が複雑な迷路並みに入り組んだ地方法や規制の数々であり、おかげで酒類業の全国展開は悪夢と言えるほど困難になりました。いくつかの州は"エアライン"や"ニップ"と呼ばれる50mlのミニチュアボトルでの提供しか認めていません。これでは、これを1ダッシュ、それを半ショット、といった配合が不可欠なカクテル類を作る気が萎えてしまうのもしかたありません。そうかと思えば、フルボトルの購入しか認めず、飲み残しを持ち帰ることを禁じる州もあります。さらに、多くの州は酒類の銘柄に関して厳格で細かな規制を設けているため、手続きが煩雑すぎるというだけの理由で、蒸留酒の種類をあまり多くは揃えていない店も少なくありません。ペンシルベニアやワシントンなどには州公認の酒屋があり、店に置く銘柄の選択は役人が行ないます。これでは数をさばけない小さなメーカーは廃業に追い込まれるでしょうし、それが結果的には、カクテルの可能性を劇的に狭めることになるのです。

復帰したベテランもひよっこ等しく、こうした法や条例の煽りを食いました。さらに、大恐慌もこれに追い打ちをかけました。ですが、すべてがいわば樽の底の底にまで落ちてしまったのは、50年代の平時のことです。カクテルは究極の屈辱を受けました。好景気に沸く社会の需要に合わせて、世の中のすべてに時短策が講じられたのです。簡便な生活を約束する調理加工済みの食品が市場を席巻しました。TVディナー［冷凍食品］、粉ミルク、クールエイド［粉末ジュース］、ジフィーポップ［火にかけるだけでできるポップコーン］、タン［粉末ジュース］。アメリカ人は新鮮な、自然のままの食べ物を嬉々として捨て、加工品や缶詰品を買い漁りました。その波はカクテルバーにも押し寄せました。甘味料と人工香料を加えた甘酸っぱいミックスが液体もしくは粉末の状態で業界を席巻したのです。1930年代、7-11トム・コリンズ・パウダード・ミックスなる商品の登場は、禁酒法以前の生の果実を使ったカクテル時代終焉の始

まりを告げました。第2次世界大戦後には同様の製品が続々と市場に流れこみ、バーテンダーたちは皆、"クールエイド"様式の作り方を学びました——氷、リカー、水、そしてミックス（カクテルの素）というレシピです。

クラシック・カクテルへの回帰

ジェームズ・ボンドが60年代、ウォッカ・マティーニを大いに支持してくれたのは確かですが、カクテルの再生が本格的に始まったのはようやく、80年代も後半になってからのことでした。復興へのこの動きを多少なりとも後押しできたのは、わたしの誇りでもあります。1985年、わたしは伝説のレストラン事業家ジョー・バウムの下、マンハッタンの素敵なレストラン、オーロラで働いていました。ジョーは国内外でレストラン／外食店を展開する会社レストラン・アソシエイツの初代社長でした。50年代、ジョーがこの会社のトップに立った頃、アメリカは肉とジャガイモの国であり、ほかに野菜と言えばレタスくらいで、あとは童謡「ちびのトミー・タッカー」で歌われているような子ども向けの料理しかありませんでした。そこで立ち上がったのがジョーでした。ジョーは長年にわたって大胆な革命をいくつも行ない、アメリカ人の食生活を一変させたのです。その手始めが、50年代にニュージャージー州はニューアーク空港に開いたザ・ニューアーカーという国際空港内初の高級レストランでした。続いて1959年、ジョーはニューヨーク・シティのシーグラム・ビルディングにザ・フォー・シーズンズを開き、そこを多くの人からアメリカ初の世界に誇れるレストランと認められる名店にしました。さらに1960年には、自らの手でテキーラをニューヨークの人々に紹介しました。その舞台となった店、ラ・フォンダ・デル・ソルで供されたカクテルにはほかに、ピスコ"ソワー（Sawer）"、バチーダ、マルガリータ、そして最近復活を遂げたモヒート・クリオロなどがあります。

1987年、ジョーはわたしに偉大なアメリカン・カクテルの再生という、名誉ある、責任重大な仕事を与えてくれました。ロックフェラー・プラザ30番地に立つアールデコ様式の傑作と呼ぶべき高層ビルの最上階、装いを新たにしたレインボー・ルームに、ジョーは新鮮な生の材料のみにこだわる、ミックス類を一切使用しない19世紀スタイルのバーを開くという長年の夢を実現すると、心に決めていました。市販のミックスに頼らず天然の果汁だけを使うというその計画を説明された際、わたしはあくまでも穏やかな口調で、バーが混んでいたら、果物を搾る作業を続けるのはあるいは難しい

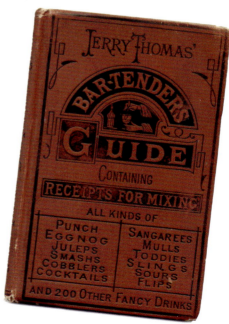

かもしれませんね、と反論しました。ところが、ジョーにすかさず、ぴしゃりとやり返されました。それは100年にもわたってバーで粛々と行なわれてきたことなのだ。おまえができないと言うのなら、ほかにできる者を探すまでだ。わたしは慌てて答えました。「すばらしいアイデアだと思います。もちろん、何の問題もございません、謹んでお受けいたします！」

ですが、本当のところ、問題は多々ありました。じつを言うと、その頃のわたしは生の果汁をほとんど用いておらず、使うとしてもごくたまに、舌の肥えたお客さまにお出しするマルガリータやウィスキー・サワーの風味付けに加える程度でした。当時の若手バーテンダーの大半と同じく、たんに時間短縮のためだけでなく、ドリンクに甘味とバランスを足すのに、出来合いのミックスに頼りきっていたのです。

そこで自分なりに研究するため、わたしはジェリー・トーマスによる1862年の著作『The Bon Vivant's Companion, or How to Mix Drinks（ザ・ボン・ヴィヴァンツ・コンパニオン・オア・ハウ・トゥ・ミックス・ドリンクス）[bon vivant は美食家／飲み食い好きの人、の意]』をはじめ、19世紀半ばに出版された貴重な書籍を探し、手に入れたのですが、これらが黄金期の手法の再構築に欠かせない、まさしく宝物になってくれました。トーマスのレシピはいい意味で単純な、まっすぐなものでした──ベースに副材料を合わせる、それだけです。搾り

たてのレモンやライムの果汁を利用するカクテル作りにはシンプル・シロップが不可欠であることも、トーマスは実証していました。そうすることで、トーマスはフィズ、サワー、フィックスといった甘酸っぱいカクテル作りを極めたのです。ジェリー・トーマスやハリー・ジョンソンといったバーマンが材料、レシピ、技術を習熟するのに用いた手法の数々は、わたしにとって一種の啓示でした。至上の職人気質、そして多種多様な珍しい材料は刺激以外の何ものでもなく、わたしはそれらを学んでいくなかで、バーテンダーは料理人と同種の職業なのだという思いを新たにしました。そしてもちろん、クラシック・カクテルを再開発する舞台として、ニューヨークのナイトライフの頂点である由緒正しきバー、レインボー・ルーム以上の場所はありませんでした。ですがもちろん、それと同じことが皆さんのキッチンでできないという理由もありません。さあ、準備はよろしいですか？　次は、優れたカクテル作りに必要な材料を詳しく見ていきましょう。

ジェリー・トーマス（1830-1885）

カクテル・トリビア

1934年刊行の書『The Official Mixer's Manual（ジ・オフィシャル・ミキサーズ・マニュアル）』で、著者パトリック・ギャヴィン・ダフィは「バーテンダーと客との会話は不適当で嘆かわしい行為である」と断言しています。個人的に、この見解にはこれ以上ないほど反対です！　バーテンディングは創造的で、楽しく、高貴とさえ言える職業にほかなりませんし、バーカウンターのそこここで美味しいカクテルを軽やかにミックスしながら、多種多様な会話に従事できてはじめて、一人前のバーテンダーと言えると思っています。何事においてもそうですが、バーテンディングもまた、行なう者の技術、知性、献身の度合いによって、ピンからキリまでさまざまなかたちがあるのです。

The Ingredients of the Cocktail
カクテルの材料

　スピリッツは神々からの贈り物であると、わたしは信じて疑いません。スピリッツの作り方を人間が独力で発見できたとは、到底思えないからです。工程は単純ではありませんし、酵母と呼ばれる、まさに魔法のごとき有機体の助けがなければ、まず不可能です。スピリッツは発酵した糖を蒸留して造ります。発酵の際、糖（および糖に変質するでんぷん）は水と混ぜられます。続いて魔法的存在、酵母がその糖を消費し、二酸化炭素のかたちで少量のガスを放出し、エチルアルコールを生成します。糖が変質していくなかでアルコール含有量が増え、それがついには酵母を死滅させます。最後にその液体からアルコールを抽出するのですが、この工程を蒸留といいます。

基本的に、糖を含んでいるものであれば何でも発酵させられますし、したがって蒸留もできます。数千年前の昔から現在に至るまで、人類はありとあらゆる果実や大半の野菜を発酵させ、蒸留してきました。穀物、芋類、リュウゼツラン、米のほか、数十ものでんぷん質の植物に含まれるでんぷんが糖に、そしてアルコールに変えられています。ビート[てん菜]でさえも、糖を多く含んでおり、アルコール製造の大きな源になっています。

　蒸留によってできるのは中性(ニュートラル)スピリッツであり、これに香りを付けるために無数の材料が用いられます。まずはやはり、蒸留器(文字どおり蒸留用の器具)から見ていきましょう。上質な高級ジンの複雑な香りは、アルコール度数の高いスピリッツを香りと独特なアロマを生む植物とともに単式蒸留器に通すことで生まれます。上質なコニャックの製造業者は単式のアランビック蒸留器以外はまず使用しません。より低温で蒸留し、原料となる果実や穀物の性質をより多く保全できるのは単式蒸留器だからです。蒸留器が複雑な香りの決め手になることを製造業者は熟知しています。

　アルコールは非常に寛容な特性を持つ有機化合物ですから、香り付けは簡単です。アルコールには他の有機化合物と自然に結合する性質があり、それがわたしたちを楽しませてくれるスピリッツの独特なフレーバーやアロマの大半を生み出します。アルコールは純水で希釈してウォッカにすることも、植物で香り付けしてジンにすることもできます。スコッチの煙臭(スモーキー・フレーバー)は発酵中、泥炭(ピート)の煙に晒(さら)されて乾燥する大麦麦芽が発する匂いによって付きます。バーボンを甘くするバニラとキャラメルの香りは投資配当金のようなもので、アルコールがバーボン樽内部の焦げたオーク材のすぐ下の、(木をチャー、つまり焦がすことで)カラメル化した木糖(もくとう)の層を長い時間をかけて通過する結果として生じます。ただし、アルコール分子は残念ながら、他の有機化合物と結合する際に良い香りと悪い香りを区別しません。ですから、蒸留業者は望ましいフレーバーとアロマだけを生む卓抜なマッチメーカーでなければなりません。

　あなたはどんなフレーバーやアロマがお好みですか？ ホームバー用にスピリッツを選び、味見をし、それを使って優れたカクテルを作るのは気の遠くなるほど大変な作業に思えるかもしれませんが、大丈夫、やる気さえあれば誰にでもできます。ただし、カクテル・シェイカーをお振りになる前に押さえておくべき基本もいくつかあります。

氷

　氷はアメリカン・カクテルの命です。カクテルは氷とともにシェイクされ、ステアされ、ブレンドされます。わたしたちアメリカ人の特徴のひとつに、きんきんに冷えた飲み物への偏愛があります。アメリカ人がヨーロッ

最も重要な材料のひとつ:氷

The Ingredients of the Cocktail

パを旅行中、飲み物に入っている氷のあまりに慎ましやかな量に苛立つことは珍しくありません。ただ、必ずしも、昔から全土でそうだったわけではありません。ヨーロッパ大陸では早くも16世紀から、水から赤ワインまですべての飲み物を冷やすのに氷が使われていました。ところが、氷は海を越えて英国の島々までは渡らず、結果、英国人は第1次世界大戦後まで冷たい飲み物になじみがありませんでした。そのため、飲み物を冷やすのに氷を使うという習慣は、英国領ではなかなか一般化しなかったのです。アメリカ人が氷に惹かれるようになった理由は、この国の過酷な気候にあります。そう、焦げるほど暑い夏と凍えるほど寒い冬のせいでした。

悲しいかな、禁酒法以前のカクテル作りの技と同じく、カクテルにふさわしい角氷（キューブド・アイス）作りの技もいまや失われてしまいました。おばあちゃんが手回し式の氷砕器で作ってくれた大きくて四角い氷は、いつまでも溶けないものでした。ですが、昨今の氷の姿は以前のそれとはまるで違います。製造速度を上げるために近代化され、表面積を増やされ、飲み物の量を実際よりも多く見せるためにグラス内部を隙間なく埋められるよう、形を変えられています。ところが、この"新"氷には飲み物を薄めすぎてしまうという致命的な弱点があります。新たな形状──中が空洞の小さな四角形、円盤状、楕円形。非常に脆く、すぐに割れるものもある──は、表面積は増えているかもしれませんが、非常に溶けやすいため、飲み物がすぐに薄まるばかりか、あっという間にぬるくなってしまうのです。

19世紀の飲み物のレシピに必要な氷は4種類でした──ブロック、ランプまたはキューブ、クラックド、スノーです。19世紀から20世紀前半、氷の基本は塊氷（ブロック）であり、その他の形をブロックから作るために専用の道具が考案されました。ブロックを砕いてランプにするためのアイス・ピック。ランプを割ってクラックドにするためのアイス・ハンマー。ブロックを削ってスノーにするための氷ヤスリ。ランプまたは大型のキューブはゆっくりと溶け、飲み物を薄めすぎることなく冷やしてくれるため、スピリッツをオン・ザ・ロックスやハイボール・グラスで提供する際に最適です。

クラックド・アイスが必要になることはあまり多くありませんが、入り用の際は、大きなキューブド・アイスを清潔な布巾（ふきん）でくるみ、大型のサービング・スプーンの底で叩いて割ると良いでしょう。クラックド・アイスは甘味の強いドリンク、ジュース、ソフト・ドリンクのほか、カイピリーニャやダイキリ・オン・ザ・ロックスといったスペシャルティ・ドリンクに最適です。クラックド・アイスはフローズン・ドリンクを作る際、ブレンダーに入れて使います。クラックドでしたら、ブレンダーを傷めることなく、望むどおりのスラッシュを作ることができます（ランプ・アイスは完全には割れず、そのためブレンダーを傷めるおそれがありますし、スノー・アイスはブレンダーの中で溶けて水になってしまいます）。クラッシュド・アイスやスノー・アイスはお楽しみの幅をぐんと増やしてくれます。フローズン・フルーツ・ダイキリを想像してください。まさに、大人向けのかき氷ですよね。

> **Column**
>
> ### 鍵は水
>
> カクテルにとって水がいかに大切かをお確かめになりたい場合は、以下の実験がお勧めです。ジンの瓶を冷凍庫に、ベルモットの瓶を冷蔵庫に入れる。グラスとオリーブも冷やし、すべてをなるべく冷たくする。氷を使わず、冷えた材料をミックスしてマティーニを作り、冷やしたグラスに注いでオリーブを落とす。一口すれば、普段のマティーニとは似ても似つかないことがわかるはずです……そう、強すぎるのです。水はカクテルにさまざまなことをしてくれます。薄める以外にも、焼けるような感覚を穏やかにし、水を介さないと出てこないフレーバーやアロマを開き、40度や45度のスピリッツを舌に優しいものにしてくれます。

スピリッツ

　品揃えの良いバーには、ジン、ウォッカ、ウィスキー（バーボン、スコッチ、ライ、ブレンデッド、アイリッシュ）、ラム、テキーラ、ブランデー、リキュールのいわゆる"ビッグ・セブン"がそれぞれ1種類以上置いてあります。

　では、どれから買ったら良いのでしょう？　まずは、ご自分のニーズをよく吟味なさってください──ドリンク1杯ではなく、ホームバーを作るにあたって必要なものは何でしょう？

価格

　価格が品質を必ずしも保証してくれるわけではありませんが、たいていの場合、品質は価格相応です。ミックス・ドリンクを作るつもりでしたら、できるだけ良い材料を選んでください。ただし、高いお金を払ってスーパー・プレミアム・スピリッツを買う必要はありません──つまるところ、サイドカーを作るのにV.S.（ベリー・スーペリア）より上のランクのコニャックは不要です。ですが、だからといって料理用ブランデーで済ませるのもいけません。"ビッグ・セブン"カテゴリーの銘柄について検討する際、参考にするべき値幅は3つあります──コール／バリュー・ブランド、プレミアム・ブランド、スーパー・プレミアム・ブランドです。

ラベルとプルーフ

　ボトルのラベルに載っている情報には、おしゃれでいうシンプル・シックなものからゲティスバーグ演説的なものまで、さまざまなものがありますが、最も重要なのは法令で定められている3つ──誰が作ったのか、どこで作られたのか、そしてアルコール度数／プルーフ。これらが基本中の基本です。優秀なラベルには、そのスピリッツが造られた工程や、熟成ものであれば、どれくらいの期間、どのような環境に置かれていたのかも記されています。こうした情報に基づいて価格は決まっています。プルーフはスピリッツ中のアルコールの強さを示すもので、全体に占めるアルコールの割合（アルコール含有量40％など）かプルーフ値で表されます。［アメリカの］プルーフ値はアルコール含有量値の倍なので、アルコール度数40％は80プルーフとなります。ウォッカやジンなど、大半のフル・ストレングス・スピリッツについて、米政府の管轄機関が定める標準値は80プルーフです（アルコール・たばこ・火器局、略称BATF。火器とアルコールが同一グループに入れられているのは、主に禁酒法の名残り）。フレーバードおよびスパイスト・スピリッツは通常35％／70プルーフ。食前酒（アペリティフ）はずっと低く、一般に16％から30％、リキュールは24％から55％です。

熟成（エイジ）

　スピリッツを樽熟成（バレル・エイジング）させると、香味とまろみが足され、若いスピリッツに付きものである香りの角（ノート）が取れてまろやかになります。大半のスピリッツは通常、オーク樽で熟成されます。樽の大きさ、下準備、過去の使用回数はすべて、スピリッツの出来に影響を与える要素となります。たとえば、ケンタッキー州の倉庫で熟成され、暑い夏と湿度の高い寒い冬を越したバーボンと、常に冷たく湿った海風を受ける、暑い日がほとんどないスコットランドはスカイ島の倉庫で熟成されたスコッチでは、熟成のされ方がまったく異なります。バーボンは一般に4年から6年で熟成に至りますが、スコッチの場合は6年から12年を要します。スピリッツの熟成年はマーケティング・ツールとして利用されることが多いのですが、じつは品質とはさほど関係がありません。たとえ12年ものと記されていても、それが劣化した樽で熟成されるなど、粗雑に造られたブレンデッド・スコッチであれば、その数字に意味はほとんどありません。スピリッツを選ぶ際、熟成年数だけを判断基準にしてはいけません。名前も歴史もあるブランドも考慮に入れてください。また、より若いスピリッツのほうが好ましい場合もあります。たとえば、マルガリータには熟成されていないシルバー／短期熟成のレポサド・テキーラが最適で、リュウゼツランの青い植物性の香りが残っているものがよく合います。長期熟成させた高価なアネホ・テキーラは、少しずつすするように飲んで楽しむ"シ

ッピング"用に取っておきましょう。同じことはダイキリ用のラムにも言えます——必ず若い、もしくは無熟成のシルバー・ラムをお使いください。熟成されたラムですと、オークおよびバニラ香(ノート)が丁寧に作ったダイキリに特有の澄んだライムの香りを邪魔してしまうからです。マイタイには一方、ヴィクター・バージェロン(トレーダー・ヴィック)考案のオリジナル・レシピどおりに作るのであれば、熟成されたジャマイカ産ラムが欠かせません。カクテルに使うウィスキーには、名のある製造業者が適正に熟成させたものをお選びください。フルーツ・ブランデーとオー・ド・ヴィーは別ですが、それ以外のブランデーはすべて、樽熟成によって品質が格段に向上します。

スタイル

　スピリッツを買うにあたり考慮すべきさまざまな点のなかで最も大切なのは、何と言ってもスタイルです——そしてこれは、最も主観的なものでもあります。ビッグ・セブンは買い物の際の大雑把なチェックリストにはなりますが、具体的な銘柄はどうすればいいのでしょう？　ご自分で味見してみるのもひとつの手です。ジンがお好きなら、いくつか違う銘柄の小瓶をお求めになり、まずはストレートで、次にお気に入りのカクテルで試してみると良いでしょう。ただし、これは楽しい反面、時間がかかります。どこかのバーで(できれば、わたしがカウンターの中にいる所で)このリサーチを行なう手もあります。ですが、残念ながらそれも難しいということであれば、わたしの話を参考になさってください。これから皆さんをわたしの店にいる気分にさせて差し上げます。もちろん、話の腰はいつ折っていただいても構いません。わたしの代わりにどうぞ、お好きな飲み物をお作りになってください。

> **Column**
>
> ### テイスティング：鼻は知っている
>
> 　わたしたちの口には味蕾(みらい)が9,000もありますが、鼻腔(びくう)には何百万という膨大な数の嗅覚受容体があるのです。名著『Appreciating Whiskey(アプリシエイティング・ウィスキー)[appreciateは賞味する、の意]』の著者フィリップ・ヒルズは、味の認識における香りの重要性を楽しい実験を通じて実証しています。まず、目を閉じて鼻をつまみます。知人に頼んでリンゴの小片を、次に玉ねぎの小片を舌に乗せてもらいます。嚙んではいけません、味を感じるだけです。するとどうでしょう、香りが口の奥にある鼻腔に達するまで、違いはなかなかわからないはずです。
>
> 　ただし、スピリッツの入ったグラスに鼻を突っ込み、深く吸い込んではいけません。それから30分ばかり、嗅覚受容体を麻痺させてしまうのがおちです。まずはグラスを鼻の下に持っていきます。そして鼻ではなく口から吸ってください。刺激の強い蒸気が鼻腔から入らず、ほのかな芳香だけが喉の奥から上がってきます。プロのテイスターがスピリッツのテイスティングに使用するグラスは小さな脚付きのいわゆるステム・グラスで、ボウル部分が丸く、トップが煙突型(チムニー)になっています。アルコールの蒸気がグラスの中に留まり、そのお酒の特徴的な香り(ノート)だけが立ち上ります。カクテル・パーティのテイスティングでは、ごく普通のワイン・グラスで十分でしょう。
>
> 　次の段階、つまりカクテルのテイスティングもワインのテイスティングとは少々異なります。一度にたくさんすすり、口の中で転がして全体に行き渡らせてはいけません。続けていくつか試飲する場合は、とくに気をつけてください。まずは、それぞれのサンプルの香りを嗅ぎ、鼻でアロマの違いを楽しんでから、実際にテイスティングを始めるのが賢明です。味見の段になったら、スピリッツをごく少量すすり、舌の中央で受けます。続いてそれをゆっくりと、舌の前後左右に転がして、甘味、苦味、塩味、酸味と、舌の場所によって異なるすべての味覚受容体に触れさせてください。ごく少量しか口に含んでいませんので、吐き出す必要はないと思いますが、いくつかのサンプルをテイスティングする場合は、その都度出しましょう。お気に入りのものが見つかりましたら、次はもちろん、いよいよカクテル作りです。

ウォッカ　　　　　　　　　　　VODKA

　ウォッカは最も定義しやすいスピリッツです。米国の法令で定められているとおり、ウォッカは水以外の添加物のない純粋なスピリッツであり、無熟成で、基本的に無味無臭です。一般に、ウォッカは穀物か芋類を原材料とし、国際市場に出回っている商品の9割以上が穀物由来です。ウォッカは精留されたスピリッツであり、これは少なくとも3回は蒸留を経ていることを意味し、いくつかの銘柄はこの点を宣伝文句にしています。ウォッカ製造における最後にして最も重要な工程は木炭による濾過で、木炭の代わりにダイヤモンドの粉末や氷河砂［氷河が残った砂］、さらには水晶を使っていると謳う銘柄もあります。

　ウォッカには強い香りがないため、銘柄ごとの違いはごくわずかです。第一の、そして最も明白な違いは、穀物由来か、芋類由来かのそれです。穀物、芋類の別を問わず、わたしが飲んだなかで最も個性的だったウォッカがルクスソヴァ※です。これはポーランド産の芋由来のウォッカで、はっきりとした香りがありました。ウォッカ好きにはお勧めしますが、マティーニには合わないでしょう。よく冷やし、ストレートで、シッピング・ウォッカとして楽しむのが最適かと思います。米国にはショパンやテトン（原材料は芋のみ）、ペコニカ※（原材料は芋類と穀物の混合）などの手に入りやすい芋由来のウォッカがありますが、どれも通常の穀物由来のウォッカとほぼ区別がつきません。くり返しになりますが、ウォッカはアルコール度数95度──ほぼ純粋なアルコール──になるまで蒸留され、それから濾過されますので、その過程でより度数の低いスピリッツに独特の香りを加える不純物、いわゆるコンジナーはほぼ完全に除去されています。

　第二の違いは舌の上または口の中での質感（テクスチャー）です。質感には大きく分けて2種類あり、輸入ウォッカの有名な2大銘柄のそれが、それぞれを代表していると思います。アブソルートにはオイリーな、粘り気といえる

ウォッカ・ベースで非常に人気のあるコスモポリタン

ほどの質感（テクスチャー）があり、これはシルキーで、しばしばスウィートなフィニッシュと形容されます。一方、ストリチナヤはさらりとした、ほぼ水に近い質感（テクスチャー）が特徴で、フィニッシュはわずかに薬っぽさを感じさせます。質感（テクスチャー）に加えて、アブソルート・スタイルのウォッカには後味にほのかな甘みがありますが、これはストリチナヤには感じられません。ほのかな甘みとオイリーな質感（テクスチャー）の一部はグリセリンによるものです。グリセリンは蒸留の副産物であり、すべてのスピリッツに微量含まれています。スカンジナビア半島の国々にはシルキーで、フィニッシュにほのかな甘みを感じさせるウォッカを造る傾向がある一方、ロシアと東ヨーロッパの国々にはさらりとした、フィニッシュにドライな薬っぽさを感じさせるウォッカを造る傾向があります。

　第三の違いは刺激の種類と度合いです。わたしが思うに、ウォッカは辛く、粗野で、未熟さの残るものか、滑らかでまろみがあり、完成されているかのどちらかです。大半はアルコール度数40度ですが、ほかの銘柄よりも強く舌を刺激するものもあります。低価格の大量生産品は口や喉を焼く一方、名蒸留業者によるウォッ

カは滑らかでまろやかです。プレミアムやスーパー・プレミアム・ブランドはマティーニかストレートのショットで、キャビアなどのオードブルと一緒に楽しむのに最適です。

Value Brands
バリュー・ブランド
……

スミノフ、米国、40度
オリファント※、オランダ、40度
ビボロワ、ポーランド、40度
ルクスソヴァ※、ポーランド、40度（芋類）

Premium Brands
プレミアム・ブランド
……

アブソルート、スウェーデン、40度
フィンランディア、フィンランド、40度
スカイ、米国、40度
ペコニカ※、米国、40度（芋類／穀物）
テトン、米国、40度（芋類）
タンカレー・スターリング、英国、40度
ボル※、アイルランド、40度
ストリチナヤ、ロシア、40度
フリース、デンマーク、40度

Super-Premium Brands
スーパー・プレミアム・ブランド
……

ベルヴェデール、ポーランド、40度
ショパン、ポーランド、40度（芋類）
グレイグース、フランス、40度
レイン※、米国、40度
クリスタール※、ロシア、40度
モール※、エストニア、40度（芋類）

フレーバード・ウォッカ

　フレーバード・ウォッカは米国人にはあまりなじみがありませんが、ロシアでは何百年も前からウォッカに香りを付けています。ところで、ホームバーにもフレーバーヴ・ウォッカはいるでしょうか？　もちろんです。美味しいコスモポリタンを作りたいのであれば、シトラス・ウォッカが欠かせません。ストリチナヤ・ヴァニルとカルーア、冷たいエスプレッソ、クリームで作るエスプレッソ・カクテルも素敵です。それぞれにお気に入りのフレーバーをお選びになり、それぞれの香りをお楽しみください。

Value Brands
バリュー・ブランド
……

ゴードン・シトラス、米国、30度
ゴードン・オレンジ、米国、30度
スミノフ・シトラス、米国、40度
スミノフ・オレンジ※、米国、35度

Column

スミノフ物語

　1930年代、米国コネチカット州ベテルのルドルフ・クネットが、帝政ロシアで生産が始まったスミノフ・ウォッカの名称権と製造権をパリのウラジール・スミノフから購入しました。クネットの父は帝政ロシアでオリジナル・ウォッカの製造用に穀物を供給していました。1939年、ジョン・マーティンがクネットから、1万4,000ドルと1ケース売れるごとの幾ばくかのロイヤリティと引き換えに、すべてを買い取ります。マーティンはヒューブライン社の社長であり、創始者の孫でした。第2次世界大戦後、マーティンはブラッディ・メアリー、スクリュードライバー、モスコー・ミュール、ウォッカティーニという4大カクテルを主軸に、自社のウォッカを積極的に売り込みます。なかでも最も功を奏したのが、ハリウッドおよび有名俳優と懇意になるという作戦でした。マーティンはスミノフの瓶を大ヒットしたジェームズ・ボンド作品をはじめ、さまざまな映画にくり返し登場させました。さらに、当時若手の俳優兼監督だったウディ・アレンをスミノフのポスターに起用もしました。広告に使用した有名なキャッチフレーズは、昼食時のジンマティーニ好きを狙い撃ちした「スミノフ……はっとす

るほど美味」でした。

ジン ──────GIN

ジンは穀物の糖化液──主にとうもろこし、ライ麦、大麦、小麦──から造り、植物で独特な香りを付けます。使える（そして使われる）植物は多く、その種類は製造業者によってさまざまですが、最も顕著な芳香とフレーバー・ノートはセイヨウネズの実によるもので、これがあらゆるジンに共通する要素となります。使用されるほかの植物にはコリアンダー、レモン・ピールおよびオレンジ・ピール、ウィキョウ／フェンネル、桂皮、アニス、アーモンド、アンジェリカ［セイヨウトウキ］などがあります。

ジンはオランダの化学者フランシスクス・シルヴィウス［本名フランツ・ド・ル・ボエ］が16世紀半ばにライデン大学で作りました。シルヴィウスはこれをセイヨウネズ［ジュニパー］のフランス語である"ジュニエーヴル"と名付け、ネズの薬効成分を強化した薬用飲料として世に出しました。［オランダ独立戦争（1568-1648。対スペイン）を支援するために］オランダで戦っていたイギリス兵たちがこれを気に入り、このジンを"ダッチ・カレッジ（Dutch courage）"と称しました［Dutch courage は直訳すれば「オランダ人の勇気」の意。「酒の力を借りた勇気、から元気」という意味もある］。ロンドンにおけるジン製造はイングランド王ウィリアム三世（オレンジ公ウィリアム／ウィリアム・オブ・オレンジ）が奨励しました。ワインやスピリッツを含めフランスからの輸入品を禁じたことで生じた隙間を埋めるためにそうしたのです。結果、ジンの生産量は1690年に50万ガロンだったものが、1710年には1,800万ガロンにまで急増しました。他の多くのスピリッツと同じく、ジンもまた19世紀前半、"コフィ"すなわち連続式蒸留器の発明とともにその性質を大きく変えました［イーニアス・コフィが特許を取得したことから、連続式蒸留器を"コフィ""コフィ・スティル""パテント・スティル"とも呼ぶ］。現在、ジンは世界中で製造されていますが、ロンドン・ドライ・スタイルが高品質の基準とされています。現在、ゴードンのロンドン・ドライ・ジンは米国でライセンス生産されており、多くの米国産ジンがロンドン・ドライと銘打たれていますが、本物（オーセンティック）と呼べるのはゴードン製品だと個人的には思います。また、シーグラムのエクストラ・ドライ・ジンも、これはロンドン・ドライとして売られているわけではありませんが、たいへんよくできたロンドン・ドライ・スタイルのアメリカ産ジンです。似たような名称が多くて紛らわしいですか？では、以下にわかりやすく説明しましょう。

ジンの種類

ダッチ・ジンはアルコール度数35～40度ですが、米国のものは必ず40度です。ダッチ・ジンもしくはジェネヴァ──スキーダムとも呼ばれます──はライ麦、とうもろこし、そして大麦麦芽を原材料にして単式蒸留釜（ポット・スティル）で作るもので、アルコール度数は比較的低くなります。ネズの実や他の植物を醸造中に加え、続いて蒸留して造るもので、フィニッシュにたいてい大麦麦芽の香りがはっきりと感じられます。ジュニエーヴルはオーク樽で熟成されるもので、高度に精留された英国のジンよりもジンの原型にかなり近い味が特徴です。ダッチ・ジンはよく冷やしたものをスモークした魚とともに"シッピング"で楽しむのに適していますが、マティーニには向いていません。

ロンドン・ドライは高度に精留されたスピリッツ（40～47度）で、2度目か3度目の蒸留中に香り付けされます。ジンヘッドに植物が入った専用の蒸留器に蒸気を通すことで、ジンに芳香と花を思わせる個性が加わります。

オールド・トムはロンドン・ドライですが、シンプル・シロップで甘味付けされています。甘味付けは19世紀に高い人気を博しました。オールド・トムは本来トム・コリンズなどの甘いカクテルを作る際に用いられていましたが、20世紀になると、スタイルの変化に合わせて甘さの度合いがやや減ったようです。米国では1950年代まで出回っていました。英国ではいまでも買うことができます。

米国のジン製造業者、とりわけシーグラムはアルコール度数の低いフレーバード・ジンや瓶入りのジン飲料を販売しています。ただ、どの商品もいまのところ市場受けはさほど良くなく、追随する海外メーカーはほかにありません。

　ホームバーにふさわしいと思われる、昔から人気のあるものと新しいものを以下に紹介します。マティーニ・カクテルにお使いになりたいのなら、なるべくプレミアムやスーパー・プレミアムを、トム・コリンズやジン・サワーをお楽しみになりたいのなら、バリュー／コールを。それがわたしからのアドバイスです。

Value and Call Brands
バリュー／コール・ブランド
……

ゴードン、米国、40度
シーグラム、米国、40度
オリファント※、オランダ、40度
ボルス・ジェネヴァ、オランダ、40度

Premium Brands
プレミアム・ブランド
……

ビーフィーター、ロンドン蒸留、47度
ボンベイ、イングランド、40度
ボンベイ・サファイア、イングランド、47度
ブードルズ、イングランド、45.2度
タンカレー、イングランド、47.3度
ヘンドリックス、スコットランド、44度

Super-Premium Brands
スーパー・プレミアム・ブランド
……

ジュニペロ、米国、48.5度
タンカレー・ナンバーテン、イングランド、47.3度
バファーツ、イングランド、40度

ウィスキー　　　　　　　　WHISKEY

　お客さまから初めて「バーテンダー、ウィスキー＆ソーダを」と言われたときは、悩みました。アイリッシュ＆ソーダなのか、スコッチ＆ソーダなのか、バーボン＆ソーダなのか、それともライ＆ソーダなのか？　初めの頃はいちいち確認していましたが、そのうちに、ウィスキー＆ソーダを注文するのは英国人だけで、彼らが望むのは常にスコッチであることに気づきました（いまは何も訊かず、英語のアクセントに耳を傾けるだけです）。一方、バーボン好きは一か八か賭けるようなことはしません。必ず銘柄で注文するか、あるいは少なくともバーボンと指定します。

アイリッシュ＆スコッチ
　ウィスキー好きは誰しも信奉する銘柄をお持ちですが、何がお好みでも、ウィスキーを発明したアイルランド人とスコットランド人にはやはり敬意を払いたいものです。言い伝えによれば、両国でいわゆるウィスキー造りが始まったのは700年前のことでした。"ウィスキー伝道者"たちが新世界に移住し、とうもろこしを発見する以前、アイルランドとスコットランドのウィスキーは大麦、小麦、ライ麦、さらにはオーツ麦からも作られていました。大麦とときにライ麦は麦芽［モルト］にする、つまり発芽させることで、化学反応が促されて種に含まれるでんぷんが糖に変わり、その糖がアルコールに変わります。でんぷんが完全に消費されないよう、発芽工程は麦芽の状態で止める必要があります。そのために麦芽はキルン［熱風で麦芽を乾かすための建物。麦芽乾燥塔］の中で乾燥させます。ここがスコッチとアイリッシュとの分岐点になります。

　スコッチはこの乾燥の段階で、世界中の全ウィスキーと一線を画す独特なフレーバーを纏います。乾燥工程の一部は泥炭［ピート］を燃やした火で行なうのですが、その際、キルン内に入ってくる泥炭の煙が乾燥中の麦芽にじかに触れます。その後、発酵および蒸留を経るのですが、燃えた泥炭に由来するそのいぶされたような香りはアルコール分子とともに残り、完成品に加わります。

一方、アイリッシュ・ウィスキーにはいわゆるスモーキー・フレーバーはありません。単式蒸留釜(ポット・スティル)で蒸留した麦芽が一部使われるのですが、麦芽は密閉したキルンの中で、石炭またはガスでの加熱によって乾燥させられるため、煙が中に入って麦芽に触れることがないためです。アイリッシュ・ウィスキーはとうもろこしベースのグレーン・ウィスキー独特のかすかな甘みと、大麦および大麦麦芽由来の、蜂蜜を思わせるトースティなフレーバーが特徴です。ただ、スコッチ・ウィスキーとアイリッシュ・ウィスキーには共通点もあります。どちらも独特な個性を加えるフレーバーの輪を断ち切らないよう、必ず単式蒸留釜(ポット・スティル)内で低温蒸留されます。大麦麦芽は全ウィスキーにとって重要な存在であり、世界の大半のウィスキーの糖化液(マッシュ)に発酵工程中、一定量加えられます。

アメリカン

　大西洋のこちら側では、ウィスキーはストレートとブレンデッドに大別されます。ストレートは原料の最低51％が穀物でなければならず、160プルーフ[80度]を超えてはならず、オーク樽で2年間熟成させなければならず、水で薄めても、80プルーフ[40度]を下回ってはいけません。ブレンデッド・ウィスキーは2種類以上の100プルーフ[50度]のストレート・ウィスキーを、中性スピリッツやグレーン・スピリッツ、ライト・ウィスキーと合わせたものを指します。

　ストレート・ウィスキーにはバーボン、テネシー、ライの3つのスタイルがあります。バーボンは ── 名前の由来はケンタッキー州バーボン郡 ── 穀物を挽き、あるいは砕いた"糖化液(マッシュ)"を湯に浸し、これを発酵させて造ります。バーボンに使用する糖化液(マッシュ)には種類が2つあります。スウィート・マッシュ方式はフレッシュな酵母を使って発酵を始めるやり方で、もう1つのサワー・マッシュ方式は、フレッシュなスウィート・マッシュと以前の発酵で残った糖化液(マッシュ)を合わせて使います。バーボンという括りの中にも、原材料に明確な違いがあります。小麦(ウィート)か、ライ麦かの違いです。バーボンは主にとうもろこし(コーン)で作られますが(とうもろこしの割合は原

ベルモント・ブリーズ・パンチ

材料の80％までで、それを上回るものは"コーン・ウィスキー"と表示しなければなりません)それ以外の糖化液(マッシュ)の穀物は小麦かライになります(発酵を促進させるために大麦麦芽も少量加えます)。どちらがより良いのかは、バーボン製造業者の間でよく議論の的になります。ご興味のある方は、メーカーズマーク(小麦)とジムビーム(ライ麦)を交互にすすってみると良いでしょう。個人的には小麦派ですが、ライ麦派の優れたバーボンを勧められたからといって、お断りすることもございません。

　テネシー・ウィスキーはすべてにおいてバーボンに似ていますが、濾過工程だけが異なります。焼き焦がし(チャー)したオーク樽に入れる前に、ウィスキーを10フィート[約30メートル]長のサトウカエデの木炭でゆっくりと濾過するのです。1バッチ分が一滴ずつこの炭を通過するのに10日から2週間ほどかかります。ジャックダニエルとジョージディッケルがテネシー・サワー・マッシュ・ウィスキーの2大銘柄です。

　ライはバーボンに似た味ですが、はっきりとスパイシ

ーな、そしてわずかにビターなフレーバーが特徴です——ライ麦パンの実を噛んだときの風味をご想像ください。ライ・ウィスキー作りには小麦と大麦を使用するのが一般的ですが、主原料の最低51%がライ麦であることが法律で定められています。

> **Column**
>
> ### 強いアルコール飲料
>
> アルコール度数が35度以上のスピリッツや、普段あまり使わないリキュールおよびコーディアルの類は、室温でいつまでも保存がききます。ポート、マデイラ、シェリーといった酒精強化ワイン[フォーティファイド]は、いったん封を切ったら、冷蔵がお勧めです。甘みの極めて強いワインは冷蔵で4週間まで保つ[も]でしょう。ベルモットをはじめ香りを強化したアロマティック・ワインも、使わないときには冷蔵し、長時間外に出しておかなければ、4週間は保つはずです。種類を問わず、すべてのワインに冷蔵は欠かせません。

ブレンデッド対ストレート

19世紀中頃まで、ウィスキーは何もブレンドされていないストレート・スピリッツであり、加えるのはアルコール度数を下げる水だけでした。瓶詰めされることもありましたが、たいていは樽からそのまま供されていました。当時、ウィスキーを飲む国はアイルランド、スコットランド、米国に限られていました。英国人はウィスキーを優れたフランス産ブランデーに劣るものと見なし、モルト・スコッチは強すぎると思っていました。ところが、1880年代に起きたフィロキセラ禍[フィロキセラ(=ブドウネアブラムシ)は、ブドウを枯死させる昆虫]によって、状況が一変しました。ヨーロッパ全土のブドウが壊滅し、コニャック業界が大打撃を受けたのです。この窮地に登場したのがスコッチ・ウィスキーであり、連続式蒸留器"コフィ"により、ライトな、高プルーフのグレーン・ウィスキーが安く製造できるようになりました。スコットランドはエジンバラの蒸留業者アンドルー・アッシャーもこの普及に力を貸したひとりでした。"強すぎる"という苦情の解決策を考案したのです。アッシャーはライトなグレーン・ウィスキーとヘビーなモルト・ウィスキーを合わせ、両スピリッツの良いところを併せ持ち、なおかつ廉価で継続的に製造できるブレンデッド・ウィスキー造りに成功しました。また、同じ頃にスコットランドのグレーン・ウィスキー製造業者たちが、いわばいとこにあたるアメリカ人業者が使うとうもろこしの甘さを知り、これも使用するようになったことで、ブレンディングはさらに普及しました。

アメリカン・ウィスキーにおけるブレンディングは禁酒法[1920-1933年]の産物でした。禁酒法の施行後、熟成されたストレート・ウィスキーの在庫が米国から消えたため、それらが市場にふたたび出回るようになるまで、若いウィスキーをより古いカナダのそれとブレンドしたのです。

> **Column**
>
> ### カクテル・トリビア
>
> "100%シングルモルト・スコッチ・ウィスキー"というラベル表示は、そのウィスキーが大麦麦芽のみを原料とし、1シーズンに1つのモルト・ウィスキー蒸留所[シングル]で作られたものであることの証です。

カクテルにおけるウィスキー

アイラ・モルトのような非常にスモーキーなスコッチは、カクテル界に居場所を見つけるのが極めて難しいのですが、まったくもって無理というわけでもありません。たとえばゲイリー・リーガン[米国の著名バーテンダー]のデボネア・カクテル(p134)はジンジャーの香りとスモーキーなスコッチを合わせたもので、両者の組み合わせは相性も味も抜群です。それに比べてブレンデッド・スコッチははるかに使いやすく、ロブ・ロイ、ブラッド・アンド・サンド、ロビー・バーンズなど、その個性を巧みに活かした古典的カクテルが数多くあります。アメリカン・ブ

レンデッドおよびストレート・ウィスキーはさらに合わせやすく、サワー、ジュレップ、トディ、スマッシュ、ノッグ、パンチなどに使われています。わたしもアメリカン・ウィスキーを使った、新たなドリンク作りに挑戦をしてみました。詳細は後掲のベルモント・ブリーズ（p181）とウィスキー・ピーチ・スマッシュ（p88）をご覧ください。アイリッシュ・ウィスキーも繊細かつ複雑なフレーバー・プロフィールがカクテルに合わせると良いアクセントになるのですが、味が強いものとは合わせないほうが無難です。丁寧に扱い、ベネディクティンやペイショーズ・ビターズ※のように数ダッシュ加えるのがわたしの好みです。

Value Brands
バリュー・ブランド
……
ブレンデッド・スコッチ
アンバサダー、ブラック＆ホワイト、グランツ
……
シングルモルト・スコッチ
ディーンストン12年、アベラワー・グレンリベット10年、ボウモア・レジェンド
……
バーボン
オールド・フォレスター、エンシェント・エイジ、ジムビーム、ベンチマーク
……
ブレンデッド・アメリカン
カルバート※、フォア・ローゼズ、フライシュマンズ・プリファード※
……
ライ
ジムビーム
……
カナディアン
カナディアン・ミスト、ブラック・ベルベット
……
テネシー
ジョージディッケル No. 8
……
アイリッシュ
コロンターフ、パワーズ、マーフィーズ

Premium Brands
プレミアム・ブランド
……
ブレンデッド・スコッチ
デュワーズ、カティサーク、ジョニー・ウォーカー・レッド＆ブラックラベル、J＆B、フェイマス・グラウス、シーバス
……
シングルモルト・スコッチ
グレン・リベット12年、グレン・フィディック12年、ハイランド・パーク12年、マッカラン12年
……
バーボン
ワイルドターキー101、メーカーズマーク（スモールバッチ）、オールド・フォレスター・ボンデッド、オールド・リップヴァンウィンクル、ファミリー・リザーブ13年、ジムビーム・ブラックラベル
……
ブレンデッド・アメリカン
シーグラム・セブン
……
ライ
ワイルドターキー・ライ、オールド・オーバーホルト
……
カナディアン
カナディアン・クラブ・クラシック12年、シーグラムVO、クラウン・ローヤル、タングルリッジ10年※
……
テネシー
ジョージディッケル・オールド No. 12、ジャックダニエル・ブラック
……
アイリッシュ
ブッシュミルズ、ジェムソン、タラモア・デュー

Super-Premium Brands
スーパー・プレミアム・ブランド

……

ブレンデッド・スコッチ
ジョニー・ウォーカー・ゴールド＆ブルーラベル
シーバス18年、バランタイン30年、J＆Bアルティマ43度

……

モルト・スコッチ
グレン・リベット18年、マッカラン18年＆21年、ボウモア30年、ブナハーブン1979※、スプリングバンク・キャンベルタウン1967※

……

バーボン
ブッカーズ・スモールバッチ62.65度、ブラントンズ・シングルバレル46.5度、パピー・ヴァンウィンクル・スペシャルリザーブ20年45.2度、ウッドフォード・リザーブ・シングルバレル45.2度、ベイカーズ・スモールバッチ53.5度、ディスティラーズ・マスターピース18年49.5度

……

ライ
オールド・ポトレロ・シングルモルト123.5プルーフ

……

カナディアン
クラウン・ローヤル・スペシャルリザーブ

……

テネシー
ジェントルマン・ジャック、ジャックダニエル・シングル・バレル90プルーフ、ジョージディッケル・スペシャル・バレル・リザーブ43度※

……

アイリッシュ
ブラックブッシュ、ブッシュミルズ・モルト16年トリプルウッド、ジェムソン・ゴールド、タラモア・デュー12年、ミドルトン・ベリーレア、ミドルトン26年※

Column

ウィスキー：スウィート・マッシュ？それともサワー・マッシュ？

サワー・マッシュはテネシー・ウィスキーの代名詞的なものと受けとめられているようですが、実際のところ、大半のバーボンはサワー・マッシュ方式で作られています。発想はいたってシンプルなもので、以前の発酵工程で残った発酵マッシュを少量、次のバッチに加えるという方式です。こうすることで、酵母の同一性を保持できます。

Column

ウィスキー基本用語

・**グレーン・ニュートラル・スピリッツ**：さまざまな穀物をアルコール度数95度以上で蒸留したスピリッツ、無熟成。

・**グレーン・スピリッツ**：さまざまな穀物を95度以上で蒸留したスピリッツをステンレス製ではなくオーク製の容器に貯蔵し、40度以上で瓶詰めしたもの。

・**モルト・スコッチ**：オーク樽で3年以上熟成させるのが決まりだが、実際には5年未満のものはほぼなく、8年から14年ものが一般的。香り付けに泥炭で熱したキルン[乾燥塔]の中で一部乾燥させた、100%大麦麦芽のマッシュを単式蒸留して作る。スコットランド産。

・**ブレンデッド・スコッチ**：ブレンドされたモルトおよびグレーン・ウィスキーで、使用済みのオーク樽の中で最低3年は熟成されなければならない。ブレンドに使用されるのはスコットランド産のグレーン・ウィスキーとシングルモルト・ウィスキー。166.4ブリティッシュ・プルーフ[95度]未満で蒸留。

・**アイリッシュ・ウィスキー**：単式蒸留器で3回蒸留したモルト・ウィスキー、モルトにしていない大麦を使ったウィスキー、グレーン・ウィスキーをブレンドして造る。グレーン・ウィスキーの主な原料は小麦、オーツ麦、ライ麦、とうもろこし。使用済みオーク樽の中で最低3年熟成。

- **カナディアン**：既使用のオーク樽の中で最低3年熟成。主な原料はライ麦、とうもろこし、小麦、大麦麦芽。
- **ブレンデッド・アメリカン・ウィスキー**：50度のストレート・ウィスキーと、ニュートラル・グレーン・スピリッツ、グレーン・スピリッツ、その他ウィスキーをブレンド。全体に占めるストレート・ウィスキーの割合は20％以上。
- **アメリカン・ライト・ウィスキー**：80度から95度の間で蒸留。未使用あるいは既使用のオーク樽に貯蔵。
- **バーボン**：焼き焦がしたオーク樽の中で2年以上熟成。マッシュの原料はとうもろこしが全体の51％から79％、残りは小麦かライ麦と少量の大麦麦芽。80度以下で蒸留。
- **テネシー・ウィスキー**：焼き焦がしたオーク樽の中で2年以上熟成するのが決まりだが、通常4年から6年未満のものは瓶詰めされない。ただし、ジャックダニエル社は地元テネシー州でのみ販売される、熟成わずか1年のウィスキーを製造している。製造工程はバーボンのそれに近いが、木炭での濾過が加わる点が異なる。
- **ライ**：未使用の焼き焦がしたオーク樽で最低2年熟成。ライ麦またはライ麦麦芽が全体の51％から100％を占めるマッシュから造る。
- **コーン（ホワイトライティング）**：未使用または既使用のオーク樽での熟成が基本だが、熟成ではなく、"休ませた（レステッド）"だけのものもある。とうもろこしの割合が80％以上のマッシュから作られる。
- **アメリカン・ストレート・ウィスキー**：ライ、コーンおよびバーボンがアメリカン・ストレートとされる。
- **ブレンデッド・ストレート**：ストレート・ウィスキーを2種類以上ブレンドしたもの。

テキーラ　　　TEQUILA

テキーラはメキシコのアステカ人が作っていたアルコール飲料"プルケ"を蒸留したものです。プルケはリュウゼツランの樹液を発酵させたものでした。この地を征服したスペイン人、いわゆるコンキスタドールたちはプルケをあまり好まず、そこでアステカ人に蒸留技術を教えました。リュウゼツランを原料にした最初の蒸留酒はヴィノ・メスカルと呼ばれていました。テキーラが属するカテゴリー全体を現在ではメスカルと呼んでいます。

初期メスカルはかなり原始的な蒸留酒で、プルケと大差なく、違いは後者よりもアルコール度数が高い点だけだったと思われます。18世紀後半には、メスカルの製造はテキーラの町を中心に行なわれるようになり、さまざまな種類のリュウゼツランを試した結果、アガベ・テキラーナ・ウェバー・ブルー、現在ブルー・アガベと呼ばれる種類に落ち着きました。ちなみに、プルケはいまもメキシコの一部地域でアステカ人の末裔（まつえい）が造っています。一方、テキーラはハリスコ州の村テキーラとその周辺でしか製造されていません。メキシコの法令により、正式にテキーラと認定されるには、ハリスコ、ナヤリ、ミチョアカン、グアナファート、タマウリパスというメキシコ5州で生育したブルー・アガベを原料とするものでなければなりません。

テキーラはミクストと100％ブルー・アガベの2種類に大別されます。ミクストは原料の51％がブルー・アガベの糖化液（マッシュ）で、発酵中にサトウキビなどに由来する糖を加えて製造し、大量出荷され、出荷先で瓶詰めされることが少なくありません。100％ブルー・アガベと記されているテキーラは、文字どおり100％ブルー・アガベからなる糖化液（マッシュ）を蒸留して造るもので、必ずメキシコで熟成および瓶詰めされます。メキシコの法令により、テキーラはブランコ、ホベン・アボカド、レポサド、アネホの4種に分けられています。ブランコはホワイト、シルバー、プラタとも呼ばれ、ミクストと100％ブルー・アガベのいずれのタイプもあり、樽の中で60日未満熟成され、一般にステンレス製タンクの中で休ませます。これがテキーラのなかでは最も一般的なスタイルです。ホベン・アボカドはゴールドとも呼ばれ、カテゴリーはないと言っても良いでしょう。ほぼ必ずミクスト・テキ

ーラで、褐色をしていますが、これは熟成によって自然に付いたものではなく、一般にカラメルで着色および着香されています。レポサド・テキーラの"レポサド"はスペイン語で"休ませた（レステッド）"という意味で、これも色と香りを加えることが認められており、熟成は最低60日、最長1年まで樽の中で行なわれます。アネホ、つまり熟成テキーラは少なくとも1年、たいていはそれよりも長く樽の中で熟成されます。複雑でエレガントな味と香りが特徴の最上のアネホは、上質のコニャックと比較されることもあります。

　普通の植物からコニャックを思わせる霊薬（エリクサー）に至る旅路は、ブルー・アガベの根茎"ピニャ"から始まります。重量は葉を落とした状態で50〜100ポンド［20〜40キロ］ほどもあります。"アグアミール（蜜水）"と呼ばれる甘い液体がいっぱいに詰まっているこれを蒸留所に持っていき、貴重な糖分を抽出するため、煉瓦かコンクリート製のオーブンの中で24時間から36時間、蒸すかローストします（あるいは、近代的なスチール製の圧力釜アウトクラベの中で7時間蒸し上げます）。これを24時間休ませてから、粉砕または圧搾してアグアミールを取り出し、そこに水を加えて発酵させます。発酵中に糖度を測定し、この段階で糖を加えてミクストにするか、100%ブルー・アガベにするかの重要な判断を下します。蒸留に使うのは単式蒸留釜か蒸留塔で、どちらにするかは製造業者次第ですが、手作りの100%ブルー・アガベ・テキーラはたいてい単式蒸留釜を用い、低温度で蒸留します。いずれの場合でも、テキーラは必ず2回蒸留器を通過させることが法で定められており、こうしてできたアルコール度55度のスピリッツを熟成させ、加水し、一般に商品用の40度にします。

> **Column**
> **カクテル・トリビア**
> テキーラの主原料であるブルー・アガベは一度根茎を取ってしまったら再生することはなく、生育には8年から12年を要します。時間がかかる？　いえ、それだけではありません。親木から子株ができるまでに5年もの歳月を要します。需要が高まるなか、テキーラの製造は注文に追い付かず、現在、原料となるランの生育待ちの状態です。

カクテルにおけるテキーラ＆メスカル

　テキーラはカクテルの材料に打って付けで、柑橘類をはじめとする果物とも、シンプルにトニックや水とも合わせやすいスピリッツです。植物由来の個性はブラッディ・メアリーや伝統的なテキーラ・コン・サングリータ［＝テキーラ・アンド・サングリータ。コン(con)はスペイン語で and の意］といったセイボリー・ドリンク［甘味が少なく、塩味・辛味などが味の軸になっている料理系ドリンク］によく合います。一方、メスカルはグラッパのような香りと、はっきりとしたスモーキーな風味が特徴です。そのためカクテルでの用途は限られていますが、いくつか優れた取り合わせもあります。ジンジャー・エールかジンジャー・ビアをお試しください。マンゴーやパッションフルーツなどのトロピカル・フルーツとの相性も抜群です。また、濃いコーヒーやエスプレッソに入れても良いでしょう。

Value Brands
バリュー・ブランド
（バリュー・ブランドはすべてミクスト・テキーラ）
……
ペペ・ロペス※
マルガリタビーリェ※
カピタン※
フアレス※

Premium Brands
プレミアム・ブランド
……
カボ・ワボ・ブランコ
サウザ・コンメモラティボ4年
サウザ・オルニートス（100%ブルー・アガベ）
クエルボ・ゴールド
エル・テソロ・シルバー（100%ブルー・アガベ）

エラドゥーラ・シルバー

Super-Premium Brands
スーパー・プレミアム・ブランド
……
パトロン・レポサド＆アネホ（100％ブルー・アガベ）
エル・テソロ・レポサド＆アネホ※（100％ブルー・アガベ）
チナーコ（100％ブルー・アガベ）
クエルボ・トラディシオナル
ポルフィディオ（100％ブルー・アガベ）
サウザ・スリー・ジェネレーション（100％ブルー・アガベ）
テノーチ※

> **Column**
>
> **メスカル：テキーラのきょうだい**
>
> メスカルに触れずして、テキーラを語ることはできません。メスカルとは瓶の底にイモムシ（"グサーノ"）が入っていることで悪名高いメキシコ産のスピリッツで、主にオアハカとその周辺で製造されています。近年、エンカンタードやデル・マゲイといったプレミアムやスーパー・プレミアム・メスカルも米国に入ってきています。メスカルの主原料はテキーラのそれとは違う種類のリュウゼツランで、主にエスパディンが用いられます。ただ、プルケ・マゲイ、マゲイ・シルベストレやマゲイ・トバラといった野生種など、ほかの種類もいくつか使われています。さらにややこしいことに、"メスカル"という言葉はカテゴリーの総称でもあり、テキーラはメスカルの一種ですが、メスカルは必ずしもテキーラではありません。
>
> メスカルの製造法はテキーラのそれとほぼ同じなのですが、ピニャの加熱法が異なり、前者では木炭を燃やしてピニャを加熱します。ピニャと木炭が直接触れることはないのですが、加熱中に煙がピニャに入り込み、その結果、完成品にははっきりとしたスモーキー香があります。

ラム ———————— RUM

ラムは新世界初のスピリッツで、1493年にコロンブスがサトウキビの苗木を西インド諸島に持ち込んだことをきっかけにして、まずはブラジル、バルバドス、ジャマイカで生産が始まりました。それが18世紀中頃にはカリブ海全域、南米、そしてニューイングランド［注→p14］で製造されるまでになり、ニューイングランド人たちはこれをたいそう気に入りました。当時のラム・スリング（ラム、砂糖、水、レモン果汁（ジュース））は、もしもビターズが入っていれば、アメリカ産カクテル第1号とされていたかもしれません。

ラムは廃糖蜜（モラセス）、サトウキビ汁、もしくは圧搾したサトウキビから流れ出る汁を煮詰めたシロップを原料としています。ラムには基本的に3つ（新種のフレーバード＆スパイスト・ラムを入れれば4つ）のタイプがあります。ライト・ラムはホワイトやシルバーとも呼ばれるもので、樽の中で1年未満熟成され、濾過してから瓶詰めします。バカルディ・ライトに代表される、かすかな味と香りが特徴です。ミディアム・ラムはゴールドやアンバーとも呼ばれるもので、コンジナー（発酵中に生じる有機化合物）の生成や、カラメルの添加、ときには木樽での熟成による、よりリッチでスムースな仕上がりが特徴で、マウント・ゲイ、アプルトン・ゴールド、バカルディ8などが代表例です。ヘビー・ラムはマイヤーズやゴスリング、バカルディ・ブラックといった、一般にラム・パンチに使用されるブレンデッドおよび着色ラムと、長期熟成されたいわゆるフルボディの"ブランデー・スタイル"のシッピング・ラムを指し、後者にはアンゴスチュラ1824※、バルバンクール15年、エルドラド・デメララ25年※などがあります。

4つめの新カテゴリー、スパイスト・ラムまたはアロマティック・ラムは蒸留中に香辛料や芳香植物を添加したもので、その名前どおりの味がします。フレーバード・ラムはスパイスト・ラムとココナッツ・ラムの登場とともに、まだ数年前に世に出てきたばかりではありますが、フレ

ーバーものとして、ウォッカとジンを越える勢いで人気を高めつつあります。バカルディ・リモンの成功を受けて、いくつかのメーカーがフレーバード市場に積極的に参入しました。メイン州の蒸留所ホワイト・ロック・ディスティラーズが瓶詰めするトリニダード産ラムの酒造メーカー、カバナボーイには現在8種の、セントクロワ島のクルーザン・ラムには7種類のフレーバード・ラムがあります。また、マリブ、キャプテンモルガン・スパイスト・ラム、バカルディ・スパイスといった定番も依然として高い人気を誇っています。さらに、バカルディ・トロピコの登場とともに、果汁(ジュース)を加えたラムという新たなサブカテゴリーも先頃誕生しました。

Value Brands
バリュー・ブランド
……
ライト
ロン・カスティーヨ・ホワイト※、プエルトリコ
フェルナンデス19ホワイト※、トリニダード
バルバンクール・ホワイト、ハイチ
アンゴスチュラ・オールド・オーク・ホワイト※、トリニダード
……
ミディアム/ゴールド
アプルトン・スペシャル・ゴールド、ジャマイカ
パロ・ビエホ・ゴールド※、プエルトリコ
フェルナンデス19ゴールド※、トリニダード
ブルガル・ゴールド※、ドミニカ共和国
……
ヘビー
コルバ・ダーク、ジャマイカ
クルーザン・エステート・ダーク2年※、セントクロワ島
フェルナンデス・ダーク※、トリニダード
ロン・マツサレム・クラシック・ブラック・キューバン・トラディション※、米国フロリダ州

Premium Brands
プレミアム・ブランド
……
ライト
バカルディ・シルバー、プエルトリコ
バカルディ・リモン、プエルトリコ
マウント・ゲイ・プレミアム・ホワイト※、バルバドス
レイ&ネフュー・ホワイト・オーバプルーフ※、ジャマイカ
レインボー・スピリッツ・ホワイト・ラム※(売り上げの50%はエイズ研究に寄付)
エルドラド・ホワイト※、ガイアナ
……
ミディアム
マウント・ゲイ・エクリプス、ジャマイカ
バカルディ・ゴールド、プエルトリコ
オクマレ※、ベネズエラ
レモンハート、ガイアナ&トリニダード
アプルトン・エステート VX、ジャマイカ
バルバンクール 3スター 4年、ハイチ
……
ヘビー
バカルディ8年、プエルトリコ
バルバンコール 5スター 8年、ハイチ
セントジェームス・オルダージュ、マルティニーク
マウント・ゲイ・エクストラ・オールド、バルバドス
パッサーズ・ブリティッシュ・ネイヴィー・ラム、イギリス領ヴァージン諸島
エルドラド 12年、ガイアナ
マイヤーズ・ダーク、ジャマイカ
ゴスリング・ブラックシール、バミューダ(ただし、原料は他の島で買い入れたラム)

Super-Premium Brands
スーパー・プレミアム・ブランド
……
ミディアム
ラム・バルバンクール 15年、ハイチ
アプルトン・エステート 21年、ジャマイカ
シー・ウインド※、ジャマイカ
バイレート・カスク 23※、アンギラ
バカルディ・レゼルバ・バカラボトル※、プエルトリコ

ザヤ 12年グランレゼルバ、グアテマラ
……
ヘビー
アンゴスチュラ1824※、トリニダード
パイレートXOリザーブ・プランターズゴールド※、アンギラ
パンペロ・ラム・アニベルサリオ、ベネズエラ

> Column
>
> ### オーバープルーフ・ラム
>
> "オーバープルーフ"ラムは75度（150プルーフ！）の強いスピリッツで、ドリンクの仕上げにごく少量、フロートかダッシュとして加えるのが一般的です。オーバープルーフ・スピリッツは種類を問わず、人体への負担がかなり大きくなりますが、なかでもオーバープルーフ・ラムは同種のものよりもさらにプルーフが高く、とりわけ強力です。料理には、そして直火のそばでは、絶対に使わないこと。

世界各地のラム

オーストラリア：オーストラリアは19世紀からラムを製造しています。ホワイト、ゴールド、ブラックの3種類があり、スタッブズ※のホワイトは米国に輸出されている数少ない製品のひとつです。

バルバドス：バルバドスのラムはミディアムからヘビーが主です。最大手の酒造元はドクター・ウィリアム・ゲイが1663年から早くもラム造りを始めたと言われる、世界最古にして最も有名なメーカー、マウント・ゲイ・エクリプスです。

イギリス領ヴァージン諸島：最も有名なのがパッサーズのラムで、これはバルバドス、トリニダード、ガイアナ産のラムをブレンドして造ります。強いフレーバーがパンチ・スタイルのドリンクによく合います。ここのラムは18世紀から1970年まで水兵にラムを配給していた英国海軍の御用達でした。

キューバ：キューバ産ラムの代表はハバナクラブです。糖蜜（モラセス）とサトウキビ汁のブレンドを原料に、連続式蒸留器と砂濾過器を使って製造します。

ドミニカ共和国：米国でも数年前から手に入るようになり、にわかに注目を集めています。最大手はブルーガルとロン・ベルムデスです。

ガイアナ：ガイアナのラムはミディアムからヘビーが中心で、大半は英国のレモンハートといったメーカーにブレンド用として販売されています。英国海軍がガイアナやトリニダード産のラムを水兵1人ひとりに配給していた伝統の名残です。

ハイチ：ハイチ産で最も有名なのはバルバンクール。糖蜜（モラセス）ではなくサトウキビ汁で作るすばらしいシッピング・ラムです。8年から12年熟成させるため、美しいコニャックのような芳醇な後味（フィニッシュ）が特徴です。

ジャマイカ：ジャマイカはヘビー・ラムで知られており、製造には基本的にテネシー・ウィスキーの場合と同じく、サワー・マッシュが用いられます。ジャマイカ最大の蒸留酒造業者レイ＆ネフューのミディアム・ラムと香り豊かなオーバープルーフ・ラムは、自社およびアプルトンの銘柄で販売されています。マイヤーズ・ダークは米国で人気が高く、プランターズ・パンチに欠かせません。

マルティニーク：マルティニークのラムは、フランスのコニャック製造技法に倣い、サトウキビ汁と糖蜜（モラセス）を単式蒸留器で蒸留し、オーク樽で熟成させて造ります。クレマン・ラムは逸品なのですが、残念ながら入手は容易ではありません。セントジェームス・ラム・ビューはフルボディの4年もので、こちらのほうが米国では手に入れやすいでしょう。

プエルトリコ：プエルトリコはカリブ海最大のラム製造地で、バカルディは世界最大のラム製造業者です。有

名なのはバカルディ・シルバーで、連続式蒸留器で蒸留し、活性炭による濾過を経て造ります。

トリニダード：アンゴスチュラは現存する最古の商標登録済ブランドのひとつです。アンゴスチュラ・プレミアム・ホワイト※はダイキリのベースに最適です。

米領ヴァージン諸島：カクテルによく合うのはクルーザン・ラムで、そのいくつかはフレーバーものです。より上質なのがクルーザン・エステート・ダイアモンド※で、こちらは4年から10年熟成させて造ります。

ベネズエラ：パンペロのプレミアラムが有名で、なかでも最高級の熟成ラムがアニベルサリオです。

カクテルにおけるラム

植民地時代、米国人はラムをこよなく愛していましたが、独立戦争と続いて起きた1812年の戦争［第2次米英戦争］により、この国のラム産業は壊滅しました。米国人がラムを再発見するのは禁酒法時代［1920-1933年］になってからのことなのですが、それは米国ではなく、キューバにおいてのことでした。ハバナは自由人や富裕層、とくにハリウッドのセレブの間で大人気の地になりました。才能豊かなキューバのバーテンダーたちはラムを使ったカクテルを次々に考案し、そこにメアリー・ピックフォード（p199）やドロシー（ギッシュ）（p137）など、人気スターたちの名を付けました。ハバナの有名なバー、エル・フロリディータ（El Floridita）でアーネスト・ヘミングウェイ［1899-1961］が好んだダイキリは、パパ・ドブレ（p180）といいます。名付け親はかの有名なバーマン、コンスタンテ・リバライグァで、これはいまも各地のバーで出されています。

> **Column**
>
> ### ラム：名前の由来は？
>
> ラムという名前はどこから来たのでしょう？ サトウキビのことをラテン語でSaccharum officinarumといい、どちらも"rum"で終わることから、この名が付いたという説があります。スペイン語では"ron"、スウェーデン語とロシア語では"rom"、フランス語では"rhum"と書きます。一方、英語では"キルデビル［悪魔殺し、の意］"と称していました。著書『Rum, Romance, and Rebellion（ラム・ロマンス・アンド・レベリオン）』で、チャールズ・ウィリアム・トッシグは"rum"の語源を西インド諸島の言葉"rumbullion［興奮、の意］"としています。ただ、『Rum Yesterday and Today（ラム・イエスタデイ・アンド・トゥデイ）』の著者アントン・バーティ＝キングとヒュー・マッセルは語源をチョーサー［1343頃-1400。イングランドの詩人］に求め、「ランバル（rumbul）に耽り大いに騒ぐ人々」が由来だと書いています。トッシグは1676年の定期刊行物に「サトウキビを蒸留したもの。バルバドス島で作られているひどく辛くて熱い、最低最悪のおぞましい酒」との記述があると指摘しています。

コンスタンテ・リバライグァ（1888-1952）

ブランデー ――――― BRANDY

ブランデーはワインなどの発酵した果汁を蒸留して作るアルコール飲料です。名称の語源であるオランダ語のブランデウィン（brandewijn）は"焼いたワイン"

という意味で、これは蒸留中にワインを加熱する工程に由来します。ブランデーという大きな括りの中に、フルーツ・ブランデー、グラッパ、マール、ポマース、オー・ド・ヴィー（"命の水"のフランス語）など、サブカテゴリーが多数あります。オー・ド・ヴィーとフルーツ・ブランデーはほぼどんな果物からでも造れます。最上のグレープ・ブランデーは古くからコニャックとアルマニャックというフランスの南西地域で生産されています。スペインも、ブランデー・デ・ヘレス・ソレラ・グラン・レゼルバをはじめ、最高品質のブランデーの産地として知られています。ここ米国でもいくつかのメーカーが良質なブランデーを製造しており、ボニー・ドゥーン、カーネロス・アランビック、クリークサイド・ヴァインヤーズ、ジャーメイン・ロビンなどがよく知られています。

スペインのブランデー

スペインのブランデーとシェリーは南西部のアンダルシア地方で造られています。この地域の多くの町には町名に"デ・ラ・フロンテーラ"が付いており、それはここが以前、ヨーロッパのキリスト教徒とイスラム教徒のムーア人の領地同士を区切る"国境（フロンティア）"だったことに由来します。この地域の中心となる町がヘレス・デ・ラ・フロンテーラです。フェニキア人が設立し、続いてギリシア人、ローマ人、ヴァンダル人、ゴート人、ムーア人が、そして最終的にキリスト教徒が治めました。この地方では古代からブドウ作りが盛んで、ムーア人はアルコール類を飲まなかったのですが、アランビック蒸留器を考案し、医療および美容目的でアルコールを蒸留していました。ムーア人は実際、ヨーロッパで初めて蒸留を行なった民族と言われています。彼らが蒸留をした地がヘレスであり、当時そこはシェリシュと呼ばれていました（"シェリシュ"と"シェリー"がよく似ているのは偶然ではないでしょう）。スペインのキリスト教徒は1262年、ムーア人から"フロンティア"を取り返すと、同地に駐屯させていた大勢の兵士たちのためにワインを造り、さらには世界各地に遠征する軍隊用にそれを樽に詰めるようになりました。このワインには保存がきくように、ブドウを蒸留したアルコールを加えました。この酒精強化ワインがシェリーとして知られるようになりました。

コニャック

10世紀の昔、イングランド人とノース人の船乗りたちが塩を求めてフランス西部にやって来ました。幾度もの航海ののち、彼らはワインを買うようになります。その後、航海中の酸化を防ぎ、船内の収納場所を節約し、多額の税金を逃れるため――当時は課税基準が容量でした――航海前にワインを煮詰めるようになりました。航海後に水を加えて元に戻せば良いと考えていたようです。1600年以降のどこかの時点でコニャックが初めて蒸留されたときにはすでに、フランスではブランデー的なものが製造されていたのですが、1世紀後に連続式蒸留法が考案されるまで、大半のブランデーには不備をごまかすため、香草や果実の香りが加えられていました。19世紀前半まで、コニャックは樽で出荷され、着いた先で熟成および瓶詰めされていましたが、19世紀になると、コニャック製造業者が自ら熟成および瓶詰めするようになりました。

コニャックに用いられるブドウのなかで最も一般的なのはトレッビアーノで、これはフランスではユニ・ブランまたはサンテミリオンの名で知られています。この品種で造るワインは酸味が強くアルコール度数が低いのが特徴であり、これがコニャック独特の魅力的な香りの素になります。このワインを単式のアランビック蒸留器で2回蒸留して精留分を作り、これを熟成させます。熟成に用いられるオーク樽は孔が多く、フランス人が年間に消費する程度の量が"天国"に向けて蒸発します。この蒸発して失われる分には"天使の取り分"という素敵な名前が付いています。フランスには、小さな農場から世界中に輸出する大規模なところまで、合計175ものコニャック製造業者が存在します。ブレンディングの各工程はコニャックの豊かな香りを保つため、時間をかけてゆっくりと行なわれます。最後に蒸留水で希釈し、瓶詰めに適したアルコール度数まで下げます。熟成庫の奥のいわば聖域は"パラディ"（パラダイス／楽園）と呼ばれ、1800年代半ば頃に作られたものなど、非常に古い原酒が保管されています。ビンテージ・コニャックは一般的ではありませんが、厳しいガイドライ

ンの下、フランス政府が認めているものもあります。熟成年の長い"スリー・スター"コニャックには"V.S."(ベリー・スーペリア)や"V.S.O.P"(ベリー・スーペリア・オールド・ペール)と明記されます。"エクストラ(Extra)"や"レゼルバ(Reserve)"は通常、特定の業者が製造したなかで最も古いコニャックに付けられます。

　コニャックはアントワーヌ・ペイショーが自身の薬局で考案した世界初のカクテルにも使われており、それ以来、重要なカクテル・ベースのひとつであり続けています。ブランデー、ウィスキー、そしてジンはすべての初期カクテル、ファンシー・カクテル、クラスタに欠かせない3大ベース・スピリッツです。どのドリンクも材料は基本的に同じで、スピリッツ、ビターズ、甘味材料(通常キュラソー)で作っていました。違いはガーニッシュと調合にあります。ジュレップはもともと、コニャックとピーチ・フレーバーのブランデーで作っていました。プース・カフェとシャンパレル(shamparelle)には必ず、ブランデーを用いていました。19世紀、多くの人々は目覚めにブランデー・ベースのモーニング・カクテルを楽しみ、スティンガー(p125)とともにベッドに向かいました。禁酒法施行以前、ブランデーとポート・ワインで作るコーヒー・カクテル(p103)は甘い食後酒として人気を博しました。最近では、ヘネシー社の販促が功を奏し、ヘネシー・マティーニが広まりました。レインボー・ルームでは、ビトウィーン・ザ・シーツ(p157)がコニャックを使ったカクテルの代表でした。これは伝統のレシピを復活させたもので、わたしのメニューを11年にわたって飾り、安定した人気を誇ってくれました。2年前にはまた、クルボアジェ社から彼らの製品であるミレニアム・コニャックを使ったカクテルの開発依頼を受け、個人的に一番美味しいと自負するカクテルを作りました。名前はずばりミレニアム・カクテル(p199)。材料はキュラソーとパイナップル・ジュースです。

> **Column**
>
> ### ソレラ・システム
>
> 　スペインのブランデーはフランス産とは異なり、"ソレラ・システム"という独特の方法で熟成されます。個々のオーク樽の中で熟成されるコニャックやアルマニャックと違い、スペインのブランデーはいくつも横に並べ、その上にさらに何段か積み重ねた("クリアデラ")樽から樽へと移動していきます。一番下の段はソレラといい、ここには最も古いブランデーが入っています。ソレラは瓶詰め前の最終段階であり、その上の段を第1クリアデラといい、そこから順に第2クリアデラ……と続きます。オーク樽の中で5年間熟成された新しいブランデーは、最上段の樽から一段ずつ、下の樽へと同量を移動させていきます。このようにして、新しいブランデーが古いブランデーによって、いわば鍛えられ／しつけられていきます。移動はさらに横方向にも行なわれます。一番下の段の古い樽からより古い樽へと移動させ、非常に古いワインとさほど古くないワインをしっかりと混ぜ合わせます。この方式では、わずか3年間で、個々の樽で15年熟成させたブランデーやコニャックに匹敵する熟成が得られます。

アルマニャック

　フランス南西部ガスコーニュのアルマニャック地方で15世紀に誕生したブランデーがアルマニャックでした。コニャックと同じく、アルマニャックに主に使用されるブドウはトレッビアーノで、フランスではユニ・ブランまたはサンテミリオンの名で知られています。ほかにピクプール、ジュランソン、プラント・デ・グリース(plant de grece)なども使われます。ブドウは完全に熟す前に摘み取ります。これは強い酸味を残すためで、この酸味がアルマニャックに欠かせない要素になります。低アルコールのワイン(9〜10度)をすぐさま連続式蒸留器で蒸留します。すべての蒸留は収穫後最初の4月30日までに終えなければなりません。

アルマニャックの熟成にはリムザンオークとトロンセオークの樽が使われます。これもまた、ブドウと土と並び、アルマニャックに独特の香りを生む重要な要素のひとつです。アルマニャックはオーク樽の中で最長約50年まで熟成されるのですが、ここまで来るとブドウの実の香りは飛んでいます。望ましい熟成年数──製造業者によって異なります──に達したら、光を遮るために籠で覆ったガラス製の保存容器デミジョンに移されます。ガラス製の容器に入ったアルマニャックは、他のスピリッツの場合と同じく、その性質が変わることはありません。アルマニャックにはヴィンテージもノンヴィンテージもあります。またブレンドされているものもあります。ヴィンテージでブレンドの場合は、ヴィンテージの年号はブレンドされたもののなかで最も若いものを指します。ラベルに記されたスリー・スターの文字は、少なくとも2年間、V.S.O.Pは少なくとも4年間、エクストラは少なくとも5年間、それぞれ木樽の中で熟成されたことを示します。アルマニャックの場合、ヴィンテージ年号ではなく、何年間木樽の中で熟成されたかが鍵となります。アルマニャックはコニャックやブランデーよりも香りが強く、基本的にブランデー・カクテルには使えません。ただし、アラバザム（p85）とダルタニアン（p131）は例外で、ブランデーの代わりにアルマニャックを使うと、ドリンクの香りが引き立ちます。

カルヴァドス

　カルヴァドスは、フランスはノルマンディ地方の特産であるドライ・アップル・ブランデーです。カルヴァドスという名称はノルマンディの西部、ルーアンの東に位置する小さな地域の名前に由来します。アップル・ブランデー（米国ではアップルジャックといいます）は世界の他の地域でも作られていますが、なかでもカルヴァドスが最上とされています。発酵させたアップルサイダーを2回蒸留し、リムザンオークの樽で1年以上、長いものは4年間熟成させます。ただし、真に優れたカルヴァドスにするには、10年から15年の熟成が必要です。

　カルヴァドスはカクテルに使いやすく、とくにジャック・ローズ（p118）など、アップルジャックを使ったアメリカ産カクテルによく合います。1930年代にリッツ・バー[パリの高級ホテル、リッツ・ホテル内のバー]でヘッド・バーテンダーを務めたフランク・マイヤー[生年不明-1947]は『The Artistry of Mixing Drinks（ジ・アーティストリー・オブ・ミキシング・ドリンクス）』（1936年）の中でカルヴァドスを使ったすばらしいカクテルを紹介し、それをアップルジャック・カクテルと名付けています。

　また、流行のサワー・アップル・マティーニやホット・スパイスト・シードル（hot spiced cider）に使ったり、アップル・マンハッタン（p197）にバーボンの代わりに入れたりしても良いでしょう。

酒精強化ワインと香味付けワイン
──FORTIFIED AND AROMATIC WINES

　アロマタイズドやフレーバードと呼ばれる香味付けワインは、人類最古のアルコール調整品と言われています──たとえば紀元前4世紀、ヒポクラテス[古代ギリシアの医師]は香草や花をワインに漬け込んで薬を作っていました。現在出回っているアロマタイズド・ワインの大半はグレープスピリッツで酒精強化したもので、かなり加工されており、ベースワインの個性は目立ちません。

ベルモット

　ことカクテルに関して、最も重要なアロマタイズド・ワインといえば、ベルモットを置いてほかにありません。"ベルモット（vermouth）"という名前は[ニガ]ヨモギを意味するドイツ語の"ベアモー（wermut）"に由来します。ヨモギの香りを付けたワインについては、17世紀にサミュエル・ペピーズ[日記作家]が日記に書いています。ただ、商品としてベルモットを初めて作ったのは1786年、イタリアはトリノのアントニオ・カルパノと言われています。これに続いたのがチンザノ社で、創業は1757年ですが、チンザノ・ブランドで商売を始めたのはそれからしばらく後のことでした。マルティーニ・エ・ロッシも初期ベルモットの開発に関わった一社で、赤く甘味の強

いイタリア流ベルモットを開発しました。1800年には、フランスはマルセイユのジョセフ・ノイリーが新たに、白いドライなベルモットを発表しました。イタリアとフランスのベルモットは微妙に異なりますが、基本材料は同じで、ベースとなるワインとミステル（加糖ブドウ果汁とブランデー）を薬草や香草、根、樹皮、花で香り付けして造ります。製造工程はかなり複雑です。まず、薬草や香味材をベースとなるワインとブランデーに漬け込みます。その後、ミステルとブランデーを大型のバットに入れて機械で混ぜます。この混合液を低温殺菌し、2週間冷蔵して不純物を結晶化させてから、濾過して瓶詰めします。

アロマタイズド・ワインにはほかに、フランス産ではリレ、デュボネ、アメール・ピコン、サンラファエル※など、イタリア産ではロッソ・アンティコ、コッキ、プント・エ・メス、チナール、バローロキナートなどがあります。フランスアルプス産のプレミアム・ドライ・ベルモット、シャンベリーは上質なワインとさまざまな高山植物を使って作られるもので、AOC（アペラシオン・ドリジーヌ・コントロレ）[特定の条件を満たすフランスの農業製品に対して政府機関から与えられる認証]を取得している唯一のベルモットです。

アロマタイズドワインはカクテル界の2大スーパースター、マティーニとマンハッタンのほか、モダン、クラシックの別を問わず、無数のカクテルに使われています。

シェリー

ルパート・クロフト＝クック[英国の作家]は1956年の著書『Sherry（シェリー）』に「シェリーがある、そしてその他すべてのワインがある」と書いています。シェリーは食前酒にも食中酒にもふさわしく、カクテルの材料にもなる万能型のワインです。シェリーはすべてのワインと同じく発酵させて作りますが、発酵完了後にもうひとつ、シェリーと他のワインとを分ける製造工程があります。無熟成のグレープ・ブランデーで酒精強化するのです。スペイン産のブランデーと同じく、シェリーはソレラ・システムで熟成されます。シェリーには色、香り、甘みにおいてかなりの幅があるのですが、大きく分けると、種類は基本的に2つしかありません。フィノとオロロソです。フィノのほうがドライで、製造中、表面にできる"フロール"という酵母の膜が維持されるのが特徴です（下記参照）。フィノはオロロソに比べると軽めなのですが、これはフロールがアルコール度数15.5度以上のワインでは生育しないためです。一方、オロロソは18度まで強化されます。フィノのカテゴリーのなかには、ナッツのような香りのするドライなアモンティリャード（フロールを取り除いてから6年熟成）、よりダークでソフトなアモンティリャード（7年以上熟成）、そして最もドライなマンサニーリャ（海辺の町サンルーカル・デ・バラメーダで熟成させるため、独特の塩気がある）があります。ペイル・クリームはフィノに甘味を加えたものです。

> **Column**
>
> ### カクテル・トリビア
>
> "フロール"はワインの表面に膜を作る酵母で、フィノやアモンティリャードにナッツのような香りを付けます。これが生じるのは、シェリーが他のすべてのワインと異なり、空気に触れた状態で熟成されるためです。フロールは毎年春に現れ、季節が終わると、死んで樽の底に沈みます。フロールにはワインを酸化から守り、淡い色合いを保つ働きもあります。

オロロソは18度まで酒精強化されており、フロールに守られていないため、色はゴールドからブラウンと、フィノのそれよりもかなり濃いのが特徴です。非常に濃く、甘いオロロソもあり、それ自体をひとつのカテゴリーとする向きもあります。これはペドロ・ヒメネス（ブドウ品種の名前）といい、ブランデーやウィスキーの香り付けにも使われます。クリームは質の劣る、熟成年数の少ないオロロソに強い甘味を付けたものです。オロロソのなかにはアモロソやオールド・ブラウン、イースト・インディアと呼ばれるものもあります。パロ・コル

タードは製造業者によって製法が異なる、いわばノンカテゴリーのシェリーで、しばしばドライ・アモンティリャードとオロロソという対照的なスタイルのシェリーを合わせて造ります。

シェリーはシェリー・フリップとしてなど、植民地時代のアメリカでカクテルよりも早くから好まれており、19世紀半ばになると、暑い夏に自宅で涼を取るのにぴったりの一品、シェリー・コブラー（p106）が人気を博しました。個人的に大好きなフレイム・オブ・ラヴ（p176）とヴァレンシア（p191）は、どちらもベルモットではなく、最もドライなフィノ・シェリーを使います。

シェリーの場合、種類ごとのアルコール度数の違いはごくわずかです。
フィノ：15〜16度、アモンティリャード：16〜20度、オロロソ：18〜20度、ペドロ・ヒメネス：20〜24度

ポート

ポートはポルトガルのドウロ川流域において、トウリガ、ムーリスコ、バスタルドや、ティンタ・サオ、ティンタ・フランシスカといったティンタと呼ばれる濃い赤色の品種など、さまざまな品種のブドウから造られています。ポートはヴィンテージ・ポートとウッド・ポートの2種類に大別されます。ヴィンテージ・ポートはオーク樽で2年間熟成してから瓶詰めされ、一般に最低10年間、高級なものになると50年から60年という長期にわたり熟成されます。ヴィンテージ・ポートにするかどうかの判断は、製造業者がシーズンの終わりにあたる9月半ばから10月半ばに、天候とブドウの出来に基づいて下します。

ウッド・ポートは――トゥニー・ポート、ルビー・ポート、ホワイト・ポートもこのカテゴリーに含まれます――樽の中で飲めるようになるまで熟成してから、シェリーとほぼ同じく、ソレラ・システムで混合します。ルビーは一般に2年間熟成させた飲める状態のものを瓶詰めします。トゥニーはオーク樽の中で長年熟成させ、さまざまなヴィンテージ・ポートとブレンドさせても良いとされています。長期樽熟成と時折行なう清澄化（ファイニング）により、熟成の進んだトゥニーは明るい金色をしています。

発酵期間は短く――通常、36〜48時間――マスト［ワインになる前の、発酵前および発酵中のぶどう果汁］が適当なレベルの甘味に達したら、ブランデーを加えて発酵を止めます。ポート・スタイルのワインは米国やオーストラリアをはじめ多くの国で造られていますが、真のポートはすべてポルトガル産です。

マデイラ

マデイラはポルトガルの同名の島で造られるワインで、ブランデーで酒精強化される点がポートやシェリーに似ています。マデイラは植民地時代の米国で人気がありました。理由は輸入ワインのなかで最も安価だったことにあります。マデイラには種類が4つあり、甘さの程度で分けられ、それぞれに原料のブドウ品種の名前が付いています。ドライ順に挙げると、まずは淡い金色に豊かなアロマが特徴の"セルシアル"。次が"ヴェルデーリョ"で、セルシアルより甘いのですが、ドライに分類されます。続いてミディアム・ブラウン色をした、前の2つよりも甘い"ボアル／ブアル"。最後が"マルムジー"または"マルヴァジア"で、これが最も甘口で、最も重いとされます。ポートとマデイラはいくつかのパンチやコブラー・ドリンクのフロートに最適です。

コーディアルとリキュール
CORDIALS AND LIQUEURS

もともとは果実（フルーツ）ベースのものをコーディアル、薬草（ハーブ）／香草ベースのものをリキュールと呼んでいましたが、この区分はすでに存在しないと言ってよく、現在では両方の名称が混同して使われています。こうなった理由は定かでありませんが、リキュールの起源はわかっています。13世紀にモンペリエ大学で蒸留の、そして植物をアルコールに漬けて成分を抽出する実験を行なったカタルーニャの化学者アルナウ・デ・ビラノバが開発したものが最初と言われています。中世にお

ける知的探求の多くがそうだったように、ハーブを漬け込んだスピリッツの実験も男子修道院で行なわれました。修道士たちが考案したリキュールの多くは、ベネディクティンやシャルトリューズをはじめ、現在まで生きながらえています。なかでもイタリア人はフルーツ、ナッツ、ハーブを使ったリキュール造りに長けていました。その伝統を受け継ぎ、アマレット、ストレガ、トゥアカ※、サンブーカなど、現在人気の高いリキュールの大半はイタリアで造られています。

リキュールはアルコール度数が2.5度から40度の、甘味材を含むフレーバード・スピリッツで、香味原料は薬草／香草、根、果実、ナッツ、香辛料など、多岐にわたります。ベースとなるアルコールは穀物、ブドウ、ブドウ以外の果物や野菜などに由来するもので、香り付けには蒸留法、温浸法、冷浸法、パーコレーション法の4つがあります（下記のコラム参照）。リキュールはフルーツ・ブランデーとは別物で、後者は果実のマッシュそのものを蒸留させて造り、一般にドライでアルコール度数が高めです。なかにはリキュールをブランデーと称して売る製造業者もいますが、ブラックベリー・ブランデーやアプリコット・ブランデーなどはブランデーではありません。リキュールには食用着色料の添加が認められており、質の劣るブランドのリキュールには人工香味料が使用されています。リキュールのアルコール度数は一般に20〜30度です。

> パーコレータ内での工程に似たもので、アルコールを香味原料の入った容器の中をくり返し循環させ、香味を徐々に抽出する。

アマレット

イタリアはサローノ（サロンノ）で考案されたことに疑問の余地はないのですが、その考案者が誰なのかについては諸説あり、どれも伝説の域を出ません。一説は以下のとおりで、ダビンチの弟子ベルナルディーノ・ルイーニがサローノの教会サンタ・マリア・デレ・グラツィエでフレスコ画を描くことになりました。ルイーニは絵のモデルに宿屋で働く若く貧しい女を雇い、その女性はルイーニへの感謝の意を込めて、アーモンドとアプリコットから甘いリキュールを作りました。これがイタリア産のなかで間違いなく屈指の知名度を誇るリキュールのレシピになったと言われています。

アマーロ

イタリア産の消化促進リキュールおよびビターズの総称で、米国にはほとんど入っていません。複雑な味と香りが特徴のたいへんによくできたもので、こってりした食事の後には実際に消化を助けてくれます。嬉しいことに最近、このジャンルにも動きが出てきたらしく（内臓の動きにかけたわけではありません）、大都市のバーに行けば、有名な3種類を目にできるようになりました。運良く見つけたら、次の順番で注文してください。まずは甘口で飲みやすいビターズのアヴェルナ・アマーロ。続いてフェルネット・ブランカにクレーム・ド・マントをブレンドしたブランカ・メンタ。最後に、複雑に層を成すビターズの香りを楽しめるようになったら、フェルネット・ブランカに挑戦してみてください。甘みよりも苦味の強い、間違いなく病みつきになる味です。

アニゼット

アニス・ベースのリキュールのなかで最も古い、商品化された最初のリキュールのひとつです。先駆的メーカー、マリー・ブリザール社が1755年に製造を始め

Column

リキュール造りの4つの方法

- **蒸留法**：アルコールと香味原料をブレンドしてから蒸留する。
- **温浸法**：すりつぶした果実や薬草／香草を水またはアルコールに漬け込み、しばしば熱を加え、濾過し、穀物由来の中性スピリッツおよび砂糖と混合する。
- **冷浸法**：果実や薬草／香草をアルコールに漬け込み、それを濾過し、中性スピリッツおよび砂糖と混合する。
- **パーコレーション法**：コーヒーを抽出する器具

ました。

ベネディクティンとB&B

ベネディクティン[DOM]はヨーロッパ大陸最古のリキュールで、1510年にフランスはフェカンのベネディクト派大修道院において、修道僧のドム・ベルナルド・ヴィンチェリが独自に配合した香草／薬草類をスピリッツに漬け込んだのが始まりでした。修道院があったノルマンディ地方は湿地で、人々はマラリアに悩まされていました。その後、このヴィンチェリの霊酒(エリクサー)はマラリア予防に使われるようになったのですが、その史実から推察するに、材料のひとつは新世界から持ち込まれたマラリア治療薬キニーネの原料、キナ皮だったのでしょう。19世紀から20世紀にかけて、ベネディクティンはブランデーかコニャックに入れて飲むものとして人気を博し、これを受けてブランデーとベネディクティンをあらかじめ混ぜて瓶に詰めたB&Bが発売されました。

ベレンツェンのアップル・リキュール

ドイツ産のプレミアム・アップル・リキュールで、近年、サワー・アップル・マティーニといったアップル・ドリンクの流行を受け、にわかに注目を集めています。さまざまなスピリッツと相性が良いのですが、バーボンとはまさに夢の取り合わせです（p188アップル・マティーニ参照）。

クレーム／クリーム・リキュール類

果実、花、香草／薬草、ナッツで香り付けされたリキュール類。乳製品は含まれていないのですが、とろりとした濃厚さからこの名が付いています。現在、クレーム／クリーム類のなかで人気が高いのは、カカオ（ホワイトおよびブラウン）、マント（グリーンおよびホワイト）、そしてバナナです。

ドランブイ

スコッチ・ベースにヘザー・ハニーを加えた一社相伝のリキュール。マッキノン家に代々伝わる門外不出の製法は、1746年にチャールズ・エドワード・スチュアート王子から、イングランド王位を巡るカンバーランド公との戦いで敗れた際に手厚く護衛してくれた褒美として、マッキノン家の人間に授けられたものでした。その後「いとしのチャールズ王子(ボニー)」や「若僭王(じゃくせん)」とも呼ばれたチャールズは、残りの生涯を逃亡先のイタリアで過ごしました。

ガリアーノ

イタリア産ハーブ・リキュールの登録商標。ベースはブドウを原料とするオー・ド・ヴィーで、漬け込んだバニラの香味が際立ちます。1960年代後半、ウォッカとオレンジ・ジュースをステアしたものをハイボール・グラスに注ぎ、ガリアーノをフロートするカクテル、ハーヴェイ・ウォールバンガーの流行を受けて、ガリアーノは米国中のバーに置かれました。それから間もなく、同じドリンクのテキーラ版フレディ・ファッドパッカー（p177）が人気を博しました。

マラスキーノ

マラスカ種のチェリーの実と種から作る甘い透明なリキュール。イタリアにはマラスキーノの銘柄がいくつかあり、そのうちの2つ、ルクサルドとストック※は米国でも簡単に手に入ります。マラスキーノは初期パンチやカクテルの材料として人気を博したもので、なかでもシャンパンとの組み合わせは抜群です。ストレートで飲まれることはまずありません。キューバのバーテンダーたちはこれをダイキリに入れます。かの有名なカクテル、アヴィエイション（p82）にも欠かせません。独特のフローラルなフレーバーが優しく穏やかな香りのカクテルにぴったりで、ジンやシャンパン、ライト・ラムとよく合います。

同じチェリー・リキュールでも、デンマークのピーター・ヒーリング・チェリー・ヒーリングはすべての点でまったく異なります。地元産のチェリーを使った製品で、濃い赤色をしており、そのしっかりとした味はスコッチ、スウィート・ベルモット、オレンジ・ジュースをミックスして作るブラッド・アンド・サンド（p166）など、香りのかなり強いカクテルに入れても負けません。

オレンジ・リキュール類

　オレンジ・リキュール類は大半が固有銘柄です。キュラソーだけは例外なのですが、これももともとはボルス社がベネズエラ沖のオランダ領アンティルのキュラソー島に自生するオレンジで作ったものでした。19世紀半ばに人気を博した初期カクテルの多くは、ジンかウィスキー、ブランデーのベースにビターズを混ぜ、キュラソーで甘みを加えたものでした。ところが1880年代にベルモットが広く行き渡り、キュラソーから甘味料としての地位を徐々に奪っていきました。ただその後、20世紀に入る頃になると、プース・カフェといったカクテルの見栄えを良くするために、さまざまな色のキュラソーが出回るようになりました。コアントローはフランスのメーカー、コアントロー社が製造するオレンジ・キュラソーで、カクテル・レシピのキュラソーの代用品としてしばしば販促されています。上述のとおり、オレンジ・リキュールの先駆者はオランダでしたが、いまではフランスがいくつか高い人気を誇るものを生産しています。トリプルセックやグラン・マルニエはその代表例です。前者は現在、世界中のスピリッツ・メーカーが使っている総称で、後者はキュラソー・ベースのオレンジ・リキュールのいわば貴族的存在とされている逸品です。メキシコのメーカーもプレミアム・オレンジ・リキュール市場に参入しています。メキシコ産の代表がパトロン・シトロンジで、マルガリータ用のリキュールとして大々的に販促されています。また、リキュールの発明者であるイタリア人が指をくわえて眺めているはずもなく、グランガーラ・オレンジ・リキュール※という製品をわりと最近になって売り出しています。

サンブーカ

　アニスとエルダーベリーの香りが特徴のイタリア産ハーブ系リキュールです。サンブーカ・ロマーナは輸出用の銘柄で、アマレット・ディ・サローノと並び、米国では最も親しまれているイタリア産リキュールです。サンブーカは食後酒として人気が高く、コーヒーと一緒に楽しまれることも少なくありません。人気の高いサンブーカ・コン・モスカは"サンブーカと蝿"という意味で、"アップ"にコーヒー豆を3粒浮かせ、グラスの中に蝿が浮いているように見える仕上げを施します。デラ・ノッテ※はサンブーカ・ロマーナのブラック版で、数年前に発売されました。オパール・ネラも黒色で、デラ・ノッテと同じくエルダーベリーの香りと色が付いています。米国で最も親しまれているのはサンブーカ・ロマーナですが、本国イタリアではサンブーカ・モリナリが一番人気を誇っています。

Column

カクテル・トリビア

サンブーカ・ロマーナに浮かべるコーヒー豆は必ず奇数個にしてください。迷信家のイタリア人たちは、偶数を不吉として嫌うからです。偶数個の豆は同じグラスの飲み物を仲良く分け合う恋人たちに不幸をもたらすとされています。

シュナップス

　本来"スナッチ／少し"という意味だったドイツ語とオランダ語がスピリッツのショットを意味するようになりました。数ある安価なフレーバード・スピリッツの総称で、"シュナップス"の前に個々のフレーバー名を付けるのが一般的です。このジャンルの先駆者デカイパー社のピーチツリー・シュナップスは大ヒット商品で、セックス・オン・ザ・ビーチ（ウォッカ、ピーチツリー、クランベリー・ジュース、オレンジまたはパイナップル）やファジー・ネーブル（ピーチツリーとオレンジ・ジュース）といったカクテルの材料として、ディスコ世代に愛されました。ある人気のカクテル本に118種類のピーチツリー・シュナップス・カクテルが紹介されていましたが、わたしに言わせれば、大半はエントリー・レベルで、甘過ぎるうえ、ほとんどに人工香料が使われています。シュテップス・ドリンクをストレートで飲むことはめったにありません。また、シュナップスをカクテルに使う際には、酸味の強い材料を合わせてバランスを取る必要があります。

リカール、ペルノ、パスティス

　前身である悪名高きアブサンは、ブドウベースの蒸留酒にアニス、リコリス、ヒソップ、メリッサ（ミントの一種）、コリアンダー、ベロニカ、カモミールなどの香草／薬草を漬け込んだものでした。なかでも最も重要な材料だったのがニガヨモギ（grand absinthe）です。ただ、ニガヨモギ油に含まれるツヨンには強い神経毒性があり、大量に摂取するとけいれんなどを引き起こす恐れがあることが判明したため、アブサン（absinthe）は大半の国で禁じられることになりました。また、19世紀のアブサンは65度から70度もあり、飲み過ぎると人体に害を及ぼしかねない危険な酒でもありました。広まるきっかけは、1797年、製法をスイス在住のフランス国籍の者がアンリ・ルイ・ペルノに売ったことで、19世紀半ばには世界中で最も人気のリキュールになりました。1919年にはしかし、アブサンはスペインとポルトガルを除くほぼすべての国で禁じられました。スペインはアブセンタの名で1985年まで製造を続けたのですが、この年、他のEEC［欧州経済共同体］加盟国に倣い、これを禁止にしました。

　アブサンの代用品がペルノ（アニスのフレーバーとアロマが強い）とリカール（リコリスのフレーバーとアロマが強い）です。どちらもフランス産の銘柄で、ありがたいことに、ヨモギ油は一切含まれていません。いずれも米国で簡単に手に入ります。リコリスとアニスで香り付けしたマルセイユ産のリキュール、パスティスのいくつかの銘柄も然りです。アブサントも米国に新たに入ってきたひとつです。これはミシェル・ルー社が輸入する55度のリキュールで、アブサン・ドリップ作りに必要な専用スプーンとともに、アブサンとほとんど変わらないものとして販促されています。米国にもハーブサント※というニューオーリンズ産のアブサンふうリキュールがあります。

ホーム・カクテル・パーティを開くために

本日のドリンク

　ゲストをお迎えするための特別なドリンクかパンチを用意しましょう。ゲストが到着したらすぐに飲み物をお出しすることが何よりも大切です。バーテンダーやスタッフを雇えれば問題ないのですが、ホームパーティでそれをする方は少ないと思いますので、なるべくシンプルで、なおかつ特別なカクテルを前もって用意しておくことをお勧めします。全員に一杯ずつ行き渡るだけの量があれば十分です。わたしはたいていパンチを作り、ゲストが自分で注げるようにしておきます。これならば、1杯目を手にしたゲストと歓談をする時間的な余裕も持てます。アルコールが苦手な方がいらっしゃるかもしれない場合は、ノンアルコール・パンチを用意し、各自お好みでラムを足してもらうようにすると良いでしょう。

バーテーブル

　バーテーブルもパーティの成功に欠かせない重要な要素です。複数の動線があり、パーティの中心になる部屋にテーブルを置くのが理想です。ゲストが心地良く集える場所を選びましょう。テーブルは飲み物と軽食が置けるなるべく大きなものを用意します。180センチくらいの長さがあるものがベストです。テーブルは最低3方向からアクセスできる場所に置きます。行きやすい所にテーブルがあるほうが、ゲストにより気軽に飲み物を楽しんでいただけるからです。ゲストにバーを積極的に利用してもらうためには、簡単なカクテルの例と作り方を書いた可愛いポップを用意すると良いでしょう。何かしらのテーマや歴史、背景などを絡めたカクテルにするのもひとつの手です。

テーブルは華やかなクロスで飾ります。左右どちら側からでもアクセスしやすいよう、中央にトレイを置き、スピリッツとカクテルの材料を並べます。グラス類は両端に置きます。わたしが用意するのはたいてい、マティーニ・グラス、ロック・グラス、ハイボール・グラス、オールパーパス・ワイン・グラス、フルート型シャンパン・グラスです。食後酒をお出しするのであれば、コーディアル・グラスやブランデー・グラスもお忘れなく。

シロップやビターズなどを置いておくコンディメント・バーを2箇所、アクセスしやすい場所に設け、そこにカクテル道具、カクテル・ナプキン、スターラー(撹拌棒)類も置いておきます。アイス・バケット(蓋付き)とトングもテーブルの両端に置き、腕を振るいたいゲストのためにシェーカーもいくつか用意しておきます。仕上げにプレーン・ソーダとジュースもテーブルの両端に並べます。補充をしてくれるスタッフがいないのであれば、炭酸はなるべく大きなボトル入りのものにしましょう。

スタッフ

パーティを手伝ってくれるスタッフを雇うのは富裕層だけの特権ではありません。近所の大学生などに片付けや補充をお願いすれば良いのです。あなたがパーティをより楽しむための大きな力になってくれるでしょうし、彼らにとってもお手伝いは良いお小遣い稼ぎになるはずです。バー仕事の経験がなくても構いません。ジュースやミックス、グラス、ガーニッシュ[付け合わせ/飾り]などの補充や、汚れたグラス類の片付けを手伝ってもらうだけで、安心してゲストと歓談する余裕が持てます。

用意するもの

スピリッツ

予算に応じて、以下の各カテゴリーから1ないし2銘柄ずつ。

ラム、ウォッカ、ジン、ブレンデッド・スコッチ、トリプルセック/コアントロー、バーボン、テキーラ、スウィート&ドライ・ベルモット、ブランデーまたはコニャック(お好みで)、シングルモルト・スコッチ(お好みで)

食前酒&リキュール

以下から2つ。

デュボネ、プント・エ・メス、リレ、チンザノ・ビアンコ、シェリー(フィノ)、カンパリ、チナール、アマレット、サンブーカ、グラン・マルニエ、カルーア、ベイリーズ

必需品

スウィート・ベルモット、ドライ・ベルモット、トリプルセックまたはコアントロー

ワイン

カクテル・パーティの場合は、7〜8人あたり1本と計算します。ただし、ディナー・パーティの場合は、3人あたり1本です。ワイン専門店などに相談し、ご自分のパーティに合うものをお選びください。赤1本に対して白3本が目安です。

ビール

わたしの場合は、米国産の王道バドワイザーをメインに、シエラネバダやアンカースチームといったクラフト・ビールを2〜3種類用意しておきます。ライト・ビールやノンアルコール・ビールもお忘れなく。

風味付け

フィー・ブラザーズ・オレンジ・ビターズ※、アンゴスチュラ・ビターズ、グレナデン、タバスコ、マラスキーノ・チェリー、ウスター・ソース、カクテル・オリーブ&オニオン、シンプル・シロップ(p220)、ペイショーズ・ビターズ※(お好みで)、トムオリーブズ[青トマトのピクルス]※。

ジュース

オレンジ・ジュース、グレープフルーツ・ジュース、クランベリー・ジュース、トマト・ジュース、パイナップル・

ジュース、トロピカル・ジュース・ブレンド

割り材
　クラブソーダ、トニックウォーター、コーラ、セブンアップ、ダイエット・ソーダ、ジンジャー・エール、ジンジャー・ビア（お好みで：モスコー・ミュール用。p202参照）

ガーニッシュ用フルーツ＆ハーブ
　レモン、ライム、オレンジ、ミント、トロピカル・ドリンク用のフレッシュ・パイナップル、ベリー類、トロピカル・フルーツ、メロン（お好みで：スペシャルティカクテル用）

グラス
　オールパーパス・ワイン・グラス、マティーニ・グラス、ロック・グラス、ハイボール・グラス、ブランデー・スニファー

カクテル道具
　ロング・バー・スプーン、ボストン・シェイカー・セット（ガラス＆金属）またはコブラー・シェイカー、カクテル・ストレーナー、小型ナイフ＆まな板、ファンネル、ワイン・オープナー、ボトル＆缶オープナー、マドラー（お好みで。p72参照）。

The Tools, Techniques,
and Garnishes of the Cocktail

カクテルの道具、
技術、ガーニッシュ

　一流シェフと普通の料理人との違いは刃物を扱う技術の高さにあるわけですが、同じことはバーで働く者にも言えます。後者の場合はただし、刃物だけに限りません（もちろん、刃物はバーテンダーに欠かせない道具ですが）。バーテンダーたるもの、すべての商売道具の扱い方を心得ていなければなりません。この章ではわたしが得た、そしてみなさんにぜひ知っていただきたい知識をご紹介いたします。

シェイカーおよび他の道具

　1860年代のシンプルなカクテルやパンチのレシピに氷や果物、柑橘類の果汁（シトラス・ジュース）などが徐々に加わるにつれて、カクテル・シェイカーはゆっくりと進化していきました。わたしが調べたかぎりでは、シェイク器具における最初の特許取得は1872年のことで、これはスティーヴ・ヴィサケイの著書『Vintage Bar Ware（ヴィンテージ・バー・ウェア）』に記されています。なんとも素敵なルーブ・ゴールドバーグ［凝った仕掛けの機械の発案で知られる米漫画家］的発明品で、2つの部位からなるシェイカーが6つ、回転盤に付いていて、その回転盤がバネの付いたプランジャーに載っており、バーテンダーがこれをバター作りに使う攪乳器（かくにゅうき）のように上下させて6つのシェイカーとその中身を激しく動かす、という仕組みです。わたしもひとつ欲しい！

　この1872年の発明以来、カクテル・シェイカーは何百人という発明家たちを刺激し、その結果、ペンギン型からベル型（ベルの取っ手を使ってシェイクする）まで、独創的で珍妙なものが数多く生まれました。1870年代の米特許庁は野心に燃える発明家たちが考案したシェイカーの設計図であふれかえっていたようです。そのデザインは2つに大別されました——いわゆるボストン・シェイカーとコブラー・シェイカーです。

コブラー・シェイカー

　壮麗なコブラー・スタイルのシェイカーと聞くと、1930年代の映画に出てくる、向こうみずなカクテル好きの登場人物を思い出す向きもあるでしょう。コブラー型は一般に金属製で（多くはステンレス製で、銀製もありますが、ガラス製は珍しい）、ボディとトップ、小さなキャップの3つの部位からなり、スクリュー式のキャップを外すと、ストレーナーが見えます。使い方はごくシンプルで、材料を入れ、トップとキャップをしっかりとはめ、シェイクし、キャップを外し、漉して注ぎます。コブラーは何百という形やデザインを経てきました。電池で動く、現代のブレンダーに似たものもあれば、中に仕切りがあり、水を加えなくても冷やすことができるものもありました（もっとも、後者の大半は失敗作のレッテルを貼られたのですが。言うまでもなく、カクテルには多少の水分が必要だからです）。

ボストン・シェイカー

　ボストン・シェイカーはデザイン的には何の変哲もなく、使いこなすのにも少々練習が必要ですが、コブラーよりも汎用性が高いのが特徴です。また、より楽しく使えるのはボストン式のほうで、近年、プロのバーテンダーはこちらを好んでいます。2つのタンブラーからなり、1つは26〜30オンス［780〜900ml］の金属製、もう1つは一般に約16オンス［480ml］のガラス製です。金属製のタンブラーをガラス製の上に被せることで、中に密閉空間を作ります。

　上下のタンブラーは別々に買ったほうが良いかもしれません。まず買うべきはガラス製のほうで、底に"T"と書かれているものをお選びください。この印はそれが"テンパー［強化］ガラス"であることを意味し、凍るほど冷やしてからすぐに熱い湯に入れてもひび割れることがない品質の証です。金属製のタンブラーを買うときは、ガラス製のものをご持参ください。ガラス製のタンブラーをテーブルに置き、金属製のものを上下逆さまにして被せます。手のひらの腹で金属製の底を軽くたたき、密閉状態を作ります。しっかりとはまり、持ち上げても外れなければ、合格です。うまくいかないときは、別のものをお探しください。

　ドリンクをミックスする際は、ガラス製のほうに材料を入れ、ゲストの前でシェイクします。ガラス製ですので、各材料の分量を目で確認することもできますが、メジャー・カップをご使用になるのがお勧めです。搾りたての

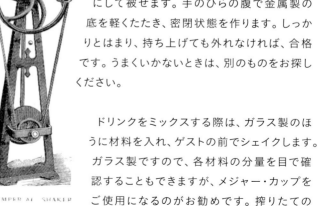

THE　　MPER AL SHAKER

果汁は必ず氷より先に入れてください。レモンやライムの果汁は非常に濃厚なので、ほんの少し多くなるだけで、全体の調和を乱してしまう恐れがあるからです。続いてダッシュ、割り材、そしてベースとなるスピリッツを加え、最後に氷を入れます。注：材料がスピリッツ類だけのドリンクの場合は、氷を先に入れてからスピリッツを加えてください。

次に金属製のシェイカーを手に取り、バーカウンターの上に置いたガラス製の上に被せます。ガラスの部分を手で固定し、金属製の底をもう一方の手で2回たたいて密閉させます。持ち上げたときに外れないよう、必ずしっかりとはめてください。うまくはまらない場合は（金属のほうを握り、5ミリほど持ち上げてみてください）どちらか一方のタンブラーに問題がありますから、別のものと取り替えてください。

密閉状態が作れましたら、ひっくり返し、ガラス製のシェイカーが上、金属製が下の状態でバーカウンターに置きます。念のため、ガラスの底をもう一度、手のひらの腹でたたきます。金属製のタンブラーを片手でしっかり握り、もう一方の手の指でガラスを上から包み、安定して扱えるようにします。ガラス製を上にしたまま勢いよくシェイクします。こうすれば、万が一密閉状態が解けた場合でも、中の液体の大半はより大きな金属製のほうに入っていますから、飛び散らしてゲストにかけてしまう危険度が低くなります。シェイクはマシンガンを思わせる音を立てて行なうのが理想です。わたしはたいてい、激しく振りながら、ゆっくりと10数えます。卵を含むドリンクは、乳化させるためにより長く強くシェイクします。もしご存知でしたら、「イパネマの娘」を口ずさんでみてください。シェイクにちょうど良い自然なリズムが生まれるはずです。カクテルには颯爽感が欠かせません。のろのろとしたシェイクは何とも格好の悪いものですが、しなやかなシェイクが一朝一夕にはものにできないのも事実です。これはあくまでわたしの個人的見解ですが、優れたカクテル作りの秘訣のひとつは、演技が少々オーバーな大根役者になることではないかと思っています。

シェイクが終わったら、片手でシェイカーを握り、人差し指と中指をガラスのほうに、薬指、小指、親指を金属のほうに回し、空いているほうの手で金属のタンブラーの上の端をとんと勢いよくたたきます。これで密閉状態が解けるはずです。冷たいシェイカーの内部は空気圧が高まっていますから、密閉状態が簡単には解けないこともあります。うまくいかない場合は、シェイカーを軽く傾けてからもう一度お試しください。

> **Column**
>
> ### ドリンクをローリング
>
> ブラッディ・メアリーなど、トマト・ジュースを含むドリンクを作るときは必ず、軽いシェイクかローリングで混ぜてください。ローリングとは、2つのシェイカーの間でドリンクを行ったり来たりさせることです。トマト・ジュースを含むドリンクを勢いよくシェイクすると、ひどく泡立ってしまうからです。ただ、これは個人的な好みなのですが、ブラッディ・ブル（ビーフ・ブイヨンとトマト・ジュースの組み合わせ）を作るときにはしっかりとシェイクします。ビーフ・ブイヨンがトマト・ジュースを良い具合に薄めてくれて、シェイクしても泡立たないからです。

ストレーナー

ステアまたはシェイクしたカクテル作りの最終段階はもちろん、適切なグラスにドリンクを漉しながら注ぐことで、これもまた颯爽と華やかに決めたいものです。カクテル作りに一般に用いられるストレーナーには、ホーソン（スプリングのついたもの）とジュレップ（孔の空いたもの）の2種類があり、どちらもボストン・シェイカー・セットの完璧なパートナーになってくれます。ジュレップのほうが小さく、ガラス製のタンブラーに使い、ホーソンは縁に載せやすいように金属製のタブが付いており、こちらは金属製のタンブラーに使うと良いでしょう。ホーソン・ストレーナーをお買い求めの際は、丸型で、タブが2つではなく4つのものを選びましょう。前者はシェイカーの縁にうまく引っかからず、中に落ちてしまい

がちだからです。シェイクしたドリンクは一般に金属製のタンブラーから、ステアしたドリンクはガラス製のタンブラーから漉して注ぎます。

　注ぎは、必ず片手で行ないます。金属製のシェイカーの場合は、ホーソン・ストレーナーを載せ、人差し指と中指を上に置き、親指と薬指と小指でシェイカーを握ります。シェイカーをしっかりと握ったまま、液体がグラスの外に跳ねないように、最初はゆっくりと注ぎます。マティーニ・グラスやカクテル・グラスには、グラスの内側に沿って円を描くようにそっと注ぎます（これもこぼれや跳ねを防いでくれます）。シェイカーの中身が減るにつれて、円を描く滑らかな動きを遅くしていきます。残り少しになったら、グラス中央の高い位置に手をもっていきます。手首のスナップを効かせて一連の動きを締めくくり、ゲストの視線をドリンクに移します。

　ガラス製のシェイカーから注ぐ際は、ジュレップ・ストレーナーを膨らんでいるほうを上にして載せます。シェイカーの上側を親指と、人差し指を除く残り3本の指で握ります。人差し指は軽く折り曲げてストレーナーの取っ手に掛け、上からしっかりと押さえます（p60参照）。注ぎ方は上記と同じです。

メジャー・カップ（ジガー）

　ステンレス製で、サイズの異なるカップが背中合わせになっているタイプを2種類揃えましょう。1オンス／2オンス［30ml／60ml］と、3/4オンス／1.5オンス［22.5ml／45ml］の2種類です。わたしも新しいカクテルを試すときは、正確なレシピを知りたいので、必ずメジャー・カップ（ジガー）を使います。

バー・スプーン

　ステムが長く、ねじれているスプーンで、シェイカーの中でドリンクをステアするのに使います。わたしにとって、ドリンクをステアしている時間は人生における特別な瞬間のひとつです。映画『影なき男』［1934年公開。ダシール・ハメット原作。シリーズ化され1947年までに計6作品が作られた］でマティーニ作りの匠を演じたウィリアム・パウエルは、マティーニをステアしながら交わす会話で物語を進めていました。レインボー・ルームは常に慌ただし

かったのですが、バーカウンターの中でマティーニをゆっくりステアしている間だけは、店中がスローモーションで動いているように見えたものです。急かされて雑に行なえるものではありませんから。

『影なき男』シリーズの3作目『第三の影』（1939年公開）より。ウィリアム・パウエル演じる主人公ニック・チャールズ（左）とマーナ・ロイ演じるニックの妻ノラ・チャールズ（右）。引退した私立探偵ニックとその妻ノラが事件を解決していく軽快なストーリー。映画のみならず、ラジオ、テレビ、ミュージカル、舞台でも作品化され、ニック＆ノラの名前は多くの米国人の知るところとなった

映画『影なき男』（1934年）のポスター。映画の一場面を模して描かれたこのポスターで2人が互いの口につけている小ぶりのグラスが、のちに「ニック＆ノラ・グラス」と呼ばれることになるものの原型。著者が1980年代後半以降にレストラン「レインボー・ルーム」のヘッド・バーテンダーだったとき、伝統をよみがえらせる意図を込めて、当時使われなくなっていたこのタイプのグラスをふたたび使い始めた。業者にこのグラスを発注する際、著者が「ニック＆ノラ・グラス」と注文書に記して発注していたところ、徐々にこの呼称が広まり、その名称が一般に定着した

マティーニやマンハッタンといったステアして作るドリンクでは、ダッシュや少量の諸々を先に入れます。こうすると、氷に風味を付けることができます。たとえばイン・アンド・アウト・マティーニ(In & Out Martini)もそうで、少量のベルモットであらかじめ氷を風味付けし、余った分を捨てます。ベースとなるアルコールはそれから入れます。

スウィズル

19世紀にジャマイカや大小アンティル諸島で考案された当時のスウィズルは、現在わたしたちが使うそれよりもはるかに重要なバー・ツールでした。実際、ある種のドリンクの総称にまでなっています。スウィズルは細くまっすぐな堅木の枝で、長さは30センチほど、先が3つか5つに短く分かれています。カクテルのスウィズルは英領ギアナ［現在のガイアナ］のジョージタウン・クラブで生まれたもので、プランテーションの所有者たちが1日の終わりに集まり、政治談義のお供として楽しんだと言われています。当時のレシピは、ピッチャーに半ばくらいまでクラッシュド・アイスを入れ、そこに地元産のラム、搾りたてのライム果汁(ジュース)、ビターズを加える、というものでした（かなりドライなので、お試しになる場合は、シュガー・シロップやオレンジ・キュラソーで甘味を足しても良いでしょう）。スウィズルの使い方ですが、枝分かれしているほうをピッチャーに挿し、ステムを両手で挟み、くるくると回転させてドリンクを混ぜます。これはかなり効果的なミックス法で、電動ブレンダーのようにドリンクをうまく混ぜて泡立てることができます。19世紀スタイルのスウィズルは、米国では見つけづらいと思いますが、トリニダードやジャマイカでは、いまでも普通に販売されています。

ナイフ／包丁とまな板

旅には必ず、バーでのニーズに完璧に応えてくれるナイフを2本持っていきます。幅広でスピア・ポイントの刃渡り10センチほどの小型ナイフと、20センチほどの包丁です。大半のガーニッシュは小型ナイフで十分なのですが、パイナップルやそれよりも大きな果物には包丁が欠かせません。まな板は木製以外にも多くの素材のものがあり、いくつかは木製よりも優れています。キッチンの安全性に関する調査により、ラバーメイド(Rubbermaid)社やサニタフ(Sani-Tuff)社のゴム製ボードは木製よりも汚れを落としやすく、雑菌も繁殖させにくいことがわかっています。バーには、パイナップルやメロン用の45×30センチほどのものと、小さな果物用の20×15センチほどのものの大小2種類を用意しておくと、何かと便利です。

カットガード・グローブ

薄手の柔らかなグローブで、ナイフの扱いに自信のない方にお勧めです。この類の商品を扱うメーカーはいくつかありますが、最大手はフード・ハンドラー(Food Handler)社（商品名：ブレードブロッカー）とR.H.フォーシュナー(R. H. Forschner)社（商品名：シールド）です。

Column

シェイク対ステア

シェイクかステアかについて、わたしには明確な基準があります。たとえばマティーニやマンハッタン、ロブ・ロイといったスピリッツのみのドリンクはステアで、フルーツ／柑橘類(シトラス)の果汁(ジュース)を含むものはシェイクでお出しします。ステアとシェイクの違いは、ドリンクの見かけと舌触りに最も顕著に表れます。シェイクをすると、液体内に無数の小さな気泡が生まれます。これはダイキリやマルガリータといったカクテルには打って付けで、気泡がグラスの中で弾け、溌剌(はつらつ)感を加えてくれます。ハリー・クラドックは著書『The Savoy Cocktail Book（サヴォイ・カクテルブック）』(1930年)の中で、「(カクテルが)あなたに笑いかけているうちに素早く」飲むべしと書いています。反対に、マティーニやマンハッタンには、軽い泡のようなテクスチャーではなく、冷たく、どっしりした、滑らかな口当たりと舌触りが欠かせません。ですので、わたしは常にステアしてお出しします。念のために書きますが、シェイクでジンやウォッカの味わいが変わるのはいっときだけのことです。

上から時計回り:テコ型コルク抜き(スクリュー)、チャンネル・ナイフ、ナツメグ・グレーター、小型ナイフ、包丁、マドラー、アイス・トング、缶&ボトル・オープナー、シトラス・リーマー

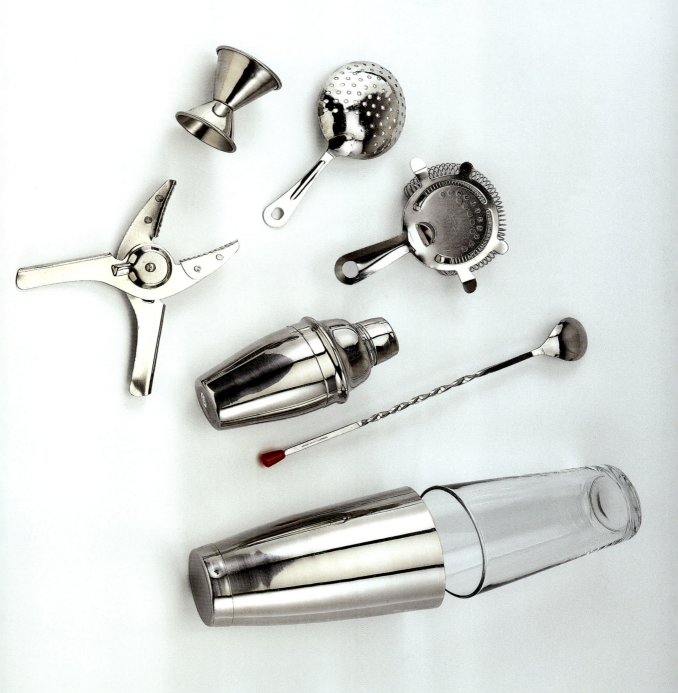

上から時計回り:ダブルサイドのメジャー・カップ、ジュレップ・ストレーナー、ホーソン・ストレーナー、バー・スプーン、ボストン・シェイカー、コブラー・シェイカー、ハンド・シトラス・ジューサー

細かな気泡が無数に生じることで、一時的に舌触りが変わります。ですが、1分もすれば気泡は消えてなくなり、テクスチャーはステアした場合のそれと同じになります。ただもちろん、これはあくまで好みの問題ですから、お好きな方は十分にシェイクしたマティーニをお楽しみください。

コルク抜き、ボトル・オープナー、缶オープナー

コルク抜きは使いやすさを第一に考えて選びましょう。コルクに上から挿して使うウィング型と、飛び出しナイフを思わせる外観のテコ式の2種類があります。スクリュープル（Screwpull）社は最大手メーカーのひとつで、ここの製品はシンプルで使いやすく、手頃な価格のも

右上：ボストン・シェイカーのガラス製タンブラーからジュレップ・ストレーナーを使ってマンハッタンを注いでいるところ。ストレーナーを押さえる指使いに注目
左下：ボストン・シェイカーで密閉状態、いわゆる"マジック・シール"を作っているところ
右下：密閉状態を解いているところ

のから高級品まで種類も豊富です。わたしの一押しです。

　最近の[米国の]ビール瓶はキャップがツイスト・オフになっているものが大半ですが、パーティに用意するビールがすべてそうとは限りません。端にそれぞれボトル・オープナーと缶オープナーが付いたものがあると、大量のラム・パンチ用にパイナップル・ジュースの缶を開けるときなどに、たいへん重宝します。ところで、美味しいラム・パンチのレシピのご紹介はまだでしたね。p150のプランターズ・パンチをご参照ください。

ピアノ・ホイッパー＆フレンチ・ホイッパーまたはフレンチ・ウィスク

　コーヒー・ドリンクがお好きでしたら、ピアノ・ホイッパーは必携です。非常に細い針金でできており、アイリッシュ・コーヒーにぴったりの濃厚なクリームを2分で泡立てられます。また、わたしはよく、太い針金のフレンチ・ホイッパーやフレンチ・ウィスクを使ってスイカの果汁を搾ります。針金が太く丈夫なため、果肉を楽に潰すことができます。

漏斗（ファンネル）

　シンプル・シロップを凝った装飾の瓶に移す際には、漏斗（ファンネル）が必要です。ストレーナー付きのものがあると、柑橘類の種や繊維を取り除く際に重宝します。

チャンネル・ナイフ

　レモンやライム、オレンジの皮を薄く剥き、装飾的なガーニッシュを作る際に使います。あくまでオプション的なツールで、柑橘類の皮を細長いらせん状に剥くなど、創造性を発揮されたい方以外には不要です。ただし、ホーセズ・ネック作りには欠かせません。品揃えの良いキッチンウェア店で、人間工学に基づいてデザインされた柄の太いものを買うといいでしょう。わたしのお勧めブランドはOXOです。

ジューサーと果汁搾り

シトラス・ジューサー

　わたしのレシピにはどれも、生の果汁（フレッシュ・ジュース）をたくさん使います。ですから、もしシトラス・ジューサーをお持ちでなければ、1つお買い求めください。形もサイズもさまざまなものがありますが、お勧めはグレープフルーツを搾れるくらいの大きさがあるものです。アーティメタル（Artimetal）とラショーンド（Rachaund）にはアルミキャスト製の良い製品がいくつかあり、どれもボウルが大きく、グレープフルーツの果汁もこぼすことなく搾れます。安価な電動搾り器はパワーに欠けます。ですが、だからといって高ければいいというものでもなく、たとえばハミルトン・ビーチ（Hamilton Beach）やキッチンエイド（KitchenAid）のパワージューサーのような高級品はバーには不要です。ベジタブル＆フルーツ・ジューサーはマンゴーやパパイヤ、パッションフルーツなど、ジュース・エクストラクターでは搾れない果物を使うトロピカル・フルーツ・ベースのカクテルを楽しみたい方向けの、いわば贅沢品です。たとえば、ピーチ・ピューレまたはジュースとシャンパンを使うベリーニがどうしても作りたいのであれば、この類のジューサーをお求めになっても良いでしょう。ただし、質の高いものは最低100ドルはすると思ってください。

果汁搾りのコツ

　わたしの経験に基づく鉄則第1条は、ジューシングに適した果物、つまり皮のなるべく薄いものを選ぶことです。わからない場合は、お店の方にお訊ねください。第2条以降は以下のとおりです。

・品質保証用のシールや刻印はすべて、ナイフではがすか削り取っておくこと。
・冷えた果物は果汁が出にくいため、ジューシング用のレモンやライム、オレンジは冷蔵しないこと。冷えている場合は、ぬるま湯に15分から20分ほど漬してから、カウンターに置き、手のひらでごろごろと転がして細胞

を壊し、果汁を出しやすくすること。これだけで、搾れる果汁の量がほぼ倍になります。

・上質なストレーナーを使い、種と繊維を漉すこと。繊維を多く含むフルーツ・ジュースを好む向きもありますが、繊維はグラスにとって厄介な存在であり、食洗機で洗う場合にはとくに困りものです。グラスの内側に熱でこびりつき、見るからに汚く、そのままでは使えなくなってしまいます。そうなってしまったら、洗剤を溶いたぬるま湯などにグラスを漬け、手作業で取るしかありません。

・搾った果汁はすべて、雑菌の繁殖を抑えるために冷蔵庫に入れること。レモンやライムの果汁はすぐに苦味や渋みが出てしまうため、一晩保（も）ちません。一方、搾りたてのオレンジ果汁とグレープフルーツ果汁は高い糖度が風味を守ってくれるので、冷蔵庫で数日は保ちます。とはいえ、商品のジュースのように殺菌されているわけではないこと、そしてすぐに変色してしまう点はお忘れなく。

ダイキリ用フルーツ

生のフルーツを使うダイキリは一般にフローズン・ドリンクにしますが、"アップ"ドリンクにすることもできます。イチゴ、バナナ、パパイヤ、マンゴーはどれも"フローズン"にしないダイキリにぴったりです。どの具材も前もって下ごしらえをし、シンプル・シロップに混ぜて冷蔵しておくことができます。大半の果汁はシンプル・シロップの中で2～3日は保（も）ちますが、搾った日に使い切るのが理想です。

・**イチゴ**：よく洗い、へたを取り、2.5センチ角に刻む。イチゴ500グラムに対して250mlのシンプル・シロップを用意し、混ぜたものを容器に入れ、蓋をして冷蔵庫に入れておきます。

・**バナナ**：バナナは簡単です。皮を剥き、2.5センチ厚にスライスし、そのままブレンダーに入れるだけで準備はおしまいです。ただし、切ったらすぐに使うこと。あらかじめ用意しておく場合は、変色を防ぐために冷凍しましょう。

・**パパイヤ**：パパイヤは皮を剥き、2.5センチ角に切り、そのままブレンダーに入れても、シンプル・シロップに混ぜ、蓋をして冷蔵庫に入れても良いでしょう。通常の大きさのハワイ産パパイヤ6個に対し、シンプル・シロップ950mlが目安です。

・**パッションフルーツ**：生のパッションフルーツはとても酸っぱく、大量の甘味料が欠かせません。シンプル・シロップに混ぜて保存できます。

・**マンゴー**：皮を剥いて種を取り、繊維質のテクスチャーが邪魔にならないように、1センチ強の薄さにスライスします。シンプル・シロップかレモン果汁に混ぜて置いておきますが、その日に使い切りましょう。

・**ベリー類**：ベリー類を買うときには、パッケージの中身をよく見ること。上の段に痛んだものが1つでもあれば、倍以上の数が下に隠れているはずです。家に帰ったら、パッケージを開け、かびの生えたものを取り除き、密閉容器（タッパーウェアなど）に移し替えます。痛みやすいので、使う直前まで洗わないこと。

ガーニッシュ

"ガーニッシュ"の定義を思い出すたび、にやりとしてしまいます。辞書によれば、「食品の上または回りにある、色または香りを加えるもの」。なるほど、飲み物のガーニッシュは仲間に入れてもらえていないようですが、それならそれで構いません。わたしの中に、れっきとした定義があるからです——カクテル・ガーニッシュとは、色と香りのどちらも加えるもの。ドリンクの表面にぷかぷかと浮いている干からびたレモン・ピールの欠片（かけら）や1/4に切られて茶色くなったライム・ウェッジ［ウェッジ（wedge）は「くさび」の意］は、ガーニッシュではありません。

個人的に、飾り付けの基本としている言葉が2つあります——"たっぷり"と"瑞々（みずみず）しい"です。ガーニッシュを選ぶ際は、大きさ、美しさ、そして新鮮さを基準にしてください。"大きさ"と言っても、大きければ良い、というわけではありません。果汁（ジュース）用のオレンジは皮が薄すぎるため、ガーニッシュには適しません。その反面、

大きくて皮の厚いネーブルは華やかな飾りになりますが、果汁的には非常に乏しいものがあります――おまけに、言うまでもなく、値も張ります。オレンジ類なら何でも良いわけではないのです。切り方や剥き方も同じく重要です。せっかくのすばらしいネーブルも、原型も果物としての美も留めていない状態に切り刻んでしまっては、何の意味もありません。

19世紀半ばに出版された最初期のカクテル本は、このガーニッシュ問題についてごくシンプルな対処法を提案しています。たとえば1862年の著書『The Bon Vivant's Companion, or How to Mix Drinks』で、"プロフェッサー"ジェリー・トーマスは「旬の新鮮な果物を上に飾る」または「着せる」こと、と書いています。当時はいまと違い、旬の果物がいつでも容易に手に入るわけもなく、そこでトーマスはドライフルーツの活用を勧めています。彼の考案した斬新な一品がバーント・ブランデー&ピーチというもので、コニャックと砂糖を入れたソースパンを火にかけ、ドライ・ピーチの上からそれをかけて作ります。トーマスによると、これは「南部諸州で大変な人気で、下痢の治療薬として飲まれることも」あったそうです(なるほど、ありがとう、ジェリー)。良いガーニッシュを揃えるためのコツは、新鮮なものなら何でも、買えるときに買っておくこと、に尽きます。

レモン&ライム・ウェッジ

ウェッジは以下のように切ります。

・まず両端を切り落とす。それぞれ端から3ミリほど。果肉まで切らないように注意する。
・縦半分に切り、切った面を下にしてまな板に置く。
・一方に約45度の角度で縦に2回ナイフを入れ、同じ大きさのウェッジを3つ作る。残り半分も同じように切る。レモンまたはライムが大きい場合は、それぞれからウェッジを(3つではなく)4つ作ってもよい。
・切ったレモンは濡れ布巾をかけて冷蔵庫に入れておけば、2日ほど保ちます。一方、切ったライムはすぐに酸化して縁が茶色くなるため、一晩置いたものはガーニッシュには使えません(切ってから1日たったライム・ウェッジは、カイピリーニャなどのドリンク用のジュースやマドルに使いましょう)。
・収穫の時期や場所によるのですが、レモンの種が通常のものより多いこともありますので、その場合はもうひと手間が必要です。種はウェッジの中央に集まっていますから、その周囲を6ミリほど手早く切り落としてください。

パイナップル・ウェッジ

両端を切り落とし、2.5センチ幅の(横方向に)輪切りに。各スライスを8つ切りにする。

レモン／オレンジのピール／ゼストとフレイミング (flaming)

柑橘類のアロマとフレーバーは皮の油胞[果皮にある小さな丸いつぶつぶ]内に凝縮されています。シェフやバーテンダーはよく果汁と一緒にこのオイルを抽出し、その果物のエッセンスを料理やドリンクに加えます。さらに、柑橘類の皮のオイルにはほかにもカクテルに活かせる利点があります――燃やせるのです。

・実の締まった、新鮮なものを使うこと。皮にオイルがより多く含まれています。
・大きな、皮の厚いネーブルオレンジか大ぶりのレモンを使うこと。
・燃やしやすい、大きさも薄さも同じ楕円形のピール／ゼストを切れるようになるには、技術と集中力と練習が欠かせません。ナイフの扱いに慣れていない方は、次の簡単な方法から始めてみてください:前述のウェッジ作りと同じ要領で、レモン／ネーブルオレンジの両端を1センチ強切り落とす。レモン／オレンジをまな板に縦に置く。上からしっかりと押さえ、小型ナイフで皮を薄く剥き、約2×4センチ[原文3/4×1.5インチ]大の短いピール／ゼストを作る。皮の裏の縁がすべて黄／オレンジ色で、中央のあたりにほんの少し白い部分が残る程度に薄くする。こうすると、オイルを最大限に出せると同時に、白い部分から出る苦味を最小限に抑えることができます。レモン／オレンジの中程から下に向けてナイフを動かし、1つ剥けるたびにレモン／オレンジ

ガーニッシュ用レモン・ウェッジ

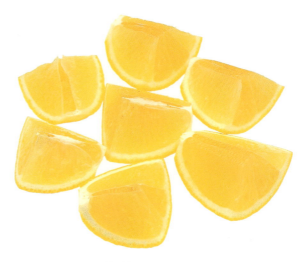

マドル用レモン・クォーター

ガーニッシュ用ライム・ウェッジ

マドル用ライム・クォーター

ガーニッシュ用パイナップル・ウェッジ

マドル用パイナップル・チャンク

フレイミング用レモン・ゼスト

フレイミング用オレンジ・ゼスト

ガーニッシュ用スパイラル・レモン・ピール

ホーセズ・ネック用ガーニッシュ

ガーニッシュまたはマドル用のミントの小枝

ガーニッシュ用オレンジ・スライス

を少し回し、一周するまでこれを続けます。終わったら、レモン/オレンジをひっくり返し、残り半分も同じようにして剥きます。ネーブルオレンジなら12〜15枚、大きなレモンなら10〜12枚の短いピール/ゼストができるはずです。レモン/オレンジは皮が端々しくて張りのあるものをお選びください。中がしなびてくると、皮も干からびて柔くなり、含まれているオイルも大幅に少なくなります。

　じつは剥き方はもう1つあり、そちらのほうが個人的にはやりやすいうえ、より均一なピール/ゼストができるのですが……ナイフを扱う際のルールに反する方法でもあります。いえ、危険ではありません、集中力が必要なだけです（練習の際は、怪我をしないよう、カットガード・グローブをお忘れなく）。レモン/ネーブルオレンジの下半分を片手でしっかりと握る。切っていく方の上半分に指をかけないこと。上部の端にナイフを当て、自分に向かってゆっくりと慎重に動かし、約2×4センチ[原文3/4×1.5インチ]大に薄く剥いていく。レモン/オレンジを回しながらこれを続ける。10〜15枚はできるはずです。

　ピールの用意ができましたら、ここからが本番です。皮に含まれるオイルを使って、ゲストに美しい火花の舞をご覧いただきましょう。

・火の付いたマッチを片手に持ち、もう一方の手でピール/ゼストを卵の殻を扱うように優しくつまむ。力を入れすぎてオイルを飛び出させないように注意する。
・皮の面を下に、上下ではなく左右の端を親指と人差し指でつまみ、ドリンクから10センチほど離して構える。
・力を入れすぎてオイルを飛び出させないように注意する。
・ドリンクとピール/ゼストの間、ピール/ゼスト寄りにマッチを構える。勢いよく潰し、飛び出したオイルをマッチの火を通してドリンクの表面にかける（このとき、ピール/ゼストがドリンクに近すぎると焦げた匂いがグラスを膜のように覆ってしまうので、注意しましょう）。

ガーニッシュ用スパイラル・レモン・ピール

　背の高い、チムニー型のグラスでお出しするホーセズ・ネックやジン・スリングを飾る、目にも楽しい素敵なガーニッシュを作ります。チャンネル・ナイフがあると便利です。チャンネル・ナイフはステンレス製の彫刻刀のようなツールで、中央に鋭角な穴が空いており、皮に細い溝を彫り、長いらせん状のレモン・ピールを作ることができます。手順は基本的に前記のフレイミング用の作り方と同じです。

・上下の先端部を切り落とす。
・片手にレモンを、もう一方の手にナイフを持ち、自分の体から遠いほうの端に当て、下に向けて動かす。このとき、刃が皮の中にしっかり入っていくよう、一定の力をかける。
・6ミリほど中に入ったら、刃を左に向け、反対側の端に向かってらせん状に掘っていく。レモンの表面に約1.3センチ幅の皮の筋が残ります。下の端まで行ったら、始めたのと同じようにして掘りおえます。
・レモンの上に残った約1.3センチ幅の皮の筋はホーセズ・ネックのガーニッシュに使います。小型ナイフを使ってこれをレモンから切り取ります。ナイフの刃を常にレモン側に傾け、途中でピールを切らないように注意しましょう。
・切り取ったスパイラル・ピールは氷水に入れておくと、引き締まり、バネのようになります。厚いほうのピールをホーセズ・ネックに使います。ピールは必ずドリンクの材料や氷を入れる前にグラスに飾ります。片方の端をグラスの縁に掛けて、中に落ちないように固定し、反対の端がグラスの底に付くように、らせん状のピールを中に垂らします。氷を入れると、ピールが安定します。

　薄いほうのピールは短く切り、シャンパン・カクテルのガーニッシュとしてフルート・グラスの縁に飾れます。オレンジやライムの皮も同じように剥くことができます。

左上から時計回り:フレイミング用のレモン・ピール/ゼストを切っているところ。ホーセズ・ネックのガーニッシュを切っているところ。ブランデー・アレクサンダーにナツメグをおろしてかけているところ。カイピリーニャ用にライムをマドルしているところ

フレイミング

薄いピールは冷水に漬けておくと、引き締まり、らせんがよりきつくなります。スウィズルや箸── 細い棒状のものなら何でも構いません ── に巻き付けて形を整え、氷水の中に落とし、30分ほど漬けておくと、きれいなコイル状になりますので、これを短く切ってグラスの縁などに飾ると良いでしょう。

ガーニッシュ用オレンジ・スライス

・新鮮な、皮の厚いネーブルオレンジを選ぶ。
・両端を切り落とす。オレンジのなかには中果皮[白い綿状の部分]の厚さが2.5センチ以上もある種類もあります（ネーブルオレンジの先端部の皮はたいてい、厚さが2.5センチほどです。これを切り落とし、果肉が見えるようにしてください）。
・オレンジを縦半分に切り、断面を下にしてまな板に置き、1.3センチほどの幅で横向きにスライスする（グラスが小さい場合は、スライスしたオレンジをさらに半分に切ってください）。このオレンジ・スライスにマラスキーノ・チェリーを合わせたものが有名な"フラッグ"で、コリンズ類やサワー類の定番のガーニッシュになります。

ミントや他のハーブ類

　ミントは植民地時代からアメリカのドリンクに欠かせないガーニッシュであり、初期を代表するブランデーおよびピーチ・ブランデー・ジュレップにも使われていました。ドリンクには、葉に弾力がある若いミントが最適です。ガーニッシュやドリンクにより適した種類もあります。象の耳のように葉が大きくて柔らかなミントは、ドリンクの上で萎んで見えるため、好ましくありません。ミントをドリンクの中でマドルかシェイクしたあとは、ジュレップ・ストレーナーを使い、浮いているミントの破片をできるだけ取り除きましょう。マドルの際、ミントを粉々になるほど潰す必要はありません。葉に傷をつけ、香りを抽出するだけで十分です。ドリンクに飾る際は、たっぷりと、緑が生い茂っているようにするのがポイントです。ミントで飾ったドリンクには必ずストローを添えます。

　パイナップルセージも重宝するハーブで、わたし流のパイナップル・ジュレップやパイナップルを使うトロピカル・ドリンクをはじめ、さまざまなカクテルの味を引き立ててくれます。ブラック・ペパーミントはこの品種のなかで最も強いペパーミント香を誇り、さらに茎や葉脈の赤みがかった紫色がドリンクに彩りも添えてくれます。ウィスキーに入れ、砂糖やオレンジ・キュラソーなどのリキュールで甘味を加えてみてください。バーベナとレモンバーベナの葉は濃い緑色で、これをウォッカ、ジン、ラムを使った柑橘系ドリンクの中でマドルすると、爽やかなレモンの香りを加えてくれます。ボリジ[ルリジサ]はかの有名なピムス・カップ（p158）に使われるハーブで、きゅうりに似た香りがあり、フランスやイタリアのキニーネ・ベースの食前酒に打って付けです。

　シンプル・シロップをハーブで香り付けする場合はまず、お使いになりたいハーブの葉約3/10カップ（きっちり詰めて計る）を陶磁器の器で潰します。熱湯を1と1/5カップ注ぎ、そのまま30分ほど漬けておきます。柑橘類のピールを加えても面白いでしょう。これを漉したものでシンプル・シロップを作ります（p220参照）。シナモンやバニラといった香辛料を漬しても香りを付けられます。シンプル・シロップ950mlにバニラ・ビーンズを2粒もしくはシナモン・スティックを4本落とし、数日間冷蔵庫に入れておくだけでOKです。お好きな香辛料でオリジナルのフレーバード・シロップをお作りください。

Column

マドリング

　マドリングは本書で紹介するレシピに欠かせない技のひとつです（マドリングが必要な、あるいはフルーツやハーブをマドリングすると風味がなおいっそう良くなるカクテルのレシピには、横に要マドリングの記号を載せてあります）。ただ、わたしがバーで長らく使っているのは、カクテル用品を扱うウェブサイトや小売店で買えるような一般的なマドラーではありません。天然の果樹材製です。市場に出回っているマドラーを使わないのは、たいてい表面にワニス処理が施さ

れており、そうしたものを長く使っていると、ワニスがはがれてドリンクの中に入ってしまうからです。皆さんもぜひ、昔ながらの天然木製のマドラーを探してみてください。ブラジルに知人がいらっしゃいましたら、その方に頼めば、すぐに送ってもらえるはずです。マドラーはブラジルの国民的ドリンク、カイピリーニャ作りに欠かせないツールだからです。どうしても見つからない場合は、代わりに木製の太いスプーンをお求めください。

マドリング

マドラー、スティック、またはスクィージング・スティック（19世紀にはそう呼ばれていました）は、本物のカクテルバーに絶対に欠かせないツールです。わたしはマドラーを何にでも――柑橘類の皮に含まれるオイルをドリンクに移すのにも、ジュレップの中でミントの葉脈を開くのにも――使いますし、柄でキューブド・アイスを割ることもあります。マドラーはミキシング・グラスの底に届かせるために、最低でも15センチほどの長さが必要で、必ず平らな、あるいは丸まっているほうを下にしてグラスに入れます。ご自宅では、木製のスプーンやすりこぎでも代用できます。

わたしが長年にわたって極めてきたドリンク作りには、新鮮な果汁（ジュース）と新鮮なフルーツのマドリングが欠かせません。これまでさまざまな形や大きさのフルーツを試してきたなかで、種類ごとの最適なカットを見つけましたので、以下に紹介いたします。

・**レモン＆ライム**：ガーニッシュにはくさび形（ウェッジ）ですが、マドルには「クォーター」が最適です。レモンやライムをよく洗い、両端を切り落とし、横半分に切ります。断面を下にしてまな板に置き、それぞれ4等分にします。ウェッジよりも小さいクォーターのほうが、ミキシング・グラスの底でマドルしたり潰したりといった作業が楽に行なえます[クォーターは、レモンやライム2分の1個を、縦半分と横半分に切って4分の1（quarter）にしたもの。つまり1個を8分の1にしたもののこと。写真→p64]。

・**オレンジ**：わたしの場合、オレンジはスライスしたものをマドルします。

・**パイナップル**：皮と両端を落とす。パイナップル・コアラーがあれば、芯もくり抜き、2.5センチ厚の輪切り（縦ではなく横）にする。各スライスを8つ切りにし、これをマドルする。

・**マンゴー**：皮を落とすか剥き、大きな種に沿って刃を入れ、2.5×5センチ大にスライスする。

わたしの場合、マドラーを使ってする行為は基本的に2つ――すり潰す（マドル）か、軽く潰す（ブルーズ）、です。柔らかいフルーツやハーブは軽く潰すだけに留めておきます。残りの仕事は氷と一緒に行なうシェイクが担ってくれるからです。ミントの葉を粉々に潰してしまうのは、あとできれいに漉し取りづらくなるため、個人的には好みません。マンゴーなどの柔らかいフルーツは、ごく軽く潰したものをシェイクします。ドリンクの中に繊維が多く残ってしまうのは避けたいので、ボストン・シェイカーのガラス製のほうから、よりきれいに漉せるジュレップ・ストレーナーを使って注ぐようにしています。

マドリングはごく普通のドリンクも特別な一杯に変えてくれます。ラム・コークのようなシンプルなものでも、ラムを入れたハイボール・グラスの底にレモンとライムのスライスを1枚ずつ落とすだけで、面白い感じの一品になります。マドラーか木製スプーンで何度か潰してからコーラを注ぐと、果汁だけでなく皮から出たオイルが素敵なフレーバーを加えてくれます。

グラスウェア

19世紀の昔、ドリンクを入れるグラスウェアには現在よりもはるかに多くの種類がありました。1888年の

著書『New and Improved Illustrated Bartender's Manual, or How to Mix Drinks of the Present Style（ニュー・アンド・インプルーヴド・イラストレイテッド・バーテンダーズ・マニュアル・オア・ハウ・トゥ・ミックス・ドリンクス・オブ・ザ・プレゼント・スタイル）』の中で、ハリー・ジョンソンは6種類のワイン・グラス、5種類のビア・グラス、13種類のドリンク・グラスを勧めています。パトリック・ギャヴィン・ダフィの1934年の著書『The Official Mixer's Manual』には、36種類ものグラスが表に記載されています［ダフィとその著書についてはp20の本文とp22コラムも参照］。多種多様なグラスウェアを使い分けることには、スピリッツやビール、ワインの量がたいていはグラスの大きさと形によって自ずと決まるため、バーテンダーがミスをする余地がさほどない、という利点がありました。現在の状況は正反対です。グラスは往々にしてオーバーサイズですから、量の多少はすべてバーテンダーの腕、正確性……そして寛大さ（！）次第です。

　マティーニやアイリッシュ・コーヒーを作る際は、提供する量に合った大きさのグラスを使うという伝統をわたしは守っています。もちろん、オーバーサイズのグラスがふさわしい場合もあります。オーバーサイズのバーガンディまたはボルドー・グラスはエレガントさを加えてくれますし、スコッチのオン・ザ・ロックスはダブル・オールドファッション・グラスでお出ししたほうが、雰囲気が断然良くなります。ですが、マティーニをお出しする場合、10オンス［300ml］や11オンス［330ml］の大型グラスに利点はありません。中身が多いほうがゲストに喜んでもらえると思われるかもしれませんが、大きすぎます。マティーニはあくまでカクテル・パーティの幕開け役、夕食前の食欲増進剤であり、宴の幕引き役ではございません。また、量が多すぎるカクテルは、友人に一杯ごちそうし、返杯を受けるという由緒正しきバーの伝統にもそぐいません。飲みすぎて酔っ払い、食事を楽しむどころではなくなってしまっては、せっかくのディナーが台無しです。

　マティーニ・グラスやその他のカクテル・グラスをお求めになる際に気をつけるべきポイントは2つ、サイズとバランスです。クラシックなカクテル・レシピの多くは3〜4オンス［90〜120ml］のカクテル・グラス用ですので、現在の一般的なグラスでは大きすぎます。わたしがオーロラとレインボー・ルームで古き良きバーの再現を目指していた当時も、グラスのサイズ問題にはひどく悩まされました。クラシックなレシピを現在の8オンス［240ml］グラス用に作り替えるのは、レモンやライムの生果汁のような揮発性の材料を含むレシピの場合はとくに、不可能に近かったからです。試行錯誤の末、5.5オンス［165ml］グラスに落ち着いたのですが、当初はお客さまから不満の声を頂戴いたしました。ただ結果的には、グラスを小さくしたことで、多くの方にそれまでよりも気軽に杯を重ねていただけるようになり、そのため客単価が上がりました（もちろん、わたしの意図するところではなかったのですが、経営陣は間違いなく喜んでいました）。小さなグラスは扱いやすいだけでなく、それで提供するドリンクと同じく、より優雅で格式が高いと、個人的には思っています。皆さんのご自宅でも、小さなグラスをお使いになってみてはいかがでしょうか。

　ホームバーには、違う種類のグラスを1ダースも揃える必要はありません。5つか6つあれば十分でしょう。

デザート・ワインとコーディアル
・ロンドン・ドック：ポートまたはソーテルヌ用グラスで、デザート・ワインや上質なスピリッツの"ニート"（氷なし）に、そしてストレート・アップのサワーといった特別なカクテルにぴったりです。ロンドンの埠頭（ドック）はかつて、ポルトガルやスペイン、フランス、マデイラ諸島のワインやシェリー、ブランデーの取引場でした。それらは樽に入ったまま港に到着し、多くの場合、英国で瓶詰めされていました。中身の品定めをするのに、買い付け人たちは樽の栓を抜き、味見をしました。その際に使っていたのがポート・ワイン・グラスに似た小型のステム・グラスであり、これがロンドン・ドックと呼ばれるようになりました。
・ブランデー・スニフター：あくまでオプションではありますが、多くのスペシャルティ・ドリンクに使えるグラスです。コニャック製造業者の多くは、スニフターだとア

レッド・ワイン"バルーン"

レッド・バーガンディ

ホワイト・ワイン

ロンドン・ドック

マティーニ

ショット

ハイボール

チムニー

ロック／オールドファッションド

 ブランデー・スニフター	 ウィスキー・テイスティング	 フラッペ
 フルート・シャンパン	 アールデコ調フルート・シャンパン	 19世紀調アブサン・グラス
 アイリッシュ・コーヒー	 スペシャルティ・グラス	 ホット・トディ・マグ

ルコール臭が中にこもり、ブランデーの繊細なアロマがそれに負けてしまうという理由から、ロンドン・ドック・スタイルのグラスを好みます。ですが、スニフターは目にも楽しいグラスで、ゲストに喜んでいただけるはずですから、ホームバーにはお勧めです。

ポニー、プース・カフェ、コピータ・グラス

・ポニーはいわばポート・グラスの小型版で、伝統的に1オンス[30ml]の少量で供するポニー・カクテル（Pony cocktail）に最適です。
・コピータ（copita）は伝統的なスペインのシェリー・グラスで、ポニーと形は同じですが、サイズは1.5〜2オンス[45〜60ml]と、やや大きくなります。どちらのタイプも最近は大型グラスの勢力に押されてしまい、バーでも小売店でもほとんど見かけなくなりました。
・プース・カフェ・グラスは前の2つよりもやや背が高く、サイドがよりまっすぐで、飲み口が外に広がっています。

アイリッシュ・コーヒー＆ホット・ドリンク・グラス

・コーヒー・ドリンクに目がない方は、チューリップ型で脚（ステム）に円形の飾りが施されたクラシックなアイリッシュ・コーヒー・グラスをお求めになるといいでしょう。美しいだけでなく、実用的でもあるからです。容量が7〜8オンス[210〜240ml]しかないため、ウィスキーとブラウンシュガー・シロップを注ぐと、ぴったり必要な量のコーヒーを入れる分しか残っていません。最後にクリームを厚さ3.8センチ[原文1.5インチ]ほどたっぷりとフロートして出来上がりです。このグラスがあれば、間違いなく完璧な一杯が作れます。

ショット

ショット・グラスはなくても構いません。ただしもちろん、ライム、塩、テキーラの最強トリオがお好きな方には必需品です。

ピッチャー、ボウル、カップ

ピッチャーやパンチ・ボウルをはじめ、大きな容れ物でお出しするパーティ・ドリンクは、ご自宅での楽しい集まりに欠かせません。わたしも自宅でスーパーボウル・パーティを開くときはいつも、勝利チームの選手が監督に頭からスポーツ・ドリンクを浴びせる際に抱えていくような、大ぶりのプラスティック製クーラーにラム・パンチを用意しておきます。カクテルを前もって作り、ピッチャーに入れておけば、次々にやって来るゲスト全員にドリンクを行き渡らせることができます。わたしの自宅には、パーティ用に容量1〜1.5リットルのガラス製ピッチャーがあります。

グラスの準備

グラスは使う前に必ず磨き、場合によっては洗ってください。日常的にお使いになるグラスではなく、しばらく棚に入れっぱなしになっている来客用のワイン・グラスやマティーニ・グラスのことです。ぱっと見はきれいでも、灯りにかざすと、くもりがあることがわかります。それではせっかくのマティーニやシャンパンの美しさを引き立てることができません。柔らかい布（ないときはペーパータオル）でよく磨いてください。マティーニ・グラスやカクテル・グラスは、とくに大きめのものはパーティの前に冷凍庫に入れておくと、冷たいドリンクを冷たいまま楽しんでいただくことができます。冷凍庫がいっぱいで入らないようでしたら、使う前に氷水を入れておくと、よく冷やすことができます。

グラスの縁の飾り方（リム）

　客としてバーを訪れた際、バーテンダーがわたしに出すグラスを手に取り、ひっくり返し、縁を容器に入ったスポンジらしき物につけ、続いてその縁を塩に押しつける様子を見るたびに、身震いがします。グラスの縁の内側にも外側にも塩がべっとり――もちろん、スポンジを潰してある謎の液体も得体が知れません（しかも、いつ交換したのか、わかったものではありません）。そのグラスにドリンクが注がれると、小さじ半分ほどの塩が中に溶けてしまい……がっかりです。

　正しい方法は以下のとおりです。ソーサーか小さなボウルにコーシャー・ソルト[粗塩の一種]を入れる。ヨウ素添加塩は使わない。新鮮なレモンまたはライムのウ

ェッジを使い、グラスの外縁だけを丁寧に湿らせる。グラスを上下逆さにし、底がバーカウンターと平行になるように持ち、縁を塩の中に入れ、全体にまんべんなく付くよう、ゆっくりと回す。シンクかごみ入れの上でグラスのボウル部分を軽くたたき、余分な塩を落とす。縁が美しいすりガラスのようになれば、完璧です。サンフランシスコにあるマルガリータで有名なトミーズ・メキシカン・レストランは、縁の半分にだけ塩を付けています。お客さまのお好みで、塩の付いている側と付いていない側の間を行ったり来たりできるようにするという、たいへん賢いやり方です（色や香りの付いたマルガリータ・ソルトもネットで購入できます）。サイドカーなど、砂糖で飾るドリンクの場合も手順は同じです。ただし、冷凍庫で冷やしたグラスは使わないこと。冷えたグラスが温まると水滴が生じ、縁の砂糖が溶けてグラスを伝って落ち、ボウルの外側や脚（ステム）をべとべとにしてしまうからです。

> **Column**
>
> ## このドリンクにはどのグラス？
>
> ### 必携
>
> **マティーニ**："アップ"カクテル全種
>
> **ハイボール**：ハイボール、ソーダ、ビール
>
> **ロック／オールドファッションド・グラス**：氷入りスピリッツ、氷入りカクテル、マイタイやオールドファッションなどスペシャルな一杯
>
> **オールパーパス・ワイン・グラス**：白＆赤ワイン、フローズン・ドリンク
>
> **ロンドン・ドック／ポート・グラス**：ポート、ソーテルヌ、上質なスピリッツ、リキュールのニート
>
> **フルート・シャンパン**：シャンパン、シャンパン・カクテル
>
> ### オプション
>
> **スペシャルティ・グラス**：フローズン・ドリンク、トロピカル・ラム・ドリンク
>
> **ピルスナー・グラス、パイント・グラス、スタイン**：ビール好きが集まる場合は必須
>
> **アイリッシュ・コーヒー・グラス**：ホット・ドリンク全種
>
> **ブランデー・スニフター**：美的には劣りますが、ロンドン・ドックで代用も可
>
> **ショット・グラス**：シューター好きが集まる場合は必須
>
> **コリンズ／チムニー・グラス**：ゾンビ、トム・コリンズ、ロングアイランド・アイスティー
>
> **バルーン型ワイン・グラス**：赤ワイン好きが集まる場合は必須
>
> **ソーサー型シャンパン・グラス**：ダイキリに最適ですが、シャンパンには不向き
>
> **パンチ・ボウル＆カップ**：パンチ好きやパンチからパーティを始めたい向きには必須

Part 2

[2章]
レシピ──楽しい逸話・豆知識とともに

Cocktails and Bar Tales

凡例

記号
＊オリジナル・カクテル
＋ノンアルコールカクテル
◆フルーツおよび／またはハーブとマドルするドリンク

ドリンク名、レシピの掲載の順番、索引

いくつかのドリンクには複数の呼び名があります。ある人がバズ・フィズと呼ぶドリンクを、別の人はミモザと呼ぶようにです。たいていは見解の差で、たいていはどちらも正しく、ときにはどちらが正しいのか、まったくわからないこともあります。そこで、本書では最も広く使われている呼称を採用し、その名前でレシピを載せました。

ドリンク名の並べ方も然りで、1つのドリンクに複数の並べ方がありえます。たとえば、ブランデー・アレクサンダーは"ブランデー"で並べるのか、それとも"アレクサンダー"で並べるのか？ フローズン・マルガリータは"フローズン"で並べるのか？ 判断に悩むところです。

同様に、ダーティー・マティーニ、ブラッドオレンジ・マティーニ、ニッカーボッカー・マティーニはばらばらに載せるべきなのか？ ジン・フィズはシルバー・フィズと分けるべきなのか？ いえ、それはおかしい。というわけで、マティーニ、フィズ、ブラッディ・メアリー、パンチなど、いくつものグループを作り、レシピが似ているドリンクはひとまとめにしてあります。

何を申し上げたいのかというと、ドリンクとレシピを整理して並べるのは意外に大変だということです。ですので、お探しのものが見つからない場合は、巻末の索引にあたり、ドリンク名か材料で検索してみてください。きっと本書のどこかに、おそらくはいずれかのグループ内にあるはずです。[原著では原則アルファベット順になっていた順番を、日本語版では原則50音順に並べ変えた。「マティーニ」などのグループに属するものはそのグループ内で原則50音順に並べ変えた]

レシピの量とグラス

ストレート・アップ
"ストレート・アップ"のレシピは、シェイクまたはステア前で90〜120mlです。正しくシェイクまたはステアすることで30〜45mlの水が加わります。カクテルの香味にとって、水は他のすべての材料と同じくらい重要です。水を含んだ状態で、"アップ"のレシピはどれも165〜210mlのカクテル／マティーニ・グラスでお出しします。"カクテル・グラス"と"マティーニ・グラス"は基本的に同じグラスを指します。

ハイボール
ハイボールの場合、アルコールの総量は45〜60mlです。

オン・ザ・ロックス
オン・ザ・ロックスの場合、アルコール量は60〜90mlで、マティーニとマンハッタンはアルコールが多め、スピリッツのオン・ザ・ロックスはアルコールが少なめです。

一般的なグラスの容量

- ジガー・グラス：45ml
- ロック／オールドファッションド：180〜300ml
- ダブル・オールドファッションド／バケット／マイタイ：300〜420ml
- フィズまたはデルモニコ：180〜240ml（クリームと卵を使うフィズ類は氷を入れず、この背の低いハイボールスタイルのグラスでお出しします）
- ハイボール：300〜360ml
- コリンズ／チムニー：トール・グラス、360〜420ml

- カクテル／マティーニ：150〜210ml
- フルート・シャンパン：120mlまたは150ml
- オールパーパス・ワイン：240〜300ml（ワイン・グラスの場合、半分より上まで注ぐことはめったにありません）
- ロンドン・ドック／ポート／ソーテルヌ：150〜210ml
- シューター：22.5〜30ml
- アイリッシュ・コーヒー：180〜240ml（大ぶりのアイリッシュ・コーヒー・グラスを使うと、コーヒーを注ぎすぎ、ドリンクを薄めてしまうおそれがあります）
- エキゾティック／フローズン：360〜480ml
- プース・カフェ：30〜90ml。サイドがまっすぐで、縁が外に広がっている細身のグラス
- ブランデー・スニフター：スニフターには大小さまざまなものがあります。180〜300mlのものが標準ですが、エキゾティック・ドリンクには300mlや360mlの大型のグラスがよく使用されます。

フレイミング

　本書の多くのレシピにはフレイムド・オレンジ・ピール（flamed orange peel）やフレイムド・レモン・ピール（flamed lemon peel）が使われています。気の利いたテクニックで、レインボー・ルームのバーでは日常的に活用していました。華やかさを増す演出というだけでなく、実際に軽く焼けたオレンジ／レモンの素敵なフレーバーをドリンクに添えることができます。簡単に覚えられますので、p63の手順をご参考にして取れ入れてみてください。

アイスバーグ
Iceberg

……

レモン・ウォッカ	60ml
ペルノ	3ダッシュ

ペルノを空のオールドファッションド・グラスの中に3振りし、グラスの中でぐるりと回し、内側をリンスする。余った分は捨てる。氷とウォッカを入れてステアする。ガーニッシュなし。

アイス・ハウス・ハイボール*
Ice House Highball

エディブル・フラワーが手に入らない場合は、フレッシュ・ミントとレモンの小片を飾ります。アブソルート・ウォッカを使った、エディブル・フラワーを飾る夏向けのドリンクをいくつか考案したのですが、これもそのひとつです。エディブル・フラワーの詳細は、ルシンダ・ハットソン著『Herb Garden Cookbook』(1998年)をご参照ください。

……

アブソルート・シトロン	45ml
フレッシュ・レモネード	150ml
クレーム・ド・マント・ホワイト(マリー・ブリザール)	1ダッシュ
食用ランまたは他のエディブル・フラワー(ガーニッシュ)	

……

氷をいっぱいに入れたパイント・グラスの中でウォッカとレモネードをビルドし、クレーム・ド・マントをひと振り加える。食用ランか他のエディブル・フラワーを飾る。

アイランド・ブリーズ*
Island Breeze

……

ライト・ラム	45ml
パイナップル・ジュース	120ml
クランベリー・ジュース	30ml
アンゴスチュラ・ビターズ	2ダッシュ
ライムの小片(ガーニッシュ)	

……

氷を入れたハイボール・グラスの中でビルドで作る。ライムの小片を飾る。

アイランド・ローズ
Island Rose

……

テキーラ	22.5ml
カルーア	22.5ml
シャンボール	15ml
生クリーム(ヘビー・クリーム)	45ml
有機ローズペタル(ガーニッシュ)	

……

氷と一緒に十分にシェイクし、アップかオン・ザ・ロックスで出す。有機ローズペタルを浮かべる。

アイリッシュ・コーヒー
Irish Coffee

……

アイリッシュ・ウィスキー	45ml
コーヒー	
ブラウンシュガー・シロップ(p220)	30ml
ハンドホイップ・アイリッシュ・コーヒー・クリーム(p220)	

Column

アイリッシュ・コーヒー

アイリッシュ・コーヒーは、アイルランドはフォインズの"フライング・ボート・ターミナル"(現在のシャノン国際空港)のバーマン、ジョー・シェリダンが考案しました。戦争でぼろぼろの状態だったヨーロッパに米国から水上機でこっそりとやって来るくたびれ果てた旅人たちをねぎらうため、シェリダンは熱いコーヒーにアイリッシュ・ウィスキーを加え、軽く泡立てたクリームを乗せたものを出していました。ジョーが考案したこのオリジナルに近づけるコツは以下のとおりです。

・缶入りのクリームは絶対に使わない。砂糖は加えず、ステンレスのボウルかピッチャーに入れて、冷蔵庫でよく冷やしてから泡立てる。
・よく冷やした生クリーム(ヘビー・クリーム)を気泡がなくなり、ゆっくりと注げるくらい滑らかになるまで泡立てる。
・コーヒーを甘くする際には必ず、白砂糖ではなくブラウンシュガーかブラウンシュガー・シロップを使う。
・コーヒーでたぷたぷにしない——120ml程度で十分。
・脚付きの伝統的なアイリッシュ・コーヒー・グラスを見つける。理由:サイズの大小にかかわらず、適量のコーヒーしか入らないため。

……
ウィスキー、コーヒー、シロップをアイリッシュ・コーヒー・グラスの中で混ぜる。表面に生クリームを厚さ2.5センチほど盛る。

アイリッシュ・コーヒーのバリエーション：
カフェ・アモーレ：アマレットとブランデー
カリプソ・コーヒー：ラムとカルーア
ジャマイカン・コーヒー：ラムとティア・マリア
メキシカン・コーヒー：テキーラとカルーア
スパニッシュ・コーヒー：スペイン産ブランデーとカルーア
ロワイヤル：コニャックと砂糖
ケオケ・コーヒー：ブランデーとカルーア
プレジデンツ・コーヒー：チェリー・ブランデー（色づけ用に、グレナデン小さじ1を加えてクリームを泡立てる）

アイリッシュ・ココナッツ*
Irish Coconut

トリニダードのアイリッシュ・バーにぴったりの名前です。
……

ベイリーズ・アイリッシュ・クリーム	22.5ml
ホワイト・ラム	22.5ml
生クリーム	22.5ml
ココ・ロペス※	15ml
プレーン・ソーダ	60〜90ml

……
すべての材料を氷と一緒に十分にシェイクする。氷を入れたハイボール・グラスに漉しながら注ぎ、ソーダを加えてステアする。

アガベ・パンチ*
Agave Punch

ほかのさまざまなスピリッツにも合うレシピですので、テキーラの代わりに、お好きなものでもお試しください。
……

100%ブルー・アガベ・テキーラ	45ml
フレッシュ・レモン・ジュース	22.5ml
シンプル・シロップ	15ml
フレッシュ・オレンジ・ジュース	60ml
ルビー・ポート	15ml
オレンジ・スライス（ガーニッシュ）	
ブドウ（紫色、ガーニッシュ）	2粒

……
テキーラ、レモン・ジュース、シロップ、オレンジ・ジュースを氷と一緒にシェイクし、氷を入れたステム・グラスに漉しながら注ぐ。ポートを加え、オレンジ・スライスとブドウを飾る。

アケダクト
Aqueduct

競馬場の名が付いた、馬好きのわたしにはたまらないカクテルです。ハリー・ジョンソンも1888年版の『Bartender's Manual』でターフ［芝生、の意］カクテルという、競馬にちなんだ名前のカクテルを紹介しています。レシピは以下のとおり：同量のドライ・ジンとベルモットにマラスキーノ3ダッシュ、オレンジ・ビターズ3ダッシュ、アブサン3ダッシュ。ステアし、オリーブを添える。きわめてマティーニふうですね。
……

ウォッカ	45ml
トリプルセック	15ml
アプリコット・ブランデー	15ml
フレッシュ・ライム・ジュース	15ml

……
すべての材料を氷と一緒にシェイクし、冷やしたカクテル・グラスに漉しながら注ぐ。

アップルジャック・カクテル
Apple Jack Cocktail

パリのリッツ・バーで出されていたもの。フランク・マイヤー著『The Artistry of Mixing Drinks』（1936年）に載っていたレシピをアレンジしました。
……

カルヴァドスまたはアップルジャック	60ml
オレンジ・キュラソー	22.5ml
フレッシュ・ライム・ジュース	15ml
オレンジ・ビターズ	2ダッシュ
アップル・スライス（ガーニッシュ）	
オレンジ・ピール（ガーニッシュ）	

……
すべての材料を氷と一緒にシェイクし、冷やしたマティーニ・グラスに漉しながら注ぐ。リンゴの薄いスライスとオレンジ・ピールをひとつずつ飾る。

アドニス・カクテル11*•
Adonis Cocktail 11

名前の由来は1884年のブロードウェイ・ミュージカルの

タイトル。大半のカクテル本に載っているレシピはシェリーとベルモット、ビターズというシンプルなものですが、わたしのお勧めはこの作り方です。こちらのほうがずっと優れていますし、さまざまな香りの層も楽しめます。新鮮なオレンジを少々、シロップと一緒にマドルしてから残りの材料を加えてシェイクするのも良いでしょう。

……

ドライ・シェリー	30ml
スウィート・ベルモット	30ml
フレッシュ・オレンジ・ジュース	30ml
ビターズ	1ダッシュ
シンプル・シロップ	1ダッシュ
オレンジ・ピール(ガーニッシュ)	

……

氷と一緒に十分にシェイクし、小型のカクテル・グラスに漉しながら注ぐ。オレンジ・ピールで仕上げる。

アネホ・ハイボール*
Añejo Highball

キューバのすばらしいバーテンダーたち、なかでもハバナの名店エル・フロリディータでアーネスト・ヘミングウェイ[1899-1961]が愛した一杯、"パパ・ドブレ"ダイキリを作ったコンスタンテ・リバライグァ[写真→p41]に敬意を表して考案したものです。アネホがカリブのラム・ドリンクの肝であるスパイシーさを引き立ててくれます。ラム、キュラソー、ライムはキューバ産ドリンクに欠かせない、いわば至聖三者です。

……

アネホ・ラム	45ml
オレンジ・キュラソー	15ml
ジンジャー・ビア	60ml
フレッシュ・ライム・ジュース	7.5ml
アンゴスチュラ・ビターズ	2ダッシュ
ライム・ホイール(ガーニッシュ)	
オレンジ・スライス(ガーニッシュ)	

……

ハイボール・グラスの中でビルドし、ジンジャー・ビアで満たす。ライム・ホイールとオレンジ・スライスを飾る。

アビー・カクテル♦
Abbey Cocktail

わたしの好みに合わせて、市販のオレンジ・ジュースをフレッシュ・ジュースに変え、一般的なオレンジ・ゼストをフレイムド・オレンジ・ピールに変えてあります。じつは、香りのインパクトをさらに増す方法もあります。オレンジ・スライスを1〜2枚シェイカーに入れ、果肉と皮をバー用のマドラーか木製のスプーンで潰してから、他の材料および氷と一緒に十分にシェイクし、漉しながらカクテル・グラスに注いでください。香りがしっかりと立つのがわかるはずです。

……

ジン	45ml
リレ・ブラン	22.5ml
フレッシュ・オレンジ・ジュース	30ml
アンゴスチュラまたはオレンジ・ビターズ	1ダッシュ
フレイムド・オレンジ・ピール(p63)	

……

すべての材料を氷と一緒にシェイクし、冷やしたカクテル・グラスに漉しながら注ぐ。フレイムド・オレンジ・ピールで仕上げる。

アヴィエイション
Aviation Cocktail

古色蒼然(こしょくそうぜん)的なドリンクですが、ネット上のカクテル・ファンたちによって復活しました。

……

ジン	60ml
マラスキーノ	30ml
フレッシュ・レモン・ジュース	15ml
フレイムド・レモン・ピール(p63、ガーニッシュ)	

……

すべての材料を氷と一緒にシェイクし、冷やしたカクテル・グラスに漉しながら注ぐ。フレイムド・レモン・ピールで仕上げる。

Column

カクテル・トリビア

クープ型のシャンパン・グラス——王妃の胸をかたどったと言われる通称"マリー・アントワネット"——はじつのところ、泡の出るドリンクには不向きです。せっかくの泡の美しさが引き立ちませんし、泡がすぐに消えてしまうからです。ですが、ダイキリをストレート・アップでお出しするのにはぴったりで、ドリンクをより優美に見せてくれます。

アブサン・スイッセス
Absinthe Suissesse

卵と一緒にシェイクするため、トップに美しい泡の層ができるドリンク。一般にガーニッシュは使いませんが、すりおろしたナツメグかシナモン・パウダーを軽く振りかけることもあります。ただ、香りをより引き立たせたいなら、オレンジ・ピールがお勧めです。仕上げに少々すりおろしてみてください。

……

アブサント（アブサンの代わり）	30ml
アニゼット	7.5ml
クレーム・ド・マント・グリーン	15ml
生の卵白	30ml
オレンジフラワー・ウォーター	1ダッシュ

……

すべての材料を卵白が乳化するまで十分にシェイクする。マリー・アントワネット・スタイル［クープ型］のシャンパン・グラスかキューバ式ダイキリ・グラスに漉しながら注ぐ。

アブサン・ドリップ
Absinthe Drip

アブサンは販売が禁止されているのですが、あえてこのレシピを載せたのには理由があります。19世紀の一時期、アブサンは世界で最も広く使われたアルコール飲料だったからです。瓶詰でもアルコール度数が65～75度もありました。現在は代用品として、ニガヨモギではなく、サウスウッドというヨモギの一種から作られたアブサントという製品が出回っています。アブサントはアブサンに比べて甘めなので、下記のドリップ・スタイルで作ると、甘くなりすぎるかもしれません。

……

アブサンまたはアブサント	60ml
角砂糖	1～2個

……

アブサンと大きなキューブド・アイスを1個、大きめのタンブラーに入れる。アブサンスプーン（小さな孔の空いた平たいスプーン）をグラスの上に載せ、角砂糖を1～2個その上に置く。砂糖に一滴ずつ水を垂らす。垂らした水が砂糖を溶かしてスプーンの孔から下に落ち、ドリンクを甘くするとともに、アルコール度数を下げてくれます。

アブサンNo.2
Absinthe #2

（パノはリッツ・バーの）フランク・マイヤーの著作『The Artistry of Mixing Drinks』（1936年）のレシピに手を加えました。

……

ジン	60ml
アブサント（アブサンの代わり）	30ml
オレンジ・ビターズ	2ダッシュ

アブサン・ドリップ

……

材料を氷と一緒にステアし、冷やしたマティーニ・グラスに漉しながら注ぐ。

アブソルートリー・バナナ
Absolutely Bananas

1996年、毎年恒例のコンテスト、ロンドン・アブソルート・ウォッカ・カクテルの第1回大会で、ロンドンはキャピタル・ホテルのデヴィッド・トンプソンに勝利の栄冠をもたらしたドリンクです。アブソルートが大会スポンサーでしたので、デヴィッドは当然、このレシピにウォッカを使いましたが、お好みのラムにアンゴスチュラ・ビターズを1ダッシュ加えても良いでしょう。

……

ウォッカ	45ml
バナナ・リキュール	15ml
パイナップル・ジュース	45ml

……

氷と一緒に十分にシェイクし、冷やしたマティーニ・グラスに漉しながら注ぐ。ゆっくり10数えおわるくらいまでしっかりとシェイクすると、パイナップル・ジュースのきれいな泡がトップにできて、たいへん美しい仕上がりになります。

アプリコット・カクテル*•
Apricot Cocktail

バミューダ・ローズのレシピ(ジン、アプリコット、ライム、グレナデン)をいろいろと試しているうちに、独自のアプリコット・カクテルを2つ思いつきました。バミューダ・カクテル(ジン、ドライ・ベルモット、ライム、グレナデン、キュラソー)とバミューダ・ハイボール(ジン、ブランデー、ドライ・ベルモット、ジンジャー・エール)を知ったのはそのあとのことです。ダグラス・フェアバンクス(p130)も同様のレシピで作ります。メアリー・ピックフォード[1892-1979。米国の女優。サイレント映画時代の大スターで「アメリカの恋人」と呼ばれた。写真→p201]がカクテルに自身の名前を付けてもらったと知ったダグラス・フェアバンクス[1883-1939。米国の俳優・映画監督。1920年メアリー・ピックフォードと結婚。1936年に離婚。写真→p130]が嫉妬し、そこでキューバのバーテンダーたちは彼の名前を付けたカクテルも作ったのだと思います。どちらのアプリコット・カクテルも、寿司にもタパスにもよく合います。よく熟れたマンゴーがあれば、2～3片をミキシング・グラスの底でマドルしてから材料を入れてシェイクするのもお勧めです。マドルした果肉は漉して取り除きます。

……

ジン	30ml
アプリコット・ブランデー	30ml
フレッシュ・オレンジ・ジュース	30ml
フレッシュ・レモン・ジュース	15ml
チェリー(ガーニッシュ)	
フレイムド・オレンジ・ピール(p63、ガーニッシュ)	

……

氷と一緒に十分にシェイクし、冷やしたマティーニ・グラスに漉しながら注ぐ。チェリーを飾り、フレイムド・オレンジ・ピールで仕上げる。

アプリコット・マンゴー・マティーニ*•
Apricot-Mango Martini

LAのレストラン、リンク(Linq)で、シェフのアンドレ・ゲレーロとカクテルディナーを催した際、ポロねぎと赤ピーマンのソースで食べるロブスター・ラビオリに合うドリンクとして考案したものです。

……

フレッシュ・マンゴー の小片	2個
タンカレー・ナンバーテン(ジン)	75ml
アプリコット・ブランデー	15ml
シンプル・シロップ	15ml
フレッシュ・レモン・ジュース	22.5ml
レモン・ピール(ガーニッシュ)	

……

マンゴーをミキシング・グラスの底でマドルしてからすべての材料を加える。氷と一緒に十分にシェイクし、冷やしたマティーニ・グラスに漉しながら注ぐ。レモン・ピールで仕上げる。

アメリカーノ・ハイボール
Americano Highball

1890年代、瓶詰めドリンクとしてマルティーニ・エ・ロッシ社が世界中に広めたドリンク。シェリーやベルモットを使った食前酒の類は一般にステム・グラスでお出ししますが、アメリカーノ・ハイボールには必ずハイボール・グラスを使います。

……

スウィート・ベルモット	45ml
カンパリ	45ml
プレーン・ソーダ	
フレイムド・オレンジ・ピール(p63、ガーニッシュ)	

……

氷をいっぱいに入れたハイボール・グラスにベルモットとカンパリを注ぎ、ソーダを加える。フレイムド・オレンジ・ピールで仕上げる。

アメリカン・ビューティー
American Beauty

この名前がバラとカクテルのどちらに先に付いたのかはわかりませんが、いずれにせよ、どちらも完璧な一品であることに変わりはありません。

……

ブランデー	30ml
ドライ・ベルモット	30ml
フレッシュ・オレンジ・ジュース	30ml
グレナデン	2ダッシュ
シンプル・シロップ	2ダッシュ
（お好みで：より甘くしたい方向け）	
ポート	15ml
有機ローズペタル（ガーニッシュ）	

……

ポート以外の材料を氷と一緒にシェイクし、冷やしたカクテル・グラスに漉しながら注ぐ。ポートをフロートする。最後にバラの花びらを飾る。

アラバザム・
Alabazam

ウィリアム・シュミットの著書『The Flowing Bowl（ザ・フローイング・ボウル）』（1891年）に紹介されていたもので、19世紀にはよく瓶に詰めてピクニックに持っていったそうです。カクテルとしてもお勧めで、その場合はソーダを入れず、シェイクしてカクテル・グラスに漉しながら注いでください。

……

ブランデー	60ml
フレッシュ・レモン・ジュース	22.5ml
オレンジ・キュラソー	15ml
シンプル・シロップ	15ml
アンゴスチュラ・ビターズ	2ダッシュ
プレーン・ソーダ	

……

ウィリアム・シュミット。19世紀後半に活躍した米国のカリスマ・バーテンダー。1869年にドイツから移民として渡米、シカゴとニューヨークで活動した

Column

アメリカーノの思い出

　1978年、ロサンゼルスに出てきてすぐのこと。わたしは愛車の1969年製ダッジ・ダートに飛び乗り、ホテル・ベルエアに向かいました。バーテンダーの空きがあるという噂を耳にしていたからです。ラウンジは広々としており、ほぼ正方形で、中央の少し外れにベビー・グランドピアノが、一方の端に細長いバーがありました。バーの向こうに立っていたのは、50代と思わしき赤ら顔の大きなアイルランド人。それがヘッド・バーテンダーのジム・キッチンズでした。ここで働かせていただきたいのですが、と言うと、どこでどれくらい働いていたのかと訊かれました。チャーリー・オーズに何年かいた旨を伝えると、なるほど、そこならよく知っている、と。どれでもいいからボトルを1本取ってショットを作るように言われ、続いて「アメリカーノの作り方は？」と訊かれました。わたしが答えると、ジムはなんとその場で、明日から来てくれるかい、と言ってくれたのです。
「ただ、組合に入ってもらわないとならないと――」
「大丈夫です、もう組合員ですから」
嘘をついたのではありません。当時、わたしは精肉業界の組織からバー／レストラン従業員の組合、さらにはSAG-AFTRA［米国俳優組合映画俳優協会／米国テレビラジオアーティスト組合］やAEA［米国演劇協会］に至るまで、さまざまな組織の一員でした。自分の幸運が信じられませんでした。ロサンゼルスに着いたその翌日に、街一番の由緒正しきバーに就職できたのですから。応募用紙も、面接も、履歴書もなし――まさに即断即決でした。

ソーダ以外の材料を氷と一緒にシェイクし、氷の入ったトール・グラスに注ぐ。ソーダを加えてステアする。

アラバマ・スラマー
Alabama Slammer
……

サザン・カンフォート	22.5ml
ウォッカ	30ml
スロー・ジン	22.5ml
フレッシュ・オレンジ・ジュース	120ml
グレナデン（ガーニッシュ）	6ダッシュ

……

すべての材料を氷と一緒にしっかりとシェイクし、30mlのショット・グラス6つに漉しながら注ぎ分け、それぞれにグレナデンを1ダッシュずつ加える。ぐいっと一息に！

アリーゼ・カクテル*
Alizé Cocktail

クラシックなサワー・レシピにいくつか材料を加えました。甘くて、酸っぱくて、強いという三拍子揃ったドリンクです。
……

アリーゼ・レッド・パッション	45ml
アプリコット・ブランデー	30ml
フレッシュ・レモン・ジュース	30ml
チェリー（ガーニッシュ）	

……

氷と一緒にシェイクし、冷やしたカクテル・グラスに漉しながら注ぐ。チェリーを飾る。

アルゴンキン
Algonquin

ニューヨーク・シティの有名ホテル、アルゴンキンでかつて出されていたものですが、たとえば今夜、アルゴンキン・ホテル内にあるブルー・バー（Blue Bar）で頼んでも、残念ながら、ぽかんとした顔を返されるのがおちでしょう。わたしもレインボー・ルームで長年提供した人気のドリンクです。
……

ライト・ラム	60ml
ブラックベリー・ブランデー	15ml
ベネディクティン	15ml
フレッシュ・ライム・ジュース	15ml
チェリー（ガーニッシュ）	

……

氷と一緒にシェイクし、小型のカクテル・グラスに漉しながら注ぐ。チェリーを飾る。

アルフォンソ・カクテル
Alphonso Cocktail

ノルマンディ地方のドーヴィル［リゾート地として有名な町］で1920年頃に出されていたカクテルです。オリジナル・レシピで使われていたシークレスタ（Secrestat）ビターズは、現在生産されていません。
……

アンゴスチュラ・ビターズに漬した角砂糖	1個
デュボネ・ルージュ	30ml
シャンパン	
レモン・ピール（ガーニッシュ）	

……

ビターズに漬した角砂糖をキューブド・アイス数個と一緒に白ワイン・グラスに入れる。デュボネを加え、シャンパンまたはスパークリング・ワインで満たす。レモン・ピールで仕上げる。

アルフォンソXIII（デイル流）・
Alphonso XIII（Dale's Version）

デュボネとシェリーという基本の組み合わせにフレーバーを少々加えてみました。
……

シナモンを振りかけたオレンジ	1スライス
ドライ・シェリー	45ml
デュボネ・ルージュ	45ml
フレイムド・オレンジ・ピール（p63、ガーニッシュ）	

……

シェリーを入れたミキシング・グラスの底でオレンジ・スライスをマドルする。デュボネを加え、氷と一緒に十分にシェイクする。冷やしたマティーニ・グラスに漉しながら注ぐ。フレイムド・オレンジ・ピールで仕上げる。

アレクサンダー
Alexander

フラッペにしても良いでしょう。
……

ジンまたはブランデー	30ml
クレーム・ド・カカオ・ブラウン	30ml
生クリーム（ヘビー・クリーム）	60ml
ナツメグ（ガーニッシュ）	ひとつまみ

……

すべての材料を氷と一緒にシェイクし、小型のカクテル・グラスに漉しながら注ぐ。ナツメグを振りかける。

アレゲニー
Allegheny

『The Ultimate A-to-Z Bar Guide（ジ・アルティメット A-to-Z バー・ガイド）』に載っていたレシピです。転載を快諾してくださった著者のシャロン・タイラー・ハーブストとロン・ハーブストにお礼申し上げます。レモンを1片マドルしてからシェイクすると、爽やかな香りが増します。

……

バーボン	30ml
ドライ・ベルモット	30ml
ブラックベリー・ブランデー	15ml
フレッシュ・レモン・ジュース	15ml
レモン・ピール（ガーニッシュ）	

……

氷と一緒に十分にシェイクし、冷やしたカクテル・グラスに漉しながら注ぐ。レモン・ピールで仕上げる。

アンバー・ドリーム
Amber Dream

O.ブルニア編集の著作『Barkeeper's Golden Book（バーキーパーズ・ゴールデン・ブック）』（1935年）に紹介されていたレシピです。スウィート・ベルモットで作ったものはクラブ・カクテルといいます。

……

ドライ・ジン	60ml
ドライ（フレンチ）ベルモット	30ml
シャルトリューズ・ジョーヌ（黄）	7.5ml
オレンジ・ビターズ	1ダッシュ
フレイムド・オレンジ・ピール（p63、ガーニッシュ）	

……

材料をバー・グラスに氷と一緒に入れてステアする。フレイムド・オレンジ・ピールで仕上げる。

イエロー・バード
Yellow Bird

……

ラム	60ml
トリプルセック	15ml
ガリアーノ	15ml
フレッシュ・ライム・ジュース	22.5ml
ライム・ピール（ガーニッシュ）	

……

すべての材料を氷と一緒にシェイクし、冷やしたカクテル・グラスかマティーニ・グラスに漉しながら注ぐ。ライム・ピールで仕上げる。

インターナショナル・スティンガー
International Stinger

……

メタクサ	60ml
ガリアーノ	22.5ml

……

氷と一緒に十分にシェイクし、アップかオン・ザ・ロックスで出す。

インディペンデンス・デイ・パンチ+◆
Independence Day Punch

フレッシュ・フルーツをマドルすると、香りがぐっと良くなります。アルコール入りにしたい場合は、シトラス・ウォッカを1ショット加えてください。

……

丸くくり抜いたスイカの中身	3/5カップ
シンプル・シロップ	45ml
フレッシュ・レモン・ジュース	22.5ml
リプトン水出し紅茶	120ml
薄くスライスしたレモン・ホイール（ガーニッシュ）	

……

ミキシング・グラスの底でスイカとシンプル・シロップをスイカが液状になるまでマドルする。残りの材料を加え、氷と一緒に十分にシェイクする。氷をいっぱいに入れたゴブレットに漉しながら注ぎ、薄くスライスしたレモン・ホイールを飾る。

ウィスキー・スマッシュ*◆
Whiskey Smash

シンプル・シロップの代わりにオレンジ・キュラソーを使うのもお勧めです。

……

レモンの小片	2個
ミントの葉	2〜3枚
シンプル・シロップ	22.5ml
メーカーズマーク（バーボン）	45ml
水	30ml
フレッシュ・ミントの小枝	1本

……

レモン、ミントの葉、水、シンプル・シロップをミキシング・グラスの底でマドルする。バーボンを加えてシェイクする。クラッシュド・アイスをいっぱいに入れたオールドファッションド・グラスに漉しながら注ぐ。ミントの小枝を飾る。

ウィスキー・デイジー・
Whiskey Daisy

ハリー・ジョンソン著『Bartender's Manual』の初版（1888年）に紹介されていたレシピに手を加えました。個人的に興味深かったのはこのドリンクの横に載っていた挿絵で、グラスの底に果物があり、マドルされているように見えます。

……

ライム・ウェッジ	1個
レモン・クォーター	4個
シンプル・シロップ	22.5ml
シャルトリューズ・ジョーヌ（黄）	15ml
アメリカン・ウィスキー	45ml
レモン・ウェッジ（ガーニッシュ）	
ライム・ウェッジ（ガーニッシュ）	
チェリー（ガーニッシュ）	

……

上から4つまでの材料をミキシング・グラスの中でマドルする。ウィスキーを加え、氷と一緒に十分にシェイクする。クラッシュド・アイスをいっぱいに入れたハイボール・グラスに漉しながら注ぐ。レモン、ライム、チェリーを飾る。

ウィスキー・ピーチ・スマッシュ*・
Whiskey Peach Smash

カナディアン・クラブにはシェリー樽で熟成させたウィスキーがあり、このレシピにはそれがよく合うのですが、他のアメリカン・ウィスキーでも同じく美味しくできます。

……

小ぶりの桃のクォーター	4個
ミントの葉	3枚
レモンの小片	2個
水	30ml
シンプル・シロップ	15ml
カナディアン・ウィスキー	60ml
フレッシュ・ミントの小枝	1本
ピーチ・スライス（ガーニッシュ）	

……

ウィスキー以外のすべての材料をバー・グラスの中でマドルする。ウィスキーを加え、氷と一緒にシェイクする。氷をいっぱいに入れたロック・グラスに漉しながら注ぎ、ミントの小枝とピーチ・スライスを飾る。

ウィスキー・プラッシュ*
Whiskey Plush

ジェリー・トーマス著『The Bon Vivant's Companion, or How to Mix Drinks』（1862年）に記載されていたウィスキーと牛乳で作るドリンク、ホワイト・プラッシュ（White Plush）をアレンジした一杯。ホワイト・プラッシュという名は、トーマスによると、とある人のいいニューイングランド人のひと言が由来とのことです。ニューヨーク・シテ

Column

ハリーの贈り物

ハリー・ニルソン［米国のシンガー／ソングライター。1941-1994］はスコッチがお好きで、ウォッカがお好きで、コニャックがお好きで、ビールがお好きでした。良いワインを愛し、シャンパンでお祝いなさることもたびたびでした。その気前の良さは、無尽蔵の食欲ともども、ホテル・ベルエアでは伝説でした。

ある日、隅の窓に近いお気に入りの席に座っていたハリーはふと、バンガローに続く園路を歩いてくる新郎と新婦に目を留めました。ふたりは式を終えたばかりで、ホテルのハネムーン・スイートに向かうところでし

た。その瞬間、ハリーはウェイターの腕をぐいと掴みました。ウェイターは慌てた様子でわたしを振り向き、ドン・ペリニョンのボトルを開けるよう、身振り手振りで伝えました。ウェイターは急いでそのボトルとグラスを2つ、トレイに載せてバーの入り口に持っていき、ちょうど前を通りかかったその新婚カップルにシャンパンをお贈りしたのでした。

ハリー・ニルソン。写真は1973年にリリースされたアルバム『A Little Touch of Schmilsson in the Night（邦題:夜のシュミルソン）』のジャケット。その音楽的才能とセンスに対する評価は高く、1967年にリリースされたアルバムを聴いたジョン・レノンがまだ面識のなかったニルソンに電話をかけ賞賛したという逸話も残っている。その後、レノンと飲み仲間になり、コラボレーション・アルバムも発表した

ィの口のうまい生地問屋2人に連れられてバーに来たその男は、界隈で最近流行っているという「牛乳のセルツァー水割り」を勧められます。もちろ中にはウィスキーが入っており、酒が回りはじめた男は、誤って"牛乳"のグラスを倒してしまいました。こぼれた白い液体をしばし見つめながら男がつぶやいたのが「うわあ、まるで白いフラシ天[ビロードの一種]だ」。これを聞くや、問屋の2人組はぐるのバーテンダーに「この紳士に白いフラシ天をもう1ヤード」と、注文したとかしないとか。
（ホワイト・ブラッシュ）

……

アイリッシュ・ウィスキー	30ml
ベイリーズ・アイリッシュ・クリーム	30ml
シンプル・シロップ	15ml
牛乳または生クリーム	120ml
アンゴスチュラ・ビターズ	4ダッシュ
すりおろしたてのナツメグ（ガーニッシュ）	

……

すべての材料を氷と一緒に十分にシェイクし、冷やしたワイン・グラスに漉しながら注ぐ。すりおろしたナツメグを振りかける。

ウォッカ・スティンガー（ホワイト・スパイダー）
Vodka Stinger（White Spider）

……

| ウォッカ | 45ml |
| クレーム・ド・マント・ホワイト | 22.5ml |

……

十分にシェイクし、氷をいっぱいに入れたロック・グラスに漉しながら注ぐ。

ウォルドルフ
Waldorf

アルバート・スティーヴンス・クロケット著『Old Waldorf Bar Days』（オールド・ウォルドルフ・バー・デイズ）（1931年）のレシピには、アブサン、スウィート・ベルモット、ウィスキーを同量ずつと記されています。本物のアブサンなら、つまり甘味材が入っていない、非常にドライなものであれば、これで良いのかもしれませんが、現在出回っているアブサンの代替品には合いません。こちらのレシピのほうがはるかに美味しくできます。
[アルバート・スティーヴンス・クロケット（1873-1965）はニューヨーク・タイムズ紙などの記者として活躍したジャーナリスト。食通で、酒とバーを愛した。著書『Old Waldorf Bar Days』には、1893年にオープンしたウォルドルフ・ホテル（当時のニューヨークの最高級ホテルのひとつ。現在のウォルドルフ＝アストリア・ニューヨーク・ホテルの前身）にあったバーに通った際の思い出やレシピなどが記されている。禁酒法施行中（1920-1933）の1931年に刊行されたこの本は、バーの営業が許されていた良き時代を追憶するものでもあった]

……

リカール	7.5ml
バーボンまたはライ・ウィスキー	60ml
スウィート・ベルモット	22.5ml
アンゴスチュラ・ビターズ	2ダッシュ

……

リカールをミキシング・グラスに入れ、全体に行き渡らせて内側をリンスする。余分なリカールを捨て、残りの材料を氷の上から加えてステアする。冷やしたマティーニ・グラスに漉しながら注ぐ。

ABCプース・カフェ
ABC Pousse Café

……

アマレット	15ml
ベイリーズ・アイリッシュ・クリーム	15ml
コアントロー	15ml

……

プース・カフェ・グラスの中に3つの層を作る。アマレット、クリーム、コアントローの順に入れる。この技はコーヒー・ドリンクにも応用できる。詳しくはアイリッシュ・コーヒー（p80）を参照。

エスプレッソ・カクテル
Espresso Cocktail

ディック・ブラッドセルがロンドンのバー、マッチ（Match）のジョナサン・ダウニーのために考案したものです。よりリッチ濃厚にしたい方は、生クリームを30ml加えてみてください。
[ディック・ブラッドセル（1959-2016）は英国の最重鎮バーテンダーのひとり。エスプレッソ・マティーニ、ブランブル（p174）など、数々のモダンクラシック・カクテルを考案した]

……

ブラウンシュガー（リム）	
カルーア	22.5ml
ウォッカ	22.5ml
エスプレッソ	30ml

……

マティーニ・グラスの縁をブラウンシュガーで飾る。すべての材料を氷と一緒にシェイクし、グラスに漉しながら注

ぐ。ガーニッシュなし。

エッグ・ノッグ
Eggnog

パンチの項をご参照ください（p152）。

エディスズ・フィズ*
Edith's Fizz

キース・マクナリーが手がけるマンハッタンの人気レストラン、バルタザール（Balthazar）のために考案したドリンクです。

［キース・マクナリー（1951-）はレストラン事業家。ニューヨークで多くの人気レストランを開店、経営］

......

リレ・ブラン	45ml
マラスキーノ・リキュール	15ml
フレッシュ・オレンジ・ジュース	120ml
プレーン・ソーダまたはセルツァー水	60ml

......

すべての材料をハイボール・グラスの中でミックスする。

エルクズ・オウン
Elk's Own

フランク・マイヤー著『The Artistry of Mixing Drinks』（1936年）に載っていたレシピに手を加えました。ポートはパンチにもカクテルにも多用するもので、フロートすることもありますし、他の材料と一緒にシェイクする場合もあります（ポート・コブラー（p109）とポート・ウィスキー・パンチ（p182）参照）。コブラーの項に挙げたドリンクの多くは、シャンパン・コブラーを除き、ルビー・ポートをフロートすると、味が一段と良くなります。

......

カナディアン・ウィスキー	30ml
ポート	30ml
フレッシュ・レモン・ジュース	15ml
シンプル・シロップ	7.5ml
卵白	小ぶりの卵1個分

......

すべての材料を氷と一緒にシェイクし、冷やしたマティーニ・グラスに漉しながら注ぐ。

エレクトリック・アイスティー
Electric Ice Tea

ロングアイランド・アイスティー（p210）をご参照ください。

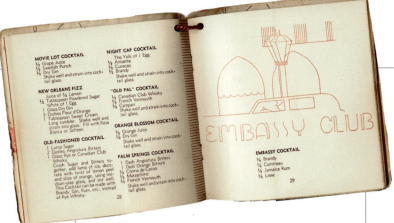

エンバシー・カクテル
Embassy Cocktail

ブランデーとラムの組み合わせは、ノッグやホリデー・パンチ（p152）にしばしば用いられます。また、1930年代のハリウッドはエンバシー・クラブで出されていたこれをはじめ、カクテルにも時折使われていました。

［エンバシー・クラブは会員制クラブ。チャールズ・チャップリン、グロリア・スワンソン、ハワード・ヒューズなどの大物300人程度のみが利用できた（のちに一般客も利用できるようになった）］

......

ブランデー	22.5ml
コアントロー	22.5ml
アプルトン（ジャマイカ産ラム）	22.5ml
フレッシュ・ライム・ジュース	15ml
アンゴスチュラ・ビターズ	1ダッシュ
ライムの小片（ガーニッシュ）	

......

氷と一緒に十分にシェイクし、冷やしたマティーニ・グラスに漉しながら注ぐ。ライムを飾る。

ANGEL'S KISS
[エンジェルズ・キッス]

"エンジェル"と呼ばれるドリンクはジャズ・エイジ[享楽的な都市文化が発達した、1920年代米国の文化・世相をさす言葉]に誕生したオリジナル・シューターです。以下のレシピはどれも30mlのポニー・グラスに層を作って提供するためのレシピですので、より大きなグラスをお使いになる場合は、レシピの量を相応に増やしてください。

エンジェルズ・キッス
Angel's Kiss

層を作るには、裏返したスプーンの端をグラスの内側に当て、背を伝わせてゆっくりと注ぎます（p160ブース・カフェ参照）。クリームはアイリッシュ・コーヒーの場合と同様、砂糖を加えずに軽く泡立て、すくって上に浮かせます。

……

クレーム・ド・カカオ	1/3
ブランデー	1/3
軽く泡立てた生クリーム	1/3

……

ポニー・グラスに上記の順番で層を作る。

エンジェルズ・ティップ
Angel's Tip

……

クレーム・ド・カカオ・ブラウン	1/2
生クリーム（ヘビー・クリーム）	1/2

……

ポニーまたはコーディアル・グラスにクレーム・ド・カカオから入れる。

エンジェルズ・ティップ
Angel's Tip

……

クレーム・ド・カカオ	1/2
生クリーム（ヘビー・クリーム）	1/2
チェリー（ガーニッシュ）	

……

ポニー・グラスにクレーム・ド・カカオから入れて層を作る。チェリーにカクテル・ピックか爪楊枝を挿し、グラスの口にさし渡す。

Column

ディナーをカクテルで

5～6品からなるコースをワインではなくカクテルで楽しんでいただく夕食会を友人のシェフと一緒に定期的に開いています。バーム・カクテル（p140）とバンブー・カクテルはシェリーベースで、軽いコース料理のお供にぴったりです。

オイスター・シューター*
Oyster Shooter

1999年、わたしの純然たるわがままから、ブラックバード(Blackbird)で生まれた一杯。以来ほぼ毎日、ランチにこれを頼んだものでした。

[ブラックバードは1999年に著者デグロフがオープンしたバー。オードリー・サンダース(注→p93)がスタッフとして勤務していた]

……

牡蠣(小ぶり、種類はオリンピアなど)	3個
ペッパーまたはレモン・ウォッカ	45ml
オイスター・シューター・トマト・ミックス(下記参照)	90ml
牡蠣の殻	3枚
レモン・ウェッジ	3個
大粒の枝付きケッパー	3個

……

3つのショット・グラスに牡蠣を1個ずつ入れ、フレーバード・ウォッカ15mlを加え、トマト・ミックス30mlを足す。皿に盛ったクラッシュド・アイスの中にグラスを埋め、各グラスの隣に牡蠣の殻、レモン・ウェッジ、大粒の枝付きケッパーを1つずつ飾る。飲み方:まずレモン・ウェッジをしゃぶり、シューターをひと息に空け、ケッパーをかじる。

オイスター・シューター・トマト・ミックス
Oyster Shooter Tomato Mix

950ml用のレシピです(オイスター・シューター・プレート10皿分)。

……

パイナップルセージの葉	2枚
トマト・ジュース	780ml
バルサミコ酢	60ml
フレッシュ・レモン・ジュース	60ml
粉コショウと塩	各小さじ1/4
タバスコ・ソース	小さじ2
すりおろしたてのホースラディッシュ	大さじ1

……

ピッチャーの底でセージの葉を潰し、残りの材料を加える。ステアし、蓋をして数時間、冷蔵庫に入れておく。

OPスマッシュ•
OP Smash

才能豊かなバーテンダー、オードリー・サンダースのレシピ。"OP"はピーチ、オレンジ、ジンジャー、その他スパイスで香り付けしたスウェーデン産アクアビット(フレーバード・ウォッカ)です。

[オードリー・サンダースは米国で最も有名な女性バーテンダーのひとり。ジン・ジン・ミュール(p123)などの考案者。ニューヨークのバー、ペグ・クラブ(Pegu Club)のオーナー。著者デイル・デグロフの教え子のひとりでもある]

……

レモンの小片3個を半分に	計6個
シンプル・シロップ	22.5ml
マラスキーノ・リキュール	7.5ml
OP※(フレーバード・ウォッカ)	45ml

……

Column

ハリー・ニルソンの思い出2

コニャック&ソーダもハリー・ニルソンのお気に入りでした。ある日の午後、映画プロデューサー、ボブ[ロバート]・エヴァンスとの商談の前、ハリーがそれを何杯か、ちびりちびり飲んでいたことをよく覚えています。ハリーはちょうど、とある映画の音楽を書く件について交渉中で、その日は顔を付き合わせての重要な交渉が控えていました。何らかの理由で弁護士が同席できなくなったらしく、ハリーは電話とコニャックを目の前に置き、いつものように、ひとりでカウンターに座っていました。代理人不在のままボブに会うことになってしまい、それこそ裸で交渉に臨むような心持ちだったのでしょう。ハリーはふと、その日のバーテンダー、ヴィクター・ゴンザレスの方を向き、きみは今日、スーツを持っているか、と訊ねました。ええ、とヴィクターは答えました。カジュアルなジャケットに、もちろんタイを持っていました。ハリーは続いて、ボブ・エヴァンスはバーによく来るかと訊ね、いいえ、とヴィクターは答えました。一度もお目にかかったことはございません。これを聞くと、ハリーはヴィクターにとんでもない話を持ちかけました——このあと、きみにはぼくの"弁護士"になってもらいたい。大丈夫、どんな質問をされても、イエスともノーとも言わず、曇った表情で首を振り、ぼくに意味ありげな目配せをしてくれれば、それでいい。この場では返答できない、うちのクライアント、つまりぼくとふたりだけで話し合ってからあらためて答えると、ボブか相手の弁護士に態度で示すこと。そうやって、彼らが出すすべての条件に対して否定的な様子を見せること。ただし、最後には、いい話し合いができた、"お互いにかなりいい線まで歩み寄れている"という印象を相手に残すこと。いいかい?

この作戦が功を奏し、ハリーは見事、映画『ポパイ』[ロバート・アルトマン監督、ロビン・ウィリアムズ主演、1980年公開]の仕事をものにしたのでした。

オールド・ファッションド

ミキシング・グラスの底にレモンを置き、シンプル・シロップとマラスキーノ・リキュールを加えてよくマドルする。ロック・グラスいっぱいに氷を入れ、その氷をミキシング・グラスに移し、ウォッカを加える。10秒間十分にシェイクし、レモンを含むすべての中身をロック・グラスに戻す。クラックド・アイスを上から盛る。

オールド・ファッションド・
Old Fashioned

ケンタッキー州ルイビルのペンデニス・クラブで考案されたドリンク。愛好家は二派に別れており、互いに決して譲りません——フルーツをマドルする派としない派です。わたしはもちろん、する派です。マドルはフルーツの香味をたっぷりと加えてくれるからです。わたしに言わせれば、しない派はオールド・ファッションドではなく、ただ甘いウィスキーが飲みたいだけなのでしょう。実際、これの祖父にあたるドリンク、1862年版のウィスキー・コブラーはバー・グラスの中でオレンジ2切れと一緒にシェイクして作っていました。つまり、マドルする派にはれっきとした歴史があるのです。フルーツを氷と一緒にシェイクすると、マドルと同じ効果が得られます。マドルとシェイクを両方しても良いでしょう。

……

砂糖	小さじ1
アンゴスチュラ・ビターズ	2ダッシュ
オレンジ・スライス	2枚
マラスキーノ・チェリー	2個
水またはプレーン・ソーダ	
バーボン	60ml

……

オールドファッションド・グラスの底で砂糖、アンゴスチュラ、オレンジ・スライス1枚、チェリー1個を少量の水または、プレーン・ソーダと丁寧にマドルする。オレンジの皮を取り除き、バーボン、氷、水またはソーダを加える。残りのオレンジ・スライスとチェリーを飾る。

オールド・フレイム*
Old Flame

2001年、スペインのマラガで開かれたマルティーニ・エ・ロッシ・グランプリのファンシー・カクテル部門において、このドリンクの変形で優勝しました。

……

ボンベイ（ジン）	30ml
マルティーニ・エ・ロッシのスウィート・ベルモット	15ml
カンパリ	7.5ml
コアントロー	15ml
フレッシュ・オレンジ・ジュース	45ml
フレイムド・オレンジ・ピール（p63、ガーニッシュ）	

……

すべての材料を十分にシェイクして冷やし、165〜180Cmlの冷やしたマティーニ・グラスに漉しながら注ぐ。フレイムド・オレンジ・ピールで仕上げる。

オレンジ・ブリーズ*
Orange Breeze

……

ストリチナヤ・オレンジ	45ml
コアントロー	45ml
フレッシュ・オレンジ・ジュース	90ml
クランベリー・ジュース	90ml
オレンジ・スライス（ガーニッシュ）	

……

氷を入れた大型のゴブレットの中でビルドし、ステアする。オレンジ・スライスを飾る。

オレンジ・ブロッサム
Orange Blossom

大好きなカクテル本著者のひとり、デヴィッド・A・エンベリー[1886-1960]によれば、これは忌まわしき禁酒法時代の産物で、オリジナル・レシピはジン2：オレンジ1：シンプル・シロップ1/2。ですが、現代人は全般に軽めのドリンクを好む傾向にありますから、配合を多少変え、香りも少々加えたいと思い、シンプル・シロップの代わりにコアントローを使ってみました。

……

ジン	45ml
フレッシュ・オレンジ・ジュース	45ml
コアントロー	15ml
フレイムド・オレンジ・ピール（p63、ガーニッシュ）	

……

すべての材料を氷と一緒にシェイクし、冷やしたカクテル・グラスに漉しながら注ぐ。フレイムド・オレンジ・ピールで仕上げる。

カイピリーニャ・
Caipirinha

シェイクで使う氷をそのままドリンクにも使います。

……

ライム・クォーター	4個
ブラウンシュガー・シロップ（p220）	22.5ml
（またはブラウンシュガー小さじ1）	
カシャーサ	60ml
……	

ロック・グラスをクラックド・アイスで冷やす。クォーターに切ったライムをシロップと一緒にミキシング・グラスの底でマドルし、果汁と皮に含まれるオイルを抽出する。カシャーサを加え、ロック・グラスのクラックド・アイスをミキシング・グラスに移し、十分にシェイクする。先ほどのロック・グラスに氷ごと戻して出す。

バリエーション：カイプリッシマの場合は、カシャーサの代わりに普通のラムを使います。

カイピリーニャ、チェリー•*
Caipirinha, Cherry
……

ライム・クォーター	4個
種抜きチェリーまたはスウィート・チェリー	4個
ブラウンシュガー・シロップ（p220）	22.5ml
（またはブラウンシュガー小さじ1）	
カシャーサ	60ml
……	

ロック・グラスをクラックド・アイスで冷やす。クォーターに切ったライムとチェリーをシロップと一緒にミキシング・グラスの底でマドルし、果汁とライムの皮に含まれるオイルを抽出する。カシャーサを加え、ロック・グラスのクラックド・アイスをミキシング・グラスに移し、十分にシェイクする。先ほどのロック・グラスに氷ごと戻して出す。

カイピリーニャ・デ・ウヴァ（カイピルーヴァ）•
Caipirinha de Uva（or Caipiruva）
……

ライム・クォーター	4個

種なし白ブドウ	4粒
ブラウンシュガー・シロップ（p220）	22.5ml
（またはブラウンシュガー小さじ1）	
カシャーサ	60ml
……	

ロック・グラスをクラックド・アイスで冷やす。クォーターに切ったライムとブドウをシロップと一緒にミキシング・グラスの底でマドルし、果汁とライムの皮に含まれるオイルを抽出する。カシャーサを加え、ロック・グラスのクラックド・アイスをミキシング・グラスに移し、十分にシェイクする。先ほどのロック・グラスに氷ごと戻して出す。

カイピロスカ•
Caipirosca

ブラジリアン・カクテルの定番、カイピリーニャのバリエーションのひとつ。
……

ライム・クォーター	4個
ブラウンシュガー・シロップ（p220）	22.5ml
（またはブラウンシュガー小さじ1）	
ウォッカ	60ml
……	

クォーターに切ったライムをシロップと一緒にミキシング・グラスの底でマドルし、果汁と皮に含まれるオイルを抽出する。クラックド・アイスをロック・グラスの3/4まで入れてからミキシング・グラスに移し、ウォッカを加える。十分にシェイクし、氷ごとロック・グラスに戻して出す。

カクテル・アルジェリア
Coctel Algeria

1960年頃、ジョー・バウムがマンハッタンで手がけた人気レストラン、ラ・フォンダ・デル・ソルのメニューに載っていた、ピスコを使った珍しい一杯。ピスコはマスカット種のブドウを原料とする、ペルーおよびチリ産の無色透明なブランデーです。
……

ピスコ	22.5ml
コアントロー	22.5ml
アプリコット・ブランデー	22.5ml
フレッシュ・オレンジ・ジュース	30ml
フレイムド・オレンジ・ピール（p63、ガーニッシュ）	
……	

すべての材料を氷と一緒にシェイクし、冷やしたマティーニ・グラスに漉しながら注ぐ。フレイムド・オレンジ・ピー

Column
カイピリーニャ

カイピリーニャは農夫たちに愛された、田舎生まれのドリンクです。"カイピーラ"とはポルトガル語で"田舎者"のこと。カイピリーニャは田舎の蒸留酒で作るカジュアルな一杯です。

カフェ・ブリュロ
Café Brulôt

1920年代にニューオーリンズの名店ブレナンズ（Brennan's）で考案された一杯。フランベしたブランデーの炎にも耐える専用のシェフィールド製銀メッキ用具もありますが、普通のチェーフィング・ディッシュと金属製のおたまでも事足ります。

......

VSコニャック	240ml
オレンジ・キュラソー	120ml
クローブ	12個
白い部分の少ない、長いオレンジ・ピール	2本
（p66のスパイラル・ピール参照）	
グラニュー糖	小さじ6
シナモン・スティック	2本
濃いめのフレンチ・ロースト・コーヒー	1L
（もしあればチコリで香りを付ける）	
オーバープルーフ・ラム	45ml

......

ブランデー、キュラソー、クローブ6個、オレンジ・ピール1本、砂糖をボウルの中で合わせる。シナモン・スティックを折って中に入れる。数時間そのまま置いておく。もう1本のスパイラル・ピールに残り6個のクローブを挿しておく。

置いておいた混合液をカフェ・ブリュロ専用のボウルまたはチェーフィング・ディッシュに入れる。コーヒーを淹れ、保温しておく。クローブを挿したオレンジ・ピールの片端をフォークに挟み、脇に置いておく。

チェーフィング・ディッシュを使う場合は、燃料に火を付け、混合液を温める。専用器具を使う場合は、ボウルの下のトレイにラムを注いで火を付ける。注意：ラムは引火性が高いため、絶対に必要以上には入れず、瓶もそばに置かないこと。混合液が温まったら、おたまで少量すくい、火に近づけて引火させ、その炎で残りの液体にも火をつける。オレンジ・ピールを挟んだフォークを手に取り、ボウルの中央にかざし、スパイラル・ピールの端を液体に漬す。燃えているブランデーをおたまですくい、ピールの上にゆっくりとかけていく。ピールに含まれるオイルが美しい火花を散らします。これを何度かくり返してから、コーヒーをゆっくりとボウルに注いで炎を消す。デミタス・カップに注いで出す。火がなかなか消えない場合は、大判の平皿をボウルに被せる。

ルで仕上げる。

カジノ・ロワイヤル*
Casino Royale

......

ジン	30ml
フレッシュ・オレンジ・ジュース	30ml
マラスキーノ・リキュール	15ml
フレッシュ・レモン・ジュース	7.5ml
シャンパン	
オレンジ・ピール（ガーニッシュ）	

......

シャンパンを除くすべての材料をシェイクし、冷やしたマティーニ・グラスに漉しながら注ぐ。シャンパンで満たし、オレンジ・ピールで仕上げる。

カミカゼ（シューター）
Kamikazi（Shooter）

……

<4杯分>

ライムの小片	2個
ウォッカ	60ml
コアントロー	15ml
ローズ社製のライム・ジュース	15ml

……

ミキシング・グラスの中にライムを搾り、搾りかすも入れる。残りの材料と氷を加える。十分にシェイクし、30mlのショット・グラス4つに注ぎ分ける。または冷やしたマティーニ・グラスに注ぎ、カクテルとして出す。

カリカチュア・カクテル
Caricature Cocktail

ゲイリー・リーガン[米国の著名なバーテンダー]とマーディー・リーガンが、人の風刺画(カリカチュア)を描くのが大好きなわたしの妻ジルのために考案したものです。勝手に題材にされて気分を害される無垢な被害者のお気持ちをなだめてくれるに違いない一杯です。

……

ジン	60ml
スウィート・ベルモット	15ml
カンパリ	15ml
フレッシュ・グレープフルーツ・ジュース	30ml
シンプル・シロップ	30ml
フレイムド・オレンジ・ピール（p63、ガーニッシュ）	

……

すべての材料を氷と一緒にシェイクし、大型の冷やしたカクテル・グラスに漉しながら注ぐ。フレイムド・オレンジ・ピールで仕上げる。

カリビアン・ブルドッグ*
Caribbean Bulldog

……

カルーア	30ml
カリビアン・クリーム（Caribbean cream）	30ml
牛乳またはハーフ&ハーフ[牛乳とクリーム半量ずつのコーヒー用ミルク]	60ml
コカ・コーラ	120ml

……

コカ・コーラ以外の材料を上から順に氷を入れたトール・グラスの中でビルドする。コーラを注ぎ、優しくステアする。ロング・ストローを添えて出す。

カリビ・コスモポリタン*
Caribe Cosmopolitan

……

バカルディ・リモン	45ml
クランベリー・ジュース	30ml
コアントロー	30ml
フレッシュ・ライム・ジュース	15ml
フレイムド・オレンジ・ピール（p63、ガーニッシュ）	

……

すべての材料を氷と一緒にシェイクし、冷やしたマティーニ・グラスに漉しながら注ぐ。フレイムド・オレンジ・ピールで仕上げる。

キール
Kir

フランスのディジョン市は、ブラックカラント・リキュール、カシスの生まれ故郷とされる地。カクテル名はディジョンの元市長キャノン・フェリックス・キールにちなんだものです。

……

カシス	7.5ml
白ワイン	
レモン・ピール（ガーニッシュ、お好みで）	

……

カシスを白ワイン・グラスに注ぎ、グラスを白ワインで満たす。好みに応じて、レモン・ピールで仕上げる。

Column

素敵なパーティ

ローラがデュボネとジンでべろべろになって／カルティエのピンブローチでかりかりやりだしたのを見てすぐに／おっ、こいつは楽しいことになるぞ、と思いましたね／いやあ、あれは最高でしたよ。

ノエル・カワードの曲「I Went To A Marvelous Party[素敵なパーティに行ったんです、の意]」より。

キール・ロワイヤル
(またはキール・アンペリアル)
Kir Royale (or Kir Imperial)
……
シャンパン
カシスまたはフランボワーズ・リキュール　　　7.5ml
レモン・ピール(ガーニッシュ、お好みで)
……
カシスまたはフランボワーズ・リキュールをシャンパン・グラスに注ぎ、グラスをシャンパンで満たす。好みに応じて、レモン・ピールで仕上げる。

ギブソン
Gibson

作り方は基本的にマティーニ(p186)のそれと同じですが、オリーブの代わりにカクテル・オニオンを使います。ギブソン・ガールズ[優美で長身細身だが胸とヒップは豊かという、デフォルメされた理想の女性像(のイラスト)]を考案した人物、チャールズ・ギブソン[1867-1944。イラストレーター]がプレイヤーズ・クラブ[Player's Club　ニューヨークの有名な会員制クラブ]のバーテンダーに特別な一杯を頼み、そのバーテンダーは何度かの失敗を経て、小さなカクテル・オニオンを使ったドライ・マティーニを思いついた——というのが一説です。ただし、アルバート・スティーヴンス・クロケットの著書『Old Waldorf Bar Days』(1931年)[注→p89]によれば、ボクシングの興行主(プロモーター)、ビリー・ギブソンにちなんで名付けられた、とのことです。

ギムレット
Gimlet

ギムレットを作る際にご留意いただきたいのは、フレッシュ・ライム・ジュースではなく、市販のライム・ジュースを使う点です。真のギムレットには既製品のジュースの味が欠かせません。ライム果汁と砂糖で作ると、ギムレットではなく、甘いジン・リッキーになります。
……
ジン　　　　　　　　　　　　　　　　　　　　75ml
ライム・ジュース(ローズ社製かアンゴスチュラ社製※)　15ml
ライム・ウェッジ(ガーニッシュ)

……
材料を氷と一緒に十分にシェイクし、冷やしたマティーニ・グラスか、氷を入れたオールドファッションド・グラスに漉しながら注ぐ。ライム・ウェッジを飾る。

キューバ・リブレ
Cuba Libre

ラフ・ライダーズ[1898年の米西戦争でスペイン軍と戦った米義勇隊]がキューバに向かった当時の約4年間、コカ・コーラは瓶詰めしかありませんでした。彼らは戦地に持っていったそのコーラにキューバ産ラムとライムを合わせ、兵士を奮い立たせるかけ声にちなみ、それを"キューバ・リブレ"["キューバに自由を"の意]と名付けました。この鬨(とき)の声を上げて自らを鼓舞し、ラフ・ライダーズとキューバ勢はともに戦い、スペイン勢をキューバから一掃したのでした。
……
キューバ産ラム(どうか見つかりますように!)　　　60ml
コカ・コーラ
ライム・ウェッジ
……
氷を入れたハイボール・グラスにラムを注ぎ、グラスをコカ・コーラで満たす。ライム・ウェッジを搾りかける。

キューピッズ・カクテル*
Cupid's Cocktail

1991年、レインボー・ルームでバレンタインデー用に考案したものです。
……
ピーター・ヒーリング・チェリー・ヒーリング　　30ml
ピーチツリー・シュナップス　　　　　　　　　　30ml
フレッシュ・オレンジ・ジュース　　　　　　　120ml
オレンジ・スライス(ガーニッシュ)
チェリー・スライス(ガーニッシュ)
……
すべての材料をシェイクし、冷やしたハイボール・グラスに漉しながら注ぐ。オレンジとチェリーを飾る。

キング・アルフォンソ
King Alfonse
……
クレーム・ド・カカオ・ブラウン　　　　　　　　45ml
生クリーム(ヘビー・クリーム)　　　　　　　　30ml

……
ブース・カフェ・グラスまたはコーディアル・グラスに層を作って注ぐ。

クーパーズタウン・
Cooperstown

アルバート・スティーヴンス・クロケット著『Old Waldorf Bar Days』(1931年)[注→p89]によれば、これはウォルドルフ・ホテルのバー、ビッグ・ブラス・レール(Big Brass Rail)で、ニューヨーク州クーパーズタウンからやって来たとある道楽者たちのために考案されたドリンクだそうです。

……

ミントの小枝	2本
スウィート・ベルモット	15ml
ドライ・ベルモット	15ml
ジン	60ml

……

ミキシング・グラスの中でミントの小枝1本をベルモットと一緒にマドルする。ジンと氷を加え、よくステアし、マティーニ・グラスに漉しながら注ぐ。残りのミントを飾る。

グラスホッパー
Grasshopper

……

クレーム・ド・マント・グリーン	30ml
クレーム・ド・カカオ・ホワイト	30ml
生クリーム(ヘビー・クリーム)	60ml

……

氷と一緒に十分にシェイクし、マティーニ・グラスに漉しながら注ぐ。

クラブ・カクテル
Club Cocktail

1930年代、彫刻を施した木製の表紙を擁する一風変わったカクテル本シリーズを出していたW.C.ホイットフィールドの著作『Just Cocktails(ジャスト・カクテルズ)』のレシピを参考にしました。

……

ブランデー	60ml
マラスキーノ・リキュール	15ml
パイナップル・ジュース	15ml
ペイショーズ・ビターズ※	2ダッシュ
レモン・ピール(ガーニッシュ)	

Column

後にも先にも一度きり
（ネバー・ビフォー、ネバー・アゲイン）

ハリウッド時代、わたしと妻ジルが暮らしていた賃貸住宅は、暖炉があり、梁が高く、階段が大理石製の素敵なところでした。そこはかつてマージとガワーのチャンピオン夫妻[ともに50年代にミュージカルで活躍したダンサー]も暮らしたところで、噂によれば、チャールズ・チャップリンの愛人も住んでいたとのことでした。わたしたちは当時そこでよく、近所のリサとその父トニー・ロマーノと一緒にジャム・セッションを楽しんだものでした。トニーはギタリストで、ボブ・ホープ[1903-2003。米俳優／コメディアン]とともに米軍慰問団の一員として戦地を巡ったこともあり、ハリウッドの映画音楽の録音に数多く参加していました。トニーはジャズ・バイオリン奏者ジョー・ヴェヌーティ[1903-1978]とも1枚、素敵な録音を残しています。その名盤の誕生に至る経緯もまた、素敵な物語なのです。

トニーはジョー・ヴェヌーティの大ファンでした。ある日、映画音楽の仕事でスタジオに入ると、なんと一緒に演奏するミュージシャンたちの中にジョーがいるではありませんか。トニーは小躍りしたくなるほど喜びました。セッションが終わると、トニーは担当エンジニアに耳打ちし、ソーセージと赤ピーマンのサンドイッチを買ってきてもらいました。それを誘い水にして、ある計画を実行しようと考えたのです。そのエンジニアにコントロール・ルームに残っていてもらい、トニーはジョーとサンドイッチを食べてワインを1本空け、それからおもむろに言いました。どうです、少し一緒に演りませんか？ ジャムは2時間を超え、その模様をエンジニアはすべて録音しました。トニーは最後に、じつは全部録らせていただいたのです、とタネを明かし、テープをジョーに渡しました。後年、ジョーが亡くなった際、トニーのもとにそのテープ

が郵送されてきました。きみの好きにしていいよ、という一筆とともに。そこで、トニーはそれをスタジオに持っていき、いくつかの曲にギターを被せ、アルバム『Never Before, Never Again(ネバー・ビフォー、ネバー・アゲイン)』[後にも先にも一度きり、の意]として世に出したのです。

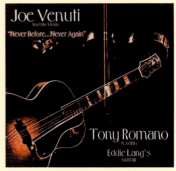

『Never Before, Never Again』のアルバム・ジャケット

イチゴ（ガーニッシュ）	1個

……

すべての材料を氷と一緒に十分にシェイクし、マティーニ・グラスに漉しながら注ぐ。レモン・ピールとイチゴを飾る。

バリエーション：オレンジ・キュラソーを15ml加え、ペイショーズをアンゴスチュラに代えると、ライジング・サンになります。

クラレット・レモネード
Claret Lemonade

基本的にはレモネードなのですが、水ではなく赤ワインを使います。ハリー・ジョンソンは『Bartender's Manual』（1898年）でこれをクラレット・レモネードとして紹介しています。そちらは、クラッシュド・アイスをいっぱいに入れたタンブラーにレモネードを3/4まで入れ、最後にクラレット［ボルドー産の赤ワイン］をフロートして作ります。

……

赤ワイン	120ml
シンプル・シロップ	30ml
フレッシュ・レモン・ジュース	22.5ml
レモン・ホイール（ガーニッシュ）	

すべての材料を氷と一緒にシェイクし、氷を入れたゴブレットに漉しながら注ぐ。レモン・ホイールを飾る。

グリーン・ティー・パンチ
Green Tea Punch

カクテル界はまだ、緑茶（グリーン・ティー）の良い使い方をあまり見つけられていないのですが、1873年に英国で出版されたエドワード・リケットの著書『The Gentleman's Table Guide（ジェントルマンズ・テーブル・ガイド）』に魅力的なレシピがありました。それに少々手を加えて、甘さを少し抑えてみました。

……

<6杯分>

レッドカラントまたはグアバのジャム	270ml
ホット・グリーン・ティー	480ml
ブランデー	120ml
ラム	120ml
キュラソー	60ml
レモンのジュースとピール	2個分
バーベナの葉（ガーニッシュ）	

……

お茶にジャムを溶かし、残りの材料を合わせてステアする。熱々のものをマグ・カップに入れる。バーベナの葉を飾る。

註：アルコールが強すぎる場合は、お茶を増やしても良いでしょう。

クレアモント・
Claremont

手に入るようでしたら、種抜きの新鮮なチェリーをお使いください。

……

アンゴスチュラ・ビターズ	3ダッシュ
オレンジ・キュラソー	22.5ml
オレンジ・スライス	2枚
スウィートまたはサワー・チェリー	2個
バーボン	45ml
プレーン・ソーダ	30ml

オールドファッションド・グラスの底で、ビター、キュラソー、オレンジ・スライス1枚、チェリー1個を丁寧にマドルする。オレンジの皮を取り除き、バーボン、氷、ソーダを加える。残りのオレンジとチェリーを飾る。

グレイハウンド
Greyhound

……

ウォッカ	45ml
グレープフルーツ・ジュース	120ml

……

氷を入れたハイボール・グラスに注ぐ。

クロウダディ
Crawdaddy

……

ストリチナヤ（ウォッカ）	45ml
レモネード	150ml
プレーン・ソーダ	スプラッシュ（15ml）
レモン・スライス（ガーニッシュ）	

……

ハイボール・グラスの中でビルドし、ソーダを加え、レモン・スライスを飾る。

クローバー・クラブ・
Clover Club

アルバート・スティーヴンス・クロケットの著書『Old Waldorf Bar Days』(1931年)[注→p89] によれば、禁酒法以前から楽しまれていたこのカクテルが誕生した地はフィラデルフィアのベルヴュー＝ストラトフォード・ホテルで、そこによく集まっていたアルゴンキンの円卓[1920年代のNYにおける出版関係者による社交サークル]的一団、クローバー・クラブにちなんで、この名前が付けられたそうです。ラズベリーが旬の季節には、シロップの代わりに生の実を6つ入れ、シェイカーでシンプル・シロップと一緒にマドルしてから、残りの材料を加えてシェイクし、グラスに注いでみてください。

卵を使うドリンクは、乳化させるために、より長くしっかりとシェイクしてください。

……

ジン	45ml
シンプル・シロップ	22.5ml
フレッシュ・レモン・ジュース	22.5ml
ラズベリー・シロップ	7.5ml
卵白	小さじ2

……

すべての材料を氷と一緒に十分にシェイクし、冷やしたカクテル・グラスに漉しながら注ぐ。

バリエーション：ミントの小枝を加えてからシェイクすると、クローバー・リーフになります。

ケープ・コッド
Cape Cod

……

ウォッカ	45ml
クランベリー・ジュース	
ライム・ウェッジ（ガーニッシュ）	

……

氷を入れたハイボール・グラスの中でウォッカとクランベリー・ジュースを合わせる。ライム・ウェッジを飾る。

ケンタッキー・コロネル
Kentucky Colonel

サザン・スティンガーの一種です。長年、ロサンゼルスはホテル・ベルエアのハウス・ドリンクでした。

……

バーボン	60ml
ベネディクティン	30ml

……

氷と一緒にシェイクする。クラッシュド・アイスをいっぱいに入れたロック・グラスに漉しながら注ぐ。

コーヒー・カクテル
Coffee Cocktail

19世紀に誕生したスペシャルティ・ドリンク。ジェリー・トーマスが1887年に『The Bar-Tender's Guide or How to Mix All Kinds of Plain and Fancy Drinks（ザ・バーテンダーズ・ガイド・オア・ハウ・トゥ・ミックス・オール・カインズ・オブ・プレーン・アンド・ファンシー・ドリンクス）』で紹介したものです。

……

コニャックまたはブランデー	30ml
ルビー・ポート	30ml
小ぶりの卵	1個
砂糖	小さじ1/2
すりおろしたてのナツメグ（ガーニッシュ）	

……

すべての材料を氷と一緒に十分にシェイクし、ポート・グラスに漉しながら注ぐ。ナツメグを振りかける。

コーヒー・カクテル

ME AND THE COSMO

[わたしとコスモ]

　現在知られているコスモポリタンのレシピの起源は、アブソルート・シトロンの試験販売にまで遡ります。シェリル・クックという女性がマイアミのサウス・ビーチで考案したという説も耳にしたことがありますが、ニューヨーク誌（と、同誌の記事を根拠にした他の出版物）によれば、わたしが考案者ということになっています。ですが、本当は違います。わたしはただ、スタンダードとして知られるようになった基本レシピを広めただけです。

　コスモがメニューに初めて登場したのは1980年代後半のことで、登場の地はニューヨーク・シティはトライベッカ地区のオデオン（Odeon）と、サンフランシスコのフォグ・シティ・ダイナー（Fog City Diner）。もちろん、両者ともに、われこそがコスモの発明者だと言って譲りません。わたしがレインボー・ルームのメニューに載せたのは1996年のことで、それから間もなく、これをマドンナが飲んでいる姿が目撃されるや、遠くドイツやオーストラリアからも、レシピを教えて欲しいとの連絡がひっきりなしに来るようになりました［レインボー・ルームでのグラミー賞のパーティで撮られた、マドンナがコスモポリタンを手にしている写真をきっかけに、コスモポリタンの知名度が一気に高まった］。

　わたしのレシピはオリジナルにコアントロー少々とフレイムド・オレンジ・ピールを加えたもので、何度か全国放送のテレビ番組でも披露しました。それがかのマティーニの次に有名な一杯として世界中に知られることになった、という次第です。

　ただし、真の起源はもっと前かもしれません。オーシャン・スプレー社は古くから自社製品のクランベリー・ジュースを使ったスピリッツを積極的に販促しており、1956年から70年にかけていくつかのカクテルを推していました。そのひとつが、ウォッカ30ml、クランベリー・ジュース30ml、フレッシュ・ライムの搾り汁少々で作るハープーン（Harpoon）というものでした。ここにトリプルセックかコアントローを加えれば、コスモポリタンのできあがりです。

コスモポリタン
Cosmopolitan

……

シトロン・ウォッカ	45ml
コアントロー	15ml
フレッシュ・ライム・ジュース	7.5ml
クランベリー・ジュース	30ml
フレイムド・オレンジ・ピール（p63、ガーニッシュ）	

……

すべての材料を氷と一緒にシェイクする。冷やしたカクテル・グラスに濾しながら注ぐ。フレイムド・オレンジ・ピールで仕上げる。

コスモポリタン、ストロベリー・
Cosmopolitan, Strawberry

……

イチゴ	2〜4個（サイズによる）
コアントロー	30ml
フレッシュ・ライム・ジュース	7.5ml
シトラス・ウォッカ	45ml

……

イチゴ1個を半分に切り、半分の一方はガーニッシュ用に取っておく。ミキシング・グラスの底で、残りのイチゴをコアントロー、ライム・ジュースと一緒にマドルする。ウォッカと氷を加え、10数えおわるまで十分にシェイクする。マティーニ・グラスに濾しながら注ぎ、取っておいたイチゴの半分を飾る。

コスモポリタン・ディライト
Cosmopolitan Delight

チャーリー・ポール著『Recipes of American and Other Iced Drinks（レシピズ・オブ・アメリカン・アンド・アザー・アイスド・ドリンクス）』（1902年）より。新世紀到来を祝うコスモポリタン誌主催のパーティでお出ししたのですが、これにした決め手は、名前もそうですが、何といっても味が抜群だからです。

……

ブランデー	45ml
キュラソー	15ml
シンプル・シロップ	15ml
フレッシュ・レモン・ジュース	22.5ml
オルジェー	7.5ml
赤ワイン	スプラッシュ（15ml）
旬の果物（ガーニッシュ）	

……

　すべての材料を氷と一緒にシェイクし、氷を入れたオールドファッションド・グラスに注ぐ。赤ワインを少々加える。新鮮な季節のフルーツを飾る。フルーツは思い切り華やかに飾ること——こうした初期生まれのドリンクはどれもサラダのようでした。

COBBLERS
[コブラー類]

19世紀、コブラーは、ワインまたはスピリッツと果物で作るドリンク全般を指す言葉でした。旬の果物を飾り、砂糖で甘味を付け、氷を入れた大型のグラスに注いで出すのが一般的でした。

コブラー作りにはシェイクが欠かせず、これが現代のカクテル・シェイカーの誕生につながったと言われています。ただし、当初はサイズの異なるバー・グラスを2つ使うだけでした。大きいほうを小さいほうの上に被せて振るのが一般的で、これが現代のボストン型の起源になりました。1870〜80年代の米特許庁は、大きなハンドルを回していくつかのドリンクを同時にシェイクする、といった珍妙な装置など、さまざまなカクテル・ミックス法やシェイク用カップの特許申請であふれ返っていたようです。現在の一般的なシェイカーは2つのパーツからなるボストン・タイプか、シングル・ユニットでキャップが大小2つ付いたコブラー・タイプのどちらかに大別されます。

わたしが古い書籍の中で見つけたどのレシピにも、コブラーの作り方は詳しくは記されていませんでした。たとえば、1862年版の『The Bon Vivant's Companion, or How to Mix Drinks』に著者ジェリー・トーマスはウィスキー・コブラーのレシピを載せているのですが、ウィスキーを2ワイン・グラス[240ml]、砂糖小さじ1、オレンジ・スライス2〜3枚とあるだけで、あとはタンブラーに氷をいっぱいに入れ、すべての材料を十分にシェイクする、としか記されていません。ただ、シェイカーに果物を入れるというトーマスのアイデアはありがたく拝借してさまざまなドリンクに応用させてもらいました。

ですが、コブラーを生の果物と一緒にシェイクして作るという伝統は、たいへんな影響を誇ったハリー・クラドックの一冊『The Savoy Cocktail Book』(1930年)を紐解けばわかるとおり、その後途絶えてしまいました。以降コブラーはまずシェイクかステアし、それから果物を飾るという作り方に変わります。そこで、ブラックバード[注→p93]時代、古き良きコブラーを再生させるにあたり、わたしは果物と一緒にシェイクする伝統を復活させることにしました。さらに、オイルと果汁をより多く抽出するため、シェイク前にマドルし、仕上げの飾りに同じ果物を使うことにもしました。

COBBLER MIXER.

フルーツ・リキュールとシロップを一緒にマドルまたはマッシュするのは、19世紀にはごく一般的な手法で、多くの場合、各バー自家製のリキュールやシロップが用いられていました。フルーツ・ブランデー、リキュール、シロップの類が市場に出回るようになったのは、19世紀も後半になってからのことです。ここに挙げたドリンクはどれも、そうした19世紀のコブラー類をベースにして考案したものですが、現代人の舌に合うように、多少手を加えてあります。

砂糖の代わりに他の甘い材料を使う手法も当時から一般的なもので、古いレシピの多くに砂糖やシュガー・シロップではなくキュラソーかマラスキーノが用いられています。『The Gentleman's Table Guide』(1871年、ロンドン)には「果物が手に入らない場合は、氷砂糖、キャピレア[シダの一種]、フルーツ・シロップ(fruit syrup)を使ってもよい」と記されています。

ウィスキー・コブラー＊◆
Whiskey Cobbler

フルーツ系ソースを添える肉料理と相性抜群の一杯です。

......

フレッシュ・パイナップル・ウェッジ	2個
(1個は皮付き、1個は皮を剥いたもの)	
オレンジ・スライス	2枚
レモン・ウェッジ	2個
オレンジ・キュラソー	22.5ml
ウィスキー	60ml

......

バー・グラスの底で、皮を剥いたパイナップル・ウェッジ、オレンジ1枚、レモン1個の小片をオレンジ・キュラソーと水30mlと一緒にマドルする。ウィスキーと氷を加えて十分にシェイクする。クラッシュド・アイスをいっぱいに入れたダブル・オールドファッションド・グラスに漉しながら注ぐ。残りのパイナップル・ウェッジ、オレンジ・スライス、レモン・ウェッジを飾る。

シェリー・コブラー＊◆
Sherry Cobbler

......

フレッシュ・パイナップル・ウェッジ	2個

（1個は皮付き、1個は皮を剥いたもの）	
オレンジ・スライス	2枚
レモン・ウェッジ	2個
マラスキーノ・リキュール	15ml
ミディアム・シェリー	90ml
フレッシュ・レモン・ジュース	15ml
フレッシュ・オレンジ・ジュース	60ml

……

バー・グラスの底で、皮を剥いたパイナップル・ウェッジ、オレンジ1枚、レモン1個をマラスキーノ・リキュールと一緒にマドルする。シェリーとジュースを加え、氷と一緒にシェイクする。クラッシュド・アイスをいっぱいに入れたゴブレットに漉しながら注ぐ。残りのパイナップル・ウェッジ、オレンジ・スライス、レモン・ウェッジを飾る。

ジャパニーズ・コブラー*◆
Japanese Cobbler

……

フレッシュ・パイナップル・ウェッジ	2個
（1個は皮付き、1個は皮を剥いたもの）	
オレンジ・スライス	2枚
レモン・ウェッジ	2個
マラスキーノ・リキュール	15ml
日本酒	90ml
スウィートまたはドライ・ソーダ	適宜
フレッシュ・ミントの小枝	1本

……

バー・グラスの底で、皮を剥いたパイナップル・ウェッジ、オレンジ1枚、レモン1個をマラスキーノ・リキュールと一緒にマドルする。日本酒を加え、氷と一緒にシェイクする。クラッシュド・アイスをいっぱいに入れたダブル・オールドファッションド・グラスに漉しながら注ぐ。スウィートまたはドライ・ソーダを少々加える。ミントの小枝、残りのパイナップル、オレンジ・スライス、レモンを飾る。

シャンパン・コブラー*◆
Champagne Cobbler

……

オレンジ・スライス	1枚
レモン・ウェッジ	1個
皮を剥いたフレッシュ・パイナップル・ウェッジ	1個
マラスキーノ・リキュール	22.5ml
シャンパン	120ml

フレイムド・オレンジ・ピール（p63、ガーニッシュ）

……

バー・グラスの底ですべての果物とリキュールをマドルする。氷とシャンパンを加える。泡を消さないようにそっとステアし、フルート・シャンパンに漉しながら注ぐ。フレイムド・オレンジ・ピールで仕上げる。

ジン・コブラー*◆
Gin Cobbler

……

フレッシュ・パイナップル・ウェッジ	2個
（1個は皮付き、1個は皮を剥いたもの）	
オレンジ・スライス	2枚
レモン・ウェッジ	2個
ピーター・ヒーリング・チェリー・ヒーリング	22.5ml
ジン	45ml

……

ミキシング・グラスの中で、皮を剥いたパイナップル・ウェッジ、オレンジ1枚、レモン1個をピーター・ヒーリングと一緒にマドルする。ジンと水30mlを加える。氷と一緒にシェイクし、クラッシュド・アイスをいっぱいに入れたダブル・オールドファッションド・グラスに漉しながら注ぐ。残りのパイナップル、オレンジ・スライス、レモンを飾る。

ブランデー・コブラー*◆
Brandy Cobbler

1870年、ニューヨーク・シティのメトロポリタン・ホテルで出されていたアイス・パンチに手を加えたレシピです。

……

フレッシュ・パイナップル・ウェッジ	2個
（1個は皮付き、1個は皮を剥いたもの）	
オレンジ・スライス	2枚
レモン・ウェッジ	2個
ラズベリー・シロップまたはラズベリー・リキュール	22.5ml
ブランデーまたはコニャック	60ml

……

皮を剥いたパイナップル・ウェッジ、オレンジ1枚、レモン1個をラズベリー・シロップと水30mlと一緒にバー・グラスの中でマドルする。氷とブランデーを加え、十分にシェイクする。クラッシュド・アイスをいっぱいに入れたダブル・オールドファッションド・グラスに漉しながら注ぐ。残りのオレンジ・スライス、パイナップル・ウェッジ、レモン・ウェッジを飾る。

ポート・コブラー*◆
Port Cobbler

......

フレッシュ・パイナップル・ウェッジ	2個
（1個は皮付き、1個は皮を剥いたもの）	
オレンジ・スライス	2枚
レモン・ウェッジ	2個
オレンジ・キュラソー	15ml
ポート（ルビー・ポート）	120ml

......

バー・グラスの底で、皮を剥いたパイナップル・ウェッジ、オレンジ1枚、レモン1個をキュラソーと水30mlと一緒にマドルする。ポートを加え、氷と一緒にシェイクし、クラッシュド・アイスをいっぱいに入れたダブル・オールドファッションド・グラスに漉しながら注ぐ。残りのパイナップル・ウェッジ、オレンジ・スライス、レモン・ウェッジを飾る。

コーヒー・ナッジ
Coffee Nudge
……
ブランデー	30ml
クレーム・ド・カカオ・ブラウン	15ml
コーヒー・リキュール	15ml
ホット・コーヒー	
ハンドホイップ・アイリッシュ・コーヒー・クリーム（p220）	

……

アイリッシュ・コーヒー・グラスの中でビルドし、クリームをフロートする。

コープス・リバイバー
Corpse Reviver

これはなんといっても名前でしょう[死体を蘇らせる一杯、の意]。ハリー・クラドックの『The Savoy Cocktail Book』（1930年）をぱらぱらとめくっていた際、目に飛び込んできたこの名前に一発でやられました。以下のレシピは数あるバリエーションのひとつです。

……
ジン	30ml
コアントロー	15ml
リレ・ブラン	15ml
フレッシュ・レモン・ジュース	22.5ml
アブサント	1ダッシュ

……

氷と一緒にシェイクし、冷やしたカクテル・グラスに漉しながら注ぐ。

ゴールデン・ガール*
Golden Girl

……
バカルディ8	30ml
シンプル・シロップ	15ml
パイナップル・ジュース	30ml
オフリー・リッチ・トゥニー・ポート※	22.5ml
小ぶりの卵	半分
すりおろしたてのオレンジ・ゼスト（ガーニッシュ）	

……

すべての材料を氷と一緒にシェイクし、冷やしたマティーニ・グラスに漉しながら注ぐ。オレンジ・ゼストをすりおろして振りかける。

ゴールデン・キャデラック
Golden Cadillac

すべてが黄金色に輝くカリフォルニア州エルドラドの店、プア・レッズ・サルーンで考案された一杯です。

……
ガリアーノ	30ml
クレーム・ド・カカオ・ホワイト	30ml
生クリーム（ヘビー・クリーム）	60ml
シナモン（ガーニッシュ）	

すべての材料を氷と一緒にシェイクし、冷やしたカクテル・グラスに漉しながら注ぐ。シナモンを振りかける。

ゴールデン・ドーン
Golden Dawn

1930年の国際カクテル大会で、ロンドンはバークリー・ホテルのバーテンダー、トム・バタリーに勝利をもたらしたドリンクです。

……
ジン	15ml
フレッシュ・オレンジ・ジュース	22.5ml
マリー・ブリザール・アプリまたは他のアプリコット・ブランデー	22.5ml
グレナデン	1ダッシュ
ビターズ	2ダッシュ
オレンジ・スライス（ガーニッシュ）	
チェリー（ガーニッシュ）	

……

すべての材料を氷と一緒に十分にシェイクし、冷やしたマティーニ・グラスに漉しながら注ぐ。オレンジ・スライスとチェリーを飾る。

ココ・ベリー*♦
Coco Berry

……
フレッシュ・ラズベリー	4粒
ラズベリー・リキュール（シャンボール）	15ml
ホワイト・ラム	60ml
クレーム・ド・カカオ・ホワイト	15ml

……

ミキシング・グラスの中で、ラズベリーとシャンボールをマドルする。氷、ラム、クレーム・ド・カカオを加える。ステアして冷やし、冷やしたカクテル・グラスに漉しながら注ぐ。

コスマライズ*
Cosmalize

......

アリーゼ・ゴールド	45ml
シトラス・ウォッカ	30ml
クランベリー・ジュース	30ml
フレッシュ・レモン・ジュース	7.5ml

......

氷と一緒にシェイクし、冷やしたカクテル・グラスに漉しながら注ぐ。

ゴッドファーザー(またはゴッドマザー)
Godfather(or Godmother)

......

スコッチまたはウォッカ	30ml
アマレット	30ml

......

氷を入れたロック・グラスに注ぐ。

コニャック・アンド・ソーダ
Cognac and Soda

ヘミングウェイがパリの左岸、歩道のカフェでヘラルド・トリビューン紙に隅々まで目を通しながらよく飲んでいた一杯。ジェリー・トーマス著『The Bon Vivant's Companion, or How to Mix Drinks』(1862年)にはストーンウォール(Stone Wall)として紹介されており、英国ではペグ(Peg)と呼ばれています("ワン・ペグ・イン・ユア・コフィン"["棺桶に打つ1本の釘"、つまり"寿命を縮める一杯"の意]の"ペグ"です)。ペイショーズ・ビターズ※を1ダッシュ加えるのもお勧めです。

......

コニャック	60ml
クラブソーダ	150ml

......

氷を入れたハイボール・グラスにコニャックを注ぎ、ソーダで満たす。

コロニー・ルーム・カクテル*
Colony Room Cocktail

ロンドンのコロニー・ルームといえば、アーティストなどが集まるクラブとして有名ですが、カクテルで名高いところではありません。長年の会員ロデイ・アシュワースはこう評しています。「もしも会員がピニャ・コラーダを頼もうものなら、眉をひそめられ、大きなグラスに入ったウォッカとトニックを出されるのがおちだろう」。

1995年、バーテンディング・コンテストの審査員としてロンドンに行った際、わたしは初めてコロニー・ルームを訪れたのですが、驚いたことに、いちばん手の込んだカクテルはなんとスクリュードライバーでした(それも、ウォッカとオレンジを大きなグラスで、と頼むしかありませんでした)。このままではウォッカとオレンジ・ジュースを一晩中飲まされることになると思ったわたしは、オーナーのマイケル・ウォジャスの了解を得てバーカウンターの中に入り、オリジナルの一杯を作らせてもらうことにしました。たいした材料がないなかで何とか考案したのが、クラブの名を付けるにふさわしいこのドリンクでした。以下がそのレシピです。

......

リカール	1ダッシュ
ジン	60ml
ノイリー・プラット(ドライ・ベルモット)	2ダッシュ
アンゴスチュラ・ビターズ	1ダッシュ

......

冷やしたマティーニ・グラスにリカールをひと振りして内側をリンスし、余った分は捨てる。ジン、ベルモット、ビターズを氷と一緒にステアして冷やす。用意しておいたマティーニ・グラスに漉しながら注ぐ。ガーニッシュの代わりに機知または皮肉を添える。どちらもうまく出てこない場合は、思いきり気取った仕草で出す。

コロラド・ブルドッグ
Colorado Bulldog

エッグ・クリームの大人版です。

[エッグ・クリームは牛乳、プレーン・ソーダ、チョコレート・シロップで作るソフト・ドリンク]

......

カルーア	45ml
冷たい牛乳	90ml
コカ・コーラ	90ml

......

ハイボール・グラスの中でカルーアと牛乳をビルドする。優しくステアしながらコーラを注ぐ。泡が収まるまで待ってから、もう一度コーラを注いでステアする。グラスがいっぱいになるまでこれをくり返す。ガーニッシュなし。

左から時計回り:コーヒー・カクテル、サイドカー、サウス・ビーチ、レインボー・サワー

サイドカー
Sidecar

20年ほど前、ホテル・ベルエアのバーで働いていたときのこと。ある日の午後、サイドカーを1杯作り終えた直後に、ひとりの老紳士に言われました。「きみは、本物のサイドカーを知ってるかい？」。それまで知っていると信じて疑わなかったのですが、違いました。バーテンダー歴4年にして初めて、正しいレシピをその紳士に教えていただきました。

……

ブランデー	30ml
コアントロー	30ml
フレッシュ・レモン・ジュース	22.5ml
フレイムド・オレンジ・ピール（p63、ガーニッシュ）	

……

すべての材料を氷と一緒にシェイクし、氷を入れたオールドファッションド・グラスに漉しながら注ぐ。フレイムド・オレンジ・ピールで仕上げる。

註："アップ"で出す場合は、縁を砂糖でリムした小型のカクテル・グラスに漉しながら注ぐ。

サウス・オブ・ザ・ボーダー*
South of the Border

……

マリブ（ココナッツ・リキュール）	45ml
アマレット	15ml
パイナップル・ジュース	150ml

……

すべての材料をシェイクし、マティーニ・グラスに漉しながら注ぐ。

サウス・コースト・カクテル
South Coast Cocktail

チャーリー・ポール著『Recipes of American and Other Iced Drinks』（1902年）より。

……

<2杯分>

フルボディ・スコッチ	75ml
キュラソー	15ml
フレッシュ・レモン・ジュース	15ml
シンプル・シロップ	7.5ml
プレーン・ソーダ	75ml
フレイムド・オレンジ・ピール（p63、ガーニッシュ）	2枚

……

すべての材料をミキシング・グラスの中で氷と一緒にミックスする。優しくステアし、冷やしたマティーニ・グラス2個に漉しながら注ぐ。それぞれフレイムド・オレンジ・ピールで仕上げる。

サウスサイド•
Southside

かの有名な"もぐり"酒場、21クラブ（21 Club）でハウス・ドリンクとして長らく人気を博した一杯です。当時のニューイングランド人にとってのミント・ジュレップのようなものでした。

……

フレッシュ・ミントの小枝	2本
ライムの小片	2個
フレッシュ・ライム・ジュース	22.5ml
シンプル・シロップ	30ml
ジン	60ml
プレーン・ソーダ	90〜120ml

……

ミントの小枝1本とライム、ライム・ジュース、シンプル・シロップをバー・グラスの底でマドルする。ジンを加え、十分にシェイクする。クラッシュド・アイスを入れたゴブレットに注ぎ、グラスの表面にうっすらと霜が付くまでステアする。プレーン・ソーダを加え、残りのミントを飾る。

サウス・ビーチ*
South Beach

1992年、パディントン・スピリット・ディストリビューターズ社から、米国人の口に合う苦味の少ないカンパリ・カクテル作りを依頼された際に考案したものです。

……

カンパリ	22.5ml
アマレット	22.5ml
フレッシュ・オレンジ・ジュース	60ml
シンプル・シロップ（お好みで）	15ml
フレイムド・オレンジ・ピール（p63、ガーニッシュ）	

……

すべての材料を氷と一緒にシェイクし、マティーニ・グラスに漉しながら注ぐ。フレイムド・オレンジ・ピールで仕上げる。

［サワー類］
SOURS

　サワー類はプロ・バーテンダーの評価基準となるドリンクですから、アマチュアにとっては最大の難関です。フレッシュ・レモンジュースやフレッシュ・ライムジュースは揮発性で、扱いが難しいからです。ですが、ご安心を。以下の調合法でお作りになれば、コリンズ、フィズ、マルガリータなど、どのスウィート＆サワー・ドリンクでも、95％の方々に喜んでもらえるはずです。甘党の残り5％の方々に振る舞う場合は、シンプル・シロップの瓶をそばに置いておき、必要に応じて加えてください。19世紀、サワー類には"フィックス類"も含まれていました。後者は、材料自体はサワーのそれと同じなのですが、季節の果物をふんだんに飾って出していました。

サワー
Sour

……

ベースの酒／リキュール	45〜60ml
酸味のある材料	22.5ml
甘味のある材料（1種類または複数）	30ml

……

すべての材料をゆっくり10数え終わるまでしっかりとシェイクすると、溌剌（はつらつ）とした味の一杯になります。

サワー作りが難しいもうひとつの理由は卵白にあります。卵白を加えると、手軽に泡（フォーム）が作れるのですが、独特の香味が残りますので、これを不快に思う人もいます。じつを言うと、卵白は必須の材料ではありません。卵白を使わなくても、しっかりとシェイクすれば、目にも美味しい一杯が作れます。

ウィスキー・サワー

サゼラック
Sazerac

ニューオーリンズの薬剤師アンワーヌ・アメデ・ペイショーが作ったビターズから生まれたドリンクです。ペイショーはそのビターズにコニャックを合わせていました。ニューオーリンズで長らく一番人気を博していたコニャックがサゼラック・ド・フォルジェ・エ・フィス (Sazerac de Forge et Fils) だったことから、1859年、ジョン・シラーは開いたばかりのバー、サゼラック・コーヒー・ハウスでこの組み合わせをサゼラック・カクテルと命名しました。そのバーを引き継いだバーテンダー、ジョン・H・ハンディはこの有名なカクテルに手を加え、コニャックではなくウィスキーを使うようになりました。わたしはさらに手を加え、コニャックとバーボンを使ってみました。

……

リカールまたはハーブサント※	スプラッシュ (15ml)
VSコニャック	30ml
ライ・ウィスキー	30ml
シンプル・シロップ	15ml
ペイショーズ・ビターズ※	2ダッシュ
アンゴスチュラ・ビターズ	2ダッシュ
レモン・ピール (ガーニッシュ)	

……

ロック・グラスを2個使う。1個は冷やしておき、もう1個のグラスにリカールをひと振りし、全体に行き渡らせてリンスしたら、余った分を捨てる。コニャック、ライ、シンプル・シロップ、2種類のビターズを加える。キューブド・アイスと一緒にステアして冷やす。冷やしておいたロック・グラスに漉しながら注ぎ、レモン・ピールで仕上げる。

サタンズ・ウィスカーズ
Satan's Whiskers

1930年頃のハリウッドはエンバシー・クラブ [注→p90] のレシピに手を加えました。ブロンクス・カクテル (p179) の罪深いほどに贅沢なバージョンです。これもそうですが、ハリウッドでは何でも、価格が高いほど良いとされるのでしょうね。

……

ジン	30ml
スウィート・ベルモット	15ml
ドライ・ベルモット	15ml
グラン・マルニエ	15ml
フレッシュ・オレンジ・ジュース	30ml
アンゴスチュラまたはオレンジ・ビターズ	1ダッシュ
フレイムド・オレンジ・ピール (p63、ガーニッシュ)	

……

すべての材料を氷と一緒にシェイクし、マティーニ・グラスに漉しながら注ぐ。フレイムド・オレンジ・ピールで仕上げる。

サファリング・バスタード
Suffering Bastard

マイタイにオレンジ・ジュースを足したものです。

……

上質のミディアム・ラム	45ml
レイ&ネフューやバカルディ151※などのオーバープルーフ・ラム	30ml
オレンジ・キュラソー	22.5ml
オルジェー	15ml
フレッシュ・ライム・ジュース	30ml
フレッシュ・オレンジ・ジュース	60ml
ライム・スライス (ガーニッシュ)	
オレンジ・スライス (ガーニッシュ)	

……

すべての材料を十分にシェイクし、氷をいっぱいに入れたダブル・オールドファッションド・グラスかマイタイ・グラスに漉しながら注ぐ。ライムとオレンジ・スライスを飾る。

サラトガ・カクテル
Saratoga Cocktail

エドワード・スペンサーが著書『The Flowing Bowl』に載せた素敵なシャンパン・カクテルです。20世紀前半、禁酒法以前に考案されたサラトガというカクテルもあり、そちらはアップルジャック、スウィート・ベルモット、オレンジ・ビターズで作ります。パイナップルが旬の時期ではなく、甘く熟したものがない場合は、パイナップル・シロップ15mlで代用してください。

……

パイナップル	2.5センチ角を3〜4個
新鮮なイチゴ	2個
(ガーニッシュ用にさらにいくつか)	
マラスキーノ・リキュール	7.5ml
アンゴスチュラ・ビターズ	3ダッシュ
シンプル・シロップ	15ml
コニャック	45ml
レモン・ピール (ガーニッシュ)	

……

ミキシング・グラスの底でパイナップルとイチゴをマラス

キーノ・リキュール、ビターズ、シロップと一緒にマドルする。コニャックとキューブド・アイスを加え、十分にシェイクする。氷を入れたステム・グラスに漉しながら注ぎ入れ、シャンパンを足す。レモン・ピールで仕上げる。

サングリータ
Sangrita

1978年、部屋を明け渡さなければならない日が近づくなか、わたしはかの6気筒"スラント6"エンジンを積んだ4ドアセダン、1969年製ダッジ・ダートを1,000ドルで買い、当時の彼女アンと愛犬サリーと乗り込み、荷物を押し込めるだけ押し込んで西に向かいました。フロリダで車が故障して足止めを食らい、ニューオーリンズで丸3日間どんちゃん騒ぎをし、ニューメキシコの山中で凍える夜をいくつか過ごした末、3週間後、ようやく太平洋岸に着きました。サンタモニカに入ったのは、あいにく記録的な雨続きの最中でした。雨が収まったので、ビーチに出てみたのですが、風があまりに強く、すぐに近くの店に駆け込みました。そこはウィンド・アンド・シー・バーという、居心地が良く、財布にも優しい店で、犬を連れ、バックパックを背負ったよそ者のわたしたちを温かく迎え入れてくれました。中にいたのは、引退した元警官やタクシー運転手、そして近所の個性豊かな人々。何人かはテキーラのショットをスパイシーなトマト・ジュースをチェイサーにして空けていました。じつを言うと、そのときはわからなかったのですが、彼らが飲んでいたのはテキーラ・アンド・サングリータでした。その店で数時間過ごすうちに、わたしたちはアパートと仕事、そしてそこにいる皆との永遠の友情を約束してもらいました。そしてそれが、彼らとの最初で最後の交流になりました。以下のレシピは簡易版です。本格的な作り方はp172をご覧ください。

……

オレンジ	8個、果汁を搾る(240〜300ml)
ライム	3個、果汁を搾る(75ml)
シンプル・シロップ	45ml
トマト・ジュース	360ml
タバスコ・ソース	適宜(6滴程度)
白コショウ	4振り
塩	4振り

……

すべての材料をよくミックスする。プレミアム・テキーラのショットに添えてショット・グラスで出すか、ブラッディ・メアリーの要領で出す。

サン・サルヴァドール
San Salvador

……

ダーク・ラム	45ml
キュラソー	30ml
フレッシュ・ライム・ジュース	15ml
フレッシュ・オレンジ・ジュース	45ml
オレンジ・スライス(ガーニッシュ)	
ライム・スライス(ガーニッシュ)	

……

すべての材料を氷と一緒にシェイクし、氷をいっぱいに入れたダブル・オールドファッション・グラスに漉しながら注ぐ。オレンジとライムを飾る。

サンセット・ブリーズ*
Sunset Breeze

フローズン・ドリンクにする場合は、シンプル・シロップを15mlではなく45mlにし、すべての材料をクラッシュド・アイス9/10カップとブレンドし、ゴブレットに盛ります。

……

アブソルート	15ml
アブソルート・シトロン	15ml
トロピコ※	45ml
フレッシュ・ライム・ジュース	15ml
ピーター・ヒーリング・チェリー・ヒーリング	15ml
シンプル・シロップ	15ml
オレンジ・ピール(p63〜、ガーニッシュ)	

……

すべての材料を氷と一緒にシェイクし、マティーニ・グラスに漉しながら注ぐ。オレンジ・ピールで仕上げる。

サンダウナー*
Sundowner

1993年、アンゴスチュラ社のために考案した一杯です。

……

マリブ(ココナッツ・リキュール)	45ml
パイナップル・ジュース	150ml
アンゴスチュラ・ビターズ	2ダッシュ

……

すべての材料をシェイクし、マティーニ・グラスに漉しながら注ぐ。

サントリー・カクテル
Suntory Cocktail

日本のメーカー、サントリー社のメロン・リキュール、ミドリを使います。

......

アブソルート・シトロン	45ml
ミドリ	30ml
フレッシュ・グレープフルーツ・ジュース	30ml

......

シェイクし、冷やしたマティーニ・グラスに漉しながら注ぐ。

サンフラワー・ハイボール
Sunflower Highball

......

アブソルート（ウォッカ）	30ml
リコール43	30ml
フレッシュ・オレンジ・ジュース	150ml
すりおろしたてのナツメグ（ガーニッシュ）	

......

氷を入れたハイボール・グラスの中でビルドする。ナツメグを振りかける。

シー・ブリーズ
Sea Breeze

60年代、オーシャン・スプレー社がウォッカ人気に乗じて自社製品（クランベリー・ジュース）の販促用に考案した一杯。同社はドン・コサック（ウォッカ）とクランベリー・ジュースをブレンドした新製品トロピコ（現在出回っているバカルディ・トロピコ※とは別物）の発売にも一枚噛んでいました。シーグラム社は1960年代、シー・ブリーズをエンシェント・ゴールデン・ジンの販促に利用し、これがコスモポリタンの爆発的人気につながりました。

......

ウォッカ	45ml
フレッシュ・グレープフルーツ・ジュース	120ml
クランベリー・ジュース	45ml
ライム・ウェッジ（ガーニッシュ）	

......

氷を入れたハイボール・グラスにウォッカを注ぐ。グレープフルーツ・ジュースをほぼいっぱいまで入れ、最後にクランベリー・ジュースを足す。ライム・ウェッジを飾る。

シェリー・カクテル
Sherry Cocktail

ハリー・クラドック著『The Savoy Cocktail Book』（1930年）に記載のレシピに手を加えました。

......

フィノ・シェリー	75ml
アブサント	15ml
マラスキーノ・リキュール	15ml
フレイムド・オレンジ・ピール（p63、ガーニッシュ）	

......

すべての材料を氷と一緒にシェイクし、冷やしたカクテル・グラスに漉しながら注ぐ。フレイムド・オレンジ・ピールで仕上げる。

シガー・ラヴァーズ・マティーニ
Cigar Lover's Martini

ワインとスピリッツの権威アンドレア・イマー・ロビンソン考案のレシピです。

......

VSコニャック	75ml
5年もののトゥニー・ポート	15ml
フレイムド・オレンジ・ピール（p63、ガーニッシュ）	

......

ミキシング・グラスの中で材料を氷と合わせ、ステアして冷やす。冷やしたマティーニ・グラスに漉しながら注ぐ。フレイムド・オレンジ・ピールで仕上げる。

シトラス・クリーム*+
Citrus Cream

レインボー・ルームで人気を博したノンアルコール・ドリンクです。

......

フレッシュ・オレンジ・ジュース	60ml
フレッシュ・グレープフルーツ・ジュース	30ml
シンプル・シロップ	15ml
グレナデン	15ml
生クリーム（ヘビー・クリーム）	30ml

......

すべての材料を氷と一緒にシェイクし、ロンドン・ドック・グラスに漉しながら注ぐ。

ジャカナ*
Jacana

1998年、シャレン・バトラムの誕生日を祝い、自家用ヨッ

ト"ジャカナ号"上で開かれたディナー・クルーズ・パーティ用に考案した一杯です。
……

良質のテキーラ	45ml
グラン・マルニエ	15ml
コアントロー	15ml
フレッシュ・ライム・ジュース	22.5ml
フレッシュ・グレープフルーツ・ジュース	30ml

……
すべての材料を氷と一緒にシェイクし、冷やしたカクテル・グラスに漉しながら注ぐ。

ジャック・ローズ
Jack Rose

『Old Waldorf Bar Days』（1931年）の著者アルバート・スティーヴンス・クロケット［注→p89］は、カクテル名に関する謎や誤解を解くのが大好きでした。クロケットによれば、ジャック・ローズの語源は悪名高い人物ではなく、ピンク色のバラの名前だそうです。
……

アップルジャック	45ml
シンプル・シロップ	30ml
フレッシュ・レモン・ジュース	22.5ml
グレナデン	2ダッシュ
アップル・スライス（ガーニッシュ）	
チェリー（ガーニッシュ）	

……
すべての材料をシェイクし、小型のカクテル・グラスに漉しながら注ぐ。アップル・スライスとチェリーを飾る。

ジャパニーズ・カクテル
Japanese Cocktail

ジェリー・トーマスが著した1862年版『The Bon Vivants Companion, or How to Mix Drinks』に載っていた数少ないカクテルのひとつ。トーマスは、バー・グラスの中で数本のレモン・ピールを使ってステアする、と書いています。その後、柑橘香をもう少し引き立てるため、ライム・ジュースを加えるようになりました。1862年当時、ライムはレモンよりも手に入りにくかったと思いますが、ジェリーはひょっとしたらライムも使っていたかもしれません。
……

コニャック	60ml
オルジェー	15ml
フレッシュ・ライム・ジュース	15ml
アンゴスチュラ・ビターズ	1ダッシュ
スパイラル・ライム・ピール（ガーニッシュ）	

……
すべての材料を氷と一緒に十分にシェイクし、冷やしたカクテル・グラスに漉しながら注ぐ。スパイラル・ライム・ピールを飾る。

ジャパニーズ・フィズ＊・
Japanese Fizz

……

パイナップル・ウェッジ	2個
レモン・ウェッジ	2個
オレンジ・スライス	2枚
シンプル・シロップ	15ml
フレッシュ・レモン・ジュース	22.5ml
ルビー・ポート	22.5ml
ストレートまたはブレンデッド・ウィスキー	45ml
クラブソーダ	

……
3種のフルーツを1個／枚ずつ、ミキシング・グラスの底でシロップとレモン・ジュースと一緒にマドルする。ポートとウィスキーを加え、氷と一緒に十分にシェイクする。氷をいっぱいに入れたハイボール・グラスに漉しながら注ぎ、ソーダを加える。残りのフルーツを飾る。

シャンディ・ガフ／シャンディ
Shandygaff or Shandy

イギリス人とオーストラリア人が大好きな現代版［パナシェ］は、ラガー・ビールを同量のレモネード（英国でいうレモネードは、セブンアップなど、米国でいうレモン・ライム・ソーダのこと）で割ったものをパイント・グラスで出します。ですが、ディケンズの時代に考案されたオリジナル・レシピはもっとずっと面白いものでした。
……

エール・ビール	1/2パイント
ジンジャー・ビア	1/2パイント
オレンジ・キュラソー	30ml
フレッシュ・レモン・ジュース	15ml
レモン・ゼスト（ガーニッシュ）	

……
マグの中でビルドし、レモン・ゼストで仕上げる。

シャンパン・カクテル
Champagne Cocktail

1862年刊のジェリー・トーマス著『The Bon Vivant's Companion, or How to Mix Drinks』でも紹介されているクラシックな一杯です。強くしたい場合は、コニャックかグラン・マルニエをフロートすると良いでしょう。以下に挙げたもののほかに、後述のル・ペロケ(p205)とダルタニアン(p131)もシャンパンを使ったカクテルです。

……
シャンパン
アンゴスチュラ・ビターズに漬した角砂糖
レモン・ピール（ガーニッシュ、お好みで）
……

アンゴスチュラに漬した角砂糖をシャンパン・グラスの中に置き、シャンパンで満たす。あふれないようにゆっくりと注ぐ。お好みでレモン・ピールで仕上げる。

シャンパン・トロピカーレ*
Champagne Tropicale

……
マンゴー・ピューレ	45ml
シャンパン	120ml
マラスキーノ・リキュール	30ml

……

マンゴー・ピューレをミキシング・グラスに注ぎ、優しくステアしながらシャンパンをゆっくりと注ぐ。マラスキーノ・リキュールをフロートする。

シャンパン・パッション*
Champagne Passion

パッションフルーツ・ピューレは酸味が強いので、わたしはシンプル・シロップで甘みを加えます。ピューレが手に入らない場合は、パッションフルーツ・ネクターをお使いください。

……
パッションフルーツ・ピューレ	45ml
シンプル・シロップ	適宜
シャンパン	
アリーゼ（パッションフルーツ・リキュール）	15ml

……

パッションフルーツ・ピューレをミキシング・グラスに注ぎ、シンプル・シロップを加えてステアする。優しくステアしながらシャンパンをゆっくりと注ぐ。アリーゼをフロートする。

Column

オールド・グログラン

スペイン軍からポルトベーロ[現パナマ]を奪い返した英雄にして、西インド諸島で英海軍を指揮した提督、エドワード・ヴァーノンは1740年、カリブ海で働く英水夫たちへのラム配給量をそれまでの1パイントから半分に減らすことを決め、等量の水で割ったラムを配るよう命じました。高温、疫病、赤痢といった熱帯海域に付きものの危機と隣り合わせのなか、大切な水兵たちがせめて、ラムの匂いをぷんぷんさせて船から落ちてしまうことだけでも防ぎたいと考えたのでしょう。ヴァーノンは見るからにいかめしい男で、そのいかめしさをさらに際立たせていたのが、彼が愛用していた、絹と毛の混紡生地グログラン製のコートでした。そのため、ヴァーノンは陰でオールド・グログランと呼ばれており、彼の命令で水で薄められたラムにもグログランの呼称が付きました。ヴァーノンはその後、飲みやすくするために、ラムの樽にライム果汁と砂糖を加えました。まさにダイキリですね——もっとも、ダイキリは一応、それから約150年後、キューバの町ダイキリで考案されたことになっていますが。ヴァーノンがたんにツイていただけなのか、それとも先見の明がある方だったのかはわかりませんが、いずれにせよ、1753年にジェームズ・リンドというスコットランド人医師が、生の青果には壊血病の症状を緩和する働きがあることに気づきます。1793年、英海軍は配給用のラムにライム果汁を混ぜることを正式に決めました。ヴァーノンが始めてからじつに53年後のことです。以来、英国の水夫は"ライミー"と呼ばれるようになりました。

エドワード・ヴァーノン(1684-1757)。カリブ海周辺地域における重要港だったポルトベーロをめぐる対スペイン海戦を、英海軍提督として指揮し、英国を勝利に導いた

［ジュレップ類］
JULEPS

ジュレップは世界的に初めて注目を浴びた米国産ドリンクでした。ジュレップと聞くと、バーボンを思い浮かべる向きが多いかと思いますが、当初はコニャックとピーチ・ブランデーで作っていました。これが世界各国で、とりわけ英国で評判になったのですが、どこよりも人気を博した地は、猛暑に晒された真夏のアメリカでした。シェーブド・アイスをいっぱいに入れて、外も氷で覆い、きんきんに冷やして出されたものでした。

ミントは必ず、若い柔らかな小枝を使いましょう。そのほうがグラスの中で長持ちし、見栄えも良いからです。スペアミントの葉は小さく、構造がしっかりしているので、すぐには萎れません。上から10センチ強を摘み、下の方の葉は潰す用にし、上の方の形の良い葉はガーニッシュ用に取っておきます。

デイルズ・ジュレップ*◆
Dale's Julep
……
フレッシュ・ミントの柔らかい小枝	3本
ピーチ・スライス	2個
ピーチ・リキュール（マリー・ブリザール）	15ml
バーボン	30ml

……

ミキシング・グラスの底で、ミントの小枝1本と桃のスライスをピーチ・リキュールと一緒にマドルする。バーボンを加え、クラッシュド・アイスをいっぱいに入れたハイボール・グラスに漉しながら注ぐ。グラスの表面に霜が付くまでバー・スプーンでステアする。残りのミントの小枝を飾る。上にクラッシュド・アイスを盛る。

パイナップル・ジュレップ*◆
Pineapple Julep
……
フレッシュ・ミントの柔らかい小枝	2本分の葉
よく熟れたパイナップル・ウェッジ	3個
シンプル・シロップ	30ml
バーボン	60ml
フレッシュ・ミントの柔らかい小枝（ガーニッシュ）	2本

……

ミキシング・グラスの中で、ミントの葉をパイナップル・ウェッジ、シンプル・シロップと一緒にマドルする。バーボンと氷を加えて十分にシェイクする。クラッシュド・アイスをいっぱいに入れたハイボール・グラスに漉しながら注ぎ、グラスの表面に霜が付くまでよくステアする。ミントの小枝を飾る。

バリエーション：ジン、パイナップル・スライス1枚、オレンジ・ジュース60ml、ラズベリー・シロップ2〜3ダッシュというレシピもあります。すべての材料をシェイクし、氷を入れたゴブレットに漉しながら注ぎ、最後にシャンパンを加える。このときに出る泡の音がわたしは大好きです。これは1890年代のレシピですから、ジュレップが本来、ミントとバーボンだけではないことの証でもあります。

ピーチ・ブランデー・ジュレップ*◆
Peach Brandy Julep
……
フレッシュ・ミントの柔らかい小枝	2本
ピーチ・ブランデー	15ml
（できればマリー・ブリザール・ピーチ）	
よく熟れた桃のウェッジ	2個
VSコニャック	60ml

……

ミントの小枝1本の葉を取り、ピーチ・ブランデーと桃のウェッジと一緒にマドルする。コニャックを加えてシェイクする。クラッシュド・アイスをいっぱいに入れたハイボール・グラスに漉しながら注ぎ、グラスの表面に霜が付くまでステアし、必要に応じてクラッシュド・アイスを追加する。残りのミントの小枝を飾る。

バリエーション：もちろん、コニャックの代わりにバーボンでもOKです。

ミント・ジュレップ◆
Mint Julep
……
フレッシュ・ミントの柔らかい小枝	2本
シンプル・シロップ	15ml
バーボン	60ml

……

ハイボール・グラスかシルバー製ジュレップ・カップの底で、ミントの小枝1本をシュガー・シロップと一緒にマドルする。クラッシュド・アイスをいっぱいに入れ、バーボンを加える。グラスの表面に霜が付くまでバー・スプーンでステアする。さらにクラッシュド・アイスを盛り、残りのミントの小枝を

飾る。

レインボー・ジュレップ*・◆
Rainbow Julep

……
ミントの柔らかい小枝	2本
マリー・ブリザール・アプリまたは 他のアプリコット・ブランデー	15ml
バーボン	60ml

……

ミキシング・グラスの底で、ミントの小枝1本をアプリと一緒にマドルする。バーボンを加え、クラッシュド・アイスをいっぱいに入れたハイボール・グラスに漉しながら注ぐ。グラスの表面に霜が付くまでバー・スプーンでステアする。残りのミントの小枝を飾る。

ジャンプ・ショット*
Jump Shot

レインボー・ルームはプロムナード・バーでのチャリティ・イベントでゲスト・バーテンダーを務めてくれたニューヨーク・リバティ所属の女子プロ・バスケット選手、レベッカ・ロボとスー・ウィックスのために考案したものです。

……

<4杯分>

ホワイト・ラム	45ml
オレンジ・キュラソー	15ml
パイナップル・ジュース	30ml
アンゴスチュラ・ビターズ	2ダッシュ

……

すべての材料を氷と一緒に十分にシェイクする。30mlのショット・グラス4つに漉しながら注ぎ分ける。

ジン・アンド・イット
Gin and It

マルティネスからビターズとマラスキーノを除いたドリンク。1880年代〜90年代、ホフマン・ハウスをはじめとするニューヨークのバーでスウィート・マティーニという名で供されており、その後ジン・アンド・イタリアンと呼ばれるように。禁酒法時代、このジン・アンド・イタリアンが縮められてジン・アンド・イットになりました。

……

ジン	45ml
スウィート・ベルモット	45ml
アンゴスチュラ・ビターズ	1ダッシュ
オレンジ・ピール(ガーニッシュ)	

……

すべての材料を氷と一緒に十分にシェイクし、冷やしたマティーニ・グラスに漉しながら注ぐ。オレンジ・ピールで仕上げる。

ジン・アンド・シン*◆
Gin and Sin

……

オレンジ・スライス	1枚
レモン	1片
シンプル・シロップ	15ml
フレッシュ・オレンジ・ジュース	30ml
フレッシュ・レモン・ジュース	15ml
グレナデン	7.5ml
ジン	60ml

……

オレンジ・スライスとレモン1片をジュースと一緒にマドルする。ジンとグレナデンを加える。氷と一緒に十分にシェイクし、冷やしたマティーニ・グラスに漉しながら注ぐ。

シンガポール・スリング
Singapore Sling

1915年、シンガポールはラッフルズ・ホテルのロング・バー(Long Bar)で、バーテンダーの厳崇文(ニャットンブーン)が考案した一杯。レシピは本によってさまざまです。このレシピは1990年、ボルドー・ワインの目利き、ロビン・ケリー・オコナーが宿泊中のラッフルズからファックスで送ってくれたものです。個人的には、これ以上の味に出会ったことがありません。

……

ジン	45ml
ピーター・ヒーリング・チェリー・ヒーリング	15ml
コアントロー	7.5ml
ベネディクティン	7.5ml
パイナップル・ジュース	60ml
アンゴスチュラ・ビターズ	1ダッシュ
グレナデン	2ダッシュ
フレッシュ・ライム・ジュース	15ml
クラブソーダ(お好みで)	
オレンジ・スライス(ガーニッシュ)	
チェリー(ガーニッシュ)	

……

ソーダを除くすべての材料を氷と一緒にシェイクし、ハイボール・グラスに漉しながら注ぐ。ソーダを加える。オレンジ・スライスとチェリーを飾る。

註:フルーツ・パンチ・スタイルのドリンクはすべて、最後にソーダを加えても良いでしょう。

シンガポール・スリング(大人数分)
Singapore Sling By The Batch

2リットル程度の容器を使います。

……

ジン	360ml
ピーター・ヒーリング・チェリー・ヒーリング	120ml
コアントロー	60ml
ベネディクティン	60ml
アンゴスチュラ・ビターズ	6〜8ダッシュ
フレッシュ・ライム・ジュース	60ml

……

すべての材料を容器の中でミックスする。1杯分は、この

混合液90mlとパイナップル・ジュース90mlを合わせます。

ジン・ジン・ハイボール*
Gin Gin Highball
……
ジン	45ml
ジンジャー・エール	150ml
アンゴスチュラ・ビターズ	2ダッシュ
レモン・ピール（ガーニッシュ）	

……
氷を入れたハイボール・グラスの中でビルドする。ステアしてレモン・ピールで仕上げる。

ジン・ジン・ミュール
Gin Gin Mule
ニューヨークのバーテンダー、オードリー・サンダース［注→p93］のレシピです。
……
ライム・ジュース	15ml
シンプル・シロップ	15ml
ミントの小枝	6本
自家製ジンジャー・ビア（p220参照）	22.5ml
ボンベイ（ジン）	45ml
プレーン・ソーダ	スプラッシュ（15ml）
ライム・ウェッジ（ガーニッシュ）	

……
ミントをライム・ジュース、シロップと一緒にマドルする。ジンとジンジャー・ビアを加えて十分にシェイクする。氷を入れたハイボール・グラスに注ぐ。プレーン・ソーダを加え、ライム・ウェッジを飾る。

ジン・スリング
Gin Sling
これは19世紀後半に考案されたスリングの一種で、レインボー・ルームでも長年人気を博しました。お隣さんだったAP通信写真編集部の淑女の皆さんがとりわけ気に入ってくれたのは良い思い出です。カクテル本に載った当初は、ビタード・スリングとして紹介されていました。スリングはもともとビターズを使わず、スピリッツと砂糖水、ときにレモンで作っていたからです。
……
ジン	45ml
スウィート・ベルモット	30ml
フレッシュ・レモン・ジュース	22.5ml
シンプル・シロップ	30ml
アンゴスチュラ・ビターズ	1ダッシュ
プレーン・ソーダ	
スパイラル・レモン・ピール（p66、ガーニッシュ）	

……
プレーン・ソーダ以外の材料を氷と一緒にシェイクし、氷を入れたコリンズ・グラスに注ぐ。ソーダを加える。ホーセズ・ネックの要領でスパイラル・レモン・ピールを飾る。

スウィズル
Swizzle
名称の由来はジャマイカ産のバー・ツール、スウィズル──長さ30センチほどの細い木の棒です。短く枝分かれた先は、根だった部分を短く切ったものです。ぽきんと簡単に折れてしまいそうな見かけのわりに、驚くほど丈夫です。先が割れているほうをグラスの中に入れ、両手で挟んでくるくると回転させて、電動ミキサーのようにしてドリンクを混ぜます。
……
ラム	45ml

Column

ザ・ジン・シング

ジン・アンド・トニックといえば、今も昔も夏の夜の集まりに欠かせない定番の一杯です。数年前、あるお客さまから夏に合う新しいドリンクを作って欲しいと頼まれました。ジン・サワーをお出ししたのですが、その際、スパイスとしてアンゴスチュラ・ビターズを加え、ジン・シングと名付けました。それがその夏、文字どおり話題の一杯［"シング／thing"は"流行"の意］となり、そこでわたしのメニューに加えることにしました。ニューヨーカー誌でフィクション欄を担当していたヴァレリーという女性もこれを気に入ってくれたのですが、彼女から名前はもっと洒落たものに変えたほうがいいと言われました。ヘミングウェイ・ダイキリがメニューに載っているのに、F・スコット・フィッツジェラルドの名前がないのはおかしい、不公平だとも言われました。ちなみに、ベネット・カクテルという同じようなレシピのドリンクの存在を知ったのは、そのかなりあとのことです。わたしのものには、ライム・ジュースではなく、レモン・ジュースを使います（フィッツジェラルド（p160）参照）。

ノンアルコール版ファレナム（p204）	7.5ml
フレッシュ・ライム・ジュース	15ml
シンプル・シロップ	15ml
アンゴスチュラ・ビターズ	1ダッシュ
ライムの小片（ガーニッシュ）	

……

すべての材料をクラッシュド・アイスを入れたトール・グラスに入れ、スウィズルでかき混ぜ、ライムを飾る。

スカーレット・オハラ
Scarlett O'hara

50年代にオーシャン・スプレー社が自社製品（クランベリー・ジュース）の販促用に考案したカクテルです。

……

サザン・カンフォート	60ml
フレッシュ・ライム・ジュース	15ml
クランベリー・ジュース	30ml

すべての材料を氷と一緒にシェイクし、小型のカクテル・グラスに漉しながら注ぐ。

スカーレット・トーチ*
Scarlett's Torch

1996年、オリンピック聖火がアトランタに向かう途中、ニューヨークを通った際に記念として作った一杯です［torchはたいまつ／聖火の意］。真のオリンピアンには、ノンアルコール版はいかがでしょう。リキュールの代わりにピーチ・ピューレ30mlを使い、オレンジとクランベリーの果汁をそれぞれ30mlに増やします。

……

バーボン	30ml
マリー・ブリザールのピーチ・リキュール	15ml
シンプル・シロップ	7.5ml
フレッシュ・レモン・ジュース	7.5ml
クランベリー・ジュース	15ml
フレッシュ・オレンジ・ジュース	15ml
フレイムド・オレンジ・ピール（p63、ガーニッシュ）	

……

すべての材料を氷と一緒にシェイクし、カクテル・グラスに漉しながら注ぐ。フレイムド・オレンジ・ピールで仕上げる。

スクリュードライバー
Screwdriver

第2次世界大戦後、ジョン・マーティン［→p29コラム］がスミノフの販促に利用したドリンクのひとつ。テキサス、オクラホマ、カリフォルニアの油田で、労働者たちがウォッカとオレンジ・ジュースをねじまわしで混ぜていたというのが、名前の由来です。

……

ウォッカ	45ml
フレッシュ・オレンジ・ジュース	150ml
オレンジ・スライス（ガーニッシュ）	

……

氷を入れたハイボール・グラスの中でビルドする。オレンジ・スライスを飾る。

スコーピオン・
Scorpion

……

パイナップル・ウェッジ	2個
チェリー	2個
ラム	30ml
ブランデー	30ml
フレッシュ・レモン・ジュース	22.5ml
シンプル・シロップ	15ml
フレッシュ・オレンジ・ジュース	30ml
オルジェー	15ml

……

パイナップル・ウェッジとチェリーを各1個、ミキシング・グラスの底で潰し、残りの材料を加え、氷と一緒に十分にシェイクする。氷をいっぱいに入れたダブル・オールドファッションド・グラスかバケット・グラスに漉しながら注ぐ。残りのパイナップルとチェリーを飾る。

スコーピノ
Scorpino

ジュリア・ロバーツのお気に入りです。

……

ウォッカ	60ml
生クリーム	60ml
コアントロー	30ml
イタリア産レモンアイス	山盛り1スクープ

……

すべての材料をブレンドして出す。

スティープルチェイス*・
Steeplechase

馬好きの皆さんと、彼らに縁のある数々の有名カクテルに敬意を表して考案しました。名付け親のドン・メルに感謝 [steeplechaseは競馬の"障害競走"の意]。

……

ミントの葉	3〜4枚
ブラックベリー・ブランデー	7.5ml
オレンジ・キュラソー	7.5ml
バーボン	60ml
アンゴスチュラ・ビターズ	2ダッシュ
フレッシュ・オレンジ・ジュース	60ml
フレッシュ・ミントの小枝（ガーニッシュ）	1本

……

ミントの葉と2種類のリキュールをミキシング・グラスの底でマドルする。残りの材料を加え、氷と一緒にシェイクする。ロック・グラスに漉しながら注ぎ、ミントの小枝を飾る。

スティレット
Stilletto

……

アマレット	30ml
バナナ・リキュール	15ml
（個人的お勧めはマリー・ブリザール）	
フレッシュ・オレンジ・ジュース	30ml
パイナップル・ジュース	30ml
フレイムド・オレンジ・ピール（p63、ガーニッシュ）	

……

すべての材料を氷と一緒にシェイクし、冷やしたカクテル・グラスに注ぎ、アップで出す。フレイムド・オレンジ・ピールで仕上げる。

スティンガー
Stinger

ニューヨークのナイトキャップの定番。

……

コニャックまたはブランデー	60ml
クレーム・ド・マント・ホワイト	30ml

……

両方の材料を氷と一緒にシェイクし、クラッシュド・アイスをいっぱいに入れたオールドファッションド・グラスに漉しながら注ぐ。

ステラズ・ローズ*
Stella's Rose

……

バーボン	60ml
グレナデン	2ダッシュ
ペイショーズ・ビターズ ※	2ダッシュ
フレイムド・オレンジ・ピール（p63、ガーニッシュ）	

……

すべての材料を氷と一緒にステアし、冷やしたマティーニ・グラスに漉しながら注ぐ。フレイムド・オレンジ・ピールで仕上げる。

Column

スコッチ・アンド・ソーダ

スコッチ・アンド・ソーダが載っていないカクテル本はありません。発明されたその日以来、炭酸水は水に代わり、ウィスキーを薄め、グラスの中に爽快感を加える存在として愛され続けています。実際、「スコッチ・アンド・ソーダ」という曲(!)まであります。ですが、これを本書に載せたのにはそれとは別の、個人的にははるかに重要な理由があります。底なしのカクテル飲み、ジム・キャラウェイの思い出を綴るからです。癌を宣告された際、共同経営者で親友のロン・ホランドに「あいつは正真正銘の超人だから大丈夫だ」と言わしめたほどの人でした。［キャラウェイとホランドについてはイントロダクション(p8)参照］

1987年、ジムは脳腫瘍の切除という大手術を受けたのですが、手術の1週間後にはもう、チャーリー・オーズ（Charley O's）のバーに座っていました。毛を剃った頭にストッキング・キャップ。目の前にはダブルのスコッチとダイエット・コーク。ジムはわたしたちに、奥さんが来るかもしれないから、出入り口のドアに目を光らせておくように言いました――いいか、家内が入ってくるのを見つけたら、誰でもいい、おれのスコッチを一息に飲み干して、空のグラスを自分の前に置いてくれ、頼むぞ。

話をしている間中、皆で360度、周囲に目を配っていたのですが、どういうわけか、わたしたちが気づいたときにはもう、奥さんがジムの真後ろに立っていました。ジムがグラスを持ち上げ、いままさに口をつけようとしていたときのことです。皆、絶望的な思いを胸に、固唾をのんで見つめていました。ジムは一体、この絶体絶命のピンチをどうやって切り抜けるのだろう？ 奥さんに気づいたジムは、目にパニックの色を浮かべつつ、スコッチをカウンターにどんと置くと、苦々しそうにつぶやきました。「ん？ 何だこれ？ ダイエット・コークじゃないのか」

Column

スティンガーを少々

ホテル・ベルエアのバーに勤めていた当時、お得意さまの中のお得意さま、アーノルド・リーダーにお会いしない日は1日もなかったと断言できます。アーノルドはビバリーヒルズでも有数の有名弁護士で、立派なカイゼル髭を蓄え、毎回、一分の隙もなく仕立てられたスーツに身を包んでおいでになられました。お気に入りはJ&Bのオン・ザ・ロックスでした。

アーノルドの典型的な一日は、スカンディヤ(Scandia)でのランチから始まり、続いてテイル・オブ・ザ・コック(Tail of the Cock)で、さらにコック&ブル(Cock & Bull)で数杯。夕方、ホテルのバーに顔を出し、それから奥さんとダイニングルームに向かい、ディナーで締めるというもので、週末には、朝のひと乗りを終えたその足で乗馬ウェア姿のままバーにいらっしゃいました。また、お洒落のセンスだけでなく、話術も天下一品でした。抜群の間と巧みな声色、アイコンタクトを駆使し、ときにおどろおどろしい雰囲気を盛り上げながら、気持ちよく酔ったバーのお客さま方を沸かせたものです。そんな、古き良き酒場に必ずいた大ぼら吹きそのものといったアーノルドに、わたしたちはいつも楽しませてもらっていました。

アーノルドの十八番のひとつが、奥さんのシルヴィアから飲み方についてチクリと嫌を言われたときの逸話でした。ある晩、夕食の席で、彼女は穏やかに話を切り出しました。「アーノルド、あなたがいつもお仕事で大変な重圧を受けているのはわかっているつもりよ……午前中にときどき、緊張を和らげるために軽くお飲みになるのは知ってるわ。もちろん、クライアントとのランチで食前にマティーニを1、2杯というのは礼儀なのでしょう、そのあとランチと一緒に軽いものをいただくのも。3時にはテイル・オブ・ザ・コックにお寄りになるのよね、クライアントやお友だちとご一緒なのだから、お好きなスコッチをお召し上がりにならないのが失礼にあたるのもわかります。それに、一日の勝利のお祝いに、そして敗北をきれいさっぱり洗い流すのに、カクテルアワーにスコッチが欠かせないのもわかります……それと、ディナーはやっぱり、美味しいワインが1本ないと始まらないのでしょうし、ときにはぐっすり眠るために、お休みの前にスティンガーを少々かホット・トディを1杯、どうしてもお飲みになりたいのもわかります。ただね、アーノルド」。彼女はここで厳しい口調に切り替え、ぴしゃりと言い放ちました。「あなた、その間もずうっっっと、ちびちびちびち飲んでばっかりいるでしょ! それがどうしても我慢できないのよっ!!」

ストーク・クラブ・カクテル
Stork Club Cocktail

レインボー・ルーム時代、わたしが長らく得意にしていたものですが、考案したのは偉大なるナサニエル・クック。革命戦争の英雄のような名前ですが、さにあらず。伝説のナイトクラブ、ストーク・クラブのチーフ・バーテンダーだった方です。

……

ジン	45ml
トリプルセック	15ml
フレッシュ・ライム・ジュース	7.5ml
フレッシュ・オレンジ・ジュース	30ml
アンゴスチュラ・ビターズ	1ダッシュ
フレイムド・オレンジ・ピール(p63、ガーニッシュ)	

……

すべての材料を氷と一緒にシェイクし、冷やしたマティーニ・グラスに漉しながら注ぐ。フレイムド・オレンジ・ピールで仕上げる。

ストーン・サワー
Stone Sour

この名前を誰が思いついたのかは知りませんが、カリフォルニア生まれであることは確かです。事実、カリフォル

ストーク・クラブに来店中のエリザベス・テイラーと両親。1947年撮影。ニューヨークのマンハッタンで1929年から1965年まで営業したここは最高級クラブのひとつとして知られ、多くの著名人が訪れた

ニア・サワーとも呼ばれていました。ストーン・サワーは、フレッシュ・オレンジ・ジュースを少々加えて作ります。

……

オールド・ポトレロ(ライ)	45ml
フレッシュ・レモン・ジュース	22.5ml
シンプル・シロップ	30ml
フレッシュ・オレンジ・ジュース	30ml
オレンジ・スライス(ガーニッシュ)	
チェリー(ガーニッシュ)	

ストーン・フェンス
Stone Fence

チャーリー・ポール著『Recipes of American and Other Iced Drinks』(1902年)に手を加えました。

......

メーカーズマーク(バーボン)	60ml
フレッシュ・アップルサイダー	150ml
フレッシュ・レモン・ジュース	15ml
シンプル・シロップ(お好みで)	3ダッシュ
アップル・スライス(ガーニッシュ)	
チェリー(ガーニッシュ)	

......

氷を入れたタンブラーの中でビルドする。アップル・スライスとバーボン・チェリー(p140)を飾る。

ストロベリー・ダイキリ(フローズン)
Strawberry Daiquiri, Frozen

ライト・ラム	45ml
マラスキーノ・リキュール	15ml
シンプル・シロップ	60ml
フレッシュ・ライム・ジュース	30ml
イチゴ	5個
(ガーニッシュ用にもう1個)	

......

すべての材料をクラッシュド・アイスと一緒にブレンドし、大型のゴブレットに盛る。イチゴを5個飾る。

スパークリング・ハント・パンチ*
Sparkling Hunt Punch

......

ホワイト・ラム	7.5ml
アマレット・ディ・サローノ	15ml
マリー・ブリザール・チェリー	15ml
フレッシュ・オレンジ・ジュース	30ml
シャンパン	90ml

......

上から4つの材料を冷やし、シャンパン・グラスに濾しながら注ぐ。シャンパンを加える。ガーニッシュなし。

スプリッツァー
Spritzer

氷を入れた白ワインとクラブソーダ。レモン・ピールで仕上げる。

スミス・アンド・カーンズ
Smith and Kearns

......

カルーア	60ml
牛乳またはハーフ&ハーフ[牛乳とクリーム半量ずつのコーヒー用ミルク]	90ml
クラブソーダ	

ハイボール・グラスの中でビルドし、ソーダを加える。コロラド・ブルドッグの場合は、ソーダの代わりにコカ・コーラを加える。

スリッパリー・ニップル
Slippery Nipple

......

ベイリーズ・アイリッシュ・クリーム	22.5ml
サンブーカ	22.5ml
ブランデー	22.5ml

......

コーディアル・グラスの中に上記の順で層を作る。

スロー・カンフォータブル・スクリュー
Sloe Comfortable Screw

......

スロー・ジン	30ml
サザン・カンフォート	30ml
フレッシュ・オレンジ・ジュース	120ml
オレンジ・スライス(ガーニッシュ)	

......

ハイボール・グラスの中でビルドする。オレンジ・スライスを飾る。

スロー・ジン・フィズ
Sloe Gin Fizz

......

スロー・ジン	30ml
ジン	30ml
フレッシュ・レモン・ジュース	22.5ml

シンプル・シロップ	30ml
プレーン・ソーダまたはセルツァー水	90〜120ml
オレンジ・スライス（ガーニッシュ）	
チェリー（ガーニッシュ）	

……

上から4つの材料を氷と一緒にシェイクし、氷をいっぱいに入れたハイボール・グラスに漉しながら注ぐ。ソーダを加え、オレンジとチェリーを飾る。

セックス・オン・ザ・ビーチ
Sex on the Beach

……

ウォッカ	45ml
ピーチツリー・シュナップス	15ml
シャンボール	7.5ml
クランベリー・ジュース	60ml
パイナップル・ジュース	60ml

……

すべての材料をシェイクし、氷を入れたハイボール・グラスに漉しながら注ぐ。

セビリア*
Sevilla

ダラスのジェロボーム・レストランで人気のスープ、オニオン＆チェダーにぴったりの一杯として考案しました。

……

ストリチナヤ・オレンジ	90ml
ルスタウ・イースト・インディア・ソレラ・レゼルバ・シェリー	22.5ml
フレイムド・オレンジ・ピール（p63、ガーニッシュ）	

……

氷と一緒にステアして冷やし、冷やしたカクテル・グラスに漉しながら注ぐ。フレイムド・オレンジ・ピールで仕上げる。

ソルティ・ドッグ
Salty Dog

| レモンかライムの小片（リム用） | |
| 粗塩（リム用） | |

Column

完璧な紳士

ある日の昼時、ホテル・ベルエアに年かさのカップルがお見えになり、隅のテーブルにつきました。お客さまはほかにおらず、そのテーブルはバーカウンターの中から見えないところにありました。ラウンジの中央には、バド・ハーマンが夜な夜な奏でるスタインウェイのピアノ。そのときはたまたま鍵穴が壊れており、修理を頼んでいたのですが、その間、誰も触らないように見張っていてくれと、わたしはバドから言われていました。ランチを食べおえるとすぐに、痩せたその老紳士はごく慣れた様子でピアノに向かって歩きだし、わたしが気づいたときにはもう、ベンチに腰を下ろし、ピアノの蓋を開けていました。わたしは早足でそちらに向かい、彼の指がまさに鍵盤に触れようとしたその瞬間に声をかけました。「すみません、まことに申し訳ないのですが、ここのピアノ奏者バド・ハーマンは、自分がいないときにどなたかがこれをお弾きになったと知ったら、気分を害されるのではないかと思います」

その紳士はたいへん話のわかる方で、静かにテーブルに戻って行かれました。彼はクレジットカードでお支払いをし、わたしがカードを預かったのですが、そのときにふと、そこに記されている名前に目が留まりました。ウラディミール・ホロヴィッツ［20世紀を代表する天才ピアニスト］。わたしは青くなり、慌ててフロントに電話を入れました。どうか違うウラディミール・ホロヴィッツであってくれと、わずかな希望にすがりながら……ですが、そこはかのホテル・ベルエアであり、その方はもちろん、かのウラディミール・ホロヴィッツでした。わたしはすぐさまホロヴィッツ氏のテーブルに向かい、さきほどのとんでもない非礼を詫びました。恐れ多くも天下のホロヴィッツ氏に、あろうことか、ピアノを弾かないでくださいと申し上げてしまったのは、おそらく世界でわたしだけでしょう、と言い添えて。ホロヴィッツ氏はこちらの事情をご理解くださったばかりか、自分も実際、どこへ行くときも自前のピアノを運ばせている、とまで言い添えてくださいました。愛するピアノに触らないで欲しいというバドの気持ちを汲み、こちらに対する気遣いまで見せてくれたホロヴィッツ氏。完璧な紳士とは、彼のような人物のことを言うのでしょう。

ウラディミール・ホロヴィッツ（1903-1989）。ウクライナに生まれたが米国に長く在住し、1944年には米国市民権を取得した。写真は最晩年、83歳のときのもの

ウォッカ	45ml
フレッシュ・グレープフルーツ・ジュース	

……

ハイボール・グラスの外縁をレモンかライムで湿らせ、粗塩で飾る(食卓塩は不可)。氷をいっぱいに入れ、ドリンクをビルドする。ガーニッシュなし。

ソルト&ペッパー・ハイボール*
Salt-and-Pepper Highball

ソルティ・ドッグは名前も発想も好きなのですが、レシピは個人的に少々退屈に感じますので、もっと香りの立つソルティドリンクを作ってみました。縁の飾り方については、ソルティ・ドッグ(p128)をお読みください。

……

ジン	45ml
フレッシュ・レモン・ジュース	22.5ml
シンプル・シロップ	30ml
フレッシュ・グレープフルーツ・ジュース	90ml
アンゴスチュラ・ビターズ	3ダッシュ

……

リムしたハイボール・グラスいっぱいに氷を入れる。すべての材料を氷と一緒にシェイクし、用意しておいたグラスに漉しながら注ぐ。

ゾンビ
Zombie

アーネスト・レイモンド・ボーモント=ギャントが最初に開いた店ドン・ザ・ビーチコーマーで考案した一杯。アーネストの愛称がなぜドンなのか、これでおわかりですね。仕上げにオーバープルーフ・ラムをフロートしても良いでしょう。

[アーネスト・レイモンド・ボーモント=ギャント(1907-1989)はティキ・スタイル・バーの創始者。マイタイの考案者ヴィクター・バージェロン(トレーダー・ヴィック→p183)に大きな影響を与えた]

……

フレッシュ・ライム・ジュース	15ml
フレッシュ・レモン・ジュース	15ml
フレッシュ・オレンジ・ジュース	45ml
フレッシュ・パッションフルーツ・ピューレ	45ml
グレナデン	7.5ml
オレンジ・キュラソーまたはアプリコット・ブランデー	30ml
ダーク・ラム	30ml
ライト・ラム	30ml
アンゴスチュラ・ビターズ	2ダッシュ

フレッシュ・ミントの小枝(ガーニッシュ)	1本
季節のフルーツ(ガーニッシュ)	

……

すべての材料をミキシング・グラスに入れ、シェイクする。大型のグラスに漉しながら注ぎ、ミントと旬の果物を飾る。

ダーク・アンド・ストーミー
Dark and Stormy

……

ゴスリングまたはマイヤーズのダーク・ラム	60ml
ジンジャー・ビア	150ml
ライム・ウェッジ	

……

氷を入れたハイボール・グラスにラムを注ぎ、ジンジャー・ビアで満たす。ライム・ウェッジを搾る。

ダーク・アンド・ストーミーII*
Dark and Stormy II

わたしは常日頃から、もっと美味しくできないか、あるいは同じくらい美味しくて味の異なるものができないかと、既存のドリンクにあれこれ工夫を凝らしています。これもそうして生まれた一杯です。

……

マイヤーズ・ラム	30ml
シルバー・ラム	30ml
ジンジャー・ビア	60ml
フレッシュ・オレンジ・ジュース	60ml
パイナップル・ジュース	60ml
ライム・ウェッジ(ガーニッシュ)	

……

氷を入れた大型のグラスの中でビルドし、ステアする。ライム・ウェッジを飾る。

ダーティー・ホワイト・マザー
Dirty White Mother

……

ブランデー	45ml
カルーア	30ml
生クリーム(ヘビー・クリーム)	45ml

……

すべての材料を氷と一緒にシェイクし、氷を入れたロック・グラスに漉しながら注ぐ。

ダーティー・マザー
Dirty Mother

......

ブランデー	45ml
カルーア	30ml

......

氷を入れたロック・グラスに注ぐ。

ダービー・カクテル*
Derby Cocktail

ピーチ・ビターズ（Peach Bitters）はニューヨーク州ロチェスターが拠点のメーカー、フィー・ブラザーズ社の製品です（p229参照）。

......

桃のクォーター	4個
ミントの葉	数枚
ピーチ・ビターズ※	
またはマリー・ブリザールのピーチ・リキュール	7.5ml
ジン	75ml
ミントの小枝（ガーニッシュ）	

......

ミキシング・グラスの中で、桃、ミント、ピーチ・ビターズまたはピーチ・リキュールをマドルする。ジンと氷を加える。十分にシェイクし、小型のマティーニ・グラスに漉しながら注ぐ。ミントの小枝を飾る。

ダイキリ
Daiquiri

キューバ産の定番ドリンクで、オリエンテ州の町名が名前の由来です。考案したのは19世紀後半、アメリカ人鉱山技師ジェニングス・コックスとキューバ人技師パギウチ（Pagliuchi）で、それをハバナの才能豊かなバーマン、コンスタンテ・リバライグア［写真→p41］が洗練させました。米国に紹介されたのは、ワシントンDCのアーミー・ネイヴィー・クラブ（Army Navy Club）でのことで、将校のルシウス・ジョンソンがキューバから持ち込んだと言われています。アーミー・ネイヴィー・クラブのダイキリ・ラウンジでは、いまもこのダイキリが楽しめます。以下はオリジナル・レシピです。コンスタンテ特製のパパ・ドブレはヘミングウェイ・ダイキリ（p180）をご参照ください。

......

ライト・ラム	45ml
シンプル・シロップ	30ml
フレッシュ・ライム・ジュース	22.5ml

......

すべての材料を氷と一緒にシェイクし、冷やしたカクテル・グラスに漉しながら注ぐ。

タキシード
Tuxedo

パリはリッツ・バーで生まれた珍しいマティーニ・ドリンクのひとつ。

......

ジン	60ml
ドライ・ベルモット	30ml
マラスキーノ・リキュール	2ダッシュ
アニゼット	2ダッシュ

......

すべての材料を氷と一緒にステアし、冷やしたマティーニ・グラスに漉しながら注ぐ。

ダグラス・フェアバンクス
Douglas Fairbanks

これを含め、卵や卵白、卵黄を使う19世紀または20世紀前半のドリンクは少々厄介です。当時の卵は現代の小ぶりの卵よりもさらに小さかったため、当時のレシピどおりに卵を1個または1個分の卵白を使ってしまうと、とんでもない結果になってしまいます。大失敗を避けるコツは、まず全卵または卵白をよくかき混ぜ、完全に乳化させてから計ること。古いレシピに全卵と書いてある場合、わたしは22.5ml程度の卵液を使います。

ダグラス・フェアバンクス（1883-1939。俳優）。注→p84

……

ジン	45ml
マリー・ブリザール・アプリ または他のアプリコット・ブランデー	30ml
フレッシュ・ライム・ジュース	15ml
卵白	22.5ml

……

すべての材料を卵が乳化するまで十分にシェイクし、冷やしたカクテル・グラスに漉しながら注ぐ。

ダスティ・ローズ*
Dusty Rose

グラスの縁を美しいフロストで飾っても良いでしょう。マラスキーノ・チェリーをいくつか、5～6ミリ厚にスライスし、カリカリに乾くまで焼き、すりこぎとすり鉢で粉末状にします。グラスの縁の外側をオレンジ・スライスで湿らせてその粉末に付けます。

……

チェリー・ブランデー	30ml
クレーム・ド・カカオ・ホワイト	15ml
生クリーム（ヘビー・クリーム）	60ml

……

シェイクし、小型のマティーニ・グラスに漉しながら注ぐ。

ダブリナー*
Dubliner

[ダブリナーは"ダブリン市民"の意]

……

アイリッシュ・ウィスキー	30ml
アイリッシュ・ミスト	30ml
軽く泡立てた無糖生クリーム	

……

両方のスピリッツを氷を入れたミキシング・グラスに入れ、ステアして冷やす。ロンドン・ドック・グラスに漉しながら注ぎ、クリームを厚さ2.5センチほど盛る。

ダルタニアン
D'artagnan

……

アルマニャック	小さじ1
グラン・マルニエ	小さじ1
フレッシュ・オレンジ・ジュース	小さじ3
シンプル・シロップ	小さじ1/2
冷えたシャンパン	90ml
オレンジ・ピール（薄く細長いもの）	数本

……

上から4つの材料をミキシング・グラスの中でステアして冷やし、フルート・グラスに漉しながら注ぐ。シャンパンを加え、オレンジ・ピールをグラスから飛び出すように飾る。

チェリー・キッス*
Cherry Kiss

……

ジン	45ml
マラスキーノ・リキュール	22.5ml
パイナップル・ジュース	60ml
グレナデン	3ダッシュ
すりおろしたてのナツメグ（ガーニッシュ）	

……

すべての材料を十分にシェイクし、冷やしたマティーニ・グラスに漉しながら注ぐ。ナツメグを少々すりおろして振りかける。

Column

プラハでホイップ教室

　わたしがプラハを訪れたのは、チェコの共産党体制が崩壊してから数年後のことで、ちょうど国中で新たなビジネスが次々に誕生しており、モリー・マローンズ（Molly Malone's）というアイリッシュ・バーもそのひとつでした。そこの主人はダブリンで廃業後、プラハに15世紀から立つ石造りの建物の中に新たに店を開いたばかりでした。彼はわたしにこぼしました。「少々困ったことがありましてね。チェコで売っている生クリームは、どうやってもちゃんと泡立たないんですよ」。不思議に思ったわたしは、ピッチャーと泡立て器、そして生クリームを持ってきてもらいました。まずはピッチャーを氷に入れて冷やし、生クリームを入れ、アイリッシュ・コーヒー一杯分の生クリームを泡立てました。その様子を見守っていた彼に、わたしはきっぱりと、「生クリームに問題はありませんね。悪いのはおたくのバーテンダーですよ!」——そう、彼らはピッチャーをちゃんと冷やしていなかったのです。たまたま聖パトリックの祝日の約2週間前だったので、その日に合わせた特別なカクテルを作って欲しいと主人に頼まれ、そこで考案したのがダブリナーです。

[聖パトリックの祝日は3月17日。アイルランド（首都はダブリン）にキリスト教を広めたとされる聖人・聖パトリックの命日。アイルランドでは祝日]

チェリー・クラッシュ*◆
Cherry Crush

……

スウィート・チェリー（種抜き）	5個
フレッシュ・レモン・ジュース	15ml
マラスキーノ・リキュール	30ml
ジン	45ml

……

ミキシング・グラスの中で、チェリー4個をレモン・ジュースとマラスキーノと一緒にマドルする。ジンを加え、氷と一緒にシェイクする。冷やしたカクテル・グラスに漉しながら注ぐ。残りのチェリーを飾る。

チェリー・ブロッサム◆
Cherry Blossom

ハリー・クラッドック著『Savoy Cocktail Book』(1930年)のレシピに手を加えました。新鮮なチェリーが手に入りやすい初夏に作るのがお勧めですが、時期に応じた、そのときどきの旬のチェリーもお試しください。ニューヨーク州北部産のサワー・チェリーを使うと、独特の酸味が加わり、溌剌とした一杯になります。

……

サワー・チェリー（種抜き）	5個
フレッシュ・レモン・ジュース	15ml
オレンジ・キュラソー	15ml
ピーター・ヒーリング・チェリー・ヒーリング	15ml
ブランデー	45ml

……

ミキシング・グラスの中で、チェリー4〜5個をレモン・ジュースとリキュールと一緒にマドルする。ブランデーを加え、氷と一緒に十分にシェイクする。冷やしたカクテル・グラスに漉しながら注ぐ。

チチ
Chi Chi

ピニャ・コラーダ(p158)をラムではなく、ウォッカで作ったもの。

チャーリー・チャップリン・カクテル
Charlie Chaplin Cocktail

……

マリー・ブリザール・アプリ （なければほかのアプリコット・ブランデー）	30ml

スロー・ジン	30ml
フレッシュ・ライム・ジュース	30ml
ライム・ピール（ガーニッシュ）	

……

すべての材料を氷と一緒にシェイクし、冷やしたマティーニ・グラスに漉しながら注ぐ。ライム・ピールで仕上げる。

チャイ・トディ*
Chai Toddy

……

スパイスト・ラム	45ml
ペパーミント・シュナップス	1ダッシュ
蜂蜜	小さじ1
紅茶（ホット）	120ml
ペパーミント・スティック（ガーニッシュ）	

……

すべての材料をマグ・カップまたはステム・グラスの中でステアする。ペパーミント・スティックを飾り、熱々で提供する。

チョコレート・パンチ
Chocolate Punch

究極のデザート・ドリンク。かなり濃厚なので、シェアしてお飲みください。ウィリアム・シュミット[写真→p85]著『The Flowing Bowl』(1891年)に載っていたレシピです。

……

コニャック	30ml
ルビー・ポート	15ml
クレーム・ド・カカオ・ブラウン	15ml
シンプル・シロップ	15ml
生クリーム（ヘビー・クリーム）	30ml
ナツメグ（ガーニッシュ）	1個

……

すべての材料を氷と一緒に十分にシェイクし、冷やしたカクテル・グラスに漉しながら注ぐ。小ぶりのナツメグを1個、おろして振りかける。

D. O. M. カクテル
D.O.M. Cocktail

パリはリッツ・バーのフランク・マイヤーの著作『The Artistry of Mixing Drinks』(1936年)に載っていたレシピに手を加えたものです。

……

ジン	60ml

フレッシュ・オレンジ・ジュース	30ml
ベネディクティン	15ml
フレイムド・オレンジ・ピール（p63、ガーニッシュ）	

……

すべての材料を氷と一緒にシェイクし、冷やしたマティーニ・グラスに漉しながら注ぐ。フレイムド・オレンジ・ピールで仕上げる。

ディ・サローノ・パンチ*
Di Saronno Punch

……

アマレット・ディ・サローノ	45ml
オレンジ・キュラソー	7.5ml
フレッシュ・オレンジ・ジュース	60ml
パイナップル・ジュース	60ml
ライム・ジュース	1個分
アンゴスチュラ・ビターズ	1ダッシュ
クラブソーダ	
オレンジ・スライス（ガーニッシュ）	
チェリー（ガーニッシュ）	

……

アマレット、キュラソー、ジュース、ビターズを氷と一緒にシェイクし、コリンズ・グラスに漉しながら注ぐ。クラブソーダを少々加える。オレンジとチェリーを飾る。

ティプンシュ／ティパンチ
Ti Punch

仏領のカリブ諸島では、プランテーション領主らが地元産のラム、柑橘類、自家製シュガー・シロップで自己流のパンチを楽しんだもので、それらはプティ・プンシュ（Petite Punch）、または略してティプンシュと呼ばれていました。仏領だった西インド諸島では、いまも定番のドリンクです。レシピはとてもシンプルですから、いろいろと遊べます。基本は地元産のラム、シュガー・シロップ、ライム・ジュースですが、バリエーションは無数にあります。お好きなラムと、シュガー・シロップかスパイスト・シュガー・シロップでお作りください。

……

ラム	45ml
ノンアルコール版ファレナム（p204）	15ml
シンプル・シロップ	15ml
フレッシュ・ライム・ジュース	22.5ml
ライム・ウェッジ（ガーニッシュ）	

……

すべての材料を十分にシェイクし、氷を入れたオールドファッションド・グラスに漉しながら注ぐ。仕上げにライムを搾りかける。

デイルズ・アブソルートリー・ギャランティード・アフロディジアック*
Dale's Absolutely Guaranteed Aphrodisiac

トニー・ヘンドラが企画し、ニューヨーク誌に寄稿した記事「カクテル・チャレンジ」から生まれた一杯。わたしに挑んできたチャレンジャーはヘンドラのほかに、シェフのアン・ローゼンズヴァイク、ワイン醸造家のアレックス・ハーグレイヴ、そして『セックスとニューヨーク』で知られるコラムニスト、キャンディス・ブシュネル。その午後、アンが出した最後のお題が「果物を使わない」、「催淫効果100％保証」の一杯、というものでした。

……

| グラン・マルニエ | 30ml |
| カシャーサ | 30ml |

……

グラン・マルニエとカシャーサをステアし、氷を入れたロック・グラスに注ぐ。

デイルズ・オレンジェシクル*
Dale's Orangesicle

……

オレンジ・ウォッカ	22.5ml
バニラ・ウォッカ	22.5ml
コアントロー	22.5ml
フレッシュ・オレンジ・ジュース	45ml
シナモン（ガーニッシュ）	少々

……

すべての材料を氷と一緒にシェイクし、氷を入れたハイボール・グラスに漉しながら注ぐ。シナモンを振りかける。

テキーラ・サンライズ
Tequila Sunrise

テキーラ・サンライズがカクテル本に初めて登場したのは40年代のことで、当初のレシピはオレンジ・ジュースの代わりに甘くしたフレッシュ・レモン・ジュースを、グレナデンの代わりにカシスをそれぞれ使っていました（わたしがこれを見つけた本は1946年出版のビリー・ケリー著『The Roving Bartender（ザ・ローヴィング・バーテンダー）』です）。

……

ホワイト・テキーラ	45ml
フレッシュ・オレンジ・ジュース	120〜150ml
グレナデン	

……

ハイボール・グラスに氷を入れる。テキーラを加え、フレッシュ・オレンジ・ジュースを注ぎ、グレナデンを静かに沈める。

デザート・ヒーラー
Desert Healer

1930年、ハリウッドのヴァンドーム・クラブ（Vendome Club）で誕生した一杯。当時はまだ、現在のロサンゼルスの大半が砂漠でした。

[ヴァンドーム・クラブはハリウッドにあった有名クラブ。ラスベガスのカジノホテル、フラミンゴ（Flamingo Las Vegas）の建設を始めたことでも知られる実業家ビリー・ウィルカーソン（1890-1962）が運営していた］

……

ジン	45ml
ピーター・ヒーリング・チェリー・ヒーリング	15ml
フレッシュ・オレンジ・ジュース	45ml
ジンジャー・エール	120ml
オレンジ・ピール（ガーニッシュ）	
チェリー（ガーニッシュ）	

……

氷を入れたハイボール・グラスの中でビルドし、ジンジャー・エールで満たす。オレンジ・ピールとチェリーを飾る。

デシュラー・カクテル
Deshler Cocktail

……

デュボネ・ルージュ	45ml
ライ	45ml
コアントロー	7.5ml
アンゴスチュラ・ビターズ	1ダッシュ
オレンジ・ピール（ガーニッシュ）	

……

シェイクしてカクテル・グラスに漉しながら注ぐ。オレンジ・ピールで仕上げる。

デビルズ・トーチ
Devil's Torch

R. デ・フルーリー著『1800 and All That: Drinks Ancient and Modern（1800アンド・オール・ザット：ドリンクス・エンシェント・アンド・モダン）』（1937年）より。格別の一杯というほどのものではないのですが、20世紀前半、ウォッカを使ったカクテルはまだ珍しく、記録として後世に残しておきたいと思い、載せることにしました。上記の本はロンドンで出版されたものです。ウォッカは1937年当時、米国ではまだ飲まれていませんでした。

……

ウォッカ	45ml
フレンチ・ベルモット	45ml
グレナデン	3ダッシュ
レモン・ピール（ガーニッシュ）	

……

氷と一緒にシェイクし、冷やしたカクテル・グラスに漉しながら注ぐ。レモン・ピールで仕上げる。

デボネア・カクテル
Debonaire Cocktail

ここ数年、ゲイリー・リーガン［米国の著名バーテンダー］とマーディー・リーガンからジェリー・トーマス著『The Bon Vivant's Companion, or How to Mix Drinks』（1862年）の初版本に記載のレシピで作ったオレンジ・ビターズをいただいています。ゲイリーとマーディーはまた、ふたりのバー兼研究所で独自のレシピ作りに日々勤しんでもいます。これはそんな研究熱心なふたりが考案した一杯です。

……

| ハイランド・モルト・スコッチ | 75ml |
| カントン・ジンジャー・リキュール※ | 22.5ml |

……

両方の材料をステアして冷やし、冷やしたマティーニ・グラスに漉しながら注ぐ。ガーニッシュなし。

デュボネ・カクテル
Dubonnet Cocktail

ザザとも呼ばれるカクテルです。

……

デュボネ・ルージュ	45ml
ジン	45ml
レモン・ピール（ガーニッシュ）	

……

デュボネとジンをオールドファッションド・グラスに氷の上から注ぐか、ステアして冷やし、カクテル・グラスでアップで出す。レモン・ピールで仕上げる。

トウェンティース・センチュリー
Twentieth Century

……

ジン	60ml
クレーム・ド・カカオ・ホワイト	7.5ml
リレ・ブラン	15ml
フレッシュ・レモン・ジュース	7.5ml

……

すべての材料を氷と一緒にシェイクし、冷やしたマティーニ・グラスに漉しながら注ぐ。

209イースト・カクテル*
209 East Cocktail

グラスの縁を砂糖とストロベリー・パウダーのミックスで飾っても良いでしょう。ストロベリー・パウダーは、イチゴを低温のオーブンでかりかりになるまでローストし、すりこぎとすり鉢で細かく砕いたものを微粒グラニュー糖と合わせて作ります。

……

サウザ・オルニートス	45ml
コアントロー	30ml
マリー・ブリザール・クレーム・ド・フレイズ	15ml
フレッシュ・ライム・ジュース	30ml

……

すべての材料を氷と一緒にシェイクし、冷やしたカクテル・グラスに漉しながら注ぐ。

トースデッド・アーモンド
Toasted Almond

ウォッカを加えると、ロースデッド・トーステッド・アーモンドになります。

……

アマレット	22.5ml
カルーア	22.5ml
生クリーム	60ml

……

すべての材料を氷と一緒にシェイクし、小型のカクテル・グラスに漉しながら注ぐ。

トム・コリンズ
Tom Collins

セントルイスはプランターズ・ホテル（Planter's Hotel）の1850年代のレシピです。

［プランターズ・ホテルは今はなき名門ホテル。第16代米国大統領エイブラハム・リンカーン、英国の小説家チャールズ・ディケンズなども宿泊した］

……

ジン	45ml
フレッシュ・レモン・ジュース	22.5ml
シンプル・シロップ	30ml
クラブソーダ	120ml
オレンジ・スライス（ガーニッシュ）	
チェリー（ガーニッシュ）	

……

上から3つの材料を氷とシェイクし、コリンズ・グラスに漉しながら注ぐ。ソーダを加えてステアする。オレンジ・スライスとチェリーを飾る。

Column

209イースト・カクテル

わたしのような夜型人間に付きものなのが、仕事以外で一般の方々と交流を持つ時間を見つけるのが難しい、という悩みです。1995年のある晩、この問題について友人のカール・バトラムと話していた際、唯一の解決策を思いつきました。夕方6時から朝6時まで夜通しでパーティを開き、その間、ゲストはいつ来てもいいことにする、というものです——名前は"朝まで一直線"でどうだろう？ どうせやるなら、毎年恒例にしようじゃないか。

第1回"朝まで一直線"の会開催を祝し、特別な一杯を作ろうと考えていた際、シャレン・バトラムから伝えられたのが、味は何でも構わないから、色はピンクにして欲しいとの要望でした。理由は、自宅のリビングルームがピンク色で、ピンクは華やかなパーティにふさわしい気がするから、という単純なものでしたが、そのひと言で方向性が決まりました——ピンク色なら、生のイチゴとストロベリー・リキュールがいいだろう。48丁目に立つ彼女の家の番地にちなんで"209イースト"と名付けたこのドリンクは大好評を博し、"朝まで一直線"の会の定番になっただけでなく、レインボー・ルームのカクテルリストにも載ることになりました。

[トディ類]
TODDIES

1801年の著書『The American Herbal（ジ・アメリカン・ハーバル）』の中で、著者サミュエル・スターンズはトディのレシピを、水、ラムまたはブランデー、砂糖、ナツメグと記しています。トディは当時、身体に良い（健康的な）飲み物とされ、とりわけ夏に人気がありました。

1862年の著書『The Bon Vivant's Companion, or How to Mix Drinks』の中で、ジェリー・トーマスはトディ類とスリング類を一緒に載せています。トーマスの見方では、両者の違いは最後に少々振りかけるナツメグの有無だけでした。トーマスはトディもスリングもホットとコールドのいずれも勧めており、材料はシンプルに、スピリッツ、砂糖、水と記しています（アップル・トディは例外で、焼きリンゴを使います）。1890年代には、レモン果汁とレモン・ピールがトディに使われはじめ、これがその後、風邪に効く温かい蜂蜜＆レモン・ドリンクとして広まり、全国のお母さんやおばあちゃんが作るようになりました。

アップル・トディ
Apple Toddy

ジェリー・トーマスのオリジナル・レシピです。

……

バー・グラスを使用:	
焼きリンゴ	1/2個
粒子の細かい白砂糖（white fine sugar）	大さじ1
アップル・ブランデー（アップルジャック）	1ワイン・グラス（120ml）
ナツメグ（ガーニッシュ）	1個

……

焼きリンゴ、砂糖、アップルジャックをグラスかマグ・カップに入れる。熱湯を2/3まで入れ、ナツメグを少々すりおろして振りかける。グラスが耐熱性かどうかわからない場合は、銀のスプーンをグラスに入れてから熱湯を注ぐ。

ホット・トディ
Hot Toddy

……

ブランデーかラム、または両方	15ml
蜂蜜	小さじ1
フレッシュ・レモン・ジュース	15ml

……

マグ・カップの中で材料を合わせ、熱湯か紅茶で満たす。

Column

スパイス・ボックス

植民地時代の宿屋にはたいてい、おろした、または挽いたナツメグ、シナモン、しょうが、オレンジ・ピールを同量ずつ備えたスパイス・ボックスが置いてありました。その混合粉を小さじ1杯、フリップやトディに加えるのが常でした。

トラディショナル・グロッグ
Traditional Grog

厳密に言うと、グロッグはラム、砂糖、糖蜜または蜂蜜、レモン果汁、水を以下の分量で混ぜたホットまたはコールド・ドリンクです。ウィリアム・シュミット[写真→p85]の著作『The Flowing Bowl』では、湯の代わりにホット・ティーを使っています。

......

ヘビー・ラム	45ml
蜂蜜シロップ（p220）	30ml
フレッシュ・ライム・ジュース	22.5ml
水（または湯）	120ml
シナモン・スティック	1本
（またはレモン・ウェッジ1個、ガーニッシュ）	

......

ホット・ドリンクの場合は、すべての材料をマグ・カップに入れてステアし、シナモン・スティックを飾る。コールド・ドリンクの場合は、氷と一緒にシェイクし、ロック・グラスに氷の上から注ぎ、レモン・ウェッジを飾る。

トリニダード *
Trinidad

......

バカルディ（ラム）	45ml
アンゴスチュラ・ビターズ	4ダッシュ
コカ・コーラ	150ml
ライム・ウェッジ（ガーニッシュ）	

......

氷を入れたハイボール・グラスの中でビルドし、ライム・ウェッジを飾る。

ドロシー
The Dorothy

......

シルバー・ラム	60ml
フレッシュ・オレンジ・ジュース	15ml
パイナップル・ジュース	15ml
アプリ（アプリコット・ブランデー）	7.5ml
フレイムド・オレンジ・ピール（p63、ガーニッシュ）	

......

すべての材料を氷と一緒にシェイクし、冷やしたマティーニ・グラスに漉しながら注ぐ。フレイムド・オレンジ・ピールで仕上げる。

このカクテル名の由来であるサイレント映画時代の米国の人気女優ドロシー・ギッシュ（右）。1898-1968。左は同じく女優だった姉のリリアン・ギッシュ

トロピカル・ウィスキー・パンチ * •
Tropical Whiskey Punch

......

マンゴー	2.5センチ角 4個
レモン・ウェッジ	2個
（うち1個はガーニッシュ用）	
パイナップル・ウェッジ	2個
水	30ml
シンプル・シロップ	22.5ml
クラウン・ローヤル（カナディアン・ウィスキー）	60ml
パイナップル・ウェッジ（ガーニッシュ）	
レモン・ウェッジ（ガーニッシュ）	
チェリー（ガーニッシュ）	

......

ウィスキーを除くすべての材料をバー・グラスの中でマドルする。ウィスキーを加え、氷と一緒にシェイクする。氷をいっぱいに入れたロック・グラスに漉しながら注ぎ、パイナップル、レモン、チェリーを飾る。

トロピカル・カクテル
Tropical Cocktail

パリのリッツホテル版ダイキリの代替的ドリンクです。

......

ホワイト・ラム	60ml
オレンジ・キュラソー	22.5ml

| フレッシュ・ライム・ジュース | 15ml |

……

すべての材料を氷と一緒にシェイクし、冷やしたマティーニ・グラスに漉しながら注ぐ。

トロピカル・ハイボール*
Tropical Highball

……

マウント・ゲイ（ラム）	45ml
アンゴスチュラ・ビターズ	数ダッシュ
ジンジャー・エール	120ml
ライム・ウェッジ（ガーニッシュ）	

……

氷を入れたハイボール・グラスの中でビルドする。ライム・ウェッジを飾る。

ナッティ・アイリッシュマン
Nutty Irishman

[nuttyは"いかれた"の意]

……

| ベイリーズ・アイリッシュ・クリーム | 30ml |
| フランジェリコ | 30ml |

……

シェイクし、氷を入れたロック・グラスに注ぐ。

ナッティ・エンジェル
Nutty Angel

……

ウォッカ	30ml
フランジェリコ	30ml
ベイリーズ・アイリッシュ・クリーム	30ml
クレーム・ド・カカオ・ブラウン	15ml
すりおろしたてのナツメグ（ガーニッシュ）	

……

すべての材料を氷と一緒にシェイクし、冷やしたマティーニ・グラスに漉しながら注ぐ。ナツメグを振りかける。

ニッカーベイン・カクテル
Knickerbein Cocktail

変わった名前ですが、デザート代わりになる濃厚なカクテルです。

……

オレンジ・キュラソー	22.5ml
マラスキーノ・リキュール	22.5ml
VSコニャック	22.5ml
全卵	30ml
すりおろしたてのナツメグ（ガーニッシュ）	
すりおろしたてのオレンジ・ゼスト（ガーニッシュ）	

……

すべての材料を氷を入れたカクテル・シェイカーグラスに入れ、卵が完全に乳化するまで十分にシェイクする。ロンドン・ドック・グラスに注ぎ、ナツメグとオレンジ・ゼストで仕上げる。

ニッカーボッカー
Knickerbocker

ジェリー・トーマス著『The Bon Vivant's Companion, or How to Mix Drinks』（1862年）のレシピをアレンジしました。クラッシュド・アイスの上から注ぎ、ベリーを飾っても良いでしょう。

……

アプルトン	60ml
オレンジ・キュラソー	15ml
ラズベリー・シロップ	15ml
フレッシュ・レモン・ジュース	22.5ml
レモン・ウェッジ	1個

氷を入れたミキシング・グラスの中ですべての材料を合わせ、レモン・ウェッジを搾り、搾りかすも入れる。十分にシェイクし、冷やしたカクテル・グラスに漉しながら注ぐ。

バリエーション：ラズベリーが旬の時期でしたら、ラズベリー・シロップを使わず、新鮮なラズベリーを6～8粒、ミキシング・グラスの底でレモン・ジュースとキュラソーと一緒にマドルする。残りの材料を加え、氷と一緒に十分にシェイクする。

ニューオーリンズ・カクテル*
New Orleans Cocktail

ペイショーズ・ビターズはウィスキーやブランデーを使った大半のドリンクと相性抜群です。

……

バーボン	60ml
ペイショーズ・ビターズ※	3ダッシュ
オレンジ・キュラソー	2ダッシュ
フレイムド・レモン・ピール（p63、ガーニッシュ）	

……

マティーニを作る要領で、すべての材料を氷と一緒にス

テアし、冷やしたマティーニ・グラスに漉しながら注ぐ。フレイムド・レモン・ピールで仕上げる。

ニューマンズ・オウン・ストーン・サワー*
Newman's Own Stone Sour

ポール・ニューマンが共同設立した食品メーカー、ニューマンズ・オウンの製品はどれも質が高く、累計1億ドル以上の純利益はすべて教育および慈善組織に寄付されています。

……

<15~20杯分>

ニューマンズ・オウンのレモネード※	1/2ガロン [約1.9L]
フレッシュ・オレンジ・ジュース	1/2ガロン
シーグラム・セブン	720ml
オレンジ・スライス（ガーニッシュ）	
チェリー（ガーニッシュ）	

……

大きな容器の中でミックスし、ピッチャーに注ぐ（1杯ずつ出す際には、ウィスキー・サワーを作る要領で氷と一緒に十分にシェイクし、ロック・グラスに漉しながら注ぐ）。オレンジ・スライスとチェリーを飾る。

ネイヴィー・グロッグ
Navy Grog

……

パッサーズのネイヴィー・ラム	45ml
オレンジ・キュラソー	30ml
フレッシュ・ライム・ジュース	22.5ml
水	60ml
フレッシュ・オレンジ・ジュース	60ml
アンゴスチュラ・ビターズ	1ダッシュ

……

氷と一緒にシェイクし、ダブル・オールドファッションド・グラスかバケット・グラスに注ぐ。

ネグリータ*
Negrita

ネグリータは黒人の女の子／女性への呼びかけなどに使われるスペイン語で、「かわいいおちびちゃん」／「愛しいきみ」の意。以下のレシピはシューター用です。

……

ピスコ（ブランデー）	15ml
コーヒー・リキュール	15ml
コールド・エスプレッソ	15ml

……

すべての材料をショット・グラスの中で合わせる。

ネグローニ
Negroni

1920年代にイタリアはフィレンツェのバール、カフェ・カゾーニ（Casoni Bar）で考案された一杯で、カッミロ・ネグローニ伯爵がアメリカーノにジンを入れるよう注文したのが始まりと言われています。ジンの代わりにウォッカを使っても作れます。

……

カンパリ	30ml
スウィート・ベルモット	30ml
ジン	30ml
フレイムド・オレンジ・ピール（p63、ガーニッシュ）	

……

すべての材料を氷を入れたオールドファッションド・グラスの中で合わせ、ステアする。フレイムド・オレンジ・ピールで仕上げる。

バークニン
Bakunin

100種類以上のウォッカとさまざまなものを漬けた自家製ウォッカを各種取り揃えていたニューヨークの美しいロシアン・スタイルのバー、プラウダ（Pravda）が出していたドリンクです。

[バクーニン（1814-1876）はロシアの思想家・革命家。無政府主義者、無神論者]

……

ストリチナヤ・オレンジ	45ml
グラン・マルニエ	30ml
フレッシュ・オレンジ・ジュース	60ml
フレッシュ・レモン・ジュース	15ml
グレナデン	1ダッシュ

……

すべての材料をシェイカーの中で合わせる。十分にシェイクし、クラッシュド・アイスの上から注ぐ。

ヴァージン・キール・ロワイヤル*+
Virgin Kir Royale

……

ラズベリー・シロップ	7.5ml
ノンアルコール・スパークリング・ワイン	150ml
レモン・ピール（ガーニッシュ）	

ラズベリー(ガーニッシュ)

……

ラズベリー・シロップをフルート・シャンパンに入れ、ノンアルコール・スパークリング・ワインで満たす。レモン・ピールとラズベリーを飾る。

ヴァージン・シャンパン・カクテル*+
Virgin Champagne Cocktail

通常のシャンパン・カクテルと同じ要領で作り、シャンパン・グラスの中にアンゴスチュラに漬した角砂糖も入れます。ただし、シャンパンではなくノンアルコールのスパークリング・ワインを使います。

ヴァージン・ロイヤル・ハワイアン*+
Virgin Royal Hawaiian

ホノルルのホテル、ロイヤル・ハワイアンで出されていたスペシャル・ドリンクがオリジナルで、そちらにはジンが使われていました。

……

パイナップル・ジュース	90ml
オルジェー	15ml
フレッシュ・レモン・ジュース	22.5ml
シンプル・シロップ	15ml

……

すべての材料を氷と一緒にシェイクし、ロンドン・ドック・グラスに漉しながら注ぐ。ガーニッシュなし。

ハーヴェイ・ウォールバンガー
Harvey Wallbanger

1960年代に誕生したドリンクで、名前の由来は、飲み過ぎてしょっちゅう壁にぶつかっていたサーファーなのだとか。これは物知りの友人ブライアン・レアに聞いたのですが、そのサーファーがこれをやたらと飲んだのは、ガリアーノのボトルを空にしたかったからだとか――空き瓶が女性の間でたいそうな人気を博したそうです。

……

ウォッカ	45ml
フレッシュ・オレンジ・ジュース	120ml
ガリアーノ	

……

ウォッカとオレンジ・ジュースを氷を入れたハイボール・グラスに注ぎ、ガリアーノを少々フロートする。

バーボン・ストーン・サワー
Bourbon Stone Sour

"ストーン"/"カリフォニルア・ストーン"とは、オレンジ・ジュースを加えたサワーのことです。

……

バーボン	45ml
シンプル・シロップ	30ml
フレッシュ・レモン・ジュース	22.5ml
フレッシュ・オレンジ・ジュース	30ml
オレンジ・スライス(ガーニッシュ)	
チェリー(ガーニッシュ)	

……

すべての材料を氷と一緒にシェイクし、氷をいっぱいに入れたロック・グラスに漉しながら注ぐ。オレンジ・スライスとチェリーを飾る。

バーボン・チェリー
Bourbon Cherries

ストーン・フェンスやストーン・サワーに使うマラスキーノ・チェリーがお好きでない方は、デヴィッド・ペイジとバーバラ・シンの著書『Recipes from Home(レシピズ・フロム・ホーム)』に記載の以下のレシピをお試しあれ。

……

微粒グラニュー糖	1と1/5カップ
アメリカン・チェリー(ヘタを取ったもの)	1.65L
ケンタッキー・バーボン	(1L瓶)2本

……

煮沸消毒した8つのメイソンジャーにそれぞれ、砂糖大さじ2と水大さじ3を入れる。チェリーを潰さないよう注意して、各メイソンジャーがいっぱいになるまで入れる。バーボンを上から1.3センチくらいまで入れる。ジャーに蓋をし、砂糖が溶けるまでシェイクする。3カ月間、暗室に置いておく。

バーム・カクテル
Balm Cocktail

新鮮なレモンバームがあれば、葉を1枚一緒にシェイクし、ガーニッシュとしてもお使いください。

……

ミディアム・シェリー(ドライ・サックなど)	60ml
フレッシュ・オレンジ・ジュース	22.5ml
コアントロー	15ml
アンゴスチュラ・ビターズ	2ダッシュ
オレンジ・スライス	2枚

フレイムド・オレンジ・ピール（p63、ガーニッシュ）

……

オレンジ・スライスを含むすべての材料を氷と一緒に十分にシェイクする。冷やしたマティーニ・グラスに漉しながら注ぐ。フレイムド・オレンジ・ピールで仕上げる。

バイーア・ブリーズ*
Bahía Breeze

"バイーア"／"バイア"とはスペイン語で"湾／入り江"のこと。バイーアというドリンクもありますが、そちらはトレーダー・ヴィック版ピニャ・コラーダです。ベイ・ブリーズ（Bay Breeze　ウォッカとパイナップルにクランベリーをフロートする）はそのいわば子孫で、シー・ブリーズ（ウォッカとグレープフルーツにクランベリーを少々 p117）と、ウォッカとクランベリー・ジュースで作るハイボール、ケープ・コッダー（Cape Codder）との関係に近いものがあります。もうひとつ、マドラス（p194）というドリンクもあり、こちらはウォッカとオレンジ・ジュースにクランベリーをフロートして作ります。

……

クエルボ・ゴールド	45ml
パイナップル・ジュース	120ml
クランベリー・ジュース	45ml
ライム・ウェッジ（ガーニッシュ）	

……

氷を入れたハイボール・グラスの中で上記の順でビルドする。ライム・ウェッジを飾る。

パイカ・カクテル*
Pica Cocktail

カーディナル・メンドーサ・カクテル・コンテストで2位を獲ったレシピです（優勝者はレインボー・ルーム時代の弟子ジェフ・ベッカーでした。いえ、それほど悔しかったわけではありません。ほかでもない、自分の教え子に負けたわけですから）。

……

カーディナル・メンドーサ（ブランデー）	45ml
ガリアーノ	7.5ml
パイナップル・ジュース	45ml
グレナデン	2ダッシュ
オレンジ・ピール（フレイミング用、p63）	

……

すべての材料をボストン・シェイカーのグラスの方に注ぐ。キューブド・アイスをいっぱいに入れ、ゆっくり10数え終わるまで（もしくは、「イパネマの娘」の冒頭の1節を歌い終わるまで）しっかりとシェイクする。冷やしたマティーニ・グラスに漉しながら注ぐ。ドリンクの表面に向けてオレンジ・ピールをフレイミングし、皮もグラスの中に落とす。

パイナップル・カクテル
Pineapple Cocktail

1930年代のハリウッドはエンバシー・クラブ［注→p90］のレシピに手を加えました。ドライにしたい場合は、フィノ・シェリーをお使いください。

……

<6〜8杯分>

パイナップル	半分を角切りに
ドライな白ワイン（オーク香のないもの）	1瓶
ミディアム・シェリー（お勧めはドライ・サック）	360ml
パイナップル・ジュース	240ml
フレッシュ・レモン・ジュース	60ml
薄切りのパイナップル（ガーニッシュ）	

……

パイナップルの角切りを潰し、白ワインに2時間漬け込む。残りの材料を加え、1晩冷やす。翌日、漬け液を漉してパイナップルを取り除く。各グラス用に、100〜120mlの漬け液をカクテル・シェイカーに入れ、氷と一緒にシェイクする。冷やしたマティーニ・グラスに漉しながら注ぎ、マリネされたパイナップルのスライスを飾る。

パイナップル・シャンパン・カクテル
Pineapple Champagne Cocktail

1930年代のハリウッドはエンバシー・クラブ［注→p90］のレシピに手を加えました。

……

<6〜8杯分>

ドライ・シャンパン	1瓶（750ml）
マラスキーノ・リキュール	360ml
フレッシュ・パイナップルの角切り	1と1/5カップ
フレッシュ・チェリー	1と1/5カップ
フレッシュ・レモン・ジュース	60ml
フレイムド・レモン・ピール（p63）	6〜8枚

……

パイナップルとチェリーを潰し、マラスキーノ・リキュールとレモン・ジュースに2時間漬け込む。1晩冷やす。漬け液を漉す。漬け液60mlを冷やしたマティーニ・グラス6〜8個にそれぞれ注ぎ、シャンパンを加える。それぞれフレイムド・レモン・ピールで仕上げる。

ハイ・ホー・カクテル
Hi Ho Cocktail

1930年頃、ハリウッドはハイ・ホー・クラブで誕生した一杯です。

……

ジン	60ml
ホワイトポート	30ml
オレンジ・ビターズ	4ダッシュ
レモン・ピール（ガーニッシュ）	

……

すべての材料を氷と一緒に十分にシェイクし、冷やしたカクテル・グラスに漉しながら注ぐ。レモン・ピールで仕上げる。

バカルディ・カクテル
Bacardi Cocktail

バカルディ・カクテルは1930年代に大人気を博しました。オレンジ・ジュースを加えるとロブソン（Robson）に、ドライ・ベルモットを加えると、パリはリッツ・バーのフランク・マイヤー版になります。フランクは深い母国愛に突き動かされて、この人気カクテルにフランス製品を使おうと思ったのかもしれません。ジョニー・ブルックスは定番のレシピにフレッシュ・オレンジ・ジュースとパイナップル・ジュース、卵白を加え、キューバノーラ（Cubanola）というたいへん美味な一杯を考案しました。ブルックスはニューヨーク・シティの有名店ストーク・クラブ[p126]で、閉店の日まで腕を振るったバーマンです。

……

バカルディ・ライト	45ml
フレッシュ・レモン・ジュース	30ml
シンプル・シロップ	30ml
グレナデン	3ダッシュ
フレイムド・レモン・ゼスト（ガーニッシュ）	

すべての材料を氷と一緒にシェイクし、小型のカクテル・グラスに漉しながら注ぐ。フレイムド・レモン・ゼストで仕上げる。

バカルディ・マルティーニ
Bacardi Martini

……

Column

ザ・ハイ・ホー・カクテル

ホテル・ベルエア時代、閑散期になると、勤務日数を週2〜3日に減らされたものでした。わたしは店でいちばんの新参者だったからです。ですので、そういう時期は別のあちこちのバーでアルバイトをしていました。近くの通りをうろうろして、良さそうな所があればふらりと入り、店長を見つけ、仕事をいただけないかと直談判するのが常でした。

ハリウッド・ヒルズはマジック・キャッスル（Magic Castle）のオーナー、ミルトとビルのラーセン兄弟ともそうして出会いました。ふたりは幼い頃から、ボードビリアンだった両親に連れられて全国を巡り、各地の舞台に立ちながら育った、まさに芸人の子でした。そんなふたりの下、わたしはヴァラエティ・アーツ・クラブというボードビルの歴史伝承と保護を目的とした、たいへんユニークな施設で働くようになりました。そこはショー・ビジネス界の貴重な品々を展示する博物館で、世界最大数に上るラジオ番組の台本やバスター・キートン[喜劇俳優・映画監督]の全映画フィルム、膨大なジョーク集のほか、ありとあらゆるハリウッド関係の珍しい品々を所蔵していました。3階にはW.C.フィールズ[コメディアン]のビリヤード台と曲がったキューや、スポーツライターでジョン・バリモア[俳優]の名自伝『Goodnight Sweet Prince（グッドナイト・スウィート・プリンス）』の著者でもあるジーン・ファウラーの帽子コレクションが置かれており、ジョン・バリモア、W.C.フィールズ、ジョン・キャラダイン[俳優]、ジョージ・ラフト[俳優]、ジミー・デュランテ[コメディアン・歌手]、ダグラス・フェアバンクス[俳優]をはじめ、ファウラーの飲み仲間だったハリウッドの友人たちの素敵なハットの数々が飾られていました。ファウラーの息子は映画制作を教えており、生徒たちをたびたびそのクラブに連れてきては、博物館を見終わると、ハリウッド関連の記念品でいっぱいのラウンジでカクテルを楽しんだものでした。

運が良ければ、ヴィクトリア・ジャクソン[女性コメディアン]（『サタデー・ナイト・ライヴ』で有名になる前）がヴィクトリア朝ふうのメイド服に身を包み、逆立ちをしたまま、「オール・オブ・ミー」を独特の巻き舌で調子っぱずれに歌う様子や、大道芸人ニッサン・ザ・ジプシーがたいまつの炎を飲み込んだり、ナイフでジャグリングをしたりする姿が見られたものでした。いままさに1930年代から飛び出してきたかのような、全身ぱりっとしたいでたちの紳士、ジョージ・S・ドラムがバーにやって来たのも、そんな午後のことでした。興奮を隠しきれない悪戯好きの子どものような顔で、ジョージはハイ・ホー・カクテル（名前の由来は30年代にハリウッドで人気を博した店ハイ・ホー・クラブ）を注文し、ほぼ一気に飲み干すと、唇をぺろりと舐め、[映画の台詞を引用して]嬉しそうに言いました。「ふう、生き返ったよ。やっと自分を取り戻せた気がする」

バカルディ・シルバー	60ml
アンゴスチュラ・ビターズ	2ダッシュ
マルティーニ・エ・ロッシのドライ・ベルモット	2ダッシュ
ライム・ピール（ガーニッシュ）	

……

すべての材料をステアして冷やし、冷やしたマティーニ・グラスに漉しながら注ぐ。ライム・ピールで仕上げる。

バチーダ・フローズン
Batidas Frozen

これはいわばブラジル産ミルクシェイクで、さまざまなフレーバーがあります。お好きなピューレまたは果汁飲料（ネクター）をお使いください。

……

カシャーサ	60ml
トロピカル・フルーツ・ピューレまたはネクター	60ml
加糖練乳	30ml
シンプル・シロップ	30ml
ライム・ホイール（ガーニッシュ）	

……

すべての材料を氷と一緒にブレンドしてステム・グラスに盛るか、氷と一緒にシェイクしてロック・グラスに漉しながら注ぐ。ライム・ホイールを飾る。

ハッピー・ハニー・カクテル
Happy Honey Cocktail

……

ブランデー	60ml
フレッシュ・グレープフルーツ・ジュース	30ml
蜂蜜シロップ（p220）	15ml

……

すべての材料を氷と一緒にシェイクし、小型のマティーニ・グラスに漉しながら注ぐ。

バナナ・ダイキリ（フローズン）
Banana Daiquiri, Frozen

わたしのレシピでは、バナナ・リキュールはほんの少量に留め、バナナの実の香りを活かします。

ライト・ラム	30ml
アンバー・ラム	30ml
フレッシュ・ライム・ジュース	22.5ml

Column

バドとバド・ハーマン・ハイボールの思い出

バド・ハーマン・ハイボール
Bud Herrmann Highball

| メタクサ5スター | 60ml |
| クラブソーダ | 120ml |

ハイボール・グラスの中でビルドする。

わたしがホテル・ベルエアで働きだした頃、ラウンジの主役はバド・ハーマンというたいへん腕の立つピアニストでした。そのラウンジで18年もの演奏歴を誇るベテランでMCも務めたバドは、ビジネスでも恋愛でも、お客さま同士を結びつける優れた仲介役でもありました。バドの口利きのおかげでひと財産築いた友人／お客さまから、お礼としてハリウッドのマンションを一棟贈られた、という伝説まであります。

1940年代、バドは悪名高きギャング、バグジー・シーゲルのラスベガスの店フラミンゴ・クラブ（Flamingo Club）でベニー・グッドマン［名クラリネット奏者／バンドリーダー。1909-1986］と知り合いました。バドはいつもメインルームのステージの袖からグッドマンの演奏に耳を傾けていました。ある晩、レギュラーのピアノ奏者を解雇したばかりだったグッドマンは、バドに飛び入りで弾かせることにします。その晩の終わり、グッドマンはバドに「その席」──つまり、自分の楽団のピアニストの座──の座り心地はどうかと訊ねました。バドが最高だと答えると、グッドマンはひと言、「そうか、じゃあ、これからはきみのものだ、もしよかったらね」。こうして数カ月間、バドはグッドマンの楽団の一員として全国を旅して回りました。

それから何年ものち、ニューヨークを訪れたバドは、ロサンゼルスの自宅にグッドマンが置き忘れていった鞄を返しました。中に入っていたのは1938年のカーネギー・ホールにおけるコンサートのテープ──同ホール史上初のジャズコンサートの模様をマイク1本で収めた、現存する唯一の録音テープでした。現在、それはジャズ／大衆音楽史上最も重要な録音のひとつと賞されています。

バド亡き後、ベルエアのラウンジは一変してしまい、それもあって、わたしはそれからすぐにバーをあとにしました。バドに敬意を表し、彼が愛した唯一のドリンク、バド・ハーマン・ハイボールをここに紹介します。ラウンジのお客さまから贈られたメタクサのショット・グラスがピアノの上にずらりと並ぶ様子は、いまも目に浮かびます。バドがその半分も飲めない晩もありましたが、誰も気にもしていませんでした。バドにお酒をごちそうしたい、自分のごちそうした一杯がピアノの上に並んでいるところを見たい、彼らの思いはそれだけだったからです。これぞまさしく、バービジネスですね。

シンプル・シロップ	60ml
バナナ・リキュール	15ml
小ぶりのバナナ	半分

……

バナナのスライス1切れを残し、すべての材料をクラッシュド・アイスと一緒にブレンドして、大型のゴブレットに盛る。バナナのスライス1切れを飾る。

ハネムーン・カクテル
Honeymoon Cocktail

1930年頃、ハリウッドはブラウン・ダービー（Brown Derby）で生まれた一杯です。

……

アップルジャック	60ml
ベネディクティン	15ml
オレンジ・キュラソー	15ml
フレッシュ・レモン・ジュース	15ml
レモン・ピール（ガーニッシュ）	

……

すべての材料を氷と一緒に十分にシェイクし、冷やしたカクテル・グラスに漉しながら注ぐ。レモン・ピールで仕上げる。

ブラウン・ダービー・レストラン（1967年頃撮影）。茶色いダービー・ハット（帽子）の形をしている。ダービー・ハットはハリウッド黄金期の映画を象徴する存在でもあった。同レストランはブラウン・ダービー・カクテル（p161）の名前の由来となったことでも知られる

バハマ・ママ
Bahama Mama

……

ライト・ラム	22.5ml
アネホ・ラム	22.5ml
ダーク・ラム	22.5ml
ココナッツ・リキュール	15ml
フレッシュ・オレンジ・ジュース	60ml
パイナップル・ジュース	90ml
グレナデン	小さじ1/4
アンゴスチュラ・ビターズ	1ダッシュ
マラスキーノ・チェリー（ガーニッシュ）	
パイナップル・スライス（ガーニッシュ）	
オレンジ・スライス（ガーニッシュ）	

……

すべての材料を氷と一緒にシェイクし、大型のゴブレットかスペシャルティ・ドリンク・グラスに漉しながら注ぐ。マラスキーノ・チェリー、パイナップル・スライス、オレンジ・スライスを飾る。

ハマー
Hummer

……

コーヒー・リキュール	30ml
スパイスト・ラム	30ml
バニラ・アイスクリーム	1スクープ
牛乳	60ml

……

フローズン・ドリンク・グラスの中でブレンドする。

パラダイス・カクテル
Paradise Cocktail

マリー・ブリザール・アプリの瓶の裏ラベルに長年載っているレシピです。少しだけ手を加えてみました。

……

ジン	60ml
マリー・ブリザール・アプリ	22.5ml
フレッシュ・オレンジ・ジュース	22.5ml
オレンジ・ビターズ	2ダッシュ
フレイムド・オレンジ・ピール（p63、ガーニッシュ）	

……

氷と一緒にシェイクし、冷やしたカクテル・グラスに漉しながら注ぐ。フレイムド・オレンジ・ピールで仕上げる。

パリ
Paris

パリはリッツ・ホテルの名店ヘミングウェイ・バーの高名なバーテンダー、コリン・フィールドのレシピより。ヘミングウェイ・バーに行かれることがありましたら、コリンの伝

説的一杯、ブラッディ・メアリーもお忘れなく。

……

ジン	30ml
ドライ・ベルモット（もちろんフレンチ）	30ml
クレーム・ド・カシス	30ml
フレイムド・レモン・ピール（p63、ガーニッシュ）	

すべての材料を氷と一緒に十分にシェイクし、フレイムド・レモン・ピールで仕上げる。

ハリーズ・カクテル・
Harry's Cocktail

ハリー・マケルホーンの著作『ABC of Mixing Cocktails（ABCオブ・ミキシング・カクテルズ）』より。

［ハリー・マケルホーン（1890-1958）は英国生まれのバーテンダー。フレンチ75（p178）など多くのスタンダード・カクテルの考案者。1932年、パリのニューヨーク・バー（New York Bar）を購入し、ハリーズ・ニューヨーク・バー（Harry's New York Bar）と改称。このバーはアーネスト・ヘミングウェイ、ハンフリー・ボガードらに愛される有名店となった。またブラッディ・メアリーはこのバーのバーテンダーによって考案された（→p167）］

……

フレッシュ・ミントの小枝	3本
スウィート・ベルモット	30ml
アブサント	2ダッシュ
ジン	60ml
スタッフド・オリーブ（ガーニッシュ）	

……

ミキシング・グラスの中で、ミントの小枝2本をベルモットとアブサントと一緒にマドルする。ジンを加える。氷と一緒にシェイクし、冷やしたカクテル・グラスに漉しながら注ぐ。スタッフド・オリーブと残りのミントの小枝を飾る。

ハリーズ・ハーヴェイ・パンチ*
Harry's Harveys Punch

90代になってもなお、自身の誕生日を祝い盛大なパーティを毎年開いていた知人、ハリー・ドゥオスキンにちなんで名付けたカクテルです。ハリーは倹約家で、104歳の誕生日までパーティを開くだけの蓄えはあると豪語していました。これは90歳の誕生会用に、わたしがレインボー・ルームで考案したものです。ハリーはこれをいたく気に入ってくれまして、最後となった96歳の誕生会まで、毎年お振る舞いくださいました。

……

ハーヴェイ・ブリストル・クリーム ※	60ml
マラスキーノ・リキュール	30ml
フレッシュ・レモン・ジュース	15ml
フレッシュ・オレンジ・ジュース	90ml
アンゴスチュラ・ビターズ	1ダッシュ
フレッシュ・ミントの小枝（ガーニッシュ）	
オレンジ・スライス（ガーニッシュ）	

……

すべての材料を氷と一緒にシェイクし、大型のゴブレットに漉しながら注ぐ。ミントの小枝とオレンジ・スライスを飾る。

PUNCHES
[パンチ]

パンチは17世紀後半に英国人が東インド諸島経由で米国に伝えました。"パンチ(punch)"の語源はヒンディー語で"5"を意味する"パーンチ(paanch)"です。ですから、東インド諸島のパンチにも材料が5種類使われていました。ベースが米やサトウキビを原料とする蒸留酒アラックで、残りの4種類はスパイス、レモン[またはライム]果汁、水または紅茶、砂糖です。それから間もなく、米国で生まれた新スピリッツ、ラムを使ったパンチが欧州の上流階級の間で一大ブームになりました。かのモーツアルトも「ドン・ジョヴァンニ」を書き終えた晩、パンチを何ボウルか楽しんだと言われています。ラム・パンチのレシピを歌った、米国に古くから伝わる数え歌はスウィート&サワー・カクテルの基本を端的に言い表しており、わたしのお気に入りなので、ここに紹介します――「1にサワー、2にスウィート、3に強いの、4に弱いの」[一説によれば、順に酸っぱいもの、甘いもの、リキュール、水、の意]

註：パンチを冷やすには、お使いのパンチ・ボウルにぴたりと収まるアイスリングが一番です。アイスリングを作る際には、専用のサバラン型(savarin mold)をお使いください。さまざまなサイズのものがあります(p218参照)。

秋と冬のパンチ
フォール&ウィンター

レインボー・ルーム時代、祝祭日には特別な時間を過ごさせてもらったものでした。普段からひいきにしていただいているお客さまに感謝の意を表し、恩返しをする日だと、オーナーのジョーは考えていたからです。ジョーは毎回、たくさんのミュージシャンや俳優、ダンサーたちを呼び、場を盛り上げてもらっていました。飾り付けも、それはそれはすばらしいものでした。デザイナーのキャリー・ロビンズと彼女のスタッフが季節に応じたセットを作ってくれて、その中で俳優たちがパフォーマンスをすることもあれば、パンを焼いたり、サイダー用にリンゴを搾ったり、といった作業を演じてくれることもありました。クリスマスには必ずサンタと小人たちが登場しましたし、市長をはじめとする要人がクリスマスのお話を朗読してもくれました。政治家たちも喜んで参加してくれました――ジョーは疲れ知らずのニューヨーク・シティ観光大使のような存在だったのです。一等席の一部は恵まれない子どもたちや、家庭に問題のある子どもたちのものでした。感謝祭には、巡礼者と先住民に扮した人々が登場しましたし、トウモロコシ、カボチャ、リンゴでいっぱいの籠や、年代物のリンゴの圧搾機をあしらった、秋の飾りも施したものでした[感謝祭は、英国から渡米し植民した ピルグリム・ファーザーズが、先住民にも助けられつつ最初の収穫を得たことを記念する行事。米国では11月の第4木曜日]。そしてもちろん、そこには必ず、皆を歓迎する美味しいパンチやドリンクが、アルコール入りでも抜きでも楽しめるように、たっぷりと用意されていました。

サイダー・ネクター・
Cider Nectar

ジェリー・トーマス著『The Bon Vivant's Companion, or How to Mix Drinks』(1862年)より。
……

レモンバーベナの小枝	1本
レモン・クォーター	8個
シンプル・シロップ	60ml
パイナップル・シロップ	60ml
アップルサイダー	1クォート
ミディアム・シェリー	120ml
アップルジャックまたはカルヴァドス	60ml

プレーン・ソーダ	240ml
すりおろしたてのナツメグ（ガーニッシュ）	

……

レモンバーベナ、レモン・クォーター、シンプル・シロップ、パイナップル・シロップをマドルする。ソーダを除く残りの材料を加えて冷やす。ソーダと氷を加え、パンチとして出す。ナツメグを振りかける。

ハーヴェスト・ムーン・パンチ*
Harvest Moon Punch

ノンアルコールにする際は、バーボンを除いてください。

……

<20杯分>

フレッシュ・アップルサイダー	1ガロン [約3.8L]
スターアニス（八角）	6個
シナモン・スティック（1本はガーニッシュ用）	7本
クローブ	6個
オレンジ・ピール	1枚
（ネーブルオレンジの皮を薄く剥く。中果皮はなるべく残さない）	
バーボン	960ml

……

アップルサイダー、アニス、シナモン・スティック、クローブ、オレンジ・ピールをステンレス製の鍋に入れ、30～40分ことこと煮る。沸騰させないこと。漉してバーボンを加える。

パーティでは、中をくり抜いたカボチャに入れて出すのも良いでしょう：ジャック・オ・ランタンを作る要領でヘタの部分を切り取る。ヘタに付いている種とわたをきれいに取る。種はすべて取っておく。柄の長いスプーンでカボチャの中をきれいに掃除する。側面や底面の皮に穴を空けないように注意する。くり抜いた中を冷水で洗い流し、水漏れがないか確認する。ホット・パンチを注ぎ入れ、冷めないように、切り取ったヘタの部分で蓋をする。ひしゃくですくい、陶器のマグ・カップに注ぎ、シナモン・スティックを飾る。

カボチャの種をバターを塗ったクッキーシートに並べ、約150℃に熱したオーブンで8分から10分間ローストし、塩を振り、パンチと一緒に出す。

ピルグリム・カクテル
The Pilgrim Cocktail

ピルグリム・カクテルには、とびきり楽しい思い出があります。レインボー・ルームのプロムナード・バーに勤務していた頃、ロックフェラー・センターの北側、すぐ隣にAP通信のビルがあり、そこの写真編集部の2直の方々は昼食によくそのバーを訪れてくれました。わたしが作るピスコ・サワーの大ファンだったのです。そこで、ある年の感謝祭の日、そんなAPスタッフだけに感謝の意を込めて特別なピルグリム・カクテルを作り、サプライズで届けようと思い立ちました。その日はひどく寒かったので、コンロで温めてコーヒー用の保温ポット2つに入れ、脚付きのクリスタル・グラス12個とともに銀のトレイに載せました。レインボー・ルームの制服だった赤いジャケットを羽織ると、片手にトレイを持ち、共用エレベーターに乗って下に降り、ロックフェラー・センターに集まる人々の間を抜け、通りを渡ってAP通信のビルに行き、エレベーターで4階まで上がり、12杯のピルグリム・カクテルを祝日勤務の皆さんにお届けしました。大きな笑顔をいただいたことをいまでもよく覚えています。

ピメントが見つからない場合は、シナモン・スティックを1本、クローブを2つ、殻を割ったオールスパイス・ベリー2粒をラムに数時間漬け込んでください。

……

<6杯分>

ダーク・ラム	90ml
ライト・ラム	90ml
オレンジ・キュラソー	105ml
フレッシュ・オレンジ・ジュース	360ml
フレッシュ・ライム・ジュース	75ml
ピメント（リキュール）	45ml
アンゴスチュラ・ビターズ	6ダッシュ

……

コールドの場合：すべての材料を大型のピッチャーに入れてステアする。1杯分ずつカクテル・シェイカーに入れ、氷と一緒に十分にシェイクする。ロンドン・ドック・グラスに漉しながら注ぎ、オレンジ・スライス1枚を飾り、すりおろしたてのナツメグを振りかける。

ホットの場合：すべての材料をソースパンに入れ、甘くしたオレンジペコ[紅茶]を180ml加える。沸騰する直前で火を止め、パンチ・カップに注ぎ、すりおろしたてのナツ

メグを振りかける。

フィラデルフィア・フィッシュ・ハウス・パンチ
Philadelphia Fish House Punch

ジェリー・トーマス著『The Bon Vivant's Companion, or How to Mix Drinks』(1862年)に載っていたレシピで、考案者は19世紀の物書き、チャールズ・G・リーランドとされています。ですがじつのところ、フィッシュ・ハウス・パンチはリーランドの100年以上も前からありました。1732年、スポーツマンが飲食を楽しむクラブとしてスクールキル川に建てられたステイト・オブ・スクールキル・フィッシュ・ハウス(State of Schuylkill Fish House)で誕生したドリンクです。そのクラブではたくさんのドリンクが供されていましたが、ほとんどのレシピがあまり面白くありません。これもそうなので、少々手を加えてみました。

……

桃(できればジョージアピーチ)	6個
よく洗い、種を抜き、スライスしておく	
(旬の時期でない場合は、16オンス[約480ml]の シロップ漬けの缶詰 1缶)	
グラニュー糖	1ポンド[約450g]
フレッシュ・レモン・ジュース	360ml
VS コニャック	1パイント[約475ml]
ピーチ・ブランデーまたはリキュール (個人的お勧めはマリー・ブリザール)	1パイント[約475ml]
ジャマイカ産ゴールド・ラム	1L

……

生の桃を使う場合は、桃の上に砂糖全量をかけ、水とレモン・ジュース各120mlを加えてステアする。ときどきステアしながら4時間置いておく。スピリッツをミックスし、同じく4時間置いておく。

4時間後、残りのレモン・ジュース240mlと水840mlを桃に加え、砂糖が溶けきるまでステアし、置いておいたスピリッツを加える。アイスリングを入れたパンチ・ボウルに移す。

缶詰の桃を使う場合は、レモン・ジュース全量、水1クォート、砂糖全量を加え、砂糖が溶けきるまでミックスする。桃とスピリッツを混合液に加え、冷蔵庫に4時間置いておく。アイスリングを入れたパンチ・ボウルに入れて出す。

アイスリングを作るには、専用のサバラン型(p218参照)に、3/4まで水を入れ、食用品ラップで覆い、冷凍庫に入れる。水が完全に凍ったら、清潔な面の上で型を裏返し、底を軽く叩く。氷がうまく外れない場合は、外側にぬるま湯を少々かける。

ホット・スパイスト・サイダー
Hot Spiced Cider

……

フレッシュ・アップルサイダー	1ガロン[約3.8L]
シナモン・スティック(1本はガーニッシュ用)	9本
スターアニス(八角)	6個
クローブ	12個
殻を割ったオールスパイス・ベリー	12個

……

サイダーとスパイスを大型のソースパンに入れ、沸騰させないように気をつけながら数時間火にかける。漉し、シナモン・スティックを飾ってホットで出す。

バリエーション:アルコール入りにするには、1杯につき、カルヴァドスかアップルジャック30mlとベレンツェンのアップル・リキュール15mlを加える。

[夏のパンチ&ピッチャー・ドリンク類]
SUMMER PUNCHES AND PITCHER DRINKS

ウォーターメロン・パンチ*◆
Watermelon Punch

ブラックバード[注→p93]時代、8月はこれを毎日ひとつ作っていました。スイカの上1/3の皮を使ってパンチ・ボウルを置く台を作ります。スイカをまな板にヘタを上にして置き、ヘタの回りに45度の角度でナイフを入れ、直径12〜15センチほどの円盤状に切り抜いてリング状にします。これを切り抜いた面を上にして大皿に置き、その上に中身をくり抜いたスイカ(ウォーターメロン)パンチ・ボウルを載せます。

……

<12杯分>

熟れた丸いスイカ	1個
フレッシュ・レモン・ジュース	120ml
トリプルセック	180ml
バカルディ・リモン	240ml
マラスキーノ・リキュール	120ml
レモン・ホイール(ガーニッシュ)	
ストロベリー・スライス(ガーニッシュ)	

……

スイカの上1/3を切り取り、2/3の中身をくり抜く。果肉と皮はそれぞれ取っておく。中をくり抜いたスイカの皮にパンチを入れるので、皮に穴を空けないように気をつける。シノワ・ストレーナーを使ってスイカの果肉を潰す。6と9/10カップ分[1380ml]の果汁が必要です。残る4つの材料をスイカ果汁に加えてよくミックスする。冷やし、くり抜いたスイカに入れて出す。

パンチをひしゃくですくい、氷を入れたゴブレットに注ぐ。レモン・ホイールとストロベリー・スライスを飾る。

ココズ・パンチ
Coco's Punch

……

ライト・ラム	22.5ml
アネホ・ラム	22.5ml
ダーク・ラム	15ml
マリブ	7.5ml
フレッシュ・オレンジ・ジュース	60ml
パイナップル・ジュース	90ml
グレナデン	小さじ1/4
アンゴスチュラ・ビターズ	1ダッシュ
マラスキーノ・チェリー(ガーニッシュ)	
オレンジ・スライス(ガーニッシュ)	

……

すべての材料を氷と一緒にシェイクし、大型のゴブレットかスペシャルティ・ドリンク・グラスに漉しながら注ぐ。マラスキーノ・リキュールとオレンジ・スライスを飾る。

サングリア◆
Sangria

……

<6杯分>

オレンジ・ホイール	3枚
レモン・ホイール	3枚
ライム・ホイール	3枚
フレッシュ・レモン・ジュース	60ml
シンプル・シロップ	60ml
スペイン産ドライ赤ワイン	1瓶
オレンジ・キュラソー	90ml
ブランデーまたはウォッカ	180ml
白ブドウ・ジュース	90ml
フレッシュ・オレンジ・ジュース	90ml

Column

全キュラソーの母: グラン・マルニエ

グラン・マルニエはコニャックにキュラソーを合わせたリキュールで、1880年にマルニエ・ラポストルが考案しました。何種類かあり、最も一般的なものはコルドン・ルージュで、100周年記念ボトルと150周年記念ボトルもあります。もともとは食後にストレートで飲まれるものでしたが、最近はメーカーがグラン・マルニエを使ったプレミアム・カクテルを販促しています。キャデラック・マルガリータ(グラン・マルニエ・コルドン・ルージュ、テキーラ、ライム・ジュース)やミリオネアズ・マルガリータ(グラン・マルニエ・サントネール100周年記念ボトル、スーパー・プレミアム・テキーラ、ライム・ジュース)などがそれにあたります。

クラブソーダ
季節のフルーツ（ガーニッシュ）
……
オレンジ、レモン、ライムのホイールを大型のガラス製ピッチャーの底に置く。長い木製スプーンかマドラーを使い、レモン・ジュース、シンプル・シロップと一緒にマドルする。残りの材料を加えてステアする。氷を入れた大型の脚付きワイン・グラスに注ぎ、クラブソーダを加える。旬の果物を飾る。

プッシュカート・パンチ・カクテル*・
Pushcart Punch Cocktail

パンチ作りはいわば冒険です。つまり、さまざまな季節の果物を試せるのです。友人のジョーとローレンがマンハッタンのチャイナタウンを走るエルドリッジ・ストリートに移ってきた際、ふたりの新居であるロフトで何度も引越祝いのパーティを開きました。その当時、ジョーと連れ立ってチャイナタウンとロウアー・イースト・サイドにくり出しては、手押し車に載せて売られているさまざまな果物や野菜を物色したものでした。ある日、生の果物を使うカクテルの材料としてレモンやライム、パイナップルを買っていたときに、きゅうりメロン（miniature melon）を何種類か見つけました。どれもとても手頃な価格でしたので、数十個まとめて買ってみました。それを角切りにして、レモン、オレンジ、ライム、パイナップルを切ったものと一緒にマドルし、果汁たっぷりのベースを作り、さまざまなスピリッツに合わせてみました。いろいろなレシピを試してみたのですが、そのひとつがこれです。
……

<6杯分>

きゅうりメロン・キューブ（2.5センチ角）	3/10カップ
フレッシュ・パイナップル・キューブ	3/10カップ
オレンジ	1個を半切りとクォーターに
レモン	2個を半切りと角切りに
フレッシュ・レモン・ジュース	90ml
シンプル・シロップ	120ml
フレッシュ・オレンジ・ジュース	120ml
パイナップル・ジュース	120ml
バルバドス（ゴールド・ラム）	120ml
バカルディ・リモン	120ml
マラスキーノ・リキュール	120ml
きゅうりメロン・ボール（ガーニッシュ）	

……

フルーツ、レモン・ジュース、シンプル・シロップを大型のピッチャーの中で潰すかマドルする。バー・マドラーがない場合は、長い木製スプーンで代用する（大ぶりのボウルまたは鍋の中でポテト・マッシャーを使って潰すかマドルしてから、中身を大型のピッチャーに移しても良いでしょう）。残りの材料を加えてよくステアする。出す際は、混合液をカクテル・シェイカーの中に漉して入れ、氷と一緒に十分にシェイクする。冷やしたカクテル・グラスに漉しながら注ぎ、きゅうりメロン・ボールを各グラスに1つずつ飾る。

プランターズ・パンチ*
Planter's Punch

毎回、出す直前にシェイクすると、精気と香りが加わり、見栄えもぐっと良くなります。
……

<6杯分>

ダーク・ラム	150ml
ライト・ラム	150ml
オレンジ・キュラソー	90ml
フレッシュ・オレンジ・ジュース	360ml
パイナップル・ジュース	360ml
シンプル・シロップ	90ml
フレッシュ・ライム・ジュース	90ml
グレナデン	90ml
アンゴスチュラ・ビターズ	大さじ1
パイナップル・スライス（ガーニッシュ）	
オレンジ・スライス（ガーニッシュ）	
ライム・スライス（ガーニッシュ）	

……

すべての材料を大型のピッチャーの中でミックスする。出す際には、1杯分ずつカクテル・シェイカーでシェイクし、3/4まで氷を入れたゴブレットに漉しながら注ぐ。パイナップル、オレンジ、ライムのスライスを飾る。

レインボー・パンチ*+
Rainbow Punch

……

フレッシュ・オレンジ・ジュース	90ml
フレッシュ・ライム・ジュース	15ml
パイナップル・ジュース	90ml
シンプル・シロップ	15ml
グレナデン	7.5ml

アンゴスチュラ・ビターズ	2ダッシュ
プレーン・ソーダ	スプラッシュ（15ml）
チェリー（ガーニッシュ）	
オレンジ・スライス（ガーニッシュ）	

……

プレーン・ソーダ以外の材料をシェイクし、アイスティー・グラスに漉しながら注ぐ。プレーン・ソーダを加える。チェリーとオレンジ・スライスを飾る。

[祝祭日のパンチ]
HOLIDAY PUNCHES

アンクル・アンジェロズ・エッグ・ノッグ
Uncle Angelo's Egg Nog

わたしのおじ、アンジェロ・ジェンカレリのレシピです。おじはこれをフォア・ローゼズ社主催のコンテストに出品しました——ちなみに、優勝もしました。おじはクリスマスにいつもこの特製エッグ・ノッグを子ども用と大人用に2種類、それぞれボウルいっぱいに作ってくれたものです。どちらも決め手は軽さで、牛乳をクリームの倍入れ、卵白をしっかりと泡立ててから軽く和えることで、ドリンクの上に雲が浮いているような感じを出していました。

卵は適切に扱えば、ドリンクにも安心して使えます。スピリッツと先にミックスしてから、他の材料を加えます。殻を触ったら、他の材料を扱う前に手をよく洗うこと。それでもやはり生卵が不安という方は、フォー・ノッグ（p161）をご覧ください。

……

生卵（白身と黄身を分けておく）	6個
砂糖	9/10カップ
牛乳	950ml
生クリーム	475ml
バーボン	180ml
スパイスト・ラム	180ml
ナツメグ（ガーニッシュ）	1個

……

卵黄を全体が均一に淡い黄色の液体になるまでよく混ぜ、途中で砂糖3/5カップを加える。牛乳、クリーム、スピリッツを加える。続いて卵白に残りの砂糖を加え、角が立つくらいまで泡立て、混合液に軽く和える。ナツメグをすりおろして振りかける。

グロッグ
Glogg

1946年、ケネス・ハンセンがロサンゼルスでザ・バイキングス・オブ・スカンディヤ（The Vikings of Scandia）というクラブを始めました。人気レストラン、スカンディヤの前身です。クラブの会員にはリタ・ヘイワース、コーネル・ワイルド、マリリン・モンロー、ゲイリー・クーパー、マレーネ・ディートリヒ[それぞれ当時の人気俳優]などがいました。このスカンディヤのグロッグは、祝祭日に欠かせない一杯として人気を博しました。わたしも当時の伝統に則り、クリスマス・シーズンの2週間、レインボー・ルームでこれを軽く一杯、無料で出したものでした。

……

<6杯分>

フルボディの赤ワイン	1本
レーズン	2/5カップ
（別途ガーニッシュ用に少々）	
湯通し済アーモンドスライス	2/5カップ
（別途ガーニッシュ用に少々）	

Column

コンパウンド・バター

ステンレス製のミキシング・ボウルの中にバターを450g入れて軽く溶かし、挽いた／すりおろしたシナモン、ナツメグ、オールスパイスをそれぞれ小さじ1、挽いたクローブ小さじ1/2を加えてミックスする。ダーク・ブラウンシュガー3/10カップを加え、よくミックスする。混ぜたものをワックスペーパーの上に小さじ山盛りずつ乗せる。冷蔵庫で冷やし、使う30分前に取り出す。

とコニャックを上から注ぎ入れる。蓋をして冷蔵庫に数時間置いておく。取り出してステアする。混合液を漉し、取り除いたフルーツもしっかりと搾る。

キューブド・アイスを数個入れた白ワイン・グラスに混合液60mlを注ぎ、シャンパンを加え、仕上げにオレンジ・ピールを落とす。お好みで新鮮な果物を飾る。

トム・アンド・ジェリー
Tom and Jerry

いわゆるゲイ・ナインティーズ[1890年代]の休日、ニューヨーク・シティの主なバーはどこもこれを出していました。

……

材料A	
生卵（白身と黄身を分けておく）	12個
グラニュー糖	3ポンド[約1350g]
挽いたシナモン	小さじ1と1/2
挽いたクローブ	小さじ1/2
挽いたオールスパイス	小さじ1/2
アネホ・ラム	60ml

大ぶりのボウルの中で、砂糖を加えながら卵黄をよく混ぜる。別のボウルの中で、卵白を角が立つくらいまで泡立てる。スパイスとラムを卵黄液に加える。泡立てた卵白の中に入れ、全体に薄い黄色になるまでステアする（クリームタータ小さじ1または重曹小さじ1/4を加えると、砂糖が底に溶け残るのを防げます）。

……

ドリンク:	
上記の材料A	大さじ2
ブランデー	45ml
アネホ・ラム	15ml
熱湯	90〜120ml
すりおろしたてのナツメグ（ガーニッシュ）	

……

上記の材料Aを陶器のマグ・カップの底に入れ、スピリッツと熱湯を加えてステアする。ナツメグを振りかけて出す。

ビショップ（英国風）
Bishop, English

ポート・ワインを使う場合は、オレンジではなくレモンをお使いください。

……

潰したカルダモンポッド	5個
クローブ	5個
シナモン・スティック	1本
小ぶりのオレンジのピール（中果皮なし）	1個分
ウォッカ（コニャックを使用するレシピも有り）	120ml
砂糖	適宜

……

容器の中で、ワイン、レーズン、アーモンド、オレンジ・ピール、スパイスを合わせる。蓋をして、室温で24時間置いておく。出す直前に混合液を温め、ウォッカと砂糖を加える。漉しながらカップに注ぎ、レーズンとアーモンドを入れて、熱々で出す。

シャンパン・パンチ・
Champagne Punch

……

熟れたパイナップル（皮を剥いて角切りにする）	1個
オレンジ（皮を剥いて刻む）	3個
グレープフルーツ（皮を剥いて刻む）	2個
生または冷凍の種抜きチェリー	1/5カップ
（チェリーが手に入らない場合は、皮を剥いたザクロの実3/5カップ）	
砂糖	3/5カップ
マラスキーノ・リキュール	360ml
VSコニャック	720ml
シャンパン	
オレンジ・ピール（ガーニッシュ）	
フレッシュ・フルーツ（ガーニッシュ）	

……

大ぶりのボウルの中でフルーツと砂糖を一緒に、砂糖が溶けるまで潰すかマドルする。マラスキーノ・リキュール

オレンジ（またはレモン）の果汁	4個分
砂糖	3/5カップ
シナモン・スティック	1本
クローブ	3個
ドライ赤ワイン（またはルビー・ポート）	1瓶

……

オレンジ（またはレモン）を175℃に熱したオーブンで茶色くなるまで、オレンジなら約20分、レモンなら約15分ローストする。取り出して陶器の鍋に入れる。砂糖、スパイス、ワインまたはポートの半量を加える。数時間そのまま置いておく。オレンジ（またはレモン）を潰して果汁を出し、残りのワインを加える。鍋を火にかけ、沸騰する寸前で火を止めて漉す。熱々をパンチ・カップに入れて出す。

ビショップ（米国風）
Bishop, American

ビショップは英国とオランダで中世から作られているドリンクで、さまざまなレシピがあり、スウィート・ワインを使うものも、ドライ・ワインを使うものもあります。優れたビショップは寒い日にほっとさせてくれる一杯です。スパイスの軽い風味が冬の定番デザート、ミンスパイとよく合います。

……

フレッシュ・レモン・ジュース	15ml
フレッシュ・オレンジ・ジュース	30ml
ミディアム・ラム	7.5ml
ドライ赤ワイン	120ml
シンプル・シロップ	30ml
プレーン・ソーダ	
季節のフルーツ（ガーニッシュ）	

……

すべての材料を大型のゴブレットの中でステアする。ソーダを加え、旬の果物を飾る。

ホット・バタード・ラム
Hot Buttered Rum

このレシピにはさまざまな応用が利きますので、いろいろと試してみてください。スパイスト・ラムを使ったり、メープル・シロップかブラウンシュガーで甘味付けしたりするのもお勧めです。お湯の代わりに温かい紅茶を、ラムの代わりにアップルジャックを使っても良いでしょう。

……

ダーク・ラムまたはスパイスト・ラム	30ml
ライト・ラム	30ml
コンパウンド・バター（p152のコラム参照）	1塊
シンプル・シロップ	15ml
お湯またはホット・サイダー	
シナモン・スティック（ガーニッシュ）	

……

すべての材料をゴブレットグラスの中でミックスし、バターが溶けるまで数回ステアする。シナモン・スティックを飾る。

ハリケーン
Hurricane

ニューオーリンズのバー、パット・オブライエンズ（Pat O'Brien's）が有名にしたカクテルです。そこはいまでも29オンス［約870ml］の紋章入り手吹きグラス（ハリケーン・ランプを思わせる形状）でこれを出し、マルディグラ［毎年2～3月にニューオーリンズで行なわれる全米最大のカーニバル（謝肉祭）］で集まった人々を驚かせています。ブライアン・レアによれば、このドリンクにはバージョンが2つありました。ひとつは20世紀前半に生まれたもので、コニャック、アブサン、ポーランド産ウォッカを使用。もうひとつのラムと果汁を使うものは、1939年、ニューヨーク万博のハリケーン・バー（Hurricane Bar）で登場したとのこと。あくまで個人的見解ですが、レアの見解は正しいと思います。後者もパット・オブライエンズのオリジナル・レシピも、スタンレー・クリスビー・アーサーによる1937年の著書『Famous Drinks of New Orleans（フェイマス・ドリンクス・オブ・ニューオーリンズ）』には載っていません。現在、オブライエンズでは各種ジュースと人工香料などのミックスを使っています……よくある話です。せっかくなので、本書ではオブライエンズの初代バーテンダー、チャールズ・カントレルが天然の果物の香味を加えるために考案したと思われるレシピを紹介いたします。

……

ダーク・ラム	30ml
ライト・ラム	30ml
ガリアーノ	15ml
フレッシュ・ライム・ジュース	22.5ml
パッションフルーツのネクター	60ml
（またはパッションフルーツのシロップ少々）	
フレッシュ・オレンジ・ジュース	60ml
パイナップル・ジュース	60ml
シンプル・シロップ	30ml
アンゴスチュラ・ビターズ	1ダッシュ
フレッシュ・トロピカル・フルーツ（ガーニッシュ）	

……

すべての材料を氷と一緒にシェイクし、氷をいっぱいに入れたハリケーン・グラスに漉しながら注ぐ。トロピカル・フルーツを飾る。

バリエーション：オレンジ、ライム、パイナップルを少量ずつミキシング・グラスに入れ、ライム・ジュースとガリアーノと一緒にマドルしておき、残りの材料を加えてシェイクする。

パリジャン・ブロンド・カクテル
Parisian Blond Cocktail

古典的カクテル、アレクサンダー（p86）の流れを汲む由緒あるカクテル。リキュールにはラムを、コーディアルにはオレンジ・キュラソーを使います。名前の由来は長年の謎です。

……

ラム	30ml
オレンジ・キュラソー	30ml
生クリーム（ヘビー・クリーム）	30ml
バニラ・エッセンス（ガーニッシュ、お好みで）	

……

すべての材料を氷と一緒にシェイクし、冷やしたカクテル・グラスに漉しながら注ぐ。クリームの上にバニラ・エッセンスを1～2滴垂らしても面白いでしょう。

ヴァレンシアⅡ
Valencia II

30年代、ハリウッドのルーズヴェルト・ホテルではヴァレンシア・マティーニ（p191）の素敵な変形版を出していました。これがそれです。

……

アプリコット・ブランデー	15ml
フレッシュ・オレンジ・ジュース	30ml
オレンジ・ビターズ	2ダッシュ
シャンパン	
フレイムド・オレンジ・ピール（p63、ガーニッシュ）	

……

上から3つの材料を氷と一緒にシェイクし、冷やしたフルート・シャンパンに漉しながら注ぐ。シャンパンを加える。フレイムド・オレンジ・ピールで仕上げる。

ハワイアン・ストーン・サワー*
Hawaiian Stone Sour

レインボー・ルーム時代、ある常連のアマチュア・バーテンダーのために、プールサイドに合う一杯として考案したものです。

……

ブレンデッド・ウィスキー	45ml
シンプル・シロップ	30ml
フレッシュ・レモン・ジュース	22.5ml
パイナップル・ジュース	45ml
チェリー（ガーニッシュ）	

パイナップル・スライス（ガーニッシュ）
……
すべての材料を氷と一緒にシェイクし、ロック・グラスに漉しながら注ぐ。チェリーとパイナップル・スライスを飾る。

バンシー
Banshee
クレーム・ド・マントの代わりにクレーム・ド・バナナで作るグラスホッパー。

パンチ・アンド・プレーン*+
Punch and Plain
パンチ・アンド・スウィートにする場合は、ライムとレモンのウェッジを使わず、代わりにセブンアップなど、甘い柑橘系のソーダをプレーン・ソーダとともに用います。
……
フレッシュ・オレンジ・ジュース	90ml
パイナップル・ジュース	90ml
グレナデン	7.5ml
シンプル・シロップ	7.5ml
ライム・ウェッジ	
レモン・ウェッジ	
プレーン・ソーダ	
オレンジ・スライス（ガーニッシュ）	
チェリー（ガーニッシュ）	

……
上から4つの材料をシェイクし、氷をいっぱいに入れたゴブレットに漉しながら注ぐ。ライム・ウェッジとレモン・ウェッジを搾り、ソーダを加える。オレンジ・スライスとチェリーを飾る。

ヴァンドーム
Vendome
1930年頃のハリウッドはヴァンドーム・クラブ［注→p134］のハウス・ドリンクです。
……
デュボネ・ルージュ	30ml
ジン	30ml
ドライ・ベルモット	30ml
レモン・ピール（ガーニッシュ）	

……
すべての材料を氷と一緒にステアし、冷やしたカクテル・グラスに漉しながら注ぐ。レモン・ピールで仕上げる。

ビーズ・キッス
Bee's Kiss
パリのリッツ・バーでフランク・マイヤーが考案し、『The Artistry of Mixing Drinks』（1936年）でも紹介したレシピに手を加えました。
……
バカルディ	45ml
生クリーム（ヘビー・クリーム）	30ml
蜂蜜シロップ（p220）	22.5ml

……
すべての材料を氷と一緒にシェイクし、冷やしたカクテル・グラスに漉しながら注ぐ。

ビーズ・ニーズ
Bee's Knees
……
ジン	60ml
蜂蜜シロップ（p220）	22.5ml
フレッシュ・レモン・ジュース	15ml

……
すべての材料を氷と一緒にシェイクし、冷やしたカクテル・グラスに漉しながら注ぐ。

ピーチ・メリッサ
Peach Melissa
ニューヨーク・シティはグレイス・バー（Grace Bar）の店主、フレッド・マキボンのレシピより。
……
ゴスリング（ラム）	45ml
シンプル・シロップ	15ml
フレッシュ・オレンジ・ジュース	30ml
フレッシュ・レモン・ジュース	7.5ml
ピーチ・ピューレ	30ml
ピーチ・スライス（ガーニッシュ）	1枚

……
すべての材料を氷と一緒にシェイクし、カクテル・グラスに漉しながら注ぐ。ピーチ・スライスを飾る。

B-52
B-52
ディスコ時代に登場した初期フロート・ドリンクで、いまも高い人気を誇っています。上手に層を作るコツはプース・カフェ（p160）の作り方をご参照ください。
……

カルーア	22.5ml
ベイリーズ・アイリッシュ・クリーム	22.5ml
グラン・マルニエ	22.5ml

……

カルーアから上記の順でコーディアル・グラスに層を作る。

ピコン・パンチ
Picon Punch

……

アメール・ピコン	60ml
フレッシュ・レモン・ジュース	15ml
グレナデン	15ml
プレーン・ソーダまたはジンジャー・エール	
季節のフルーツ（ガーニッシュ）	

……

上から3つの材料を氷と一緒に十分にシェイクし、氷をいっぱいに入れたハイボール・グラスに漉しながら注ぐ。プレーン・ソーダか、甘くしたい場合はジンジャー・エールを加える。旬の果物をたっぷりと飾る。

ピコン・パンチ II
Picon Punch II

……

アメール・ピコン	30ml
グレナデン	15ml
ブランデー	15ml
プレーン・ソーダ	120〜150ml
レモン・ピール（ガーニッシュ）	

……

上から3つの材料を氷と一緒にシェイクし、氷をいっぱいに入れたハイボール・グラスに漉しながら注ぐ。プレーン・ソーダを加え、レモン・ツイストで仕上げる。

ピスコ・サワー
Pisco Sour

ピスコはペルーおよびチリ産の、マスカットを原料とする独特な味わいのブランデーです。ピスコ・サワーはその両国で随一の人気を誇るカクテルで、米国のブラッディ・メアリーと同じく、誰もが自分のレシピが一番と思っています——もちろん、わたしもです。

……

ピスコ	45ml
フレッシュ・レモン・ジュース	22.5ml
シンプル・シロップ	30ml
小ぶりの卵の卵白	1個分
アンゴスチュラ・ビターズ	数ドロップ

……

すべての材料を氷と一緒にシェイクし、小型のカクテル・グラスに漉しながら注ぐ。泡の上からアンゴスチュラ・ビターズを数滴落として仕上げる。

ビトウィーン・ザ・シーツ
Between the Sheets

サイドカーの親戚です。ベネディクティンの代わりにラムを使う場合もありますが、ベース・スピリッツが2種類あると、舌を混乱させてしまいかねません。このレシピのほうが面白いものが作れます。

……

ブランデー	45ml
ベネディクティン	15ml
コアントロー	15ml
フレッシュ・レモン・ジュース	22.5ml
フレイムド・オレンジ・ピール（p63、ガーニッシュ）	

……

すべての材料を氷と一緒にシェイクし、冷やしたカクテル・

ビトウィーン・ザ・シーツ

グラスに漉しながら注ぐ。フレイムド・オレンジ・ピールで仕上げる。お好みで：グラスを砂糖でリムする。

ピニャ・コラーダ
Piña Colada

1950年代のプエルトリコで、ドン・ラモン・ロペス・イリザリーが美味しいココナッツ・クリームを作りました。これはのちにココ・ロペス※として製品化され、トロピカル料理やデザートに広く使われるようになったのですが、最良の使用法が登場するのはそのあとのことです。1957年、プエルトリコのカリブ・ヒルトンのバーテンダー、ラモン・マレーロがココナッツ・クリームとラム、パイナップル・ジュース、氷をブレンダーで合わせ、この有名なドリンクを考案しました。その後、ヴィクター・バージェロン（トレーダー・ヴィック）［注→p183コラム］がマレーロのレシピを拝借し、自身のカクテル本に載せてバイーア（Bahia）と名付けました。美味しいピニャ・コラーダ作りのコツは、ライト・ラムとダーク・ラムを両方、ビターズを1ダッシュ、生クリームを少々使うこと。より複雑なフレーバーが楽しめる一杯になります。

……

ライト・ラム	45ml
マイヤーズまたはゴスリング（ラム）	30ml
ココ・ロペス※	60ml
生クリーム（ヘビー・クリーム）	30ml
パイナップル・ジュース	120ml
アンゴスチュラ・ビターズ	1ダッシュ
クラッシュド・アイス	1と1/5カップ
パイナップル・ウェッジ（ガーニッシュ）	
マラスキーノ・チェリー（ガーニッシュ）	

……

すべての材料をブレンダーに入れ、15秒間ブレンドする。ポコグランデ・グラスといったスペシャルティ・グラスに注ぎ、パイナップルとチェリーを飾る。

ピムス・カップ
Pimm's Cup

ピムスに英国版レモネード――米国でいうレモン・ライム・ソーダ――を合わせるのが伝統的なレシピですが、個人的にはフレッシュ・レモネードとプレーン・ソーダを合わせるほうが好みです。

……

ピムス No.1	45ml
フレッシュ・レモネード	90ml
クラブソーダまたは甘いソーダ	
イングリッシュ・キューカンバー［きゅうり］スティック（ガーニッシュ）	
アップル・スライス（ガーニッシュ）	

……

すべての材料をハイボール・グラスの中で合わせ、きゅうりとリンゴを飾る。

ピルグリム・カクテル*
Pilgrim Cocktail

1杯分のレシピです。6杯分のレシピはp147のパンチの項をご覧ください。

……

ダーク・ラム	15ml
ライト・ラム	15ml
オレンジ・キュラソー	15ml
フレッシュ・オレンジ・ジュース	60ml
ライム・ジュース	1/2個分
ピメント・リキュール	7.5ml
アンゴスチュラ・ビターズ	1ダッシュ

……

ピニャ・コラーダ

すべての材料をシェイクし、カクテル・グラスに漉しながら注ぐ。ホットでもコールドでも可。

ピンク・コーラル
Pink Coral

パッソアはフランス産のパッションフルーツ・リキュールで、香りに魅せられたフランス人たちがこれを使ったすばらしいドリンクをいくつか作っています。パッソアはラム・ベースのドリンクとの相性が抜群に良いのですが、他の多くのスピリッツともよく合います。もし見つかれば、パイナップルの形をした陶磁器のグラスをお使いください。または、高級スーパーなどで小型のパイナップルをお求めになり、中をくり抜いて、グラス代わりにするのも面白いでしょう。ただし、中をくり抜く際には、皮の棘にご注意を。
[coral は "珊瑚(さんご)" の意]

……

ウォッカ	45ml
パッソア（パッションフルーツ・リキュール）	30ml
パイナップル・ジュース	90ml
パッションフルーツ・ジュースまたはネクター	30ml
グァバ・ジュースまたはネクター	30ml
グレナデン	大さじ1
アンゴスチュラ・ビターズ	1ダッシュ
フレッシュ・トロピカル・フルーツ（ガーニッシュ）	

……

すべての材料を氷と一緒にシェイクし、大型のゴブレットに入れて提供する。あれば、トロピカル・フルーツを飾る。

ピンク・ジン
Pink Gin

ホテル・ベルエア時代によく作っていた古典的一杯で、オリジナルのレシピではオレンジ・ビターズを使います。当時、ベルエアのバーにはデカイパー・オレンジ・ビターズが2〜3本あったのですが、使いきってしまったので、仕入れ担当に追加を頼んだところ、もう製造されておらず、20年ほど前から手に入らない状況だと言われたことを覚えています。現在、似たような製品は何種類か出回っています。ニューヨーク州ロチェスターが拠点のメーカー、フィー・ブラザーズ社のオレンジ・ビターズもそのひとつなのですが、オリジナルに比べて、香味とパンチに欠けます。ボルス社のビターズのほうが良いのですが、悲しいかな、米国では手に入りません。

……

ジン	60ml

Column

ピムス・カップ

　1970年代後半、ホテル・ベルエアで働いていた当時、きゅうりのスライスとリンゴのスライスを1枚ずつガーニッシュとして使う、一風変わったドリンクに興味をそそられました。英国のお客さま方によれば、グラスではなくマグ・カップに注ぎ、ボリジ（きゅうり風味のハーブ）かフレッシュ・ミントの小枝、さらにオレンジ、レモン、ライム、イチゴのいずれか、あるいはすべてをたっぷりと飾る、ということでした……そう、英国式で作ると、まさにフルーツサラダのような一杯なのです。それがピムス・カップでした。ベースは食前酒のピムスNo.1で、このドリンクの名前は1840年代のロンドンでオイスター・バーを営んでいた人物ジェームズ・ピムに由来します。ピムはジン、ハーブ類、キニーネ、そして門外不出の秘密の材料で消化を助けるドリンクを作りました（個人的には、アンゴスチュラなどのビターズに含まれる芳香性の何かが入っていると思っています。アンゴスチュラはちょうど、ピムがこれを考案していた頃に英国市場に入ったのかもしれません）。ピムのそのドリンクはジン・スリングの一種とされており、英国初のカクテルだった可能性があります——"ビタード・スリング（bittered sling）"と呼ばれていました。ただし、氷は入っていなかったと思われます。氷入りのカクテルが英社交界に登場したのは19世紀末で、人気が出るのは第1次世界大戦時、大勢の米軍人が大ブリテン島に上陸し、こぞって氷入りのドリンクを求めるようになってからのことでした。

　ジェームズ・ピムは店の顧客だった裕福な投資家たちの援助を得て、他界するまでピムスNo.1を製造販売しました。その後、ピムスはウィスキー・ベースのNo.2、ブランデー・ベースのNo.3、ラム・ベースのNo.4、ライ・ベースのNo.5、ウォッカ・ベースのNo.6と種類を増やしていきました。現在、No.1が米国で、No.1とNo.6が英国で流通しています。ピムス・カップは、レモネード——米国でいうレモン・ライム・ソーダ——を加えて供するのが英国式ですが、個人的には長年、本物のレモネードにプレーン・ソーダかセブンアップを少々加えて作っています。フレッシュ・レモネードを使ったほうが爽快感が高まりますし、1840年代にレモン・ライム・ソーダはありませんでしたから、オリジナルにより近いのではないかと思っています。ピムスはウィンブルドン選手権大会に欠かせないドリンクで、ナイジェル・ワトソン・テニス・スクール（ウィンブルドン関連の統計データの権威）によれば、ウィンブルドンでは毎年、ピムス・カップが平均4万パイント供されるそうです。伝統主義者によれば、最後にシャンパンを加えるのが、ピムス・カップの正式な作り方だそうです。

アンゴスチュラまたはオレンジ・ビターズ	3ダッシュ
レモン・ピール（ガーニッシュ）	

……

氷を入れたオールドファッションド・グラスの中でジンとビターズを合わせる。レモン・ピールで仕上げる。オリジナルのレシピでは氷を入れませんが、ぬるいジンを好む方は最近、あまり多くないと思いますので。

ピンク・スクァーレル
Pink Squirrel

クレーム・ド・ノワヨーはアーモンド風味のリキュールです。

[squirrel は動物の"リス"の意]

……

クレーム・ド・ノワヨー※	22.5ml
クレーム・ド・カカオ・ホワイト	22.5ml
生クリーム（ヘビー・クリーム）	45ml

……

すべての材料を氷と一緒にシェイクし、小型のカクテル・グラスに漉しながら注ぐ。

ピンク・レディ
Pink Lady

……

ジン	45ml
グレナデン	7.5ml
シンプル・シロップ	22.5ml
生クリーム（ヘビー・クリーム）	30ml

……

すべての材料を氷と一緒にシェイクし、小型のカクテル・グラスに漉しながら注ぐ。

ファジー・ネーブル
Fuzzy Navel

マイルドな一杯です。強くしたい方はウォッカをお足しください。

……

ピーチ・シュナップス	45ml
フレッシュ・オレンジ・ジュース	150ml
旬のフルーツ（ガーニッシュ）	

……

氷を入れたハイボール・グラスの中でビルドする。季節の果物を飾る。

ファンシー・テキーラ・カクテル*
Fancy Tequila Cocktail

……

サウザ・オルニートス（テキーラ）	30ml
グラン・マルニエ	30ml
フレッシュ・オレンジ・ジュース	45ml
フレッシュ・ライム・ジュース	7.5ml
フレイムド・オレンジ・ピール（p63、ガーニッシュ）	

……

すべての材料を氷と一緒にシェイクし、冷やしたマティーニ・グラスに漉しながら注ぐ。フレイムド・オレンジ・ピールで仕上げる。

ファンシー・ナンシー*
Fancy Nancy

ネグローニの苦味が苦手なダラスの写真家、ナンシーのために創ったものです。

……

シトラス・ウォッカ	30ml
スウィート・ベルモット	15ml
コアントロー	15ml
カンパリ	7.5ml
フレッシュ・オレンジ・ジュース	45ml
フレイムド・オレンジ・ピール（p63、ガーニッシュ）	

……

十分にシェイクし、冷やしたマティーニ・グラスに漉しながら注ぐ。フレイムド・オレンジ・ピールで仕上げる。

フィッツジェラルド*
Fitzgerald

……

ジン	45ml
シンプル・シロップ	30ml
フレッシュ・レモン・ジュース	22.5ml
アンゴスチュラ・ビターズ	2ダッシュ
レモンの小片（ガーニッシュ）	

……

すべての材料を氷と一緒にシェイクし、ロック・グラスに漉しながら注ぐ。レモンを飾る。

プース・カフェ
Pousse Café

ジェリー・トーマス著『The Bon Vivant's Companion, or How to Mix Drinks』の1862年版には「ファンシー・

ドリンクス」という項があり、そこの冒頭にプース・カフェのレシピが3つ紹介されています。それを19世紀前半、他に先駆けて考案したのがニューオーリンズの酒場の主人ジョセフ・サンティナであり、サンティナの作るクラスタがカクテルの世界を一段上のレベルに持っていったと、トーマスは讃えています。サンティナのプース・カフェはコニャック、マラスキーノ、キュラソーで作ります。ところが、トーマスによれば、コツは「よくミックスすること」──意外なことに、いわゆるレイヤード・スタイルのドリンクではなかったようです。ただ、わたしのレシピでは層を作ります（他のバリエーションは、p89のABCプース・カフェ参照）。作り手の技術と手さばきの精度が試される一杯です。

......

グレナデン	7.5ml
クレーム・ド・カカオ・ブラウン	7.5ml
マラスキーノ・リキュール	7.5ml
オレンジ・キュラソー	7.5ml
クレーム・ド・マント・グリーン	7.5ml
パルフェ・タムール（オレンジ・キュラソーのベースにスミレとスパイスで香味付けしたマリー・ブリザールのリキュール）	7.5ml
コニャック	15ml

......

各リキュールをグレナデンから上記の順にプース・カフェグラスに入れる。ティー・スプーンを裏返して先をグラスの内側に寄せ、スプーンの背を伝わせて慎重に注ぎ入れる。

フェルネット・ブランカ・カクテル
Fernet Branca Cocktail

......

ジン	60ml
フェルネット・ブランカ	15ml
スウィート・ベルモット	22.5ml
フレイムド・レモン・ピール（p63、ガーニッシュ）	

......

氷と一緒にステアして冷やし、冷やしたカクテル・グラスに漉しながら注ぐ。フレイムド・レモン・ピールで仕上げる。

フォー・ノッグ*
Faux Nog

生卵が苦手？　そんな方はエッグ・ノッグの代わりにこれをお試しあれ。本物そっくりの味に驚くはずです［fauxは"模造／フェイク"の意］。

......

ウォッカ	30ml
クレーム・ド・カカオ・ホワイト	30ml
生クリーム（ヘビー・クリーム）	60ml
アンゴスチュラ・ビターズ	3ダッシュ
すりおろしたてのナツメグ（ガーニッシュ）	

......

すべての材料を氷と一緒に十分にシェイクする。クラッシュド・アイスを入れたロンドン・ドック・グラスに注ぐ。ナツメグを振りかける。

ブザム・カレッサー
Bosom Caresser

......

生の卵黄	22.5ml
マデイラ	15ml
ブランデー	15ml
オレンジ・キュラソー	15ml
グレナデン	2ダッシュ
すりおろしたてのナツメグ（ガーニッシュ）	

......

黄身が乳化するまで氷と一緒に十分にシェイクする。冷やしたロンドン・ドック・グラスに漉しながら注ぐ。ナツメグを振りかける。

ブラウン・ダービー・カクテル
Brown Derby Cocktail

1930年、ハリウッドはヴァンドーム・クラブ［注→p134］で生まれたカクテル。名前の由来は1926年に開業したウィルシャー通りの有名な帽子型のレストランです。レスト

POUSSE L'AMOUR.

Column

層作り

　長年の経験から申しますと、グラスの中に層を作るのに必要なものは3つだけ──正確な手さばき、ふさわしいプース・カフェグラス、バー・スプーンです。プース・カフェの人気は随分前から下火になっていますので、完璧なプース・カフェグラスはなかなか見つからないかもしれませんが、大きめのポニー・グラスふうの、縁が広がっているものが理想形です。最初のリキュールを注いだら、スプーンを裏返し、できるだけ下まで挿し入れます。スプーンの先をグラスの内側に当てるか、なるべくそばまで寄せてください。続いて残りの材料を1つずつ加えていくわけですが、その際、スプーンの背を伝わせるようにすると、液体がグラスの内側に沿って流れ、層の上に静かに広がっていきます。できている層を壊さないよう、途中で手を止めず、そっと滑らかに注ぎます。リキュールは一般に甘いほど重いのですが、同じリキュールでもメーカーによって糖濃度が異なりますので、腕前を披露する前に、お使いになるリキュールで練習しておくことをお勧めします。ブランデーとクリームは必ず最後に加えます。ブランデーはドライですし、クリームはたいていのスピリッツの上に浮きます。

ランはもうありませんが、帽子型の建物はいまも残っています［写真→p144］。

……

バーボン	60ml
フレッシュ・グレープフルーツ・ジュース	30ml
蜂蜜シロップ（p220）	15ml

……

氷と一緒に十分にシェイクし、カクテル・グラスに漉しながら注ぐ。

BROWN DERBY COCKTAIL
⅓ Whisky
¼ Grapefruit Juice
¼ Honey
Shake well and strain into cocktail glass.

ブラック・ウィドウ*
Black Widow

スティンガー、ホワイト・スパイダーと並ぶ、3部作のひとつ。

……

マイヤーズ・ラム	60ml
クレーム・ド・マント・ホワイト	30ml

……

氷と一緒にシェイクし、ロック・グラスに入れた氷の上から注ぐ。

ブラックソーン
Blackthorn

有名なバーマン、ハリー・ジョンソン［→p19］が考案したカクテルです。

……

アイリッシュ・ウィスキー	75ml
ドライ・ベルモット	15ml
アンゴスチュラ・ビターズ	2ダッシュ
ペルノ・フィルス	2ダッシュ
フレイムド・レモン・ピール（p63、ガーニッシュ）	

……

すべての材料を氷と一緒にステアし、冷やしたマティーニ・グラスに漉しながら注ぐ。フレイムド・レモン・ピールで仕上げる。

［フィズ］
THE FIZZ

フィズとコリンズの違いは、グラスの大きさとガーニッシュにあります。コリンズはトールまたはコリンズ・グラスに入れ、チェリーとオレンジ・スライスを飾ります。フィズはサワーから派生したもので、発泡水の登場を受けて作られるようになりました。ただ、19世紀中頃はまだ、瓶詰めの発泡水はあまり出回っておらず、かなり高価なものでした。そこで家庭向けのレシピでは、代わりに粉末（重曹）が使われていました。『The Practical Housewife（ザ・プラクティカル・ハウスワイフ）』の1860年版には、レモン果汁、シュガー・シロップ、水、重曹20グレーン［約1.3グラム］で作る発泡レモネードが紹介されています。ジェリー・トーマス著『The Bon Vivant's Companion, or How to Mix Drinks』の1862年版にも、瓶詰めの発泡水を使うレシピは数えるほどしか紹介されていません。どれにもヨーロッパ産の発泡ミネラルウォーターが使われているのですが、当時はかなり高価なものでしたし、多くにははっきりとした鉱物臭がありました。ジン・フィズとトム・コリンズのどちらも、1862年版には載っていません。ただ、トム・コリンズのほうは同じくトーマスの著作『Bartender's Guide（バーテンダーズ・ガイド）』（1887年）には出てきますし、そこにはフィズのレシピも6つ載っています。

1862年版にはただし、ジン・パンチというドリンクが載っています。レシピはジン、レモン果汁、シュガー・シロップ、マラスキーノ・リキュール、セルツァー水で、よく冷やして出すと記されています。マラスキーノによるフローラルな微香があるとはいえ、味はジン・フィズやトム・コリンズのそれとほぼ同じだと思われます。ジン・フィズはつまるところ、トム・コリンズからフルーツの飾りを除いたショート・グラス版です。ニューオーリンズ・フィズ——ヘンリー・ラモスが1888年ニューオーリンズに紹介した別名ラモス・フィズ——はシルバー・フィズにオレンジフラワー・ウォーターを少々加えたものです。

わたしはこの有名な目覚まし用の一杯で、二日酔いに苦しむ何千もの方々を癒やしてきました。ラモス・フィズの名称権はニューオーリンズの老舗ホテル・ルーズヴェルトが購入しており、現在、そのホテルはフェアモント（Fairmont）という名前になっていますが、ここのバーにはぜひお寄りください。トニー・オルティスが昔ながらのラモス・フィズを見事な手さばきで作ってくれます。本書には、フィズの世界を知るのにぴったりのレシピをいくつか載せました。くり返しになりますが、フィズはサワーの発泡版です。ですから、作る際にはサワーの基本をお守りください——割合はベース1と1/2、甘味材1、酸味材3/4です。

ウィスキー・フィズ*
Whiskey Fizz
......

米国産ブレンデッド・ウィスキー	45ml
フレッシュ・レモン・ジュース	22.5ml
シンプル・シロップ	30ml

Column

ザ・フィズ

レインボー・ルームのジェネラルマネージャー、アラン・ルイスはある日わたしをオフィスに呼び、ラモス・フィズの作り方を訊ねました。わたしの答えは、ジン、ライム、レモン、卵白、砂糖、クリーム、オレンジフラワー・ウォーター。ところがアランは、いや違う、ラモス・フィズに卵白は使わない、と。わたしが譲らないと、生来の頑固者アランはウォルドルフ［最高級ホテル］に電話をし、そこの人々に訊いてまわることにしました。全員、アランの下でマネージャーとして働いたことのあるドリンクのプロです。はたして、アランは毎回、いかにも忌々しそうに受話器をたたきつけて電話を切るはめに。わたしが言ったのと同じ答えが返ってきたのは明らかでした。どうしても納得がいかなかったのでしょう、アランはニューオーリンズのブレナンズ［老舗レストラン］にかけ、ブレナン兄弟のひとりを電話口に呼びつけました。「おまえのところのいちばん古株のバーテンダーにラモス・フィズの作り方を訊いてくれ」……ガチャン！ アランはまたも受話器をたたきつけると、忌々しそうに言い捨てました。「あのバカ野郎っ、酔っ払ってやがる!」

アランが思い描いていたのはきっと、ジン・フィズだったのでしょう。ジン・フィズはトム・コリンズのショート・グラス版で、ガーニッシュはなし。レシピはレモンおよびライム果汁、砂糖、ジン、ソーダ。クリームも卵白も使わず、フィズ・グラスと呼ばれた8オンス［240ml］のグラスに入れて出します。もちろん、わたしはその後もラモス・フィズには必ず卵白を使いました——ただし、アランに出すものを除いて。彼は頑として負けを認めようとしませんでしたから。

| レモン・ライム・ソーダ | 90ml |

……

上から3つの材料をシェイクし、氷をいっぱいに入れたハイボール・グラスに漉しながら注ぐ。レモン・ライム・ソーダで満たす。バリエーション：ウィスキーをスコッチに代えると、マンハッタン・クーラーになります。

ゴールデン・フィズ
Golden Fizz

……

ジン	45ml
フレッシュ・レモン・ジュース	22.5ml
シンプル・シロップ	45ml
卵黄液	30ml
クラブソーダまたはセルツアー水	

……

ソーダを除くすべての材料を氷と一緒に、卵か完全に乳化するまで十分にシェイクする。氷を入れていないフィズまたはハイボール・グラスに漉しながら注ぎ、クラブソーダを足す。

バリエーション：黄身だけでなく全卵を使うと、ロイヤル・フィズになります。

シルバー・フィズ
Silver Fizz

……

ジン	45ml
フレッシュ・レモン・ジュース	7.5ml
シンプル・シロップ	45ml
小ぶりの卵の卵白	1個分
クラブソーダまたはセルツアー水	90ml

……

ソーダを除くすべての材料を氷と一緒に卵が完全に乳化するまで十分にシェイクする。氷を入れていないフィズまたはハイボール・グラスに漉しながら注ぎ、ソーダを足す。

ジン・フィズ
Gin Fizz

フィズ、もしくはデルモニコと呼ばれるグラスは、形はハイボール・スタイルのグラスに似ていますが、やや背が低く、容量は8〜10オンス［240〜300ml］です。卵を使うフィズ・タイプのドリンクは氷を入れずに出しますので、通常のハイボール・グラスよりもこちらのほうが適しています。

……

ジン	45ml
フレッシュ・レモン・ジュース	22.5ml
シンプル・シロップ	30ml
または微粒グラニュー糖	小さじ1
クラブソーダ	

……

ジン、レモン・ジュース、シロップをシェイクし、ハイボール・グラス（ただし、上記参照）に漉しながら注ぎ、氷を加える。クラブソーダで満たす。ガーニッシュなし。

ラモス・フィズ
Ramos Fizz

……

ジン	45ml
フレッシュ・レモン・ジュース	15ml
フレッシュ・ライム・ジュース	15ml
シンプル・シロップ	37.5ml
牛乳	60ml
小ぶりの卵の卵白	1個分
オレンジフラワー・ウォーター	2ドロップ
クラブソーダ	90ml

……

ソーダを除くすべての材料を氷と一緒にシェイクし、氷を入れていないハイボール・グラスに漉しながら注ぐ。ソーダを足す。ガーニッシュなし。

ブラックベリー・ジュレップ*
Blackberry Julep

ブラックバード[注→p93]時代のわたしの代名詞的一杯で、お店の一番人気でもありました。レインボー・ルーム時代、このベリー・ソースはベイクド・アラスカにもかけていました。

……

マリー・ブリザールのブラックベリー・リキュール	45ml
フレッシュ・レモン・ジュース	30ml
シンプル・シロップ	15ml
ミックスベリー・マリナーデ(p199)	大さじ1

……

すべての材料を水30ml、氷と一緒にシェイクし、クラッシュド・アイスをいっぱいに入れたハイボール・グラスに漉しながら注ぐ。グラスの表面にうっすらと霜が付くまでステアする。ベリー類を飾る。

ブラック・ベルベット
Black Velvet

1861年、ヴィクトリア女王の夫アルバート王配(おうはい)の死後、深い悲しみが広がるなかで生まれた変わり種です。当時は、使用するシャンパンの瓶に黒い布までかけていました。

……

ギネス・スタウト	120ml
シャンパン	120ml

……

ギネス・スタウトとシャンパンをビア・グラスに同量ずつゆっくりと注ぐ。

ブラック・ルシアン
Black Russian

定番のひとつ。ホワイト・ルシアンにする場合は、クリームを加えてシェイクします。

……

カルーア	30ml
ウォッカ	30ml

……

氷を入れたオールドファッションド・グラスの中でビルドする。ガーニッシュなし。

ブラック・ローズ
Black Rose

……

グレナデン	1ダッシュ

ペイショーズ・ビターズ※	2ダッシュ
バーボン	60ml
フレイムド・レモン・ピール(p63、ガーニッシュ)	

……

オールドファッションド・グラスに3/4まで氷を入れる。グレナデン、ビターズ、バーボンを加える。ステアし、フレイムド・レモン・ピールで仕上げる。

ブラッシー・ブロンド
Brassy Blond

タイ・ウェンゼルがニューヨーク・シティのマリオンズ(Marion's)時代に考案した一杯です。

[タイ・ウェンゼルは女性バーテンダー。十数年間のバーテンダー体験を記した『Behind Bars』(2003年)の著者。邦訳『酒場の奇人たち――女性バーテンダー奮闘記』文春文庫、2004年]

……

ストリチナヤ・シトラス	60ml
パイナップル・ジュース	60ml
コアントロー	7.5ml

……

十分にシェイクし、冷やしたカクテル・グラスに漉しながら注ぐ。

ブラッド・アンド・サンド
Blood and Sand

レシピをひと目見て、これはひどいと思い、手を出さずにいたのですが、いくつか信頼の置けるカクテル本に載っているのを知り、一度試してみたところ……その味に戒められました。もう二度と、飲まず嫌いはいたしません。

……

スコッチ	22.5ml
チェリー・ヒーリング	22.5ml
スウィート・ベルモット	22.5ml
フレッシュ・オレンジ・ジュース	30ml
フレイムド・オレンジ・ピール（p63、ガーニッシュ）	

……

すべての材料を氷と一緒に十分にシェイクし、冷やしたカクテル・グラスに漉しながら注ぐ。フレイムド・オレンジ・ピールで仕上げる。

ブラッド・オレンジ・コスモ
Blood Orange Cosmo

ニューヨーク・シティのジュリー・ライナーが考案したものです。

……

ストリチナヤ・オレンジ	45ml
トリプルセックまたはコアントロー	15ml
フレッシュ・ライム・ジュース	7.5ml
フレッシュ・ブラッドオレンジ・ジュース	7.5ml
クランベリー・ジュース	スプラッシュ（15ml）
オレンジ・スライス（ガーニッシュ）	

……

氷と一緒に十分にシェイクし、冷やしたマティーニ・グラスに注ぐ。オレンジを飾る。

ブラッドハウンド*
Bloodhound

フランク・マイヤー著『The Artistry of Mixing Drinks』（1936年）に載っていたレシピをアレンジしたもので、20年代から30年代の多くの本に紹介されています。このカクテルにはわたしがレインボー・ルームで覚え、ブラックバード［注→p93］で完成させた手法を用いています──季節ごとにフルーツを変える、というものです。また、香りをさらに引き出すために、シェイクする前にマッシュのひと手間も加えました。旬のものであれば、フルーツの種類は問いません。

……

ドライ・ベルモット	15ml
ジン	60ml
スウィート・ベルモット	15ml
ラズベリー	8個

……

すべての材料を氷と一緒に十分にシェイクし、冷やしたマティーニ・グラスによく漉して注ぐ。

フラティーニ*◆
Flirtini

……

フレッシュ・パイナップル	2片
コアントローまたはトリプルセック	15ml
ウォッカ	15ml
パイナップル・ジュース	30ml
シャンパン	90ml
チェリー（ガーニッシュ）	

……

ミキシング・グラスの底で、パイナップルとコアントローをマドルする。ウォッカとジュースを加え、氷と一緒にステアする。冷やしたマティーニ・グラスに漉しながら注ぎ、シャンパンを足す。チェリーを飾る。

フラミンゴ
Flamingo

……

ホワイト・ラム	45ml
パイナップル・ジュース	45ml
フレッシュ・ライム・ジュース	7.5ml
グレナデン	7.5ml
シンプル・シロップ（お好みで）	スプラッシュ（15ml）

……

すべての材料を氷と一緒に十分にシェイクし、マティーニ・グラスに注いで出す。ガーニッシュなし。

[ブラッディ・メアリー]
THE BLOODY MARY

ブラッディ・メアリーは自宅の庭でするバーベキューと同じで、誰もが自分流の作り方が一番だと自負しています——もちろん、わたしもです。わたしがプロとして自分に課しているルールは、できるだけ幅広い層のお客さまに好まれるブラッディ・メアリーにすること。そのためには、第一に、ブラッディ・メアリーの基本中の基本であるトマト・ジュースの甘みを絶対に損なってはいけません。ウスター・ソースやタバスコ・ソースを入れすぎると、ドリンクが濁り、スパイシーになりすぎます。レモン果汁はトマト・ジュースに必須ですので、ブラッディ・メアリーにもレモンの搾り汁は欠かせません——正確には、7.5mlです。わたしはさらに、レモンかライムのスライスを横に添えて出し、お飲みになる方のお好みで、どちらでも加えられるようにします。

ブラッディ・メアリーは第1次大戦後間もなく、米国の缶入りトマト・ジュースがパリに初上陸したのを受けて誕生したと言われています。リッツ・バーのヘッドバーマン、フランク・マイヤーが長年、かの有名なトマト・ジュース・カクテルを作っていたのは確かですが、彼のレシピには大切な材料が欠けていました。そう、アルコールです！アルコール入りが誕生したのはパリのハリーズ・ニューヨーク・バー[注→p145]でのことで、バーマンのフェルナンド"ピート"ペティ[1900-1975]がウォッカでブラッディ・メアリーを作りました。この名が付いたのは、ダンカン・マケルホーン（ハリーズの経営者で話の達人、アンディ・マケルホーンのご子息）によると、当時メアリーという常連客がおり、彼女がいつもカウンターでひとり、恋人を待ちわびながらピートのトマト・ジュースを使ったカクテルを舐めるように飲んでいたからだそうです。悪名高きスコットランド女王メアリー1世の名を取ったのか、それともバーでひとり寂しく待っていた若きご婦人メアリーにちなんだものなのか。まったく異なる2つの説があるのが面白いですね。

ピートは1919年から1936年までハリーズで腕を振るったのち、ひいきのお客さまだったアスター家の人々からニューヨークのホテル、セント・レジス（St.Regis）のバーの面倒をみて欲しいと強く請われ、海を渡りました。彼はその店キング・コール・バー（King Cole Bar）で、当時の米国ではウォッカが手に入らなかったため、ジンで作ったトマト・ジュース・カクテルをニューヨーカーに紹介し、アスター家の命を受けてそれをレッド・スナッパー（p170）と名付けました。

Column
トマト・ジュース・カクテル
シェイカーの中で、熟した大ぶりのトマトを潰す。お好みに合わせてセロリ・ソルト少々とウスター・ソースを小さじ1/2加える。十分にシェイクし、ダブル・カクテル・グラスに漉しながら注ぐ。

ヒューブライン社の創設者アンドルー・マーティンの孫息子ジョン・マーティンが1960年代、新製品のウォッカ、スミノフの販促にこのトマト・ジュース・カクテルを積極的に利用しました。これでウォッカの使用が一般に広まり、その後押しのおかげもあり、ブラッディ・メアリーは二日酔い時の迎え酒として人気を博すまでになったのです。

ブラッディ・メアリー
Bloody Mary
ブラッディ・メアリーには競争心を煽る何かがあるようです。週末になると、米国中で自称バーテンダーたちが独自のブラッディ・メアリーを作っていますし、言うまでもなく、誰もが自分のレシピこそ西洋一だと信じています。ですが、ほんとうのベスト・レシピはこれです。セロリ・ソルトは良い隠し味になりますし、ニューヨーカーはホースラディッシュ[西洋ワサビ]を加えたものがお好みです。ブラッディ・メアリーには、ガーニッシュと材料のどちらにも独自の発想を活かせる余地がたっぷりとありますので、皆さんもオリジナルの一杯をどうぞお楽しみください。

……
ウォッカ	45ml
ウスター・ソース	2ダッシュ
タバスコ・ソース	4ダッシュ
塩コショウ	少々
フレッシュ・レモン・ジュース	7.5ml
トマト・ジュース	120ml

……
ミキシング・グラスにすべての材料を入れ、ローリングで混ぜる。3/4まで氷を入れた大型のゴブレットかパイント・グラスに漉しながら注ぐ。レモンとライムのウェッジを載せた小皿を添える。

デニッシュ・メアリー
Danish Mary

レシピはブラッディ・メアリーのそれ（p167）とほぼ同じで、ウォッカだけアクアビットに代える。レモンの小片と大ぶりのケッパーベリーを1つずつ小皿に載せて出す。

ブラッディ・サン*
Bloody San

野菜の和風ピクルスはアジアの食材を扱う店で買えます。瓶詰めの酢漬けを使います。

......

ウォッカ	60ml
タバスコ・ソース	2ダッシュ
ウスター・ソース	1ダッシュ
フレッシュ・レモン・ジュース	7.5ml
わさび	少々
トマト・ジュース	120ml
米酢	1ダッシュ
野菜の和風ピクルス（ガーニッシュ）	30ml

......

氷を入れたミキシング・グラスの中に材料を入れ、ローリング[→p55]で混ぜ、氷を入れたゴブレットかパイント・グラスに漉しながら注ぐ。野菜の和風ピクルスを飾る。

ブラッディ・シーザー
Bloody Caesar

カナダ生まれのバリエーションで、アレンジの効いた一杯です。

ブラッディ・メアリー（上記）のレシピとほぼ同じ。ただし塩は入れず、普通のトマト・ジュースの代わりに、トマト90mlとクラム・ジュース60mlを使う。舟に見立てたエンダイブの葉を小皿に置き、新鮮な貝をひとつ載せる。

ブラッディ・バトラム
Bloody Butrum

友人のカール・バトラムと定期的に開いている悪名高きホームパーティ"朝まで一直線"の会[→p135]で、朝日が昇る直前、「ラプソディ・イン・ブルー」を聴き終えた直後に、カールのキッチンで作ったものです。

......

ウォッカ	60ml
セロリ・ソルト	2ダッシュ
ドライ・ディル	少々
挽いたコショウ	2ダッシュ
タバスコ・ソース	2ダッシュ
ウスター・ソース	3ダッシュ
クラマトジュース	120ml
ライム・ウェッジ	2個

......

氷を入れたミキシング・グラスの中でビルドし、ローリングで混ぜ、氷を入れたゴブレットかパイント・グラスに漉しながら注ぐ。

ブラッディ・ブル
Bloody Bull

......

ウォッカ	45ml
フレッシュ・オレンジ・ジュース	1ダッシュ
タバスコ・ソース	4ダッシュ
コショウ	1ダッシュ
ビーフ・ブイヨン	90ml
トマト・ジュース	60ml
オレンジ・ピール（ガーニッシュ）	

......

すべての材料をミキシング・グラスに入れて十分にシェイクする。ゴブレットまたはパイント・グラスに氷の上から漉しながら注ぐ。オレンジ・ピールで仕上げる。

ブラッディ・マリア
Bloody Maria

基本的にブラッディ・メアリー（p167）と同じ要領で作る。ただし、スパイシーなトマト・ジュースの代わりにサングリータを、ウォッカの代わりにテキーラを使う。最後にライムの小片を飾る。

ブル・ショット
Bull Shot

......

ウォッカ	45ml
オレンジ・ジュース	1ダッシュ
タバスコ・ソース	4ダッシュ
コショウ	1ダッシュ
ビーフ・ブイヨン	120ml

......

すべての材料をミキシング・グラスに入れて十分にシェイクする。氷を入れたゴブレットまたはパイント・グラスに漉しながら注ぐ。オレンジ・ピールで仕上げる。

マッチョ・ガスパチョ
Macho Gazpacho

……

ウォッカまたはテキーラ	45ml
ガスパチョ・ピューレ（p171）	150ml
ガーリック・ブレッド・スティック（ガーニッシュ）	
赤パプリカ（縦に細く切る、ガーニッシュ）	数本
レモン・ウェッジ（ガーニッシュ）	

……

ウォッカとピューレを合わせ、ローリングで混ぜる。氷を入れたゴブレットかパイント・グラスに注ぐ。ガーリック・ブレッド・スティック、赤パプリカを縦に細く切ったもの数本と、レモンを小皿に載せて出す。

レッド・スナッパー
Red Snapper

ウォッカではなくジンで作るブラッディ・メアリー（p167）。レモンとライムのウェッジを小皿に載せて出す。

THE BLOODY MARY BUFFET
[ブラッディ・メアリー・ブッフェ]

ゲストにセルフサービスでブラッディ・メアリーを作っていただく、ブランチ・パーティなどのカジュアルな集まりにぴったりのおもてなしです。さまざまな野菜や魚介類をガーニッシュとして揃えておきます。普通のトマト・ジュースだけでなく、自家製野菜ジュースを出しても良いでしょう。スピリッツも、ゲストの好みやパーティの趣旨に合わせて、さまざまな種類を用意できます。

180×90センチ程度のテーブルをクロスで飾ります。テーブルの各端に同じ材料が並ぶように配置し、いくつか種類の異なるブラッディ・メアリー・ジュースミックスをカラフェかピッチャーに注ぎ、氷を入れたボウルに入れて中央に置きます。ガーニッシュ類も、なるべく多くのゲストが同時に取れるように、左右に同じものを置きます。アイス・バケットもトングかアイス・スコップを添えて左右に置きます。カクテルのミックス用具は、ドリンクを2つのタンブラーの間を行き来させて混ぜることができるボストン型がいいでしょう。そばにゴミ入れを用意するのもお忘れなく。

ドリンクを作る手順は以下のとおりです。ゴブレットにお好みのスピリッツを入れ、お好きなジュースを2/3まで注ぐ。シェイカーの一方に氷を4つ（氷が小さい場合はもっと）入れ、ゴブレットのミックスを加えて2〜3回、ゆっくりと優しく行ったり来たりさせるローリングで混ぜる。混ぜたものをゴブレットに戻す。取り皿に好みのガーニッシュを取る。

註：レシピはすべて、46オンス[1380ml]のトマト・ジュース缶がベース。

ジュース・レシピ

クラム＆トマト・ジュース
Clam and Tomato Juice

ブラッディ・シーザー用です。
......

自作のクラム・ジュース	750ml
トマト・ジュース	1380ml
塩コショウ	適宜

......
すべての材料を合わせてよく混ぜる。

グリーン・ガスパチョ
Green Gazpacho

マッチョ・ガスパチョに使います。
......

大ぶりのきゅうり（皮を剥いて小口切りにする）	3本
赤たまねぎ（皮を剥いてクォーターに切る）	2個
ハラペーニョ	半分
スカリオン（ワケギ、根は切り落とす）	1束
緑パプリカ（ヘタを切り落としてクォーターに切る）	4個
セロリの茎（洗って2.5センチ幅に切る）	3本
クレソン（洗って根を切り落とす）	半束
ウィート・グラス（小麦の若芽）	半束
ショウガ	1/2片
塩コショウ	適宜
レモン・ジュース	適宜
ライム・ジュース	適宜

Column

用意するもの

スピリッツ
ウォッカ、ジン、テキーラ、アクアビット

魚介類
二枚貝、牡蠣、海老
クラッシュド・アイスを盛った大皿に飾り、回りにレモン・ウェッジを並べる。サーブ用トングを用意する。

グラス
ゴブレット、ハイボール

野菜類
さまざまな生野菜とピクルスのコーナーを作り、取り皿を用意する。
ラディッシュ、スカリオン（ワケギ）、オリーブ、カクテル・オニオン、パプリカ、ベビーフェンネル［ウィキョウ］、トムオリーブ［青トマトのピクルス］、ケッパーベリー、エンダイブ、大根、すりおろしたホースラディッシュ（ドリンクに入れる用）、セロリ、にんじん、きゅうりなどのマドラー代わりになる野菜スティック、ディル、バジル、オレガノなど鉢植えのハーブ、塩とコショウ、ドライフェンネル、柑橘類のウェッジを入れたボウル、スピリッツの瓶を入れておく氷入りの銀製ボウル、タバスコ・ソース、ウスター・ソースなどのホットソースの瓶、パプリカやトマトなど、生野菜を入れておく大きめのバスケット

……
野菜を少量ずつミキサー／フードプロセッサーに入れ、ピューレ状にする。すべての野菜をピューレにしたら、大ぶりの容器に入れ、2.85Lの水を加える。1時間ほど冷蔵庫で冷やす。950mlずつもう一度ミキサーにかける。塩コショウ、レモン・ジュース、ライム・ジュースで味を調える。

サングリータ
Sangrita

……

ハラペーニョ・ピューレ	3/10カップ
フレッシュ・ライム・ジュース	75ml
フレッシュ・オレンジ・ジュース	150ml
グレナデン	30ml
シンプル・シロップ	120ml
トマト・ジュース	1380ml
コーシャー・ソルト（適宜増量）	大さじ3/4
白コショウ（適宜増量）	大さじ3/4

……

すべての材料を合わせ、よく混ぜる。冷やす。塩コショウで味を調え、テキーラのショットと一緒に、もしくはブラッディ・マリアとして出す。

スパイシー・トマト・ジュース
Spicy Tomato Juice

……

フレッシュ・レモン・ジュース	75ml
タバスコ・ソース	小さじ2
ウスター・ソース	小さじ1
トマト・ジュース	1380ml
塩コショウ	適宜

……

すべての材料を合わせ、よく混ぜる。冷やす。

レインボーV-7ジュース
Rainbow V-7 Juice

ジューサーを使います。

……

トマト・ジュース	1380ml
セロリ・ジュース	120ml
フレッシュ・にんじんジュース	120ml
フレッシュ・緑パプリカ・ジュース	120ml
フレッシュ・赤パプリカ・ジュース	120ml
フレッシュ・たまねぎジュース	60ml
フレッシュ・フェンネル・ジュース	60ml
塩コショウ	適宜

……

すべての材料を合わせてよく混ぜる。冷やす。

> **Column**
>
> ### ブランデー・クラスタ
>
> クラスタは、1852年にニューオーリンズのグラヴィエ・ストリートに名店ジュウェル・オブ・ザ・サウス(Jewel of the South)を開いたバーテンダー、ジョゼフ・サンティーナが考案した、たいへんおしゃれなドリンクです(グラスの縁を砂糖の硬い皮／殻(クラスト)で覆うように飾ることから、この名前が付きました)。ブランデー・クラスタの作り方は以下のとおり:ミキシング・グラスの中でブランデー 45ml、マラスキーノ・リキュール 7.5ml、コアントロー 7.5ml、フレッシュ・レモン・ジュース7.5mlを合わせる。砂糖を薄くリムした(p74参照)小型のカクテル・グラスに漉しながら注ぐ。グラスの内縁に沿ってスパイラル・レモン・ピール(p66参照)を飾る。

プランターズ・パンチ*
Planter's Punch

プランターズ・パンチは、数百もレシピがあり、皆さんの創造性を存分に発揮するのに格好のドリンクです。これはわたしがレンボウ・ルーム時代に考案したレシピです。6杯分のレシピは、p150のパンチの項をご覧ください。

……

ダーク・ラム	30ml
ライト・ラム	30ml
オレンジ・キュラソー	15ml
フレッシュ・オレンジ・ジュース	60ml
パイナップル・ジュース	60ml
シンプル・シロップ	15ml
フレッシュ・ライム・ジュース	7.5ml
グレナデン	1ダッシュ
アンゴスチュラ・ビターズ	1ダッシュ
プレーン・ソーダ(お好みで)	60ml
オレンジ・スライス(ガーニッシュ)	
チェリー(ガーニッシュ)	

……

ソーダ以外の材料を氷と一緒にシェイクし、3/4まで氷を入れたコリンズ・グラスに漉しながら注ぐ、お好みでプレーン・ソーダを加える。オレンジ・スライスとチェリーを飾る。

ブランデー・カクテル
Brandy Cocktail

ジェリー・トーマス著『The Bon Vivant's Companion, or How to Mix Drinks』(1862年)に紹介されているオリジナル・カクテル群には、ベースとなるスピリッツの名前がそのまま付いています──これも然りです。レモン・ピールで仕上げると、ここに"ファンシー"の形容詞が付きます。

……

ブランデー	60ml

オレンジ・キュラソー	15ml
アンゴスチュラ・ビターズ	2ダッシュ
ペイショーズ・ビターズ※	2ダッシュ
レモン・ピール(ガーニッシュ)	

……

氷と一緒にシェイクし、小型のカクテル・グラスに注ぐ。"ファンシー"にする場合はレモン・ピールで仕上げる。

ブランデー・プラッシュ
Brandy Plush

ジェリー・トーマス著『The Bon Vivant's Companion, or How to Mix Drinks』の1862年版に載っていたレシピに手を加えたものです。ホワイト・タイガーズ・ミルク(p183)もご参照ください。

……
ブランデー	45ml
シンプル・シロップ	30ml
アンゴスチュラ・ビターズ	4ダッシュ
牛乳または生クリーム	120ml
すりおろしたてのナツメグ（ガーニッシュ）	

……

氷と一緒に十分にシェイクし、冷やしたワイン・グラスに漉しながら注ぐ。ナツメグを振りかける。

ブランデー・ミルク・パンチ
Brandy Milk Punch

牛乳120mlのうち30mlを生クリームに代えて、小ぶりの卵を加えると、ブランデー・エッグ・ノッグになります。エドワード・スペンサー著『The Flowing Bowl』にはアークティック・リージョンズ（Arctic Regions）という、これの美味しいバリエーションが載っており、そちらのレシピは全乳120ml、シェリー（ミディアムからスウィート）60ml、ブランデー30mlで、氷と一緒に十分にシェイクし、シナモンを振りかけた氷の上から注いで作ります。

……

ブランデー	60ml
シンプル・シロップ	30ml
牛乳	120ml

……

氷と一緒にシェイクし、パンチ・グラスに注ぐ。ナツメグを振りかける。

ブランブル
Bramble

英国の伝説的バーテンダー、ディック・ブラッドセル［注→p89］が考案したカクテルです。

……

ジン	45ml
フレッシュ・ライム・ジュース	22.5ml
シンプル・シロップ	22.5ml
クレーム・ド・ミュール（ブラックベリー・リキュール）	22.5ml
ライム・ホイール（ガーニッシュ）	
ラズベリー（ガーニッシュ）	

……

ジン、ライム・ジュース、シロップを氷と一緒に十分にシェイクし、クラッシュド・アイスをいっぱいに入れたハイボール・グラスに漉しながら注ぐ。クレーム・ド・ミュールを氷の隙間にゆっくりと注ぎ入れ、ライム・ホイールとラズベリーを飾る。

フリップ
Flip

植民地時代、フリップは温かいドリンクで、ボストン・ポスト・ロードにずらりと立ち並んでいた宿と同じくらい、さまざまなバリエーションがありました。一般にブラウンシュガーと卵を、ときには生クリームを使い、これらを大型のビア・マグに入れ、ロガーヘッド（先端に鉄球の付いた棒）で加熱しました。ロガーヘッドは火にくべて熱し、それをマグの中に入れていました。アルコール度を高めたい場合は、ラム、ブランデー、またはアップルジャックを加えました。

……

スピリッツ、シェリー、またはポート	45ml
砂糖	小さじ1
小ぶりの卵	1個
すりおろしたてのナツメグ（ガーニッシュ）	

……

すべての材料を氷と一緒に、卵が完全に乳化するまで十分にシェイクする。ロンドン・ドックかポート・グラスに漉しながら注ぐ。ナツメグを振りかける。

ブルー・トレイン
Blue Train

……

ジン	45ml
コアントロー	15ml
フレッシュ・レモン・ジュース	7.5ml
ブルー・キュラソー	1ダッシュ
フレイムド・オレンジ・ピール（p63参照、ガーニッシュ）	

……

氷と一緒に十分にシェイクし、冷やしたマティーニ・グラスに漉しながら注ぐ。フレイムド・オレンジ・ピールで仕上げる。

ブルー・ハワイアン（フローズン）
Blue Hawaiian, Frozen

……

ライト・ラム	30ml
ブルー・キュラソー	30ml
ココ・ロペス※	30ml
パイナップル・ジュース	60ml
パイナップル・スライス（ガーニッシュ）	

チェリー（ガーニッシュ）

……

クラッシュド・アイス1と1/5カップとブレンドする。パイナップル・スライスとチェリーを飾る。

ブルー・マンデー
Blue Monday

ハリー・クラドック著『Savoy Cocktail Book』で紹介されたもので、ウォッカ・ドリンクとして最初期のカクテル本に登場した一杯です。オリジナル・レシピでは青野菜のエキスを入れますが、わたしは代わりにブルー・キュラソーを使ってみました。

……

ウォッカ	45ml
コアントロー	15ml
ブルー・キュラソー	7.5ml
フレイムド・オレンジ・ピール（p63、ガーニッシュ）	

……

氷と一緒に十分にシェイクし、冷やしたマティーニ・グラスに漉しながら注ぐ。フレイムド・オレンジ・ピールで仕上げる。

ブルー・ラグーン
Blue Lagoon

[lagoon は"礁湖"の意]

……

ホワイト・ラム	22.5ml
ダーク・ラム	22.5ml
ブルー・キュラソー	15ml
フレッシュ・オレンジ・ジュース	90ml
パイナップル・ジュース	90ml
アンゴスチュラ・ビターズ	1ダッシュ
お好きなフルーツ（ガーニッシュ）	

……

すべての材料を氷と一緒にシェイクし、氷をいっぱいに入れた大型のゴブレットに漉しながら注ぐ。旬の果物を飾る。

ブルズ・ブラッド
Bull's Blood

……

ラム	22.5ml
オレンジ・キュラソー	22.5ml
スペイン産ブランデー	22.5ml
フレッシュ・オレンジ・ジュース	45ml
フレイムド・オレンジ・ピール（p63、ガーニッシュ）	

……

すべての材料を氷と一緒にシェイクし、カクテル・グラスに漉しながら注ぐ。フレイムド・オレンジ・ピールで仕上げる。

ブルックリン・カクテル
Brooklyn Cocktail

……

カナディアン・クラブ	60ml
ドライ・ベルモット	30ml
マラスキーノ・リキュール	1ダッシュ
アメール・ピコン	1ダッシュ
レモン・ピール（ガーニッシュ）	

……

すべての材料を氷と一緒にシェイクし、冷やしたカクテル・グラスに漉しながら注ぐ。レモン・ピールで仕上げる。

ブルヴァード
Boulevard

ニューヨーク・サン紙のG.セルマー・ファウグナーの記事（1935年）より。

……

ライ・ウィスキー	60ml
グラン・マルニエ	15ml
ドライ・ベルモット	15ml
フレイムド・オレンジ・ピール（p63、ガーニッシュ）	

……

氷と一緒にステアし、冷やしたカクテル・グラスに漉しながら注ぐ。フレイムド・オレンジ・ピールで仕上げる。

ブレイザー（ブルー・ブレイザー）
Blazer

ジェリー・トーマスが考案した有名なカクテル。ドリンクを燃やすため、扱いが難しく、うまく作るにはそれなりのコツがいります。持ち手が熱くならない加工が施してある大型のマグ・カップを使い、まずはお湯を何度か行ったり来たりさせて練習してください。マグ・カップは必ず耐熱性のものを、ガラス製でしたら、底に強化ガラスのしるし"T"が記されているものをお使いください。慣れるまでは、こぼさないように少量ずつ入れましょう。万が一にも火事を起こすことのないよう、屋外で練習してください。室内での場合は必ず、不燃性の台の上ですること。間違っ

ても、テーブルの上では行なわないようにしてください。
......

スコッチ（温めたもの）	45ml
フレッシュ・レモン・ジュース	スプラッシュ(15ml)
シンプル・シロップ	7.5ml
レモン・ピール（ガーニッシュ）	

......
銀メッキの器（取っ手は耐熱加工）を2つ、お湯で温める。一方にだけお湯を45ml残しておき、もう一方にスコッチを入れる。温まったスコッチにマッチで火をつける。燃えているスコッチをお湯が入っているマグ・カップに注ぎ入れる。同じ要領で、燃えているスコッチを2つの容器の間で行ったり来たりさせる。ロンドン・ドック・グラスにレモン・ジュースとシンプル・シロップを入れておき、燃えているスコッチを注ぐ。レモン・ピールを搾りかける。
註：スコッチは一定の温度にならないと火がつきません。ソースパンに入れて1分弱、弱火にかけてみてください。

ブレイヴ・ブル
Brave Bull
......

カルーア	30ml
テキーラ	30ml

......
氷を入れたオールドファッションド・グラスに注ぐ。ガーニッシュなし。

フレイム・オブ・ラヴ
Flame of Love
[flame of love は"愛の炎"の意]
......

フィノ（シェリー）	15ml
オレンジ・ピール	数枚
ウォッカ	75ml

......
冷やしたマティーニ・グラスの内側をフィノでリンスし、余った分は捨てる。オレンジ・ピール数枚をグラスの中に向けてフレイミングする(p63)。ウォッカを冷やし、香り付けしたグラスに濾しながら注ぐ。オレンジ・ピールで仕上げる。

バリエーション：ウォッカではなくジンで作ると、ヴァレシア(p191)またはスパニッシュ・マティーニになります。

プレーリー・オイスター
Prairie Oyster
この古典的一杯が載っていないカクテル本は、カクテル本とは言えないでしょう。"忙しい"夜が明けたあと、なるべく早く体内にビタミンを入れたい、との思いから考案されたものです。昨今ではもちろん、就寝前にマルチ・ビタミン剤とアスピリンを1錠ずつ飲めば済む話で、わざわざ生卵を丸呑みしなくてもよいのですが、伝統を頑なに守る方もいらっしゃいますので。
......

モルト・ビネガー（酢）	1ダッシュ
卵黄または小ぶりの全卵	1個分
ウスター・ソース	小さじ1/2
トマト・ケチャップ	小さじ1/2
タバスコ・ソース	2ダッシュ

......
すべての材料を小型のグラスに上記の順に入れる。一気に飲み干し、ブラッディ・メアリーを1杯どうぞ！

プレジデンテ
Presidente
1920年代にハバナのビスタ・アレグレ(Vista Alegre)で考案され、バティスタの前のキューバ大統領、カルメン・メノカル将軍にちなんで名付けられた一杯です。
......

ホワイト・ラム	45ml
オレンジ・キュラソー	22.5ml
ドライ・ベルモット	22.5ml
グレナデン	1ダッシュ

......
氷と一緒にシェイクし、小型のカクテル・グラスに濾しながら注ぐ。

プレスビテリアン
Presbyterian
わたしの母のお気に入りの一杯です。
......

バーボンまたはブレンデッド・ウィスキー	45ml
クラブソーダ	75ml
セブンアップ	75ml
レモン・ピール（ガーニッシュ）	

......
ハイボール・グラスの中でビルドする。レモン・ピールで仕上げる。

ブレックファスト・マティーニ
Breakfast Martini

真の匠サルヴァトーレ・カラブリーズ[世界的に有名なバーテンダー。著者デグロフの友人]がスタッフの気を常に引き締め、お客さまを常に笑顔にしていた店、ロンドンはレインズボロ・ホテル(Lanesborough Hotel)のバーで考案した一杯。ハーマン・バーニー・バーク著『Burke's Complete Cocktail and Drink Book(バークズ・コンプリート・カクテル・アンド・ドリンク・ブック)』(1934年)に載っているマイアミ・カクテルはこれの変形で、そちらはベースのジンに、スウィート・ベルモット、オレンジ・ジュース、ビターズ、マーマレードを加えて作ります。

……

ボンベイ・サファイア	45ml
フレッシュ・レモン・ジュース	22.5ml
コアントロー	22.5ml
マーマレード(皮の少ないもの)	小さじ1
トースト(ガーニッシュ)	1枚

……

すべての材料を氷と一緒にシェイクし、冷やしたマティーニ・グラスに漉しながら注ぐ。トーストを添える。

フレディ・ファッドパッカー
Freddie Fudpucker

ハーベイ・ウォールバンガーのメキシコのいとこ的な一杯。

……

テキーラ	45ml
フレッシュ・オレンジ・ジュース	150ml
ガリアーノ	少々

……

氷を入れたハイボール・グラスの中でビルドし、ガリアーノをフロートする。

フレンチ・キッス
French Kiss

……

スウィート・ベルモット	60ml
ドライ・ベルモット	60ml
レモン・ピール(ガーニッシュ)	

……

氷を入れた白ワイン・グラスの中でミックスする。レモン・ピールで仕上げる。

フレンチ・コネクション
French Connection

レネイの寝酒または目覚めの一杯。ときには二役を務めることも。

Column

ザッツ・アモーレ

デイヴ・チェイセン[コメディアン・俳優。1898-1973]と、物言わぬパートナー、ニューヨーカー誌の創刊者にして初代編集長のハロルド・ロスは1936年、ビバリーヒルズにチェイセンズ(Chasen's)を開きました。唐辛子料理を売りにしたこのレストランは間もなく、大統領や有力政治家からラット・パック[フランク・シナトラを筆頭に、ディーン・マーティンやサミー・デイヴィスJrなどハリウッドのスター仲間からなる一団]まで、各界の有名人が集う場所になりました。ある日、バーにいたディーン・マーティン[歌手・俳優。1917-1995。ヒット曲に『ザッツ・アモーレ(That's Amore)』。amoreは"愛"の意]がその店で35年の経歴を誇るベテランバーテンダー、ペペ・ルイスに言いました——ぼくに合う特別な一杯を考えてくれないかな。次にマーティンが訪れると、ペペはおもむろにネーブルオレンジを1つ手に取り、皮を剥き、大きなゼストをいくつか作りました。次にラ・イーナ・フィノを少々、冷やしたマティーニ・グラスに入れ、グラスの中でくるりと回して捨てました。続いてオレンジ・ゼストを何枚か搾り、飛び出したオイルにマッチで火をつけ、グラスの内側をカラメル化したオレンジ・オイルでコーティングしました。さらに残りのオレンジ・ピールを同じ要領でフレイミングしました。続いてウォッカを1ショット分シェイクしてそのグラスに注ぎ、オレンジ・ピールを飾りました。名付けてフレイム・オブ・ラヴ・マティーニ[ヒット曲の題名中の"amore(愛)"にかけてflame of love(愛の炎)としたと思われる]。のちにフランク・シナトラはこれをいたく気に入り、チェイセンズでパーティを開いた際、200杯作らせたそうです。

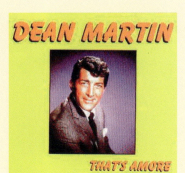

「That's Amore」のレコード・ジャケット

……
クルボアジェ	45ml
グラン・マルニエ	30ml

……

温めたブランデー・スニフターで出す。

フレンチ75
French 75

……
ブランデー	30ml
シンプル・シロップ	22.5ml
フレッシュ・レモン・ジュース	15ml
シャンパン	

……

上の3つの材料を氷と一緒にシェイクし、氷を入れたゴブレットに漉しながら注ぐ。シャンパンを加える。

フレンチ95
French 95

……
バーボン	22.5ml
シンプル・シロップ	22.5ml
フレッシュ・レモン・ジュース	15ml
フレッシュ・オレンジ・ジュース	30ml
シャンパン	

……

上から4つの材料を氷と一緒にシェイクし、氷をいっぱいに入れたゴブレットに漉しながら注ぐ。シャンパンを加える。

フレンチ・フラミンゴ
French Flamingo

ニューヨーク・タイムズ紙日曜版の「Styles（スタイルズ）」に載っていたものを拝借し、わたしの好みに合わせて少々アレンジしてみました。

……
アブソルート・カラント	30ml
コアントロー	30ml
フレッシュ・ライム・ジュース	22.5ml
フレッシュ・ザクロ・ジュース	22.5ml
ライム・ピール（ガーニッシュ）	

……

すべての材料を氷と一緒に十分にシェイクし、冷やしたマティーニ・グラスに漉しながら注ぐ。ライム・ピールで仕上げる。

フローズン・ストロベリー・ダイキリ
Frozen Strawberry Daiquiri

旬のフルーツが手に入る時期には、フローズン・ダイキリをフレッシュ・フルーツで作るのも一興です。これはイチゴを使ったレシピです。

……
ホワイト・ラム	45ml
マラスキーノ・リキュール	15ml
ミディアム・サイズのイチゴ	4〜6個
（よく洗い、刻んでおく。ガーニッシュ用にもう1個）	
シンプル・シロップ	45ml
フレッシュ・ライム・ジュース	30ml

……

すべての材料をひとつかみの氷と合わせ、スペシャル・フローズン・ドリンク・グラスかミディアム・サイズのワイン・グラスに漉しながら注ぐ。ガーニッシュ用のイチゴの下部に切れ目を入れ、グラスの縁に飾る。p180のヘミングウェイ・ダイキリをご覧になればおわかりになるとおり、フローズン・ドリンク類は氷が溶けても水っぽくならないように、シェイクするドリンクよりもかなり甘くする必要があります。

フローズン・ダイキリ（パパ・ドブレ・スタイル）
Frozen Daiquiri（Papa Doble Style）

キューバはハバナの名店フロリディータのコンスタンテ（コンスタンティーノ）・リバライグァ［写真→p41］が考案したものがオリジナルです。当時よりも大きい現代のグラスに合わせて手を加え、甘味も少々足しました。コンスタンテはハバナに近いパインズ島で採れるたいへん甘いグレープフルーツ、マーシュの果汁と、フローラルな微香を出すためにマラスキーノ・リキュールを使っていました。

……

Column

トルーマン大尉とフレンチ75

第1次世界大戦中、ハリー・S・トルーマン大尉はフランス製75ミリ野砲でドイツ軍に（射撃率毎分30発で）攻撃をしかける直前、「おれはわが国の大統領になるより、むしろここにいたい」と部隊の面々に言ったとか言わないとか。この戦闘で活躍したフランス製野砲がこのドリンク名の由来です。もともとジンで作っていましたが、ブランデーを使うほうがより人気になりました。

ホワイト・ラム	45ml
マラスキーノ・リキュール	15ml
フレッシュ・グレープフルーツ・ジュース	30ml
シンプル・シロップ	45ml
フレッシュ・ライム・ジュース	30ml

……

すべての材料をひとつかみの氷と合わせ、スペシャル・フローズン・ドリンク・グラスかミディアム・サイズのワイン・グラスに漉しながら注ぐ。

フローズン・バルセロナ*
Barcelona, Frozen

バルセロナ・オリンピック期間中にニューヨーク・シティのジェイムズ・ビアード・ハウス（James Beard House）のために考案しました。

［ジェイムズ・ビアード・ハウスは、「料理界のアカデミー賞」と呼ばれるジェイムズ・ビアード賞を主催する、ジェイムズ・ビアード財団の本部。著名シェフを招いてのディナーなども催される］

……

スペイン産ブランデー	22.5ml
ドライ・サック（シェリー）	22.5ml
コアントロー	22.5ml
フレッシュ・オレンジ・ジュース	22.5ml
生クリーム（ヘビー・クリーム）	22.5ml
シンプル・シロップ	30ml
シナモン（ガーニッシュ）	1つまみ

……

氷9/10カップを入れたブレンダーの中で材料をよく冷やす。ロンドン・ドックかシェリー・スタイルのグラスに盛る。シナモンを軽く振りかける。

フロラドーラ
Floradora

全員身長5フィート4インチ、体重130ポンド［約160センチ、約60キロ］のフロラドーラ・ガールズを世に送りだした1900年の同名ブロードウェイ劇にちなんで名付けられたドリンクです。

……

ジン	45ml
フレッシュ・ライム・ジュース	15ml
フランボワーズ・リキュール またはラズベリー・シロップ	22.5ml
ジンジャー・エール	
ライムの小片（ガーニッシュ）	
食用すみれ（ガーニッシュ）	

……

氷をいっぱいに入れたハイボール・グラスの中で上から3つの材料をビルドする。ジンジャー・エールを加える。ライムとすみれの花で彩る。

註：個人的には花をガーニッシュに使うのが好きなのですが、食用に適した花を見つけるのはなかなか大変です。一般の花屋で売られているものには殺虫剤がたっぷりと使われていますから、グルメ指向の食材店をあたってみると良いでしょう。ルシンダ・ハットソンの著書『Herb Garden Cookbook（ハーブ・ガーデン・クックブック）』（1998年）も参考になさってください。

ブロンクス・カクテル
Bronx Cocktail

ウォルドルフ＝アストリア・ホテルがまだウォルドルフ・ホテルで、現在エンパイア・ステート・ビルディングが建っている所にあった頃［1897年から1929年まで］、そこにはビッグ・ブラス・レール（Big Brass Rail）の愛称で親しまれた有名なバーがあり、19世紀後半から20世紀前半のいわゆる泥棒男爵［容赦ない手法で莫大な私財を蓄えた実業家］たちの社交場として賑わっていました。そのバーはまた、当代屈指のバーテンダー、ジョニー・ソロンのホームグラウンドでもありました。開園間もないブロンクス動物園を訪れたジョニーは、自分が勤めるバーは動物園そのものではないかと思い、このカクテルを考案したそうです。

［ウォルドルフ・ホテルについてはp89参照］

……

ジン	45ml
スウィート・ベルモット	7.5ml
ドライ・ベルモット	7.5ml
フレッシュ・オレンジ・ジュース	45ml
オレンジ・ピール（ガーニッシュ）	

……

すべての材料を氷と一緒にシェイクし、大型のカクテル・グラスに漉しながら注ぐ。オレンジ・ピールで仕上げる。お好みでアンゴスチュラ・ビターズを1ダッシュ加える。

ペグ・カクテル•
Pegu Cocktail

大英帝国が「太陽の沈まない国」と言われていた頃に、ミャンマーのバー、ペグ・クラブで考案された一杯。魚メインのコースとの相性抜群です。

［現在ニューヨークにあるペグ・クラブ（→p93）の名称は上記のバーにならったもの］
......

ライム・ウェッジ	4個
キュラソー	22.5ml
アンゴスチュラ・ビターズ	2ダッシュ
ジン	60ml
ライム・ピール（ガーニッシュ）	

......

ミキシング・グラスの底でライム、キュラソー、ビターズをマドルする。ジンと氷を加えてシェイクする。冷やしたカクテル・グラスに漉しながら注ぐ。ライム・ピールで仕上げる。

ヘミングウェイ・ダイキリ（パパ・ドブレ）
Hemingway Daiquiri（Papa Doble）

1921年頃、カクテルの女神はエル・フロリディータの偉大なバーマン、コンスタンテ・リバライグァ［写真→p41］に啓示をお与えになり、フレッシュ・グレープフルーツ・ジュースとマラスキーノ・リキュールをダイキリに加えさせます。その結果、神々の飲物と呼ぶべき一杯が誕生しました。これはかの有名なフロリディータでフローズン・ドリンクとして供され、アーネスト・ヘミングウェイにちなんでパパ・ドブレまたは"パパズ・ダブル"と命名されました。砂糖を使わず、マラスキーノ・リキュールをごく少量加えるのがオリジナル・レシピで、"パパ"への敬意から——ヘミングウェイは砂糖が大嫌いでした——その作り方がいまだに踏襲されています。ただ、他の一般のお客さまにはきっと、シンプル・シロップを加えていたのでしょう。

......

ホワイト・ラム	45ml
マラスキーノ・リキュール	7.5ml
フレッシュ・グレープフルーツ・ジュース	15ml
シンプル・シロップ	22.5ml
フレッシュ・ライム・ジュース	22.5ml

......

材料を氷と一緒にシェイクし、冷やしたカクテル・グラスに漉しながら注ぐ。

ベリーニ
Bellini

......

桃のピューレ	45ml
プロセッコまたは他のドライ発泡ワイン	90ml
マリー・ブリザールのピーチ・リキュール	15ml

......

桃のピューレをミキシング・グラスの底に入れる。氷は加えない。ピューレを端に寄せながらプロセッコをゆっくりと入れ、両者をミックスする。勢いよくステアすると、プロセッコの泡が消えてしまうので注意する。フルート・シャンパン・グラスに漉しながら注ぐ。ピーチ・リキュールをフロートする。

ベルベット・ハンマー
Velvet Hammer

......

トリプルセック	22.5ml
クレーム・ド・カカオ・ホワイト	22.5ml
生クリーム	60ml

Column

ベリーニ

ベリーニはジュゼッペ・チプリアーニが1948年、自身が営むベネチアの店ハリーズ・バー（Harry's Bar）で考案したもので、もともとは旬の甘い白桃をピューレにできる4カ月間限定のドリンクでした。ですが、チプリアーニ帝国がニューヨーク・シティに進出した際、ジュゼッペの息子アリーゴが一年中使える急速冷凍ピーチ・ピューレを見つけ、それからは季節を問わずに出せるようになりました。ただ残念なことに、そのピューレは一般には出回っておりませんので、ピューレ作りに便利なフードプロセッサーをお持ちでないかぎり、オリジナル・レシピを守るのは簡単ではありません。

すりおろしたてのナツメグ（ガーニッシュ）

……

すべての材料を氷と一緒に十分にシェイクし、冷やしたカクテルまたはマティーニ・グラスに漉しながら注ぐ。ナツメグを振りかける。

ベルモット・カシス
Vermouth Cassis

……

カシス	22.5ml
ドライ・ベルモット	120ml
レモン・ピール（ガーニッシュ）	

……

白ワイン・グラスに3/4まで氷を入れる。カシスを入れ、ベルモットで満たす。レモン・ピールを搾りかける。

ベルモント・ブリーズ*
Belmont Breeze

……

ライ・ウィスキー	45ml
ハーベイ・ブリストル・クリーム	22.5ml
シンプル・シロップ	22.5ml
フレッシュ・レモン・ジュース	15ml
フレッシュ・オレンジ・ジュース	45ml
クランベリー・ジュース	30ml
セブンアップ	30ml
プレーン・ソーダ	30ml
イチゴ（ガーニッシュ）	1個
ミントの小枝（ガーニッシュ）	
レモン・ホイール（ガーニッシュ）	

……

リキュール、シロップ、ジュースを氷と一緒にシェイクし、氷をいっぱいに入れたハイボール・グラスに漉しながら注ぐ。セブンアップとソーダを加える。イチゴ、ミント、レモンを飾る。

ポインセチア
Poinsettia

休日のカクテル・パーティにぴったりのドリンクです。シャンパンの代わりには、ドゥミ・セックもしくはデザート・スパークリング・ワインが最適です。

……

クランベリー・ジュース	60ml
シャンパン	120ml
コアントロー	15ml

……

クランベリー・ジュースをフルート・シャンパンに注ぎ、シャンパンで満たす。コアントローをフロートする。

ホーセズ・ネック
Horse's Neck

馬がグラスの縁から頭と首を出し、外を眺めているかのように見える、個性的な形状のガーニッシュが名前の由来です。

……

バーボン	45ml
ジンジャー・エール	150ml
スパイラル・レモン・ピール（p66、ガーニッシュ）	1本

……

ハイボール・グラスかコリンズ・グラスに氷を入れる前にスパイラル・レモン・ピールを飾る。片方の先端を底に付くように垂らし、もう一方の先端をグラスの縁に掛けてお

Column

ベルモント・ブリーズ*

オリジナルのウィスキー・パンチを作るのなら、ニューヨーカーにゆかりのあるものを使おうと思いました。ライ・ウィスキーを選んだのは、ニューヨークは昔もいまもライの街だからです。ただ、なるべく多くの方に喜んでいただきたかったので、ライ独特の辛みや苦味を和らげてくれるフレーバーを加えることにしました——ハーヴェイ社のシェリー、ブリストル・クリームです。さらに、この10年ほど群を抜いて人気が高いドリンク類のベースである名コンビ、コスモポリタンでもおなじみのクランベリーと柑橘類を仕上げに用いることにしました。

このレシピ案を1997年、ニューヨーク競馬協会に持ち込み、ベルモント・ブリーズが誕生しました。以来、アメリカ・クラシック三冠のひとつ、ベルモント・ステークスで毎年出されています——そして、手前味噌ではありますが、たいへんご好評いただいております。ベルモント・ブリーズ1ガロン［約3.8L］のレシピは以下のとおり。パンチ・ボウルに季節のフルーツも入れて出します：シーグラム・セブン750ml、ブリストル・クリーム360ml、スウィート&サワー480ml、フレッシュ・オレンジ・ジュース720ml、クランベリー・ジュース720ml、セブンアップ480ml、プレーン・ソーダ480ml。

く。縁に掛かっている先端が馬の首と頭に見えるようにする。グラスの中央、スパイラル・ピールとグラスの隙間に氷を入れ、ドリンクをビルドする。

ポート・ウィスキー・パンチ*
Port Whiskey Punch
……
ジャックダニエル	45ml
フレッシュ・レモン・ジュース	22.5ml
フレッシュ・オレンジ・ジュース	45ml
クランベリー・ジュース	45ml
シンプル・シロップ	30ml
ルビー・ポート	30ml
オレンジ・スライス（ガーニッシュ）	

……

ウィスキー、ジュース、シロップを氷と一緒にシェイクし、氷をいっぱいに入れたハイボール・グラスに注ぐ。ルビー・ポートを加える。オレンジ・スライスを飾る。

ボッチ・ボール
Bocci Ball
……
アマレット	45ml
フレッシュ・オレンジ・ジュース	120〜150ml
オレンジ・スライス（ガーニッシュ）	

……

氷を入れたハイボール・グラスの中でビルドする。オレンジ・スライスを飾る。

ホット・アップルパイ
Hot Apple Pie
トゥアカは、蜂蜜、バニラ、バタースコッチ風味を加えたイタリア産リキュールです。
……
トゥアカ※	45ml
ホット・アップルサイダー	120ml
加糖ホイップクリーム（p220）	

……

アイリッシュ・コーヒー・グラスに注ぎ、表面にクリームをフロートする。

註：他のコーヒー・ドリンクと違い、このレシピでは加糖ホイップクリームを使います（p220）。

ホット・ショット
Hot Shot
……
ガリアーノ	15ml
ホット・コーヒー	15ml
ホイップクリーム	

……

ショット・グラスの中でビルドする。表面にホイップクリームをフロートする。

ホノルル・カクテル
Honolulu Cocktail
1930年頃、ハリウッドはブラウン・ダービー［写真→p144］で生まれた一杯。
……
ジン	60ml
パイナップル・ジュース	15ml
フレッシュ・オレンジ・ジュース	15ml
レモン・ジュース	7.5ml
シンプル・シロップ	7.5ml
アンゴスチュラ・ビターズ	1ダッシュ
レモン・ピール（ガーニッシュ）	

……

冷やしたマティーニ・グラスの縁を砂糖でリムする。すべての材料を氷と一緒にシェイクし、用意しておいたグラスに漉しながら注ぐ。レモン・ピールで仕上げる。

ボビー・バーンズ
Bobby Burns
『The Artistry of Mixing Drinks』（1936年）に記載のフランク・マイヤー版では、スウィート・ベルモットとドライ・ベルモットを同量ずつ使います。
……
スコッチ	60ml
スウィート・ベルモット	30ml
ベネディクティン	7.5ml
ショートブレッド（ガーニッシュ）	

……

すべての材料を氷と一緒にステアし、冷やしたカクテル・グラスに漉しながら注ぐ。ショートブレッドを1つ、横に添える。

> **Column**
>
> **マイタイの名の由来**
>
> マイタイは1944年、カリフォルニア州エメリービルの有名店トレーダー・ヴィックス(Trader Vic's)のオーナー・バーテンダーだったヴィクター・バージェロンが、店にあった16年もののジャマイカ産ラムの美味しさを活かすために考案しました。ヴィクターは当時、マイタイは自分が考案した最高の一杯だと、たびたび自賛していたようです。
>
> 彼がこれを初めて作って出した相手はタヒチ出身の友人、ハムとキャリーのギルド夫妻でした。一口飲むなり、キャリーはグラスを掲げ、「マイ・タイ・ロア・アエ」と言いました。タヒチ語で「この世のものとは思えない」、「最高」を意味するこのひと言を聞いた瞬間、「それだ! 名前はそれにしよう」と、バージェロンが言ったとか言わないとか。
>
> これもサワーの一種で、甘味付けにオレンジ・キュラソーとオルジェー／オルザータを使います。オルジェーは香りが強いので、ごく少量に抑えるのがポイントです。
>
> [ヴィクター・バージェロン(1902-1984)はティキ・カルチャー隆盛の立役者となったバーテンダー／実業家。ティキ・スタイル・バーの創始者アーネスト・ギャントが作ったバー"ドン・ザ・ビーチコーマー"(→p129)に大きな刺激を受け、ティキ・スタイル・バー"トレーダー・ヴィックス"を開店。世界の主要都市にチェーン展開した]

ホワイト・タイガーズ・ミルク
White Tiger's Milk

ジェリー・トーマス著『The Bon Vivant's Companion, or How to Mix Drinks』のレシピに手を加えました。

……

アップルジャックまたはカルヴァドス	60ml
マリー・ブリザール・アプリ	60ml
アンゴスチュラ・ビターズ	小さじ1/2
シンプル・シロップ	60ml
卵白(角が立つまで泡立てる)	1個分
全乳	1/2パイント[235ml]
すりおろしたてのナツメグ(ガーニッシュ)	

……

すべての材料をピッチャーの中で合わせ、さっと混ぜる。冷やし、ナツメグを振りかけて出す。

ホワイト・バット*
White Bat

……

バカルディ(ラム)	45ml
カルーア	15ml
牛乳またはハーフ&ハーフ[牛乳とクリーム半量ずつのコーヒー用ミルク]	45ml
コカ・コーラ	90ml

……

氷を入れたトール・グラスの中でビルドする。ステアし、ストローを添えて出す。

ホワイト・レディ
White Lady

ハリー・クラドック著『Savoy Cocktail Book』(1934年)より。

……

ジン	45ml
フレッシュ・レモン・ジュース	30ml
コアントロー	30ml

……

すべての材料を氷と一緒にシェイクし、カクテル・グラスに漉しながら注ぐ。

マーク・トウェイン・カクテル
Mark Twain Cocktail

1874年、トウェインがロンドンから妻に宛てた手紙に記していたレシピです。

……

スコッチ	45ml
フレッシュ・レモン・ジュース	22.5ml
シンプル・シロップ	30ml
アンゴスチュラ・ビターズ	2ダッシュ

……

すべての材料を氷と一緒に十分にシェイクし、冷やしたカクテル・グラスに漉しながら注ぐ。

マイタイ
Mai Tai

……

エイジド・ラム	60ml
オレンジ・キュラソー	22.5ml
フレッシュ・ライム・ジュース	22.5ml
オルジェー	7.5ml
ミントの小枝(ガーニッシュ)	2本
ライム・ウェッジ(ガーニッシュ)	

......
氷と一緒にシェイクし、氷をいっぱいに入れたオールドファッションド・グラスに漉しながら注ぐ。ミントの小枝とライム・ウェッジを飾る。

マカレナ・ミスト
Macarena Mist
レインボー・ルームで長年同僚だったブライアン・スミスに感謝。

......

カルーア	30ml
マリブ（ココナッツ・リキュール）	15ml
クレーム・ド・マント・ホワイト	15ml
生クリーム（ヘビー・クリーム）	45ml

......

すべての材料を氷と一緒にシェイクし、ロック・グラスに盛ったクラッシュド・アイスの上から漉しながら注ぐ。

マスク・ウィー*+
Musk We

......

冷やしたカンタロープ（メロン）	3/5カップ
冷やしたハネデュー・メロン	3/10カップ
サター・ホーム・フリー・ホワイト・ジンファンデル（ノンアルコール・ワイン）	90ml
シンプル・シロップ	30ml
フレッシュ・レモン・ジュース	15ml
フレッシュ・ライム・ジュース	15ml

......

すべての材料を3/5カップの氷とブレンドし、スペシャルティ・グラスか大型のゴブレットで出す。

マッド・アンド・ブラッド*
Mud and Blood

これも1996年にトニー・ヘンドラが企画し、ニューヨーク誌に寄せた記事「カクテル・チャレンジ」(p133)から生まれた一杯です。4人のチャレンジャーそれぞれが苦手とする飲み物を使ったドリンクをその場で作ることになり、その際、ワイン醸造家アレックス・ハーグレイヴが指定したのがにんじんジュースでした。

......

にんじんジュース	60ml
ビーフ・ブイヨン	60ml
フレッシュ・オレンジ・ジュース	60ml
タバスコ・ソース	1ダッシュ
ウスター・ソース	1ダッシュ
ペッパー・ウォッカ	60ml

......

氷と一緒にシェイクし、グラスに漉しながら注ぐ。

マッド・スライド
Mud Slide

......

ウォッカ	30ml
カルーア	30ml
ベイリーズ・アイリッシュ・クリーム	30ml
生クリーム	30ml

......

すべての材料を氷と一緒にシェイクし、氷を入れたロック・グラスに注ぐ。フローズン・ドリンクにする場合は、すべての材料を9/10カップの氷とブレンドし、大型のゴブレットで出す。

バリエーション：ウォッカをアマレットに替えると、オーガズムになります。オーガズムにウォッカを加えると、スクリーミング・オーガズムになります。

マディソン・アヴェニュー
Madison Avenue Cocktail

1936年、ニューヨーク・シティのバー、ウェイリン（Weylin）のエディ・ウォークが考案した一杯です。

......

ホワイト・ラム	45ml
コアントロー	22.5ml
フレッシュ・ライム・ジュース	15ml
オレンジ・ビターズ	1ダッシュ
ミントの葉	3枚
フレッシュ・ミントの小枝（ガーニッシュ）	
ライム・スライス（ガーニッシュ）	

......

ガーニッシュを除くすべての材料を氷と一緒にシェイクし、氷をいっぱいに入れたロック・グラスに漉しながら注ぐ。ミントの小枝とライム・スライスを飾る。

THE MARTINI
[マティーニ]

王に皇族がいるように、カクテルの王様マティーニにも気品あふれる一族がいます。ところで、名前の由来ですが、英国人は、強烈な反動で知られた19世紀後半の銃［マルティニ・ヘンリー／Martini-Henry］だと言って譲りません。一方、マティーニに欠かせない材料ベルモットで知られる会社、マルティーニ・エ・ロッシにちなんで名付けられたという有力説もあります。同社は1890年代、瓶詰めのドライ・マティーニを世界に広めたことで知られています。

20世紀初頭、ニューヨーク・シティはニッカーボッカー・ホテルのプリンシパル・バーテンダー、マルティーニ・ディ・アルマ・ディ・タッジアを由来とする説もあります。ディ・タッジア氏は実際、ドライ・ジンとドライ・ベルモット（とオレンジ・ビターズ）を初めて合わせるという、マティーニの進化における重要な一歩を刻んだ人物です。ただ、名前の由来話にはまだ続きがあります。1850年代にファンシー・ジン・カクテルという、オールド・トムとオレンジ・キュラソーを合わせたドリンクがあったのです（p191参照）。ファンシー・ジンが人気を博した当時、マルティーニ・エ・ロッシのベルモットは米国では出回ってはおらず、マルティニ・ヘンリー銃はまだ構想段階であり、ディ・タッジア氏は幼い少年でした。

1870年代になるとベルモットが広く出回り、カクテルの甘味材としてキュラソーの代わりに用いられるようになりました。使い方はキュラソーのそれとほぼ同じで、ベース・リカーとビターズに合わせていました。ベルモットの商品生産がヨーロッパで始まったのは18世紀後半になってからで、米国で出回るようになったのもわりと最近のことでした。北米大陸に初上陸したのは1850年代です。1887年の著書『Bartender's Guide』の中で、ジェリー・トーマスは何度かベルモットに触れていますが、イタリアンかフレンチか（つまりスウィートかドライか）は書いていません。いえ、書き忘れたわけではありません。フレンチ・ベルモットが出回るようになったのは、1890年代後半のことだったからです。

マルティネス・カクテル（オリジナル版）
Martinez Cocktail, Original

もっと甘くしたい場合は、ガム・シロップ（シンプル・シロップ）を加えても良いでしょう。

［マルティネス・カクテルはマティーニの原型になったと言われている］

……
ボーカーズ・ビターズ（アンゴスチュラ・
ビターズで代用可）　　　　　　1ダッシュ
マラスキーノ・リキュール　　　2ダッシュ
オールド・トム（シロップ入りジン）
　　　　　　　　　　　　1ポニー（30ml）
イタリアン・ベルモット
　　　　　　　　　1ワイン・グラス（120ml）
……
十分にシェイクし、大型のカクテル・グラスに漉しながら注ぐ。レモン・スライスの4つ切りをグラスに入れて出す。

マティーニ・カクテル
Martini Cocktail

ハリー・ジョンソンの1888年の著書『Bartender's Manual』に載っていたマティーニのレシピです。ジョンソンとジェリー・トーマスはふたりとも、1850年から1900年というカクテル創生期に君臨した王様でした。ジョンソンはトーマスよりも自分のほうが上であり、レシピ本もトーマスの1862年の著書よりも先に世に出したと言ってはばかりませんでした。ちなみに、少なくともわたしはまだ1冊も出会っていませんが。とはいえ、ジョンソンは1869年にニューオーリンズで開かれた近代史上初のバーテンダー・コンテストと言われる大会で、他の5人の候補を破って優勝はしています。ただし残念ながら、トーマスはこれに参加していませんので、どちらが上だったのかの論争が決着を見ることは永遠にないのでしょう（ジョンソンの言うガム・シロップとは、シンプル・シロップのことです。p220参照）。

……
大型のバー・グラスに氷をいっぱいに入れておく：
ガム・シロップ（多くなりすぎないように注意）　2〜3ダッシュ
ボーカーズ・ビターズ　　　　　　　　2〜3ダッシュ
（現在、市場にないため、
アンゴスチュラ・ビターズで代用可）
キュラソーまたはアブサン（必要に応じて）　1ダッシュ
オールド・トム（ジン）　ハーフ・ア・ワイン・グラス（60ml）
ベルモット　　　　　　ハーフ・ア・ワイン・グラス（60ml）
……
スプーンでよくステアする。凝った作りのカクテル・グラ

スに漉しながら注ぐ。チェリーかミディアム・サイズのオリーブ（必要に応じて）を1つ入れ、レモン・ピールを上から搾りかける。

マルティネス・カクテル（アップデート版）
Martinez Cocktail, Update

ドライ・ベルモットをいち早く世に出したフランスのメーカー、ノイリー・プラットが米国に自社製品の輸出を始めたのは1896年のことです。それまで、マティーニはすべてイタリア産のスウィート・ベルモットで作っていました。
……

アンゴスチュラ・ビターズ	2ダッシュ
マラスキーノ・リキュール	2ダッシュ
（またはコアントロー少々）	
ジン	45ml
ドライ・ベルモット	30ml
レモン（ガーニッシュ）	小片

……

すべての材料を氷と一緒にシェイクし、冷やしたマティーニに漉しながら注ぐ。レモンを飾る。

ニッカーボッカー・マティーニ
Knickerbocker Martini

ロンドン・ドライ・ジンとドライ・ベルモットで作る現代的マティーニが登場するのは20世紀に入ってからのことで、初代のそれをわたしはニッカーボッカー・マティーニと呼んでいます。ジョン・ジェイコブ・アスター4世が1906年に建てさせたホテル、ニッカーボッカーには当時、ニューヨークでも屈指の大きなバーが入っていました。現在セント・レジス・ホテルのバーに飾られているマックスフィールド・パリッシュによる名画『オールド・キング・コール』も、もともとはそのバーにあったものです。そこのプリンシパル・バーテンダー、マルティーニ・ディ・アルマ・ディ・タッジアが考案したのが、かの有名な"ドライ"マティーニでした。

ドライ・ジンとドライ・ベルモットを同量ずつ加えるタッジア氏のマティーニは、現代のドライ・マティーニのそれからかけ離れてはいますが、氏がドライ・ベルモットとドライ・ジンを初めて合わせたという事実に変わりはありません。プリマス・ジンとドライ（フレンチ）ベルモットを同量ずつにオレンジ・ビターズを1ダッシュというのが、氏のレシピでした。一方、スウィート・マティーニも依然として人気が高く、そちらはその後ジン・アンド・イタリアン（禁酒法時代の呼称はジン・アンド・イット）になりました。本書で紹介するのはニッカーボッカーふう"ドライ"マティーニのレシピで、これはルイス・マッケンストゥラムの著書『Louis Mixed Drinks（ルイス・ミックスド・ドリンクス）』（1906年）に載っていたものです。マッケンストゥラム版はジンとベルモットが2対1で、現代のものに一歩近づいていますが、ここでは甘党のアメリカ人の舌に合わせてオレンジ・キュラソーも1ダッシュ加えてあります。
……

オレンジ・ビターズ	2ダッシュ
オレンジ・キュラソー	1ダッシュ
フレンチ・ベルモット	リキュール・グラス1杯
ジン	リキュール・グラス2杯
レモン・ピール（ガーニッシュ）	

……

ミキシング・グラスに氷をいっぱいに入れる。スピリッツをすべて入れ、よくステアし、冷やしたマティーニ・グラスに漉しながら注ぐ。レモン・ピールを軽く搾りかける。

ニック&ノラ・マティーニ
Nick and Nora Martini

禁酒法時代、ジンはどれもひどい代物だったようです。臭いをごまかすために何でも手当たり次第に加えたものが出回り、結果、マティーニの人気は急落しました。ですが、禁酒法が解かれると、映画『影なき男』の主人公ニックとノラのチャールズ夫妻［写真→p56］、そしてフランクリン・ルーズヴェルト大統領がマティーニを王位に戻します。まともなジンが市場に戻り、人々はふたたびマティーニのシンプルな美味を楽しみ、アメリカはさらに酒好きの国に、マティーニはさらにドライ（ウェット）になっていきました。ニック&ノラのレシピはジン3、ドライ・ベルモット1の割合で、30年代から40年代末まで、これが黄金律でした。
……

ジン	45ml
ドライ・ベルモット	15ml
オリーブ（ガーニッシュ）	

……

ミキシング・グラスに氷をいっぱいに入れる。ジンとベルモットを入れてよくステアする。冷やしたマティーニ・グラスに漉しながら注ぎ、オリーブを飾る。

アップサイドダウン・マティーニ
Upside-Down Martini
……
ドライ(フレンチ)ベルモット	75ml
ジン	30ml
レモン・ピール(ガーニッシュ)	

……

氷をいっぱいに入れたミキシング・グラスの中でジンとベルモットを合わせ、ステアする。冷やしたマティーニ・グラスに漉しながら注ぎ、レモン・ピールで仕上げる。

アップルズ・アンド・オレンジズ・マティーニ
Apples and Oranges Martini

ドイツのリキュール・メーカー、ベレンツェンにはすばらしいアップル・リキュールがあります。品揃えの良い店に行けば、見つかるはずです。

……

<10人分>

ベレンツェンのアップル・リキュール	300ml
クランベリー・ジュース	300ml
ストリチナヤ・オレンジ(ウォッカ)	360ml
オレンジ・ピール(ガーニッシュ)	
リンゴ(できればグラニースミス)の薄いスライス(ガーニッシュ)	

……

氷を入れた大型のピッチャーの中ですべての材料を混ぜる。よく合わさるように50回ほどステアし、氷を取り除く。蓋をして、使う直前まで冷蔵庫に入れておく。シェイカーがあれば、出す際に毎回シェイクする。冷やしたマティーニ・グラスに注ぐ。グラスの上でオレンジ・ピールを潰してオイルをかけ、皮は捨てる。中にリンゴのスライスを落とす。

アップル・マティーニ
Apple Martini

ニューヨーク・シティの店ウォーターフロント・エール・ハウスで考案された一杯です。

……

芯を取り、刻んだ梨	1個
芯を取り、刻んだ青リンゴ	1個
芯を取り、刻んだリンゴ	2個
クローブ	2粒
シナモン・スティック	1本

ウォッカ	1L
果物と香辛料を漬けたウォッカ	60ml
クランベリー・ジュース	45ml
リンゴ(できればグラニースミス)の薄いスライス(ガーニッシュ)	

……

果物と香辛料をウォッカに1晩漬けておく。ウォッカを漉し、中の果物と香辛料を捨てる。そのウォッカとクランベリー・ジュースをミキシング・グラスの中で合わせ、氷と一緒にステアする。マティーニ・グラスに漉しながら注ぎ、リンゴのスライスを飾る。

イン・マティーニ*
Yin Martini

イン・マティーニとヤン・マティーニ(p193)は、ウォルドルフ=アストリア・ホテルの名日本料理店、稲ぎくのために考案したものです[イン=陰、ヤン=陽]。

……

日本酒	90ml
ジン	15ml
ライチなど、東洋の香りがする果物(ガーニッシュ)	

……

日本酒とジンを氷の入ったミキシング・グラスに注ぎ、ステアして冷やす。冷やしたマティーニ・グラスに漉しながら注ぐ。ライチなど、東洋の香りがする果物を飾る。

ウィンストン・マティーニ
Winston Martini

2001年9月11日、テロリストによって無残にも破壊されてしまう前、ニューヨークはワールド・トレードセンターのノース・タワー106階と107階には、ウィンドウズ・オブ・ザ・ワールドという名レストランがありました。そこのバー、グレイテスト・バー・オン・アース(Greatest Bar on Earth)の元ヘッドバーテンダー、マリー・メアーが考案した一杯です。悲劇が起きたときにはすでに、メアーは辞めていました。

……

フランジェリコ	1ダッシュ
スパイスト・ラム	30ml
ジン	30ml
ローズ社製のライム・ジュース	ごく少々
レモン・ピール(ガーニッシュ)	

……

冷やしたミキシング・グラスをフランジェリコで香り付けする。残りの材料をミキシング・グラスの中でステアし、マティーニ・グラスに漉しながら注ぐ。レモン・ピールを搾りかける。

ウォーターメロン・マティーニ
Watermelon Martini

......

フレッシュ・レモン・ジュース	15ml
ミドリ（リキュール）	30ml
シトラス・ウォッカ	30ml
フレッシュ・スイカ・ジュース	45ml
フレッシュ・ミントの小枝（ガーニッシュ）	

......

すべての材料を氷と一緒にシェイクし、冷やしたマティーニ・グラスに漉しながら注ぐ。ミントを飾る。

ウォッカティーニ（シルバー・ブレット）
The Vodkatini（The Silver Bullet）

1960年代後半から70年代初めにかけて、冷戦が冷たさを増すなか、マティーニはさらに強さを増し、ベルモットはかすかにしか感じられない程度の量になりました。この頃、ジョン・マーティンはスミノフ・ウォッカの販促に成功し、その結果、ジンに代わってウォッカがホワイト・スピリッツの王位についたのでした。［コラム「スミノフ物語」(p29)参照］

......

ベルモット（瓶を開け、部屋の送風機の前に置いておく）	
ウォッカ	90ml
種抜きオリーブ（ピメント不可、ガーニッシュ）	

......

ミキシング・グラスの中で氷と一緒にステアする（大きめのキューブド・アイスの場合は50回、小さめのキューブド・アイスの場合は30回）。冷やしたマティーニ・グラスに漉しながら注ぐ。オリーブを飾る。

エクストラ・ドライ・マティーニ
Extra-Dry Martini

......

フレンチ・ベルモット	1ダッシュ
ジンと／またはウォッカ	90ml
種抜きオリーブ（ピメント不可）	
またはレモン・ピール（ガーニッシュ）	

......

ミキシング・グラスの中で氷と一緒にステアする（大きなキューブド・アイスの場合は50回、小さな氷の場合は30回）。冷やしたマティーニ・グラスに漉しながら注ぎ、オリーブかレモン・ピール、または両方を飾る。

サケ・ティーニ*
Sake-Tini

ライチなど、東洋の香りがする小ぶりの丸い果物を飾ると良いでしょう。

Column

エクストラ・ドライ

1971年3月8日、全米が「世紀の一戦」に注目していました。徴兵拒否の罰として約3年半の活動停止を強いられたモハメド・アリの復帰戦です。アリの相手は世界ヘビー級チャンピオンのジョー・フレイジャー。試合会場はマディソン・スクエア・ガーデンでした。チケットはもちろん売り切れで、会場に入ることは叶いませんでしたが、わたしが勤めていた広告代理店は幸い、ウォルドルフ＝アストリアでのクローズド・サーキット放送の観覧チケットを大量に確保していました。たしかに接戦ではありましたが、ポイントではアリのほうがはるかに上だと、誰もが確信していました。勝者はフレイジャーでしたが、彼は試合後、病院に送られました。アリの放ったパンチの数々がフレイジャーの顔をそれこそ別物にしていたからです。試合後に上司のジョージ・ロイスが吐き捨てたひと言──「おれの地元ブロンクスでは、病院に行ったやつが負けだ！」──はいまでもよく覚えています。その試合の前のことです。劇作家でアルゴンキンの円卓［1920年代のNYにおける出版関係者による社交サークル］の初代メンバー、マーク・コネリーがバーにやって来て、ドライ・マティーニを注文なさり、わたしはその日以来、個人的に"アイリッシュ・マティーニ"と呼んでいるもの［コネリー／Connellyはアイルランド系の名字］を作りはじめました。そのときです、わたしがベルモットの瓶を握った瞬間でした。マークは眉根を寄せると、驚くほど筋肉質の手（当時すでに80歳を越えていました）でわたしの手首をつかみ、ベルモットの瓶をバーに戻すよう言ったのです。「ベルモットの瓶を握り、グラスを見つめながら、"ベルモット"と静かに、けれどはっきりと口にする、それだけでいい」

……
ジン	75ml
辛口の日本酒	7.5ml
オレンジ・キュラソー	7.5ml

……

上記3つの材料をミキシング・グラスの中で合わせ、氷を一杯に入れる。ステアし、冷やしたマティーニ・グラスに漉しながら注ぐ。

サワー・アップル・マティーニ*
Sour Apple Martini

ルパート・マードック[注→p9]の70歳を祝うパーティの席で、ナタリー・コール[シンガー／ソングライター。1950-2015]と彼女のマネージャーのために作った一杯です。わたしはバーテンダーとして呼ばれており、ナタリーはサプライズ・ゲストでした。ルパートはナタリーをいたく気に入り、ナタリーはわたしが考案したこのオリジナル・ドリンクをいたく気に入ってくれました。

……

シトラス・ウォッカ	60ml
サワー・アップル・パッカー	15ml
コアントロー	15ml
フレッシュ・レモン・ジュース	22.5ml
リンゴ（できればグラニースミス）の薄いスライス（ガーニッシュ）	

……

すべての材料をカクテル・シェイカーの中で合わせ、氷と一緒に十分にシェイクする。冷やしたマティーニ・グラスに漉しながら注ぎ、リンゴのスライスを飾る。

スモーキー・マティーニ
Smoky Martini

……

ジン	75ml
ブレンデッド・ウィスキー	スプラッシュ（15ml）
レモン・ピール（ガーニッシュ）	

……

ジンとウィスキーを氷と一緒にステアして冷やし、レモン・ピールを搾りかける。

バリエーション：とあるウィスキー好きの女性、ドリのためにオードリー・サンダース[注→p93]が作ったスモーキー・マティーニをドリーミー・ドリーニといいます。レシピはウォッカと、アイラ島産の中で最もスモーキーなスコッチ、ラフロイグを少々。氷をペルノで香り付けするのがコツです。

ソーホー・マティーニ*
Soho Martini

マンハッタンはソーホーのレストラン、ゾーイズ（Zoe's）のために考案した一杯です。個人的に、ウォッカはミックスに使わなかったのですが、各種フレーバード・ウォッカが出回るようになってから、考えを変えました。いまでは、いくつかのフレーバード・ウォッカを合わせたり、普通のウォッカと混ぜたりして楽しんでいます。

……

ウォッカ	60ml
ストリチナヤ・バニラ	15ml
オレンジ・キュラソー	15ml
オレンジ・ビターズ	1ダッシュ
フレイムド・オレンジ・ピール（p63、ガーニッシュ）	

……

すべての材料を氷と一緒にシェイクし、冷やしたマティーニ・グラスに漉しながら注ぐ。フレイムド・オレンジ・ピールで仕上げる。

ソルト＆ペッパー・マティーニ
Salt-and-Pepper Martini

……

ジン	45ml
フレッシュ・レモン・ジュース	22.5ml
フレッシュ・グレープフルーツ・ジュース	22.5ml
シンプル・シロップ	30ml
アンゴスチュラ・ビターズ	2ダッシュ

……

すべての材料を氷と一緒にシェイクし、縁を粗塩でリムした、冷やしたマティーニ・グラスに漉しながら注ぐ。

ダーティー・マティーニ
Dirty Martini

フランクリン・D・ルーズヴェルトが有名にした変わり種です。バーで長年働いてきた経験から申しますと、ダーティー・マティーニを好むバーテンダーはそれほど多くないと思います――オリーブを漬けている塩水は、しばらく置いておくと、ひどく臭うからです。ご自宅でお作りになる場合は、少々お高いものですが、セーブル＆ローゼンフ

ェルド社のティプシー・オリーブなどを使うと良いでしょう。ベルモットとスピリット・ビネガーに漬けた状態で販売されています。もしくは、一般の店で買える瓶詰めオリーブの塩水を半分捨て、代わりにドライ・ベルモットを入れるのもお勧めです。オン・ザ・ロックスで出す場合は、グラスの中でステアします。

……
ドライ（フレンチ）ベルモット	1ダッシュ
ジンまたはウォッカ	90ml
オリーブの漬け汁	7.5ml
種抜きオリーブ（ピメント不可、ガーニッシュ）	

……
すべての材料を氷と一緒にミキシング・グラスの中でステアする。冷やしたマティーニ・グラスに漉しながら注ぐ。オリーブを飾る。

ドライ・マティーニ（冷戦期）
Dry Martini, Cold-War Era

第2次世界大戦後、ジンは依然王位にありましたが、マティーニに使われるベルモットの量は劇的に減っていきました。1960年にはなんと、ジン11に対してベルモット1という壊滅的な割合にまで減少しました。

……
ドライ（フレンチ）ベルモット	3ダッシュ
ジン	60ml
種抜きオリーブ（ピメント不可、ガーニッシュ）	

……
ミキシング・グラスの中で氷と一緒にステアする（大きめのキューブド・アイスの場合は50回、小さめのキューブド・アイスの場合は30回）。冷やしたマティーニ・グラスに漉しながら注ぐ。オリーブを飾る。

ヴァレンシア
Valencia

……
フィノ・シェリー	15ml
ウォッカ	75ml
オレンジ・ピール（フレイミング用、p63）	3枚

……
マティーニ・グラスの内側をフィノ・シェリーでリンスし、余った分は捨てる。オレンジ・ピール2枚をグラスの中に向けてフレイミングして捨てる。ウォッカを冷やし、香り付けしたグラスに漉しながら注ぐ。残りのフレイムド・オレンジ・ピールで仕上げる。

ピノー・マティーニ
Pineau Martini

……
フュジニーのピノー・デ・シャラント※	60ml
ジン	30ml
フレイムド・オレンジ・ピール（p63、ガーニッシュ）	

……
氷を入れたミキシング・グラスの中で材料を合わせてステアする。冷やしたマティーニ・グラスに漉しながら注ぎ、フレイムド・オレンジ・ピールで仕上げる。

ファンシー・ジン・カクテル
Fancy Gin Cocktail

……
シンプル・シロップ	3〜4ダッシュ
ボーカーズ・ビターズ	2ダッシュ
ジン	1ワイン・グラス（120ml）
オレンジ・キュラソー	1〜2ダッシュ

ヴァレンシア

| レモン・ピール | 小1 |

……

シェイカーの1/3まで氷を入れ、材料を加え、十分にシェイクする。縁をレモンで湿らせた、凝った作りのワイン・グラス(ファンシー)に注ぐ。レモン・ピールを上に飾る。

フレンチ・マティーニ
French Martini

"カクテルといえばマティーニ"現象を起こすきっかけとなったひとつです。

……

プレミアム・ウォッカ	60ml
シャンボール	15ml
パイナップル・ジュース	45ml

……

すべての材料を氷と一緒にシェイクし、冷やしたマティーニ・グラスに漉しながら注ぐ。ガーニッシュなし。

ブロークン・ハート・マティーニ*
Broken Heart Martini

マンハッタンはソーホーのレストラン、ゾーイズ(Zoe's)のために考案した一杯。わたし流のチョコレート・マティーニです。

……

砂糖	小さじ1
ハーシーズのココア・パウダー(無糖)	大さじ1
オレンジ	小片
アブソルート・カラント	75ml
ゴディバ・チョコレート・リキュール(ダーク)	15ml

……

ソーサーの中で砂糖とココア・パウダーを混ぜる。冷やしたマティーニ・グラスの外縁をオレンジで湿らせ、ココア・パウダーを付ける。ミキシング・グラスの中でカラントとゴディバを氷と一緒にステアし、縁をココア・パウダーで飾ったグラスに漉しながら注ぐ。

ヴェスパー
Vesper

オリジナル・ボンド・マティーニ。著者イアン・フレミングがジェームズ・ボンド・シリーズ1作目『カジノ・ロワイヤル』に登場させたことで有名になった一杯で、ロンドンのバーテンダー、ギルバート・プレッティが考案したレシピがもとになっています[というのが定説だったが、実際は違うと言われている]。「マティーニ、ステアじゃない、シェイクで」の有名な台詞とともに、ボンド・マティーニといえば、ウォッカ・ベースの一杯として知られるようになりましたが、これはスミノフ社が相応の出資をし、映画に自社製品の瓶を登場させたことによるものです。

……

ウォッカ	1/4
ジン	3/4
リレ・ブラン	7.5ml
オレンジ・ピール(ガーニッシュ)	

……

氷と一緒にシェイクし、マティーニ・グラスに漉しながら注ぐ。オレンジ・ピールで仕上げる。

ポメグラネット・マティーニ
Pomegranate Martini

……

シトラス・ウォッカ	60ml
フレッシュ・レモン・ジュース	15ml
フレッシュ・ザクロ(ポメグラネット)ジュース(p220)	7.5ml
シンプル・シロップ	30ml
ローズ・ウォーター(あれば)	1ダッシュ

ブロークン・ハート・マティーニ

フレイムド・オレンジ・ピール（p63、ガーニッシュ）

……

すべての材料を氷と一緒に十分にシェイクし、冷やしたマティーニ・グラスに漉しながら注ぐ。フレイムド・オレンジ・ピールで仕上げる。

メロン・マティーニ* ◆
Melon Martini

……

刻んだハネデュー・メロン（赤肉）	3/5カップ
蜂蜜シロップ（p220）	30ml
マラスキーノ・リキュール	30ml
フレッシュ・ライム・ジュース	30ml
アブソルート・シトロン	45ml
フレッシュ・ミントの小枝（ガーニッシュ）	

……

メロン、蜂蜜シロップ、マラスキーノ・リキュール、ライム・ジュースを容器の中でマドルする。ウォッカと氷を加える。シェイクし、冷やしたマティーニ・グラスに漉しながら注ぐ。フレッシュ・ミントを飾る。

ロージー・マティーニ
Rosy Martini

……

シトラス・ウォッカ	60ml
コアントローまたはトリプルセック	15ml
デュボネ・ルージュ	15ml

フレイムド・オレンジ・ピール（p63、ガーニッシュ）

……

すべての材料を氷と一緒にシェイクし、冷やしたマティーニ・グラスに漉しながら注ぐ。フレイムド・オレンジ・ピールで仕上げる。

ヤン・マティーニ*
Yang Martini

……

ジン	90ml
日本酒	15ml
オリーブ（ガーニッシュ）	

……

イン・マティーニ（p188）と同じ手順で作る。オリーブを飾る。

Column

完璧なマティーニ・グラスを探して

　完璧なカクテル・グラスの条件とは？　まずは、サイズから見ていきましょう。容量は5〜6オンス［150〜180ml］が最適です。たっぷり感があり、それでいて多すぎると感じさせることもない、ちょうど良いサイズです。1960年代を通じて、カクテルは3〜4オンス［90〜120ml］のグラスで出していました。あおるのではなく、すすって飲んでも、最後までよく冷えたものをお楽しみいただけるようにするためで、これくらいの可愛いサイズが食欲増進役にぴったりでした。新たに登場した5.5オンス［165ml］グラスには、3.5オンス［105ml］分の材料で作ったドリンクが入ります。氷を入れ、ステアかシェイクすると、ドリンクの表面がグラスの縁から1/4インチ［約6ミリ］あたりに来ます。次は形です。基本は高さ6〜7インチ［15〜17.5センチ］くらいまでのもの。フットは直径3〜3.5インチ［7.5〜9センチ］のものが適当です。ボウルの口は底よりもやや広くなっているものが理想です。ただ、2インチ［5センチ］以上広いものは大きすぎます。倒れやすいばかりか、見た目にもバランスが悪いからです。

　最後にスタイルですが、これは個人の趣味によります。わたしは色の付いていない、オプティックでもない、透明なものが好みです。マティーニは"シースルー"とも呼ばれますし、絶対に向こうが見えるものにしたいからです。脚はボウルに向かってすらりと伸びているのが理想で、継ぎ目がある場合は、ボウルではなく、フット側にあるものが良いでしょう。p191、192に掲載されているものがこれらの条件に合うマティーニ・グラスです。

マドラス
Madras

......

ウォッカ	45ml
フレッシュ・オレンジ・ジュース	120ml
クランベリーカクテルジュース	45ml
オレンジ・スライス(ガーニッシュ)	

......

氷を入れたハイボール・グラスの中でビルドし、クランベリー・ジュースをフロートする。オレンジ・スライスを飾る。

マリブ・ベイ・ブリーズ
Malibu Bay Breeze

......

マリブ(ココナッツ・リキュール)	45ml
パイナップル・ジュース	120ml
クランベリー・ジュース	45ml
ライム・ウェッジ(ガーニッシュ)	
すりおろしたてのナツメグ(ガーニッシュ)	

......

ハイボール・グラスの中でビルドし、ライム・ウェッジを飾る。

以下のバリエーションもお試しあれ:マリブ45mlをミキシング・グラスに注ぐ。パイナップル・ジュースとクランベリー・ジュースを30mlずつ加える。表面にパイナップル・ジュースの泡ができるまで十分にシェイクし、冷やしたマティーニ・グラスに注ぐ。ナツメグをすりおろして振りかける。

マレーネ・ディートリヒ•
Marlene Dietrich

1930年頃、ハリウッドはハイ・ホー・クラブで出されていた一杯。香りを増したい場合は、フルーツをマドルしてからシェイクし、漉してグラスに注ぎ、さらにガーニッシュとしてフレッシュ・フルーツを飾ると良いでしょう。

......

カナディアン・ウィスキー	60ml
オレンジ・キュラソー	15ml
アンゴスチュラ・ビターズ	3ダッシュ
レモン	1片
オレンジ	1片

......

すべての材料を氷と一緒に十分にシェイクし、氷をいっぱいに入れたロック・グラスに漉しながら注ぐ。レモンとオレンジを搾り入れる。

マンダリン・チェリー・スマッシュ*•
Mandrin Cherry Smash

......

レモン・クォーター	4個
チェリー・ブランデー	22.5ml
アブソルート・マンダリン	45ml

......

ミキシング・グラスの底で、レモンとチェリー・ブランデーをマドルする。ウォッカと氷を加えて十分にシェイクする。レモンと氷も一緒にロック・グラスに注ぐ。

マンダリン・チェリー・スマッシュ

THE MARGARITA
[マルガリータ]

ジョー・バウムはさまざまなドリンクを好みました。マルガリータ、ウィスキー・サワー、ブラッディ・メアリー、ブルー・ブレイザー、カイピリーニャ、ピスコ・サワー……。ですから、わたしがレインボー・ルームのメニューにピスコ・サワーとカイピリーニャを加えたときも、ジョーはたいそう喜んでくれました。どちらのドリンクもジョーが時代に先んじて開いた中南米料理の名レストラン、ラ・フォンダ・デル・ソル（La Fonda Del Sol）で早くから出していたものだったからです。ただ、新たなドリンクをジョーのメニューに加えるのはひと苦労でした。どれを載せるのかを決める際、ジョーは必ず同じものを3回続けて注文し、納得がいかないと別のドリンクを頼み、それでも納得がいかないとまた別のものを、という具合に、満足のいく味に出会うまで延々とそれを続けたからです。ひと筋縄ではいきませんでした。もっとも、ジョーとの仕事は何であれ、ひと筋縄ではいかなかったのですが。おまけに、何が気に入らないのか、ジョーからの説明は一切ありません──駄目だ、やり直し、のひと言のみ。そのたびに味見をし直しては、どうにか良くしようと努めたものでした。

ある日、ジョーはジェラール・パンゴーを連れて来て言いました。このひとは先日、パリのマルガリータ・コンテストで優勝したんだ、どうだ、おまえも負けないものを作ってみせてくれ。わたしは材料を少しずつ変えて作ったものをお出しし、そのたびにふたりはそれをすすっては、いや、少し違う、と。完璧なレシピを追い求め、ライム・ジュース、コアントロー、クエルヴォ・ゴールドの割合をミリリットル単位までこだわった注文をくり返しました。

このままではきりがないと思いましたので、途中で、そろそろ止めませんかと進言しました。ところが、ジョーは明らかに酔いはじめていたのですが、聞く耳を持たず、わたしを一喝しました。ここはおれの店だ、もう1杯！ まだまだ、もう1杯だ……その晩遅く、ジョーは自宅の前ですべって転び、頭にひどい怪我を負ってしまいました。情けない話なのですが、わたしのマルガリータで彼を納得させるのに、26針もの代償を支払わせてしまったのです。

マルガリータ
Margarita
……
テキーラ	45ml
コアントロー	30ml
フレッシュ・ライム・ジュース	22.5ml

……

すべての材料をミキシング・グラスの中で氷と合わせる。十分にシェイクし、縁を塩でリムした、冷やしたカクテル・グラスに漉しながら注ぐ。リムの手法：カクテル・グラスの外縁をライム片で軽くこすって湿らせ、ソーサーに盛った粗塩に付ける。

キャデラック・マルガリータ
Cadillac Margarita
……
100%ブルー・アガベ（テキーラ）	45ml
グラン・マルニエ	30ml
フレッシュ・ライム・ジュース	22.5ml

……

すべての材料を氷と一緒にシェイクし、縁を塩でリムした、冷やしたマティーニ・グラスに注ぐ。

タンジェリン・マルガリータ
Tangerine Margarita
ニューヨーク・シティはグレイス・バー（Grace Bar）の店主、フレッド・マキボンが考案した一杯です。
……
サウザ・コンメモラティヴォ	60ml
コアントロー	30ml
フレッシュ・ライム・ジュース	15ml
フレッシュ・タンジェリン・ジュース	15ml

……

すべての材料を氷と一緒にシェイクし、縁を塩でリムした、冷やしたカクテル・グラスに漉しながら注ぐ。

デイルズ・アルティメット・マンゴリータ*◆
Dale's Ultimate Mango-Rita

......

フレッシュ・マンゴー（スライス）	2枚
トリプルセック	15ml
シンプル・シロップ	15ml
100%ブルー・アガベ（テキーラ）	45ml
フレッシュ・ライム・ジュース	22.5ml
薄切りのライム・ホイール（ガーニッシュ）	

......

ミキシング・グラスの中で、マンゴーとトリプルセック、シンプル・シロップをマドルする。残りの材料を加え、氷と一緒に十分にシェイクする。冷やしたマティーニ・グラスに漉しながら注ぎ、ライムを飾る。

パッション・マルガリータ*
Passion Margarita

......

アリーゼ・ゴールド	22.5ml
テキーラ	22.5ml
コアントロー	30ml
フレッシュ・ライム・ジュース	22.5ml
薄切りのライム・ホイール（ガーニッシュ）	

......

すべての材料を氷と一緒に十分にシェイクし、縁を粗塩でリムした、冷やしたカクテル・グラスに漉しながら注ぐ。ライム・ホイールを飾る。

ビッグアップル・マルガリータ
Big Apple Margarita

......

テキーラ	60ml
ベレンツェンのアップル・リキュール	30ml
フレッシュ・レモンまたはライム・ジュース	22.5ml
青リンゴのスライス（ガーニッシュ）	

......

氷と一緒にシェイクし、縁を塩でリムした、冷やしたカクテル・グラスに漉しながら注ぐ。青リンゴのスライスを飾る。

ブラッディ・マルガリータ
Bloody Margarita

......

テキーラ	45ml
ブラッドオレンジ・ジュース	30ml
フレッシュ・ライム・ジュース	15ml
コアントロー	22.5ml

......

氷と一緒にシェイクし、冷やしたカクテル・グラスに漉しながら注ぐ。

フローズン・パッション・マルガリータ*
Frozen Passion Margarita

......

アリーゼ・ゴールド	22.5ml
テキーラ	22.5ml
トリプルセック	22.5ml
フレッシュ・ライム・ジュース	30ml
シンプル・シロップ	45ml
クラックド・アイス	9/10カップ
薄切りのライム・ホイール（ガーニッシュ）	

......

すべての材料をブレンダーに入れてブレンドする。縁を粗塩でリムしたマルガリータ・グラスに注ぐ。ライム・ホイールを飾る。

フローズン・マルガリータ
Frozen Margarita

......

テキーラ	60ml
トリプルセック	30ml
フレッシュ・ライム・ジュース	30ml
シンプル・シロップ	60ml
クラックド・アイス	9/10カップ

......

ブレンダーの中ですべての材料を合わせる。ブレンドし、縁を粗塩でリムした大型のゴブレットに注ぐ。

[マンハッタン]
THE MANHATTAN

マンハッタンといえば、ライ・ウィスキーなのですが、例外もあり、ミネソタ州とウィスコンシン州ではブランデー・マンハッタンが好まれますし、南部ではバーボン・マンハッタンが定番です。1874年、ウィンストン・チャーチル［英国の政治家］の母親ジェニー・チャーチルが父親の友人サミュエル・ジェームズ・ティルデンのニューヨーク市長当選を祝してマンハッタン・クラブでパーティを開いた際、そこのバーテンダーがこれを考案したと言われています（ティルデンはほかのことでも米国史の片隅に名を残しています。ニューヨーク市長当選から間もなく行なわれた1876年の大統領予備選において、元副大統領アル・ゴアがそうだったように、人気投票では勝っていたにもかかわらず、僅差で敗れています）。マンハッタン・スタイルのドリンクでは、ウィスキー2または3に対してスウィート・ベルモット1が基本です。パーフェクト・マンハッタン（Perfect Manhattan）は、スウィート・ベルモットとドライ・ベルモットを両方使って作ります。ニューヨークは当時ライの街でしたから、マンハッタンにはもともとライが使われていました。ロブ・ロイ（p212）はよく知られた派生ドリンクのひとつです。

マンハッタン
Manhattan

……

ブレンデッドまたはストレート・ウィスキー	60ml
イタリアン・ベルモット（スウィート）	30ml
アンゴスチュラ・ビターズ	2ダッシュ
チェリー（ガーニッシュ）	

……

すべての材料を氷を入れたミキシング・グラスに漉しながら注ぎ入れ、マティーニを作るようにステアする。冷やしたカクテル・グラスに注ぐ。チェリーを飾る。

バリエーション：ドライがお好みの場合は、ドライ・ベルモットを使い、レモン・ピールで仕上げる。マンハッタンをブランデーで作るとハーヴァード、アップルジャックで作るとスター・カクテルになります。

アップル・マンハッタン
Apple Manhattan

わたしが過去20年間に飲んだ新カクテルのなかで、屈指の美味を誇る一杯。名バーテンダー、デヴィッド・マースデンがニューヨーク・シティの小さな高級店ファースト・オン・ファースト（First on First）時代に考案したものです。

……

メーカーズマーク	60ml
ベレンツェンのアップル・リキュール（ドイツ産）	30ml
リンゴ（できればグラニースミス）の薄いスライス（ガーニッシュ）	

……

ミキシング・グラスの中で氷と一緒にステアし、冷やしたカクテル・グラスに漉しながら注ぐ。アップル・スライスを飾る。

イースタン・マンハッタン*
Eastern Manhattan

ウォルドルフ＝アストリア・ホテルの日本食レストラン、稲ぎくのために考案した一杯です。

……

サントリー・ウィスキー・ローヤル	75ml
リカールまたはペルノ	7.5ml
スウィート・ベルモット	15ml
チェリー（ガーニッシュ）	

……

氷と一緒にステアして冷やし、冷やしたカクテル・グラスに漉しながら注ぐ。チェリーを飾る。

マラガト
Maragato

キューバはハバナの有名店エル・フロリディータ［→p41］の初期メニューのひとつです。

……

シルバー・ラム	30ml
スウィート・ベルモット	15ml
ドライ・ベルモット	15ml
フレッシュ・オレンジ・ジュース	30ml
フレッシュ・ライム・ジュース	15ml
マラスキーノ・リキュール	1ダッシュ
フレイムド・オレンジ・ピール（p63、ガーニッシュ）	

……

すべての材料を氷と一緒に十分にシェイクし、冷やしたカクテル・グラスに漉しながら注ぐ。フレイムド・オレンジ・ピールで仕上げる。

マン・オー・ウォー
Man O' war

......

ワイルドターキー 101	45ml
オレンジ・キュラソー	30ml
スウィート・ベルモット	15ml
フレッシュ・レモン・ジュース	15ml
オレンジ・スライス(ガーニッシュ)	
チェリー(ガーニッシュ)	

......

すべての材料を氷と一緒に十分にシェイクし、オン・ザ・ロックスで出す。オレンジ・スライスとチェリーを飾る。

バリエーション:オレンジとレモンの小片と一緒にシェイクすると、香りがさらに良くなります。

レッド・マンハッタン
Red Manhattan

......

アブソルート・カラント	75ml
サン・ラファエル・アペリティフ	22.5ml
アンゴスチュラ・ビターズ	2ダッシュ
チェリー(ガーニッシュ)	

......

氷と一緒にステアして冷やし、冷やしたマティーニ・グラスに漉しながら注ぐ。チェリーを飾る。

バリエーション:サン・ラファエルが見つからない場合は、カルパノ・プント・エ・メスでも良いでしょう。ぴりりとスパイシーなマンハッタンになります。

ミチェラーダ
Michelada

......

フレッシュ・ライム・ジュース	30ml
タバスコ・ソース	3ダッシュ
醤油	7.5ml
ウスター・ソース	2ダッシュ
黒コショウ	ひとつまみ
マギー・シーズニング・ソースまたはハバネロ・ソース	30ml
お好みのビール	360ml

......

上から6つの材料をビア・グラスの底でミックスする。グラスに氷をいっぱいに入れ、お好みのビールを注ぐ。

ミモザ
Mimosa

バックス・フィズとも呼ばれていたドリンク。パリの名店リッツ・バーのフランク・マイヤーが考案したこれの変形がヴァレンシアで、そちらはオレンジ・ジュース、アプリコット・リキュール、シャンパンで作ります(ヴァレンシア・マティーニ(p191)と呼ばれるドリンクもあり、そちらはベルモットの代わりにフィノ・シェリーを使います)。最後にコアントローをフロートすると、スペシャルな一杯の魅力がさらに増します。

......

フレッシュ・オレンジ・ジュース	60ml
シャンパン	120ml

......

オレンジ・ジュースをシャンパン・グラスに注ぎ、シャンパンで満たす。

ミリオンダラー・カクテル
Million-Dollar Cocktail

1910年頃、シンガポールのラッフルズ・ホテルで厳崇文(ニャントンブーン)が考案した一杯です。

......

ジン	45ml
スウィート・ベルモット	15ml
パイナップル・ジュース	15ml
小ぶりの卵の卵白	半分
グレナデン	2ダッシュ

......

すべての材料を氷と一緒にシェイクし、マティーニ・グラスに漉しながら注ぐ。

> **Column**
>
> ### ミックスベリー・マリナーデ
>
> ブルーベリー、イチゴ、ブラック/レッドラズベリーをよく洗い、乾かす。イチゴをクォーターに切る。ブランデー、コアントロー、砂糖の混合液に、時折かきまぜながら数時間漬けておく。ベリー1パイントに対してブランデー15ml、コアントロー30ml、微粒グラニュー糖3/5カップが目安。

ミレニアム・カクテル*
(別名:イースト・インディア・カクテル)
Millennium Cocktail (A.K.A. East India Cocktail)

クルボアジェの2000年記念ボトル、ミレニアムを使ったカクテルを、と頼まれて作ったところ、思った以上に良いものができました。ただ、そろそろ名前は変えたほうがいいかなと思っています。当時乱発された他の"ミレニアム"云々商品と十把一絡げ(じっぱひとから)にさせてしまうには、あまりに惜しい出来だからです。ただ、このドリンクを考案したと思ってから数年後、ビリー・ケリーが書いた絶版本『The Roving Bartender(ザ・ローヴィング・バーテンダー)』(1946年)を手に入れたところ、驚いたことに、そこにブランデー、キュラソー、パイナップル、ビターズで作るイースト・インディア・カクテルというドリンクが載っていました。それがビルのオリジナルなのか、その本が出る前からあったものなのかはわかりません。わたしのものは、すりおろしたナツメグとオレンジ・ピールのフレイミングで、豊かな香りを加えています。

......

クルボアジェ・ミレニアム(コニャック)	45ml
パイナップル・ジュース	45ml
オレンジ・キュラソー	30ml
アンゴスチュラ・ビターズ	1ダッシュ
フレイムド・オレンジ・ピール(p63、ガーニッシュ)	
すりおろしたてのナツメグ(ガーニッシュ)	

......

すべての材料を氷と一緒にシェイクし、冷やしたマティーニ・グラスに漉しながら注ぐ。フレイムド・オレンジ・ピールとナツメグで仕上げる。

メアリー・ピックフォード
The Mary Pickford

禁酒法時代、ハバナのホテル、ナショナル・デ・キューバ

ミレニアム

（Nacîonal de Cuba）のバーテンダーが人気女優ピックフォードのために考案した一杯です。

……

ホワイト・ラム	60ml
パイナップル・ジュース	45ml
グレナデン	小さじ1
マラスキーノ・リキュール	7.5ml

……

氷と一緒にシェイクし、冷やしたマティーニ・グラスに漉しながら注ぐ。

メアリー・ピックフォード（1892-1979）。サイレント映画時代の大スター。より詳しくは「アプリコット・カクテル」(p84)の項を参照

メキシカン・ブロンド*
Mexican Blonde

フローズン・ドリンクにもできますが、その場合はカルーアとオレンジ・キュラソーの量を倍にしてください。

……

ライト・ラム	45ml
カルーア	15ml
オレンジ・キュラソー	15ml
生クリーム	30ml

……

すべての材料を氷と一緒にシェイクし、冷やしたカクテル・グラスに漉しながら注ぐ。

メトロポリタン
Metropolitan

ニューヨーク・シティのバー、マリオンズ（Marion's）のマイク・ヒューイットが考案した一杯です。

……

アブソルート・カラント	45ml
クランベリー・ジュース	45ml
ローズ社製のライム・ジュース	15ml
フレッシュ・ライム・ジュース	3.75ml
ライム・ウェッジ（ガーニッシュ）	

……

氷と一緒にシェイクし、冷やしたマティーニ・グラスに注ぐ。ライム・ウェッジを飾る。

メリー・ウィドウ
Merry Widow

ハリー・クラドック著『The Savoy Cocktail Book』(1930年)に載っていたレシピに手を加えました。

……

アブサント	1ダッシュ
ジン	60ml
ドライ・ベルモット	15ml
アンゴスチュラ・ビターズ	1ダッシュ
ベネディクティン	1ダッシュ
フレイムド・レモン・ピール（p63、ガーニッシュ）	

……

冷やしたマティーニ・グラスをアブサントで香り付けしておく。残りの材料を氷の入ったバー・グラスの中でステアし、香り付けしたマティーニ・グラスに漉しながら注ぐ。フレイムド・レモン・ピールで仕上げる。

メロンコリー・ベイビー*
Meloncholy Baby

レインボー・ルームでは数々の素敵な経験をさせていただきましたが、なかでも忘れられない思い出をくれた一杯がこれです。ひとつの恋愛に終止符を打ったばかりで、深く深く落ちこんでいたある女性のために即興で作った、特別なドリンクでした。レモン・ピールのフレイミングが華やかさを加えるこれは、その晩の主役になりました。

……

アブソルート・シトロン	45ml
フレッシュ・レモン・ジュース	22.5ml
シンプル・シロップ	60ml
刻んだカンタロープ（または他のメロン）	3/5カップ

水	90ml
フレイムド・レモン・ピール（p63、ガーニッシュ）	

……

すべての材料をクラッシュド・アイスと一緒にブレンドし、トール・グラスに入れて出す。フレイムド・レモン・ピールで仕上げる。

メロン・ダイキリ*
Melon Daiquiri

……

日本酒	60ml
刻んだハネデュー・メロン（赤肉）	9/10カップ
シンプル・シロップ	60ml
フレッシュ・ライム・ジュース	30ml
丸くくりぬいたメロン（ガーニッシュ）	

……

すべての材料をひとつかみの氷と一緒にブレンドし、大型のゴブレットに入れて出す。丸くくりぬいたメロンを飾る。

メロン・ボール
Melon Ball

……

ミドリ	22.5ml
ウォッカ	22.5ml
フレッシュ・オレンジ・ジュース	150ml
オレンジ・スライス（ガーニッシュ）	
メロン・スライス（ガーニッシュ）（旬のもの）	

……

シェイクし、氷をいっぱいに入れたハイボール・グラスに漉しながら注ぐ。オレンジのスライスと、旬のものがある場合は、小さなメロン・スライスを飾る。

メロン・ライム・ダイキリ*♦
Melon Lime Daiquiri

ロサンゼルスのレストラン、リンク（Linq）のシェフ、アンドレ・ゲレーロのために、チリアン・シーバス［白身魚。日本でいうメロ］に合う一杯として考案したものです。

……

刻んだハネデュー・メロン（赤肉）	3/5カップ
ブラウンシュガー・シロップ（p202）	30ml
マラスキーノ・リキュール	30ml
フレッシュ・ライム・ジュース	30ml
ホワイト・ラム	60ml
フレッシュ・ミントの小枝（ガーニッシュ）	

……

メロン、ブラウンシュガー・シロップ、マラスキーノ・リキュール、ライム・ジュースを容器の中でマドルする。ラムと氷を加える。シェイクし、冷やしたマティーニ・グラスに漉しながら注ぐ。フレッシュ・ミントを飾る。

モスコー・ミュール
Moscow Mule

第2次世界大戦後、ジョン・マーティンが自社の新製品スミノフ・ウォッカの販促に利用した一杯。マーティンは、ロサンゼルスはサンセット大通り（ブルヴァード）の大スターが集まる店、コック＆ブル（Cock & Bull）のオーナーと手を組み、自社ウォッカにジンジャー・ビアを合わせたこのドリンクを2頭の騾馬（ミュール）が後ろ足を蹴り上げている図が掘られた銅製マグ・カップで出しました。するとこれが大当たりし、店に集まるスターの多くは名前入りのマグをキープするようになり、ついには、マイマグがバー後方の壁にずらりと並ぶまでになりました。スミノフ・ブランドはこうして、ハリウッドセレブたちの力を後ろ盾に、米国でいち早く人気を確立したのでした。

……

ウォッカ	45ml
ジンジャー・ビア	120〜150ml
ライム・ウェッジ（ガーニッシュ）	

……

ウォッカとジンジャー・ビアを氷を入れたグラスの中で合わせる。ライム・ウェッジを飾る。

モヒート♦
Mojito

ヘミングウェイはハバナに行くと決まって、ダイキリをエル・フロリディータで、モヒートをラ・ボデギータ・デル・メディオ（La Bodeguita del Medio）で楽しんだものでした。モヒートがラ・ボデギータを介して有名になったことはよく知られていますが、その誕生については諸説あります。フロリディータのコンスタンテ・リバライグァ［写真→p41］が考案したというのがひとつ。また、18世紀後半にアメリカの南部諸州でミント・ジュレップが作られるようになり、まずはブランデー、次にピーチ・ブランデー、最終的にバーボンをベースにしたこれが、米国産カクテルとして最初期に世界的人気を博す一杯となったわけですが、キューバにも渡ったこのドリンクがラムを使った変形、モヒートを生むきっかけになった、という説もあります。モヒートはもともと農民のドリンクで、いわばキューバのバドワ

イザーでした。普及したのは、キューバでラム産業が近代化した1850年頃から1920年の間とされています。この70年ほどの間に、モヒートに欠かせない重要なものがキューバに入りました。氷と炭酸水も然りです（氷がニューイングランドから船に乗って初めて島に上陸したのは1850年代のことでしたが、当時の氷は一部の富裕層にしか手が出せない贅沢品だったに違いありません。庶民にも手が届くようになったのは、20世紀に入り、氷の製造工場がキューバでも稼働を始めてからのことでした）。ちなみに、中米の島々で肉を漬け込むために使うスパイシー・ソースにモヒートという名のものがありますが、ドリンクとは無関係のようです。

……

フレッシュ・ミントの柔らかい小枝	2本
シンプル・シロップ	30ml
フレッシュ・ライム・ジュース	22.5ml
バカルディ・シルバー（ラム）	45ml
アンゴスチュラ・ビターズ（お好みで）	2ダッシュ
プレーン・ソーダ	

……

ミントの小枝1本をシンプル・シロップ、ライム・ジュースと一緒にミキシング・グラスの底でマドルする。残りの材料を加え、氷と一緒にシェイクする。クラックド・アイスを入れたハイボール・グラスに注ぎ、プレーン・ソーダを加え、残りのミントの小枝を飾る。

モンキー・グランド
Monkey Gland

ハリー・マケルホーン［注→p145］が著書『ABC of Mixing Cocktails』で紹介した一杯。名前の由来はマケルホーン氏いわく、セルジュ・ヴォルノフ医師が行なった若返り術とのことです［猿の睾丸の組織を人間の睾丸に移植する手術］。

……

リカール	スプラッシュ（15ml）
ビーフィーター（ジン）	60ml
フレッシュ・オレンジ・ジュース	45ml
グレナデン	小さじ1
フレイムド・オレンジ・ピール（p63、ガーニッシュ）	

……

ミキシング・グラスの中にリカールをひと振りし、残りの材料を入れる。氷と一緒にシェイクし、小型のカクテル・グラスに漉しながら注ぐ。フレイムド・オレンジ・ピールで仕上げる。

ライ・クラブ・カクテル*
Rye Club Cocktail

シェーブド・アイスの上から注いで出すこの種のカクテルを"ミスト"といいます。これは、フリッツ・メイタグのライ・モルト・ウィスキーのために考案した一杯です。

［フリッツ・メイタグ（1937- ）は小規模醸造所／小規模蒸留所業界の父と目される人物。1965年に経営難のビール醸造所、アンカー・ブルーイング・カンパニーを買い取って再興させた。1993年にはアンカー・ディスティリング・カンパニーを設立し、97年にライ・ウイスキーのオールド・ポトレロを発売した］

……

オールド・ポトレロ（ライ）	45ml
オレンジ・キュラソー	30ml
オレンジ・ビターズ（またはアンゴスチュラ・ビターズ）	1ダッシュ

……

すべての材料を氷と一緒にシェイクし、シェーブド・アイスの上から注ぐ。

ラスティ・ネイル
Rusty Nail

……

スコッチ	60ml
ドランブイ	22.5ml

……

氷の上からスコッチを注ぎ、ドランブイをフロートする。ガーニッシュなし。

ラスト・フォー・ライフ
Lust For Life

レインボー・ルームでの長年の同僚、ジェフ・ベッカーが考案したレシピです。

……

ガリアーノ	45ml
マリー・ブリザール・ピーチ	15ml
フレッシュ・オレンジ・ジュース	30ml
生クリーム（ヘビー・クリーム）	15ml
すりおろしたてのナツメグ（ガーニッシュ）	

……

すべての材料を氷と一緒にシェイクし、冷やしたマティーニ・グラスに漉しながら注ぐ。ナツメグを振りかける。

ラッキー・ダブル*◆
Lucky Double

バーバラ・ノヴァックとベヴァリー・ウィッチマン、通称ソーシー・シスターズ（Saucy Sisters）が共著『Best Places to Eat in Nashville（ベスト・プレイシズ・トゥ・イート・イン・ナッシュヴィル）』のために考案した一杯。

……

レモン・クォーター	4個
トリプルセック	15ml
アブソルート・マンダリン	60ml

……

レモン・クォーターをバー・ミキシング・グラスに入れる。トリプルセックを加えてよくマドルする。マンダリンと氷を加える。十分にシェイクし、レモンを含むすべてをミキシング・グラスかロック・グラスに注いで出す。

ラテン・ラヴ
Latin Love

飲み過ぎにご注意。ラテン系の愛しい人を夢中にする引き締まった体を維持したいなら、1杯だけにすること。ペントハウス誌提供の第1回モースト・センシュアル・カクテル［最も官能的なカクテル、の意］コンテストにおいて、アルド・ゼガレリがこれで優勝しました。

……

クルーザン・ココナッツ・ラム	30ml
クルーザン・バナナ・ラム	30ml
パイナップル・ジュース	90ml
ココ・ロペス※	30ml
ラズベリージュース	30ml
生クリーム	30ml
氷	1スクープ

……

すべての材料を合わせる。滑らかになるまでよく混ぜる。ハリケーン・グラスの縁をグレナデンで湿らせ、削ったココナッツを付ける。よく混ぜたドリンクを準備しておいたグラスに注ぐ。

ラム・スウィズル*
Rum Swizzle

ジャマイカ産の柄の長いスウィズル（スティック）は入手困難ですが、ほかの物で代用がききます。キッチン用品を扱う店に行けば、ボウル部分に穴の空いた柄の長い木製スプーンが見つかるはずです。それを両手の平で挟んで回してください。香りにひとひねりを加える場合は、シンプル・シロップにバニラ・ビーンズを落としたものかオルジェーをお試しください。

註：オルジェーはミルキーなアーモンド・シロップで、焼き菓子に広く使われるものですが、トロピカル・ラム・ドリンクにもよく合います。

……

バルバドス（ラム）	45ml
フレッシュ・ライム・ジュース	22.5ml
シンプル・シロップ	30ml
ファレナム（柑橘類と香辛料で香り付けしたバルバドス産のシロップ。アルコール度数約11度のものとノンアルコール版の2種類あり）	1ダッシュ
アンゴスチュラ・ビターズ	3ダッシュ
ライム・ホイール（ガーニッシュ）	

……

クラッシュド・アイスをいっぱいに入れたハイボール・グラスの中にすべての材料を入れ、スウィズル・スティックで泡ができるまでかき混ぜる。ライム・ホイールを飾る。

ラム・ランナー
Rum Runner

……

ライム	1片
ライト・ラム	30ml
ミディアム・ラム	30ml
パイナップル・ジュース	60ml
フレッシュ・ライム・ジュース	15ml
シンプル・シロップ	30ml
卵白 小ぶりの卵	1個分
ペイショーズ・ビターズ※	1ダッシュ
アンゴスチュラ・ビターズ	1ダッシュ
トロピカル・フルーツ（ガーニッシュ）	

……

ミキシング・グラスの底でライムを潰し、残りの材料を加え、氷と一緒に十分にシェイクする。氷を入れたトールまたはコリンズ・グラスに注ぐ。トロピカル・フルーツを飾る。

リカール・トマート
Ricard Tomate

フランスで人気のリカールの飲み方です。いかにも不味そうだと思うかもしれませんが、意外にいけます。ポイントは氷を最後に加えること。そうしないと、ドリンクの表面に膜が張ってしまいます。

……

リカール	60ml
グレナデン	7.5ml
水	120〜150ml

......

リカールとグレナデンをハイボール・グラスに注ぐ。水を加え、表面に膜ができないよう、最後に氷を入れる。

リジー・サワー*
LIZZY SOUR
......

アリーゼ	30ml
アプリコットリキュール	45ml
フレッシュ・レモン・ジュース	30ml
レモン・ホイール（ガーニッシュ）	

......

氷と一緒に十分にシェイクし、マティーニ・グラスに漉しながら注ぐ。レモン・ホイールを飾る。

リッツ・カクテル*
Ritz Cocktail

パリとマドリードのリッツ・カクテルに対するわたしなりの敬意のかたちです。

......

コニャック	30ml
コアントロー	15ml
マラスキーノ・リキュール	7.5ml
フレッシュ・レモン・ジュース	7.5ml
シャンパン	
フレイムド・オレンジ・ピール（p63、ガーニッシュ）	

......

上から4つの材料をミキシング・グラスの中でステアする。マティーニ・グラスに漉しながら注ぎ、シャンパンで満たす。フレイムド・オレンジ・ピールで仕上げる。

リンチバーグ・レモネード（デイル版）
Lynchburg Lemonade（Dale's Version）
......

ジャックダニエル	45ml
コアントロー	30ml
フレッシュ・レモン・ジュース	22.5ml
セブンアップ	
レモン・ウェッジ（ガーニッシュ）	
オレンジ・スライス（ガーニッシュ）	

......

上から3つの材料を氷と一緒にシェイクし、氷をいっぱいに入れたハイボール・グラスに漉しながら注ぐ。セブンアップを加え、レモン・ウェッジとオレンジ・スライスを飾る。

ル・ペロケ
Le Perroquet
......

カンパリ	多めの1ダッシュ
ジン	1ダッシュ
フレッシュ・オレンジ・ジュース	60ml
よく冷やしたシャンパン	120ml
レモン・ピール	
オレンジ・ピール	

......

カンパリ、ジン、オレンジ・ジュースをフルート・シャンパンに注ぐ。シャンパンを加える。レモンとオレンジのツイストで仕上げる。

ルムトプフ
Rumtopf
......

チェリー（洗って種を取る）	約450g
種なしブドウ	約450g
桃（種を取り2.5センチ角に刻む）	12個
プラム（種を取り2.5センチ角に刻む）	12個
イチゴ（洗ってクォーターに切る）	2.2キロ
砂糖	約900g
ミディアム・ラム	1L

......

チェリーとブドウを蓋付きの鍋に入れ、ポテト・マッシャーで軽く潰して皮を破る。残りのフルーツ、砂糖、スピリッツを加える。よくステアして蓋をし、涼しい場所に5カ月間置いておく。そのままドリンクとして出すか、アイスクリームやパイ／タルトのトッピングに使う。

RICKEYS

[リッキー類]

リッキーはドライが基本ですが、シロップや砂糖も加えられます。一説によれば、名前の由来は"カーネル・ジョー"リッキーという議員。カーネル・ジョーは19世紀後半、議員仲間と連れだってワシントンD.C.のバー、シューメーカーズ（Shoemaker's）によく飲みに行っていました。そこのバーテンダーが新しく考案したドリンクの味見をカーネル・ジョーに頼んだところ、ジョーがお代わりを注文し、それでそれをジン・リッキーと呼ぶことにした、と言われています。面白いことに、カーネル・ジョーはその後、ライムを初めて本格的に米国に輸入した人物になりました。レシピは、ジョージ・カッペラーが1900年の著書『Modern Mixed Drinks（モダン・ミックスト・ドリンク）』で紹介してから現在に至るまで変わっていません。ジン・リッキーからは数々のセクシーなカクテルも派生しています。

ジン・リッキー
Gin Rickey

......

ジン	45ml
フレッシュ・ライム・ジュース	15ml
クラブソーダ	150ml
ライム・ウェッジ（ガーニッシュ）	

......

ハイボール・グラスの中ですべての材料を氷と一緒にミックスする。ライム・ウェッジを飾る。

シティ・リッキー*
City Rickey

リッキーというよりむしろ、トール・グラスでお出しするコスモポリタンの炭酸版、といった一杯です。

......

ジン	45ml
フレッシュ・ライム・ジュース	15ml
コアントロー	30ml
クラブソーダ	
クランベリー・ジュース	
オレンジ・スライス（ガーニッシュ）	
ライム・スライス（ガーニッシュ）	

......

ジン、ライム・ジュース、コアントローを3/4まで氷を入れたハイボール・グラスに注ぐ。ソーダとクランベリーで満たし、ステアする。オレンジとライムを飾る。

ストーン・リッキー*
Stone Rickey

......

ジン	45ml
フレッシュ・ライム・ジュース	15ml
フレッシュ・オレンジ・ジュース	60ml
シンプル・シロップ	30ml
クラブソーダ	90ml
オレンジ・スライス（ガーニッシュ）	

......

ジン、ライム・ジュース、オレンジ・ジュース、シンプル・シロップを3/4まで氷を入れたハイボール・グラスに注ぐ。クラブソーダで満たし、ステアする。オレンジ・スライスを飾る。

ライム・リッキー*+
Lime Rickey

お酒好きのためのノンアルコール・ドリンクです。

......

フレッシュ・ライム・ジュース	22.5ml
シンプル・シロップ	30ml
アンゴスチュラ・ビターズ	3ダッシュ
クラブソーダ	
スパイラル・ライム・ピール（p66、ガーニッシュ）	

......

すべての材料をコリンズ・グラスかアイスティー・グラスの中でビルドし、ソーダを加える。スパイラル・ライム・ピールを飾る。

レインボー・サワー*
Rainbow Sour

ピノー・デ・シャラントはスピリッツに生のブドウ果汁を加えて造るいわゆるミステルの一種で、コニャックを使います。このお酒には素敵な伝説があります。とある生産者が2種類のコニャックをブレンドするつもりだったのですが、一方の樽に入っていたのは生のブドウ果汁でした。大事なコニャックを台無しにしてしまった、これでは売り物にならない、と思い込んだ生産者は、その樽を脇によけ、放ったらかしにしていました。数年後、セラーの主がこの樽を見つけ、味見をしたところ、面白い具合に熟成していることに気づきました。メーカーはこれを瓶に詰めてピノー・デ・シャラントと名付け、こうして新製品が誕生した、という次第です。現在、いくつかの生産者がピノーを造っていますが、おそらくどこも通常のブレンドに適さないコニャックを使っていると思われます。ピノー・デ・シャラントはアンジェリカの名でも知られています。

……

ピノー・デ・シャラント	30ml
マリー・ブリザール・アプリ	30ml
フレッシュ・レモン・ジュース	22.5ml
シンプル・シロップ	15ml
チェリー(ガーニッシュ)	
オレンジ・スライス(ガーニッシュ)	

……

すべての材料を氷と一緒にシェイクし、ロック・グラスに注ぐ。チェリーとオレンジ・スライスを飾る。

レオ・スペシャル
Leo Special

……

ジン	45ml
コアントロー	30ml
フレッシュ・ライム・ジュース	22.5ml
ペルノ	1ダッシュ
クレーム・ド・マント・グリーン	1ダッシュ

……

氷と一緒に十分にシェイクし、冷やしたカクテル・グラスに漉しながら注ぐ。

レッド・ビア
Red Beer

ニューヨーク州はキャッツキル山地で人気の一杯です。

……

トマト・ジュース60mlを生ラガー・ビールに加える。

レッド・ライオン
Red Lion

1930年代のレシピを復活させたもので、グラン・マルニエの販促が効を奏し、長らく高い人気を誇っています。ブース・ジン社が1933年のカクテル・コンテストにこれを出品し、優勝したことをきっかけにして広まりました。当初はレモンと砂糖で縁をリムしたグラスで出していました。

……

グラン・マルニエ	30ml
ドライ・ジン	30ml
フレッシュ・オレンジ・ジュース	15ml
フレッシュ・レモン・ジュース	15ml
フレイムド・オレンジ・ピール(p63、ガーニッシュ)	

……

氷と一緒に十分にシェイクし、冷やしたマティーニ・グラスに漉しながら注ぐ。フレイムド・オレンジ・ピールで仕上げる。

レプラコーンズ・デライト*
Leprechaun's Delight

……

ウォッカ	60ml
クレーム・ド・カカオ・ホワイト	15ml
クレーム・ド・マント・グリーン	7.5ml
グリーン・マラスキーノ・チェリー(ガーニッシュ)	

……

すべての材料をステアし、マティーニ・グラスに漉しながら注ぐ。グリーン・チェリーを飾る。

レモネード+
Lemonade

……

フレッシュ・レモン・ジュース	22.5ml
シンプル・シロップ	45ml
水	150ml
レモン・ウェッジ(ガーニッシュ)	

……

氷と一緒にシェイクし、氷を入れたグラスに注ぐ、レモン・ウェッジを飾る。

レモン・デイジー *+
Lemon Daisy

......

フレッシュ・レモン・ジュース	22.5ml
グレナデン	15ml
シンプル・シロップ	15ml
セブンアップ	
プレーン・ソーダ	

......

白ワイン・グラスの中でレモン果汁、グレナデン、シンプル・シロップをステアし、氷を加える。セブンアップとプレーン・ソーダを半々ずつ加える。

レモン・ドロップ
Lemon Drop

......

フレッシュ・レモン・ジュース	7.5ml
コアントローまたはトリプルセック	15ml
シトラス・ウォッカ	60ml
レモン・ホイール（ガーニッシュ）	1枚

......

すべての材料を氷と一緒にシェイクし、縁を砂糖でリムした、冷やしたマティーニ・グラスに漉しながら注ぐ。表面に薄くスライスしたレモン・ホイールを浮かべる。シューターにする場合は、上記のレシピどおりに作り、30mlのショット・グラス3つに漉しながら注ぎ分ける。砂糖をまぶしたレモン・ホイールでショット・グラスに蓋をする。

レモン・メレンゲ *
Lemon Meringue

さらにおしゃれにしたい場合は、卵白と砂糖をよくホイップし、上にフロートしてください。

......

シトラス・ウォッカ	45ml
リモンチェッロ（イタリアン・レモン・リキュール）	22.5ml
クレーム・ド・カカオ・ホワイト	15ml

......

氷と一緒に十分にシェイクし、冷やしたマティーニ・グラスに漉しながら注ぐ。

ロイヤル・カクテル
Royal Cocktail

1930年代のハリウッドはエンバシー・クラブ［注→p90］のレシピに手を加えました。

......

ジン	45ml
ドライ・ベルモット	22.5ml
ピーター・ヒーリング・チェリー・ヒーリング	22.5ml
フレイムド・レモン・ピール（p63、ガーニッシュ）	

......

氷と一緒にステアし、冷やしたマティーニ・グラスに漉しながら注ぐ。フレイムド・レモン・ピールで仕上げる。

ロイヤル・ハワイアン
Royal Hawaiian

50年代、ホノルルはロイヤル・ハワイアン・ホテルで生まれた、わたしのお気に入りの一杯です。ホテルはまだありますが、残念ながら、当時の代名詞的一杯だったこれはもうメニューにありません。

......

ジン	45ml
フレッシュ・レモン・ジュース	15ml
パイナップル・ジュース	30ml
オルジェー	7.5ml

......

すべての材料を氷と一緒にシェイクし、小型のカクテル・グラスに漉しながら注ぐ。ガーニッシュなし。

Column

レモネード・イン・バルク
（1ガロン／約3.8L）
LEMONADE IN BULK

フレッシュ・レモン・ジュース	720ml
シンプル・シロップ	1080ml
水	2040ml
レモン・ウェッジ（ガーニッシュ）	

すべての材料を大きな容器の中で合わせ、氷と一緒に3分間よくステアする。氷を取り除き、冷蔵庫に入れる。氷を入れたグラスに注ぎ、レモン・ウェッジを飾る。

上から時計回り:シンガポール・スリング、ジン・スリング、ヴァレンシア・マティーニ、フィッツジェラルド

LONG ISLAND ICED TEA
[ロングアイランド・アイスティー]

バート・C・バットが考案した、学生パーティ・ドリンクの大定番。締めの軽い一杯としても知られていますが、きちんと作れば、かなり美味になります。コツはスピリッツをすべて少量ずつにすること。以下に紹介したレシピのアルコール総量は75ml。とてもバランスの取れたドリンクで、フレッシュ・レモン・ジュースとシンプル・シロップが味の決め手です。"ロングアイランド"だけでなく、他の地名を冠したバリエーションもいくつかあります。

ロングアイランド・アイスティー
Long Island Iced Tea

......

ウォッカ	15ml
ジン	15ml
ラム	15ml
テキーラ	15ml
トリプルセック	15ml
フレッシュ・レモン・ジュース	22.5ml
シンプル・シロップ	15ml
コカ・コーラ	90〜120ml
レモン・ウェッジ(ガーニッシュ)	

......

コカ・コーラ以外の材料を氷と一緒にシェイクし、3/4まで氷を入れたアイスティーまたはコリンズ・グラスに漉しながら注ぐ。コカ・コーラ90mlまたは120mlを加えてステアする。レモン・ウェッジを飾る。

エレクトリック・アイスティー
Electric Iced Tea

......

バーボン	15ml
ウォッカ	15ml
ジン	15ml
トリプルセック	15ml
コカ・コーラ	90〜120ml
レモン・ウェッジ	2個

......

氷を入れたハイボール・グラスの中でビルドし、レモン・ウェッジを搾り入れ、ステアする。

テキサス・ティー
Texas Tea

......

テキーラ	15ml
ウォッカ	7.5ml
ホワイト・ラム	7.5ml
トリプルセック	15ml
フレッシュ・レモン・ジュース	30ml
コカ・コーラ	90〜120ml
レモン・ウェッジ(ガーニッシュ)	

......

コカ・コーラ以外の材料を氷と一緒にシェイクし、3/4まで氷を入れたアイスティーまたはコリンズ・グラスに漉しながら注ぐ。コカ・コーラ90mlまたは120mlを加えてステアする。レモン・ウェッジを飾る。

バリエーション:もっと甘くしたい場合は、シンプル・シロップを15ml足す。ダーティー・テキサス・ティーの場合は、レモン・ジュースの代わりにオレンジ・ジュースを使う。

マイアミ・アイスティー
Miami Iced Tea

......

ウォッカ	15ml
ジン	15ml
ラム	15ml
ピーチ・シュナップス	15ml
クランベリー・ジュース	30ml
セブンアップ	
レモン・ウェッジ(ガーニッシュ)	

......

氷を入れたトール・グラスの中でビルドする。セブンアップで満たす。レモン・ウェッジを飾る。

ロンドン・アイスティー*
London Iced Tea

......

ジン	22.5ml
ラム	22.5ml
アマレット	15ml
シンプル・シロップ	15ml
フレッシュ・レモン・ジュース	22.5ml
コカ・コーラ	90〜120ml

レモンのウェッジ（ガーニッシュ）
……
コカ・コーラ以外の材料を氷と一緒にシェイクし、3/4まで氷を入れたアイスティーまたはコリンズ・グラスに漉しながら注ぐ。コカ・コーラ90mlまたは120mlを加えてステアする。レモン・ウェッジを飾る。

ロイヤル・ロマンス
Royal Romance

W. J. ターリングの著書『Café Royal Cocktail Book（カフェ・ロイヤル・カクテル・ブック）』の中で見つけたドリンクです。考案者のJ. ペルージンはこれで、1934年のエンパイア・カクテル大会の勝者になりました。

……

ジン	45ml
グラン・マルニエ	15ml
パッションフルーツ・ジュースまたはネクター	30ml
グレナデン	2ダッシュ
フレイムド・オレンジ・ピール（p63、ガーニッシュ）	

……

すべての材料を氷と一緒にシェイクし、冷やしたマティーニ・グラスに漉しながら注ぐ。フレイムド・オレンジ・ピールで仕上げる。

ロザリータ*
Rosarita

……

トリプルセック	22.5ml
アリーゼ・レッド・パッション	22.5ml
テキーラ	22.5ml

……

バー・スプーンを使い、3/4まで氷を入れたロック・グラスの中に層を作る。材料を上記の順番で（トリプルセックが一番下）、混ざり合わないようにゆっくりと注ぎ入れる。

ロザリータ・ハイボール*
Rosarita Highball

……

テキーラ	45ml
カシス	15ml
フレッシュ・ライム・ジュース	7.5ml
ジンジャー・エール	120ml
きゅうりのスライス（ガーニッシュ）	

……

上から3つの材料をシェイクし、氷をいっぱいに入れたハイボール・グラスに漉しながら注ぐ。ジンジャー・エールで満たす。きゅうりのスライスを飾る。

ロサンゼルス・カクテル
Los Angeles Cocktail

1930年頃、ハリウッドはハイ・ホー・クラブで出されていた一杯。

……

バーボン	45ml
スウィート・ベルモット	7.5ml
シンプル・シロップ	30ml
全卵（乳化するまで泡立てておく）	30ml
フレッシュ・レモン・ジュース	15ml
すりおろしたてのナツメグ（ガーニッシュ）	

……

シェイカーにすべての材料を入れ、卵が乳化するまで氷と一緒に十分にシェイクする。冷やしたポート・グラスに漉しながら注ぐ。ナツメグを振りかける。

ロゼッタ
Rosetta

トビー・アブー・ガニン（ラスベガスはベラージオ・ホテルの名バーテンダー）とたびたび出かけたカクテル狩りの旅で出会った一杯です。グリニッジ・ヴィレッジのバー、ダディオーズ（Daddy-O's）で、バーテンダーのトニー・デボックがわたしたちのために作ってくれました。

……

ストリチナヤ・オレンジ	45ml
コアントロー	15ml
カンパリ	22.5ml
フレッシュ・オレンジ・ジュース	30ml
フレイムド・オレンジ・ピール（p63、ガーニッシュ）	

……

氷と一緒に十分にシェイクし、冷やしたカクテル・グラスに漉しながら注ぐ。フレイムド・オレンジ・ピールで仕上げる。

ロブ・ロイ
Rob Roy

ビル・グライムズは名著『ストレート・アップ・オア・オン・ザ・ロックス（Straight Up or On The Rocks）』の中で、このスコッチ・マンハッタンの名前の由来を明かしています――答えは同名のブロードウェイ・ミュージカルです。ハリー・クラドックの古典的一冊『The Savoy Cocktail Book』（1930年）で紹介されているレシピでは、スコッチ、スウィート・ベルモット、ドライ・ベルモットが同量ずつとなっていますが、現代人の舌には少々甘すぎるかもしれません。アフィニティとも呼ばれています。

……

スコッチ・ウィスキー	75ml

イタリアン・ベルモット（スウィート）	30ml
アンゴスチュラ・ビターズ	1ダッシュ
レモン・ピール（ガーニッシュ）	

……

氷を入れたミキシング・グラスにすべての材料を注ぎ、マティーニを作る要領でステアする。冷やしたカクテル・グラスに漉しながら注ぎ、レモン・ピールで仕上げる。

バリエーション：アンゴスチュラ・ビターズの代わりにオレンジ・ビターズとコアントローを1ダッシュずつ加えると、グリーン・ブライアーになります。

ワード・エイト
Ward Eight

1898年、ボストンはロックオーバー・レストランのトム・ハッシ ョンが、同市8区から州議会選に出馬した政治組織ヘンドリックス・クラブの一員、マーティン・ローマズニーの当選を祝して考案した一杯です。その後、ローマズニーは禁酒法支持者になったのですが、皮肉にも、自身の選挙区である8区はお酒で有名になりました。

……

バーボン	60ml
シンプル・シロップ	30ml
フレッシュ・レモン・ジュース	22.5ml
グレナデン	7.5ml
オレンジ・スライス（ガーニッシュ）	
チェリー（ガーニッシュ）	

……

すべての材料を氷と一緒にシェイクし、オールドファッションド・グラスかスペシャル・サワー・グラスに漉しながら注ぐ。オレンジ・スライスとチェリーを飾る。

ワンダー・ブラ*
Wonder Bra

ワンダーブラ[女性の下着ブランド]の方々に頼まれて作った一杯です。ワンダーブラの方々はどうぞ、お好きな名前に変えてください。

……

ジン	45ml
コアントロー	22.5ml
パイナップル・ジュース	30ml

……

すべての材料を氷と一緒にシェイクし、冷やしたカクテル・グラスに漉しながら注ぐ。

Part 3

[3章]
資料・情報源

The Resources of the Cocktail

Products, Services and Sources
［製品、サービス、情報］

※この項目の情報は2002年の原著刊行時のものです。連絡先やURLなどが変更になっている可能性があります。

■ドリンク・データベース
COCKTAIL.COM
www.cocktail.com
ポール・ハリントンが営むドリンク・レシピのデータベース。レシピの各要素にリンクが貼ってありますので、氷、グラス、ベルモットなど、それぞれの詳細情報が入手できます。また、同じくポールが営むカクテルパーティプランナー・サーチエンジンでは、個々のパーティに最適なドリンクが調べられます。

www.cocktaildb.com
マーティン・ドゥドロフとテッド・ヘイグ（別名カクテル博士）が営む広大なデータベース。参考文献、材料や検索できる膨大なレシピ・ライブラリー、定期的にアップデートされるメッセージボードもあり。

■教則ビデオ
BAR ESSENTIALS（バー・エッセンシャルズ）
2巻組の実践的教則ビデオ。ミクソロジストのデイル・デグロフ［筆者］がバーテンディングの技術、手法、古典的カクテル作りに必要な道具について、手本を見せながら解説。高レベルのドリンク作り／サービスに関心のあるバーテンダー、マネージャー、バー経営者は必見。フード・アンド・ベバレッジ・インスティテュート（Food and Beverage Institute）がプロデュースし、世界的に高名な団体カリナリー・インスティテュート・オブ・アメリカ（Culinary Institute of America）の講師陣が教えるトレーニング・プログラムの一環として制作されたものです。
ご注文は電話1-800-285-8280／914-451-1278かウェブ・サイトkingcocktail.comで。

■ノベルティ・アイテム
CHARMING PRODUCTS
www.Charmingproducts.com
シェリル・チャーミングが営む文字どおりチャーミングなサイト。50人ものスタッフを使って集めたのではないかと思うほど、情報量は膨大。シェリルが「常夏のネット界を隅から隅までサーフィンで駆け巡り、集めに集めたクールなバー関連グッズの数々」を紹介。さまざまなツールや小物のリンクも数百。どんなお探し物もきっと見つかるはず。

SHAKEN NOT STIRRED:
A CELEBRATION OF THE MARTINI
［ステアじゃなく、シェイクで:マティーニ万歳、の意］
www.maritiplace.com/book2.html
スティーヴ・ヴィサケイによるアンティーク・カクテル・シェイカー・ガイド。
P.O. Box 1517
West Caldwell, NJ 07007

CORKSCREW.COM
www.corkscrew.com
コルク抜きに特化したサイト。新、旧、アンティーク製品のほか、歴史、特許、機能も紹介。

K&L INTERNATIONAL MERCHANDISE CORP.
www.knl-international.com
カクテル用のピック／ピン、ストロー、フラッグ、パラソル、フルーツ・ストローなど、パーティに欠かせない小間物を紹介。
20470 Yellow Brick Road, #5B
Walnut, CA 91789
電話888-598-5588。ファックス909-598-3380

MARTINI MISTER
吹きかけるだけで完璧なマティーニが作れるベルモット・アトマイザー。
詳細はジョー・ギャリソン（Garri52@aol.com）まで。

OXO GOOD GRIPS
チャンネル・ナイフ、ワイン・オープナー、小型ナイフ、ボトル・オープナーなど、人間工学に基づいてデザインされたバー・ツール類。
OXO International
1536 Beech St.
Terra Haute, IN 47804
電話800-545-4411

ZOO PIKS INTERNATIONAL
www.zoopiks.com
動物をかたどったユニークなピック、ストロー、カスタムプリント・ナプキンなど。

STIR STICKS & PICKS INTERNATIONAL
カクテル用アクセサリーの優れた情報源。
電話1-877-STIRPIK／416-675-2783

■講習会およびセミナー
ニューヨーク・シティの団体、インスティテュート・フォー・カリナリー・エデュケーション（Institute for Culinary Education）（元ピーター・クンプのニューヨーク・クッキング・スクール）が主催するデイル・デグロフ［筆者］のミクソロジー教室（Mixology Class）。電話212-847-0700。デイル・デグロフのカクテル・サファリ（Cocktail Safari）：詳細はwww.kingcocktail.comを参照。

コーンウォール＝オン＝ハドソンで開催されているゲイリー・リーガンズ・ウィークエンド・バーテンディング・クラス（Weekend Bartending Class）。詳細はwww.ardentspirits.comを参照。

■ニュースレター
HOT TRUB
ピーター・ラフランスが編集する『American Brewer & Distiller, Hot Trub（アメリカン・ブリューアー＆ディスティラー、ホット・トラブ）』提供のニュースレター。醸造／蒸留関係者やアルコール飲料業を扱うメディア向けのアイテムを紹介。詳細はピーターまで。
peter.lafrance@beerbasics.com

COCKTAIL COMMUNIQUE
cocktailcommunique@yahoogroups.com
情報満載の週刊ニュースレター。詳細はエグゼクティヴ・エディターのカリ・アストリッドまで。
www.cocktail.com
bartender@cocktail.com

SPIRIT JOURNAL
www.spiritjournal.com
F. ポール・パカルトが年4回発行する、スピリッツ、ワイン、ビールに特化したニュースレター。購読のお問い合わせは、電話800-560-7273まで。

ARDENT SPIRITS
www.ardentspirits.com
スピリッツに精通したライター、ゲイリー＆マーディ・リーガンが発行する、ひと癖ある電子メール無料ニュースレター。スピリッツとカクテルに特化。購読は、gary@ardentspirits.comにメールアドレスを送れば、誰でも可能。

■その他のバーおよびカクテル関連サイト
KING COCKTAIL
www.kingcocktail.com
そう、自分のサイトです、手前味噌にはなりますが、紹介させていただきます。バーテンディングとミクソロジー、講習会とセミナー、レシピ・リスト、カクテル・サファリのほか、皆さんのバーに役立つアイデアが満載です。

BEVACCESS
www.bevacces.com
ビバレッジ・メディア・グループ協力の下、米国随一のアルコール飲料業界誌を発行する会社。ベヴアクセスはビバレッジ・ネットワークの本部でもあり、毎月、48の市場における14万以上の

アルコール飲料事業者に向けてタイムリーな情報を発信中。

ALCOHOL REVIEWS
www.alcoholreviews.com
ビール、ワイン、スピリッツ、カクテルなど、アルコール飲料製品に特化した月刊オンライン・マガジン。ワインやスピリッツ、バー用品を購入できるオンライン・ストアもあり。

DRINK BOY
www.drinkboy.com
ロバート・ヘスが営む情報量豊富なサイト。商品説明、基本的なカクテル・レシピ、バー用品、ゲーム、記事など。

ABOUT.COM
www.cocktails.about.com
キャシー・ハムリンが営むサイトで、優れたニュースレターを発行するほか、活気に満ちたフォーラム、史実に関する記事、レシピ、トリビアなども掲載。キャシー・ハムリンはスティーヴ・ヴィサケイとともに、シェイカーから珍しいコレクターズ・アイテムに至るまで、すべてに関する情報を網羅する『Collecting Cocktails（コレクティング・カクテルズ）』も編纂。

WEBTENDER
www.webtender.com
定期的にアップデートされているドリンク・フォーラム。ミキシング用語、バーのサイズ、バーの品揃えなどに関する情報を提供。

WINEMAKERI INC.
www.winemakeri.com
良質なアルコール飲料関連製品の情報源。ワイン製造、リキュール製造、醸造に使用する一風変わった有標製品も紹介。リキュールおよびスピリッツの優れた用語集もあり。

■フルーツ、割り材、ジュース、ガーニッシュ

AJ-Stephans Ginger Beer
10 Dewitt Road
Stoneham, MA 02180
電話／ファックス781-438-2221

ANGOSTURA BITTERS
www.angostura.com
割り材、ソース、ラム、イベント。

BLENDEX
www.blendex.com
ケンタッキー州ルイビルのメーカーBLENDEX社が先頃、デザイナー・マルガリータ・ソルトを発売。種類は以下の5つ：サンセット・レッド（Sunset Red）、トロピカル・グリーン（Tropical Green）、メディタレニアン・ブルー（Mediterranean Blue）、サンバースト・イエロー（Sunburst Yellow）、フレッシュ・オレンジ（Fresh Orange）。詳細は1-800-BLENDEX、またはrpottinger@Blendex.comまで。

DR. MCGILLICUDDY'S
サゼラック社が配給するミント＆バニラ・シュナップスとノンアルコール・ルートビア製品が購入できます。電話877-906-6409（ニューオーリンズ504-849-6409）。電子メールinfo@sazerac.com

FEE BROTHERS ORANGE BITTERS
オレンジ・ビターズをはじめ、入手困難な材料を販売。電話1-800-961-FEES。ニューヨーク市民はアメリカン・カプチーノ（American Cappuccino）にも連絡可。718-767-6669（ご注文は4本から）。

FRANCO'S COCKTAIL MIXES
フランコズ（Franco's）はフロリダ州ポンパノ・ビーチを拠点にする世界最大のマルガリータ・ソルト・メーカー。1990年よりカラー・マルガリータ・ソルトを発売。

GOURMET SODA PRODUCTS
www.popsoda.com

OUT BACK JUICE FACTORY
一般的なジュースだけでなく、スペシャルティ＆季節のジュースも注文可。お問い合わせは電話610-678-2400、または書面566 Penn Avenue, Sinking Spring, PA 19608で。

SABLE AND ROSENFELD FOODS
www.sableandrosenfeld.com
フレンチ・ベルモットに漬け込んだ製品ティプシー・オリーブ（Tipsy Olives）＆ティプシー・オニオン（Tipsy Onions）のメーカー。ほかにもグルメな製品を販売。

SAZERAC
www.sazerac.com/bitters.html
1793年、ニューオーリンズで誕生した唯一無二のオリジナル・ビターズ、ペイショーズが購入できます。印刷可能なオーダー・フォームのお問い合わせは、電話504-849-6450で。

SLUSH AT HOME
www.slush-at-home.com
本物の果物で作るフルーツ・スムージーとフローズン・カクテル・ミックスが購入できます。お問い合わせは電話1-800-762-2525、または書面1534 Pennsylvania Avenue, Monaca, PA 15061で。

SUMPTUOUS SELECTIONS
コネチカット州ロッキー・ヒルのメーカー。メスキート・チップでスモークしたライム風味や、カラメル化したオレンジ＆レモン風味など、マルガリータに合うフレーバード／ローステッド・シーソルトを販売。電話：1-800-987-8512／530-674-5530。電子メールinfo@chilecauldron.com

TRADER VIC'S
www.tradervics.com
割り材、ミックス、シロップを数多く販売する、マイタイの考案者が営むサイト。ココ・クリーム（Koko Kreme）シロップ、オルジェー・シロップ、グレナデン・シロップ、ロック・キャンディ・シロップ、マラスキーノ・シロップ、パッションフルーツ・シロップ、ホットバタード・ラムの素、トム・アンド・ジェリーの素、カフェ・ラ・テ（Kafe-la-te）ホット・ドリンク・ミックスなど。ご注文はオンラインまたは電話877-762-4824で。

TWANG
www.twang.com
テキサス州サンアントニオのメーカー。トワンガリータ・マルガリータ・ソルト（Twangarita Margarita Salts）のフレーバーはレモンライム、ピックル、タート＆スパイシー・チリコン・リモーンの3種類。ご注文は電話1-800-950-8095で。

■美技＆エンターテイメント

FLAIR BARTENDING
www.bartendingacademy.com
ここのオンライン・ストアで、教則ビデオ『Olympic Bartending（オリンピック・バーテンディング）』が購入できます。

CHARMING BAR TRICKS
www.charmingbartricks.com
Miss Charming's Book of Bar Amusementsなど、さまざまな情報を満載。

■バー用品

BIG TRAY
www.bigtray.com
洗剤からナッツまで、バー用品を豊富に取り揃えるサイト。

BAR SUPPLY WAREHOUSE
www.barsupplywarehouse.com
ホームバー・スターター・キットを販売。メジャー・カップ、プラスチック製ポアラー6個、4プロング・ストレーナー、28 ozティン、16 ozミキシング・グラス、レシピ、バー・スプーン、コルク抜き、金属製アイス・スクープが揃ったセットで、価格は

なんと16.99ドル。

A BEST KITCHEN
www.abestkitchen.com/store/bar
ホームバーにぴったりの手頃な価格のアイテムが揃うサイト。検索も手早く簡単にできます。

ALESSI BAR TOOLS
www.alessi.com
アレッシィ製の美しいバー用品がオンラインで購入できます。店舗は以下のとおり:
The Conran Shop, 344 East 59th Street, New York, NY 10022; 212-755-9083
Moss, 146 Greene Street, New York, NY 10012; 212-226-2190
Museum of Contemporary Art, 220 E. Chicago Avenue, Chicago, IL; 312-397-4000
Chiasso, Water Tower Place, 835 N. Michigan Avenue, L2, Chicago, IL 60611; 312-280-1249
Diva, 8801 Beverly Boulevard, Los Angeles, CA 90048; 310-278-3191
Alessi San Francisco, 424 Sutter Street, San Francisco, CA 94108; 415-434-0403
Strings, Inc., 3425 W. 7th Street, Fort Worth, TX 76107; 817-336-8042
Adesso, 200 Boylston Street, Boston, MA 02116; 617-451-2212
Exit Art, 201 Gulf of Mexico Drive, Longboat Key, FL 34228; 941-387-7395
Galeria Lamartine, 421 Espanola Way, Miami Beach, FL 33139; 305-695-0903

BLASCO SUPPLY, INC.
製氷機コールドドラフト(KoldDraft)を販売。電話718-993-8000、または電子メールvjbl@aol.comで。

CHEF RESTAURANT SUPPLIES
ラ・チャンド(Ra Chand)のジューサーなど、品揃えが豊富。電話212-254-6644。

RESTAURANT DEPOT
www.restaurantdepot.com
良質な生食品、冷凍食品、乾燥食品、飲料、器具の卸売業者(バイタミックスといったブレンダーも、メンバー登録なしでオンライン購入可)。店舗は全米各地にあり。

CO-RECT PRDUCTS
www.co-rectproducts.com
コーレクト(Co-Rect)製品は、サーキシアン・バー・サプライ社(Sarkissian Bar Supply Co.)を介しての卸売販売が主。3132 Webster Avenue, New York, NY 10467 電話718-655-7125／798-2819

パンチを冷やすのに便利なアイスリング型
(RING MOLDS FOR ICE RINGS TO CHILL PUNCH)
www.fantes.com
リング型モールド(ring mold)のページに進み、サバラン・リング型(savarin ring mold)を検索。

余ったワインおよび酒精強化ワインの保存用品などのワイン・アクセサリー
www.amazon.com
キッチン&家庭用品(kitchen & housewares)のページで検索。
www.vintagecellars.com

Measures
[分量単位]

見慣れない分量単位
19世紀のレシピに出てくる、現代人にはなじみのない分量単位の換算法は以下のとおり:
ポニー(Pony)／コーディアル(Cordial)＝1オンス[30ml]
プースカフェ・グラス(Pousse-café glass)＝1.5オンス
カクテル・グラス＝2オンス
ギル(Gill)＝4オンス
ワイン・グラス＝4オンス
スモール・タンブラー＝8オンス
ラージ・タンブラー＝16オンス

米国のバーで一般的に使用される分量単位
ポニー＝1オンス[30ml]
1オンス＝3センチリッター
ジガー、ショット＝1.5オンス
ミキシング・グラス＝16オンス
スプラッシュ＝1/2オンス
6ドロップ＝1ダッシュ＝小さじ1/6

瓶のサイズ
スプリット＝6.4オンス
ハーフ・ボトル＝12.7オンス
フィフス＝25.4オンス
リッター＝33.8オンス
マグナム＝1.5L＝ワイン・ボトル2本
ジェロボアム(Jeroboam)＝3L＝ワイン・ボトル4本
レオボアム(Rehoboam)＝ワイン・ボトル6本
マチュレザム(Methuselah)＝ワイン・ボトル8本
サルマナザール(Salmanazar)＝ワイン・ボトル12本
バルタザール(Balthazar)＝ワイン・ボトル16本
ネブカドネザール(Nebuchadnezzar)＝ワイン・ボトル20本
ソヴリン(Sovereign)＝ワイン・ボトル34本

Proof in the Numbers: Standard Alcohol Content
[主なスピリッツの一般的なアルコール度数]

ジン	40度～47度
ウォッカ	40度～50度
スコッチ(ブレンデッド)	40度
スコッチ(シングルモルト)	40度～62度
ラム	40度
オーバープルーフ・ラム	～77度
バーボン、ライ、ブレンデッド・ウィスキー	40度～45度
バーボン、スペシャル・ボトリング	～62度
テキーラ	40度:数は少ないが、50度のものもあり(1～2種類)
フレイバード・スピリッツ(ジン、ウォッカ、ラム、テキーラ)	30度～40度
ブランデー、アルマニャック、カルヴァドス	40度:数は少ないが、43度のものや最高値50度のものもあり
フルーツ・ブランデー(オー・ド・ヴィー)	40度および45度
リキュール／コーディアル	大半は15度～35度だが、シャルトリューズやアブサントなど、いくつかのコーディアルは55度
食前酒(アペリティフ)	16度～30度

Basic Recipes
[ベーシック・レシピ]

ブラウンシュガー・シロップ
Brown Sugar Syrup
ダーク・ブラウンシュガー 450g
天然水 480ml
砂糖と水をソースパンの中で合わせ、弱火で熱し、砂糖が溶けるまでステアする。火から下ろす。冷めたら冷蔵庫に入れ、使うときだけ出す。2週間は保存がききます。

蜂蜜シロップ
Honey Syrup
蜂蜜はドリンクに入れても美味しいのですが、味が濃く、そのままでは使いにくいので、シンプル・シロップのように、薄めてシロップにするのが一番です。蜂蜜と同量のぬるま湯を合わせ、蜂蜜が溶けきるまでステアする。冷蔵庫で保存する。

シンプル・シロップ
Simple Syrup
シンプル・シロップはドリンクにかさと甘みを足してくれます。作り方は以下のとおり。
コルク瓶の半分まで上白糖を入れ、残り半分を水で満たす。砂糖の大部分が溶けるまで、1分ほど強く振る。5分ほど置き、濁りが収まってきたらもう一度軽く振って混ぜる。使わないときは冷蔵庫に入れておく。数週間は保存がききます。

スパイスト・シンプル・シロップ
Spiced Simple Syrup
水2クォート[約1900ml]の中にドライ・オレンジ・ピール1と1/5カップ、クローブ数個、シナモン・スティック1本を入れる。1晩置く。ソースパンに注ぎ入れ、砂糖1と1/5カップを加える。沸騰したらすぐに火から外し、漉し、冷めてから瓶に漉して移す。

自家製グレナデン◆
Homemade Grenadine
ゲイリー&マーディ・リーガン作
「ザクロを搾るときは、手動のレバー式シトラス・ジューサーを使うんだけど、これがすごくいいんだ。1個から60〜90mlの果汁が取れる。果汁90mlに対して、シンプル・シロップを30ml加える。それだけだよ」
上記のゲイリー&マーディーのやり方でも良いのですが、少々手を加えてみました。ザクロを半分に切り、各半分をクォーターに切る。クォーターの1片をさらに半分に切り、皮から果肉を取り出し、ミキシング・グラスに入れる。シンプル・シロップ30ml、レモンまたはライム・ウェッジ1つ、お好きな果汁——オレンジ、グレープフルーツ、クランベリー、または複数のブレンド——30mlを加える。混合液をマドルし、香りと色を出しきってからお好みのホワイト・スピリッツ——ウォッカ、ラム、またはジン——45mlを加え、氷と一緒に十分にシェイクする。カクテル・グラスに漉しながら注ぐ。
これで間違いなくすばらしい一杯ができますが、これ以外にも選択肢はたくさんあります。マドルする前にマンゴーやブルーベリーといった他のフルーツを加えてみてください。可能性はまだまだ広がります。お好きな果物を組み合わせて、あなただけの特別な一杯をお作りください。

アップル・ウォッカ
Apple Vodka
バーテンダーのオードリー・サンダースが考案したレシピです。
リンゴ（マッキントッシュ／旭）1ケース
ウォッカ（できればスヴェッカ※）1ケース（12L）
半ケース分のリンゴを半分に切り、各半分をクォーターに切る。5ガロン[約19L]容器に移し、ウォッカ6瓶を加える。蓋をする、または食品用ラップで覆って端をテープで留める。残る半ケース分のリンゴも同じように処理する。容器に日付を記し、冷蔵庫に2週間入れておく。チーズクロスで漉し、リンゴは捨て、残ったウォッカをロート／漏斗を使って元の瓶に戻す。冷蔵庫で保存する。

ジンジャー・ビア
Ginger Beer
非炭酸版はカクテル・シェイカーでミックスできます。
生姜 2と1/2ポンド[1.125キロ]。皮を剥き、乱切りにする
ライム 4個
ライト・ブラウンシュガー 9/10カップ
水2ガロン[約7.6L]を大鍋に入れて火にかけ、沸騰したら火から外す。その間、生姜に熱湯を数滴加えてフードプロセッサーにかけ、できたものを沸騰した湯に加える。スプーンを使ってライムの果肉と果汁を搾り取り、皮と一緒に湯に入れる。砂糖を加え、よくステアし、蓋をして1時間置く。シノワかチーズクロスを使って漉し、非プラスチック製の容器に入れて冷ます。数週間保存できますが、生姜の香りは時間とともに薄れていきますので、新鮮なうちに使いきるのがお勧めです。

ハンドホイップ・アイリッシュ・コーヒー・クリーム
Hand-Whipped Irish-Coffee Cream
スチール製のピッチャーかボウルをあらかじめ冷やしておく（できたら、氷を入れた容器の中にピッチャーを入れた状態で泡立てる）と、手早く泡立てられます。
生クリーム（ヘビー・クリーム）約475ml
角が立つ直前まで泡立てる。ゆっくりと注げるくらいの固さが基本です。コーヒー・ドリンクの表面にスプーンなどですくってのせる。その際、クリームがコーヒーと混ざらないように注意する。混ざってしまう場合は、クリームの泡立てが足りないか、のせ方が雑かのどちらかです。アイリッシュ・コーヒー・グラスを横から見て、コーヒーの黒とクリームの白がきれいに分かれているのが理想です。

加糖ホイップ・クリーム：泡立てながら、砂糖を一度に大さじ1ずつ、適宜加える。ホイップ・クリーム半パイント[約235ml]に対してバニラ・エッセンスを2〜3ドロップ加える。

Mixing Terms and Techniques
[ミキシング用語とテクニック]

イン・アンド・アウト
In and Out
一般に、マティーニの作り方を指す言葉。ドライ・ベルモットを少量、氷を入れたミキシング・グラスに振り入れ、ぐるりと回し、余ったベルモットだけ捨てる。そうして香り付けした氷の上から、ジンまたはウォッカを注ぎ入れ、ステアして冷やし、提供するグラスに注ぐ。

オン・ザ・ロックス
On the Rocks
氷を入れたオールド・ファッションまたはロック・グラスで提供するドリンク。

クリーム
Cream
クリーム・ドリンクにはコクのある風味が求められるため、必ず生クリーム(ヘビー・クリーム)で作ること。ダイエット中の方には、ハーフ&ハーフ[牛乳とクリーム半量ずつのコーヒー用ミルク]で代用可。

シーズン/シーズニング
香り付け
Season
お好みのスピリッツを少量グラスに振り入れ、グラスの中をぐるりと回し、余った分を捨てて香りを付ける[リンスともいう]。

シューター
Shooters
シューターはパーティを楽しく盛り上げてくれるものですが、パーティ主催者にとっては少々厄介な存在でもあります。シューターは必ず、ゲストの手元にドリンクが行き渡っているときに注文が入るためです。そんな状況で、せっかく盛り上がった雰囲気に水を差すことなく、手早く、かつ適切に振る舞うコツは以下のとおり:シューター1杯の量を22.5mlから30mlに抑える。シューターの注文がよく入るようなら、専用のグラスを用意しておく。アルコールの量が少なくて済むレシピを決めておく。わたしはいつも、フラミンゴ(p166)などの美味しいカクテルをショット用にアレンジしていました。フラミンゴは強いドリンクではなく、1杯に使う液体の量は135mlしかありません。これにラムを30ml加え、氷と一緒にシェイクすると、たいへん美味しい6人分のショットの完成です。6人分で、アルコール量はわずか90mlです。

シェイク
Shaking a Drink
ドリンクのシェイク法はご存じのとおり。材料と氷をカクテル・シェイカーの中で合わせ、よくシェイクし、提供するグラスに濾しながら注ぐ。

ステア
Stirred
氷を入れたガラス製のカクテル・シェイカーにドリンクを入れ、ロング・カクテル・スプーンでステアし、提供するグラスに濾して注ぐ。

ストレートアップ
Straight-Up
冷やす際に使った氷を濾して除き、冷やしたカクテル・グラスに注いで出すドリンクのこと。

ディスカード
Discard
カイピリーニャなどの例外を除いて、とくに指示がないかぎり、ドリンクのシェイクに使用した氷は破棄し、別に用意した氷の上から濾しながら注ぐ。

フレッシュ・フルーツとシェイク
Shaking Fresh Fruit
フレッシュ・フルーツとシェイクすると、カクテルの香味が確実に増します。たとえば、ウィスキー・サワーをシェイクする際には、オレンジ・スライスとチェリーを1つずつ入れ、マドラーでブルーズし、それからシェイクする。グラスに濾しながら注ぎ、とくに指示がない場合は、必ずフレッシュ・フルーツを飾ります。

ニート
Neat Drinks
氷を使わず、室温で提供するドリンク。

フラッグ
Flag
オレンジ・スライスとチェリーを使った一般的な飾り。サワーやオールド・ファッションのほか、多くのトロピカル・ドリンクに使用する。フレッシュ・パイナップル・スライスを加える場合もあり。

フラッペとミスト
Frappé and Mist
フラッペとミストはクラッシュドまたはシェーブド・アイスの上から注いで作ります。

ブルーズ
Bruise
果物はバー・マドラーで(少量の場合は、木製のスプーンでも可)ブルーズします。ミント、バーベナ、ボリジ[ルリジサ]といった香草/薬草や生姜といった香辛料も近年、ドリンクの香り付けにより頻繁に使用されるようになりました。香りをより多く出すには最初にブルーズするのが鉄則ですが、ちりぢりになるまで潰さないこと。

ビルド
Building
提供するグラスの中でドリンクを作ること。一般に、レシピの記載順に材料を注ぎ入れてステアします。

マドル
Muddling
ブルーズよりも激しく潰す行為。わたしの場合、ミントの葉はちりぢりにせず、香りのエッセンスだけ抽出するようにブルーズします。ただ、カイピリーニャに使うライムは、果汁だけでなく皮に含まれるオイルも十分に出したいので、マドルします。これだけでカクテルの風味が一段と増すので、本書のレシピの右端に記した要マドルのしるしをお見逃しなく。

ロール/ローリング
Rolling
合わせた材料を激しく撹拌せず、大型のバー・グラス2つの間を行ったり来たりさせて混ぜる方法。トマト・ジュースを使うドリンクを混ぜる際、独特の舌触りを損なわないために用いるテクニック。

Glossary
[用語集]

アイリッシュ・ウィスキー
Irish Whiskey
単式蒸留器で3回蒸留して造るアイルランド産ウィスキー。世界初のウィスキーとされている。単式蒸留器で3回蒸留したモルト・ウィスキーと、モルトにしていない大麦を使ったウィスキー、連続式蒸留器で蒸留したグレーン・ウィスキーとのブレンド。隣国スコットランド産のウィスキーとはまったく異なる個性を有する。主な理由は泥炭の煙で燻さないことにあり、そのためスモーキーな風味がない。

アイリッシュ・クリーム
Irish Cream
アイリッシュ・ウィスキー、砂糖、生クリームで造るリキュール。ベイリーズ・アイリッシュ・クリーム参照。

アイリッシュ・ミスト
Irish Mist
4種のウィスキーがブレンドされたアイランド産ウィスキー・リキュール。単式蒸留器で蒸留したもの2種類と連続式蒸留器で蒸留したグレーン・ウィスキー2種を、ヘザーやクローバーなど、3種類の蜂蜜で甘味付けして造る。

アガベ
Agave
メキシコ土着の大型植物で、見かけは巨大なパイナップルとサボテンの中間的。ユリ科で［現在はキジカクシ科とされている］、種類は自生種、栽培種を含め数百にも上る。アガベ・テキラーナ・ウェバー・ブルー／ブルー・アガベはテキーラ造りに用いられる（ブルー・アガベ参照）。

アクア・ヴィータ
Aqua Vitae
"命の水"の意。いわゆる蒸留酒のラテン語。

アグアルディエンテ
Aguardiente
"燃える水"の意。スペイン語圏の国々では、ブランデーを指す。

アグアルディエンテ・デ・カーナ
Aguardiente de Cana
カシャーサやラムと同じく、サトウキビを原料とするポルトガル産蒸留酒。

アグアルディエンテ・デ・コロンビア
Aguardiente de Colombia
コロンビア産のアニス風味リキュール。

アグアルディエンテ・デ・バガソ
Aguardiente de Bagaco
ブドウの搾りかすを原料とするポルトガル産ブランデー。イタリアのグラッパやフランスのマールに似た飲料。

アグアルディエンテ・デ・パルマ
Aguardiente de Palma
椰子を原料とするフィリピン産蒸留酒。

アクヴァヴィット、アカヴィット、アクアビット
Akvavit, Akavit, Aquavit
スカンジナビア諸国産の穀物を主原料とする蒸留酒。香り付けにはさまざまな香草／薬草が用いられるが、最も一般的なのはキャラウェイとウィキョウ／フェンネル。

アップルジャック
Applejack
リンゴを51％以上含むマッシュを発酵、蒸留させて造るウィスキー。ニュージャージーのレアーズ社が植民地時代から製造しており、そのためジャージー・ライトニングとも呼ばれる。通常、アルコール度数40度で瓶詰めされる。

アドヴォカート
Advocaat
オランダ語で"弁護士"を意味する名前のオランダ産リキュール。卵黄とブランデーにバニラなどのフレーバーを加えて製造する。

アナクレオン体［恋愛や酒を詠んだ詩の総称］
Anacreontics
語源は、19世紀のロンドンにあった社交クラブ、アナクレオンティック・ソサエティ。酒にまつわる詩を編纂した素敵な詩集が2冊あるが、悲しいかな、現在はいずれも絶版――『Inspired by Drink（インスパイアード・バイ・ドリンク）』（ジョン・ディグビー編集。1988年）とラブ・ノーラス著『Merry Go Down（メリー・ゴー・ダウン）』（マンドレイク・プレス。20世紀前半）。

アニゼット
Anisette
多くの国々で製造されているリキュールだが、アニシードで香り付けしたフランス産がオリジナル。

アネホ・ラム
Añejo Rum
オーク樽の中で熟成させたラム。必要とされる熟成年数はさまざま。

アブサン
Absinthe
グレープ・オード・ヴィーをベースに、ヒソップ、レモン・バーム、アニス、トウシキミ、ウィキョウ／フェンネル、コリアンダーといった香草／薬草や植物の根などを漬け込んだ、もしくはそれらとともに精留した蒸留酒。重要な材料のひとつであるニガヨモギ油に含まれるツヨンには強い神経毒性があり、大量に摂取すると、てんかんに似たいれんを引き起こす恐れがあると判明したため、アブサンはほぼ全世界で禁じられた。プルーフが130と非常に高く、現在では少量の化学物質ツヨンよりも高アルコール度を問題視する科学的見解が一般的。

アブサント
Absente
後発のアブサンふう製品。オリジナルより甘く、ニガヨモギの一種サウスウッドを使用。

アブセンタ、アヘンホ
Absenta, Ajenjo
スペイン版アブサン。EECの規定に従い、生産打ち切りに。

アプリ
Apry
マリー・ブリザール社のアプリコット・リキュール製品。

アプリコット・ブランデー、フルーツ・ブランデー
Apricot Brandy, Fruit Brandies
アプリコットなどのフルーツで香り付けした中性スピリッツで、いわゆる"ブランデー"ではない。加糖し、アルコール度数35度で瓶詰めされる。本物の"ブランデー"はブランデーの項を参照。

アプリコティーヌ
Abricotine
天然または合成アプリコット・フレーバーを加えたものではなく、完熟アプリコットを原料とするリキュール。

食前酒（アペリティフ）
Apéritif
夕食前、食欲を刺激するために飲むドリンク。語源は"開く"のラテン語"アペリーレ(aperire)"。通常のワインから、フレーバード／アロマタイズド・ワインや酒精強化ワイン、各種カクテル、シャンパンまで、ドリンクの種類は問わない。

アヴェルナ・アマーロ
Averna Amaro
消化促進剤として供されるほろ苦いイタリア産リキュール。アルコール度数34度。フランスおよびイタリア産のビター・リキュールの大半と同じく、香草／薬草類と、キナの樹皮を原料とするキニーネで香味付けされている。

アボッツ・ビターズ
Abbott's Bitters
米国産ビターズ。禁酒法を受けて生産打ち切りに。

アマーロ

The Resources of the Cocktail

Amaro
グレープ・オー・ド・ヴィーと苦味のある香草／薬草類を原料とするイタリア産リキュール。通常は食後に消化促進剤(ディジェスティーヴォ)として供される。

アマレット
Amaretto
アーモンドおよびアプリコット風味のリキュール。イタリア生まれだが、現在は他の国々でも製造されている。

アマレット・ディ・サローノ
Amaretto di Saronno
イタリアはサローノ産のアーモンド風味リキュール。ダビンチの弟子ベルナルディーノ・ルイーニがサローノのサンタ・マリア・デレ・グラツィエ教会にフレスコ画を描くことになり、自身が泊まる宿屋で働く貧しい若い女性を絵のモデルとして雇ったところ、その女性が感謝の意を込めて、アーモンドとアプリコットを使ったこの甘いリキュールを作った、との伝説がある。

アメール・ピコン
Amer Picon
キナ皮［キニーネ］、オレンジ・ピール、ゲンチアナ［リンドウの根］のほか、苦味のある薬草／香草で香り付けしたフランス産のビター・リキュール。アルコール度数39度。フランスの蒸留研究者で軍人のガエタン・ピコンが1837年、アルジェリアのフランス軍部隊のために造ったのが最初。

アラック、ラク、ラキ
Arak, Arrack, Raki
もともとはナツメヤシの蒸留酒で、現在は米やサトウキビも原料とする。17世紀に世界初のパンチ・ドリンクのベースとしても使われたが、これはインドから英商人の手により英国に伝えられた飲み方。現在は中東、インド、東南アジアで製造されている。

アランビック／アレンビック蒸留器
Alambic or Alembic Still
単式蒸留器の原型で、誕生の地は中国。西洋に紹介したのはムーア人で、イベリア半島の国々に持ち込んだと言われている。ヨーロッパで初めて蒸留が行なわれた地はおそらくヘレス・デ・ラ・フロンテーラであり、そこはムーア語でシェリシュと呼ばれていた。アランビック／アレンビックの語源は、蒸留を意味するアラビア語の"アル・インビク(al-inbiq)"。

アリーゼ・ゴールド、アリーゼ・レッド・パッション
Alizé Gold, Alizé Red Passion
コニャックとパッションフルーツ、水、砂糖で造るアルコール度16％のリキュール。レッド・パッションは同じ材料にクランベリーを加えたもの。

アルコール、エチル
Alcohol, Ethyl
飲料用アルコールの語源はアラビア語の"アル・コール(al-kohl)"とされている。ただ、"コール(kohl)"はアラビア人女性がアイシャドウ用に使うパウダー状の黒い粉を指す。両者の関係性は個人的に調査中。

アルマニャック
Armagnac
ジュール県などフランス南西部で製造されるブランデー。特殊な蒸留器で単式蒸留されるもので、一般にコニャックより強いとされる。AOCが定める生産地は、バ・アルマニャック（最高品質）、アルマニャック・テナレーズ、オー・アルマニャックの3つ。

アロペ
Arrope
ブドウ果汁を煮詰めたもので、濃縮ワインと合わせてペドロ・ヒメネスを造るのに使われる。アモロソ（シェリーの一種）の甘味料。ウィスキーの色づけにも使用される。

アロマタイズド・ワイン
Aromatized Wines
香草／薬草(ハーブ)や香辛料(スパイス)、果実で香味付けしたワイン。ベルモットなどのアペリティフ・ワインはこれに含まれる。

アンゴスチュラ・ビターズ
Angostura Bitters
シモン・ボリバル率いるベネズエラ解放軍に義勇兵として加わった青年ドイツ人軍医、J.G.B.シーゲルトが1824年、スペイン軍とのジャングル戦で疲弊した兵士たちの健胃剤として考案したと言われる。当初、製造工場はアンゴスチュラの町にあったが、政情不安を受けて、トリニダード島の沖合に移された。以来、現在までその地ポート・オブ・スペインで生産が続けられている。アンゴスチュラの製法は門外不出だが、シナモン、オールスパイス、クローブの香りが顕著。アルコール度数が40度と高いが、食品添加物に分類される。

イエーガーマイスター
Jägermeister
56種の香草／薬草を原料とするほろ苦いドイツ産リキュール。1878年から製造されているが、この10年間での売上が過去のそれを上回った。ビールとともに飲むシューターとしての人気が米国で急騰したことが理由。アルコール度数35度。

インフュージョン／浸漬
Infusion
茶を淹れる作業と基本的には同じ工程だが、規模ははるかに大きい。ビールおよびウィスキー造りでは、穀物およびモルトを湯に、往々にして熱湯に何度か浸し、ウォートと呼ばれる糖液を作る。インフュージョン／浸漬はフルーツ・リキュールの製造にも用いられ、果実やその他香味材料をブランデーに長時間浸して造る。その後、混合液を漉したものに水を加えて瓶詰めに適したプルーフにまで下げ、シュガー・シロップで甘味付けしてから瓶詰めする。

ウィスキー
Whiskey
"命の水"を意味するゲール語、"ウスケボー"と呼ばれていたアルコール飲料。発芽させた麦を粉砕して温水に浸し、でんぷんを糖に変え、酵母を加えて発酵を促す。発酵後の低プルーフの液体をビールといい、これを蒸留するとウィスキーになる。

ウイスケベーハー（ケルト語）／ウスケボー（ゲール語）
Uisgebeatha (Celtic) or Usquebaugh (Gaelic)
イギリス諸島におけるウィスキーの旧呼称で、「命の水」の意。ケルト語の発音から英語の名称であるウィスキー(whisky)が生まれた、との説がある。

ウーゾ
Ouzo
ギリシャ産のアニス風味リキュール。

ウォッカ
Vodka
"水"を意味するロシア語"voda(ヴァダ)"が名称の語源。穀物やときに芋類を原料とする蒸留酒で、大半が無味無臭。

ウニクム・ビターズ
Unicum Bitters
オーストリア産アロマティック・ビターズ。

ウンダーベルグ・ビターズ
Underberg Bitters
ドイツ産アロマティック・ビターズ。

熟成（オーク樽で）
Aged (In Oak)
ワインや蒸留酒(スピリッツ)をオーク樽で一定期間保存することで、強烈なノートをなくし、オーク樽特有の個性を加える過程。効果の程は樽の年数と使用回数、大きさによって変わる。カラメル化した木糖の香りを加えるため、樽の内側はしばしば焦(チャ)がされる。

エイティシックス(86)

Eighty-Six
在庫切れ品、または出入禁止の客を指すバー業界特有の隠語。禁酒法時代にニューヨーク・シティで栄えたもぐりの酒場チャムリーズの住所、ベッドフォード・ストリート86番地が語源とされる。

エール
Ale
発酵の際に上面に浮く酵母で造るビール。エールはビールのなかで最も歴史が古いもので、ホップの量が少なく、あまり熟成させずに提供するのが一般的。

エステル
Esters
蒸留によって生じる化合物で、スピリッツにアロマを加える。

エチル・アルコール
Ethyl Alcohol
糖溶液の発酵によって生じる飲料用アルコール。

エボニー・コニャック※
Ebony Cognac
数あるブレンデッド・コニャックのひとつ。葉巻に合う、つまり香りの強いヘビーでダークな、フュジニー（A. De Fussigny）社の製品。

オー・ド・ヴィー
Eau-de-Vie
蒸留酒を意味するフランス語。より具体的には、果実の糖化液を発酵させて造り、ときにオーク樽の中で熟成させるタイプのブランデーを指す。のちに、核果やラズベリー、イチゴといった果実を原料とする無熟成のダイジェスティフ・ブランデーの一群を指す言葉になった。

オールド・トム・ジン
Old Tom Gin
甘味付けしたロンドン・ドライ・スタイルのジンで、19世紀に人気を博した。

オールドファッションド・グラス
Old-Fashioned Glass
容量8〜10オンス［約240〜300ml］の、背の低いがっしりしたグラス。"オン・ザ・ロックス"グラス、またはたんに"ロック"グラスとも称される。

オールド・ポトレロ・ライ
Old Potrero Rye
アンカー蒸溜所が生産するアメリカン・ライ・ウィスキー。ライ・モルトを主原料とし、チャーした新しいオーク樽で2年間の熟成後、アルコール度数61度で瓶詰めされる。

オヘン※
Ojen
スペイン産のアニス風味リキュール。

オルジェー／オルジェー・シロップ
Orgeat or Orgeat Syrup
ミルキーな甘いアーモンド・シロップで、菓子作りに広く使われる。オルザータともいう。ヴィクター・バージェロンが考案したマイ・タイ・レシピに必須の材料。

オレンジフラワー・ウォーター
Orange-Flower Water
オレンジ［ダイダイ］の花びらで香り付けした水で、菓子作りや料理に使われる。ニューオーリンズ産の有名カクテル、ラモス・フィズに欠かせない材料。

オレンジ・キュラソー
Orange Curaçao
キュラソー参照。

オレンジ・ビターズ
Orange Bitters
オレンジ・ピールやさまざまな植物（ボタニカル）で香り付けしたアルコール・ベースのビターズ。米国では、ニューヨークはロチェスターのメーカー、フィー・ブラザーズ社※が、欧州ではボルス社が製造。禁酒法以前はカクテルの材料として人気を博し、初代ドライ・マティーニにも用いられていたが、その後使われなくなった。

オンプレミス（OP）
On Premises（OP）
蒸留酒、ワイン、ビールをグラスで供する酒類業者、つまりバーやレストランを意味する業界用語。

カカオ
Cacao
クレーム・ド・カカオ参照。

カシス／クレーム・ド・カシス
Cassis or Crème de Cassis
フランスはブルゴーニュの町ディジョン産のブラックカラント［カシス］を原料とするリキュール。現在はフランス中で製造されている。白のテーブル・ワインにこれを少量加えたドリンク、キールはよく知られている。ワインをシャンパンに代えると、キール・ロワイヤルになる。

カシャーサ
Cachaça
ブラジル産のサトウキビの蒸留酒（スピリッツ）。通常、刈りたてのサトウキビを原料とし、オーク樽で熟成させずに瓶詰めする。

カップ
Cups
ワイン・ベースのドリンク。リキュール、蒸留酒（スピリッツ）、果実、香草／薬草（ハーブ）で香味付けし、氷と合わせ、最後にセルツァー水を加える。

ガリアーノ
Galliano
無熟成のグレープ・ブランデーで作るイタリア産ハーブ・リキュール。約30年前、ハーヴェイ・ウォールバンガーの人気急騰を受けて、米国中のバーに置かれた。

カリセイ※
Calisay
スペイン産の甘苦い（ビタースウィート）食後酒。

カルーア
Kahlúa
メキシコ産のコーヒー・リキュール。コーヒー・リキュール類のなかでおそらく最も有名な製品。米国で販売されているカルーアはすべてメキシコ産だが、ヨーロッパで販売されているカルーアはデンマークのメーカー、ピーター・ヒーリング社がライセンス製造している。

カルヴァドス
Calvados
フランスはノルマンディ地域圏のカルヴァドス県で採れた最多48種類のリンゴの糖化液（マッシュ）を原料とする熟成ブランデー。最上のカルヴァドスはポット・スティルで2回蒸留し、最低6年間熟成させる。

カルパノ、プント・エ・メス
Carpano, Punt e Mes
ベルモットの範疇に入るスパイスト・ワインで、イタリアはトリノのカルパノ家が18世紀後半に開発。"プント・エ・メス（punt e mes）"とは"1と1/2"の意で、カルパノ・カフェにおけるレシピを指す（ワイン1、割り材1/2）（ミキサー）。カルパノにはアンティカ・フォーミュラ（Formula Antico）というさらにスパイシーな製品もあり、こちらは比較的最近、米市場に入ってきた。プント・エ・メスはネグローニやマンハッタンにベルモットの代わりとして使えるが、香りが強いため、量は控え目が望ましい。

カンパリ
Campari
キナ皮［キニーネ］を主原料とし、コチニールで色付けしたイタリア産のスパイシー／ビターな食前酒。1860年代、ガスパーレ・カンパリがミラノで開発。瓶詰めのアルコール度数は24%で、ネグローニやアメリカーノ・ハイボールなど、多くの有名カクテルに使用される。

キウイ・ライム・リキュール※
Kiwi-Lime Liquor
ニュージーランド産のスウィート・フルーツ・リキュ

ール。

ギネス・スタウト
Guinness Stout
上面発酵のアイルランド産ビール。黒くなるまで釜で焼いたモルトを使うため、色は黒に近い。アイルランド産スタウトは一般にドライで、後味にわずかな苦味がある。イングランド産スタウトはアイルランド産よりも甘い。

キュラソー
Curaçao
オランダのボルス蒸留所で誕生した、苦味が特徴の小ぶりなオレンジ、キュラソーを原料とするリキュール。現在は多くの国で生産されており、ホワイト、オレンジ、ブルーの3色があるが、色以外に違いはない。カクテル創生期に人気を博した高級品だったが、その後ベルモットに取って代わられた。ラム、ライム、果汁類と相性が良い。

ギル
Gill
19世紀のカクテル・レシピ本に出てくる容量4オンス[120ml]のワイン・グラス。

クラスタ
Crusta
19世紀にニューオーリンズの酒場の主ジョセフ・サンティナが考案したドリンク。縁を砂糖で覆い（クラステッド）、長いスパイラル・レモン・ピールで飾ったステム・グラスで提供する。スピリッツの種類は問わないが、一般にジン、ブランデー、ウィスキー、ラムを使用し、レモン・ジュース、シンプル・シロップ、ビターズ、スウィート・リキュール（マラスキーノなど）を合わせ、シェイクし、クラッシュド・アイスの上から注いで作る。

グラス・レール
Glass Rail
汚れたグラスやカクテル・ツールを置くためにバーカウンターの内側に設けられた溝。リキュールの瓶やミキシング・グラスも置けるよう、最低10センチの幅が必要。

グラッパ
Grappa
貧者のブランデー――少なくとも、当初はそうだった。主な原料はブドウを搾ったあとに残る皮、種、果軸。通常は無熟成。昨今では、原料のブドウ果汁の割合が多くなり、高価なデザイナーズ・ボトルで販売されており、おしゃれな飲み物として高級レストランでも提供される。

グラン・マルニエ
Grand Marnier
キュラソー・オレンジを原料とするフランス産のオレンジ＆ブランデー・リキュール。コルドン・ルージュ（スタンダード）、サントネール100周年記念ボトル※とサント・サンカントネール150周年記念ボトル※の3種類が広く出回っている。

クリアデラ
Criadera
スペイン独特のシェリー製法、ソレラ・システムで使用される、積み重ねた[一番下の段を除く]樽の段。

グリーン・シャルトリューズ
Green Chartreuse
シャルトリューズ参照。

クルボアジェ VS
Courvoisier VS
クルボアジェ社のコニャック製品。VS（ベリー・スーペリア）とは、ブレンドに使われているブランデーのうち、最も若いものが最低2年間、オーク樽で熟成されていることを意味する。

クレーム・イヴェット※
Crème Yvette
すみれの花を原料とする米国産リキュールで、かなり珍しい。クレーム・ド・ヴァイオレットはこれのフランス版。

クレーム・ド・カカオ、クレーム・ド・チュアオ
Crème de Cacao, Crème de Chouao
カカオ豆を原料とするリキュールで、ダークとクリアの2種類があり、アルコール度数25度で瓶詰めされる。クレーム・ド・チュアオはカカオをより甘くしたもの。

クレーム・ド・ノワヨー※
Crème de Noyaux
アーモンド風味の低アルコール・リキュール。ピンク・スクァーレル（p160）に用いられる。

クレーム・ド・バナナ
Crème de Banana
バナナ風味のリキュール。バンシー（p156）、ラム・ランナー（p204）、イエロー・バード（p87）といったカクテルに使われる。

クレーム・ド・フランボワーズ
Crème de Framboise
ラズベリーのリキュール。

クレーム・ド・プリュネル
Crème de Prunelle
スロー・ベリー（リンボク）の実を原料とするフランス産リキュール。

クレーム・ド・フレイズ
Crème de Fraises, Fraises
ストロベリー風味のリキュール。209イースト・カクテル（p135）に使用。

クレーム・ド・マント
Crème de Menthe
ミント風味のリキュールで、グリーンとクリア（ホワイト）の2色がある。グリーンは一般にクラッシュド・アイスの上からかけて使う。クリア（ホワイト）はスティンガー（p125）やグラスホッパー（p101）といった古典的カクテルに用いられる。

クレーム・ド・マント・ホワイト
White Crème de Menthe
クレーム・ド・マント参照。

グレナデン
Grenadine
アルコールおよびノンアルコール飲料に用いる赤色のスウィート・シロップ。フレーバーのベースにはもともとザクロが用いられていたが、現在出回っている多くには人工香料が使用されている。本物はいまもアンゴスチュラ社が製造している（p217参照）。

コアントロー
Cointreau
フランス産の高級オレンジ・キュラソー製品。サイドカーやマルガリータ、ホワイト・レディをはじめ、多くのカクテルに用いられる。

コーディアル
Cordials
果実、香草／薬草、植物、香辛料で香味付けしたスウィート・リキュール。オランダのメーカー、ボルス社はフルーツ・リキュールおよびコーディアル開発の先駆。フルーツ・リキュールとコーディアルは現在、同じものを指す言葉として混用されている。コーディアルは大半がアルコール度数35度未満だが、シャルトリューズ（40度）といった例外もいくつかある。

コーディアル・グラス
Cordial Glass
オリジナル・ポニー・グラスは容量が1オンス[30ml]しかなく、ポート／デザート・ワイン・グラスの小型版のような形状だった。現在、大半のバーで提供される1杯の量はそれよりも多く、昔ながらのポニー・グラスはほとんど使用されていない。

コーヒー・リキュール
Coffee Liqueur
世界中で生産されており、一般的にアルコール度数25度から30度の間で瓶詰めされる。メキシコおよびデンマーク産のリキュール、カルーア（p224参照）とジャマイカ産のリキュール、ティア・

マリアが最も有名。

ゴールドシュレーガー※
Goldschlager
スイス産のシナモン・リキュール。43.5度で瓶詰めされる。瓶の中に24Kの金箔が入っているのが特徴。

ココ・ロペス※
Coco Lopez
ココナッツ風味のペーストで、ピニャコラーダに用いる。[米国の]一般的なスーパーマーケットで手に入る。

ゴディバ・リキュール
Godiva Liqueur
米国産のチョコレート&キャラメル・リキュール製品。名前とロゴはベルギーのチョコレート会社のそれをライセンス使用。

コブラー
Cobbler
ワインまたはスピリッツのベースに砂糖と水を加えて作り、山盛りにしたシェーブド・アイスの上から注ぎ、季節の果物をたっぷりと飾って提供する。ウィスキー・コブラーなど、果物と一緒にシェイクして作るコブラーもある。

コンジナー
Congeners
蒸留中、アルコール蒸気の分子に付随してくる不純物。ベースとなる果実や糖化液の原料である穀物に由来する場合もあれば、さまざまな製造過程中に遭遇するその他有機化合物に由来する場合もある。スピリッツに独特の味と香りを付ける要素。コンジナーとアルコール蒸気との結合は、高温で蒸留をくり返すことで断ち切れる。

サケ[酒]
Sake
米を発酵させて造る日本産ライス・ワイン。

サゼラック
Sazerac
ペイショーズ・ビターズの項参照。

サワー
Sours
ベース、甘味材、酸味材で作るカクテル。材料はサワーの種類によってさまざまだが、割合は変えないのが基本。わたしが思う最も広い層に好まれる割合は、ベース2、甘味材1、酸味材3/4(フィックスの項参照)。

サンガリー
Sangaree
植民地時代初期に誕生したドリンクで、材料はワイン——マデイラが一般的——水、香辛料(スパイス)。トール・グラスで供され、夏に涼を取る一杯として人気を博した。ミュールド・ワインはハンガリーの冬版で、鍋に水とスパイスを入れて軽く沸騰させ、香りの移った湯をワインと合わせ、砂糖を加えてホットで提供する。ミュールド・ワインに用いるスパイスはナツメグ、シナモン、メース、クローブ。19世紀には卵を使うミュールド・ワインも好まれ、これは卵を卵白と卵黄に分け、砂糖を加えて十分に泡立て、少量の水を加えてさらに混ぜ、ワインと香味を付けた湯を合わせたものと和えて作った。スピリッツ版は、ポートやマデイラといったスウィート・ワインをフロートする。

サングリア
Sangria
赤または白ワイン、砂糖、果実で作り、生の果物とベリー類を飾るスペイン発祥のドリンク。

サントリー
Suntory
日本随一の人気を誇るウィスキーの銘柄。日本屈指の飲料メーカーの社名でもある。

サンブーカ
Sambuca
アニスをベースとする、リコリス風味のイタリア産食後酒(ディジェスティーヴォ)で、しばしばコーヒーとともに飲まれる。近年、ブラック・サンブーカはオパール・ネラやデラ・ノッテ※の名で米市場でも流通している。

サン・ラファエル
Saint Raphael
キナ皮[キニーネ]、香草/薬草(ハーブ)、香辛料(スパイス)で香り付けしたアロマタイズド・ワイン。フランス政府がアルジェリアに派遣した部隊をマラリアから守るために飲ませた。

ジアスターゼ
Diastase
大麦の成長/麦芽化中に穀粒内で生成される酵素。でんぷんの糖への変質を促す。

シェリー
Sherry
主にスペインはアンダルシア州カディス県で生産される酒精強化(フォーティファイド)ワイン。長い二次発酵中、ワインを空気に晒すことで、表面にフロールと呼ばれる酵母の膜を作らせる。フロールの膜が最も厚いものをフィノといい、よりドライで、アルコール添加量が少ない。フロールがごく少ないものをオロロソといい、アルコールの添加量が多く、ボディがよりしっかりしている。シェリーはすべて発酵時は甘味付けされていないが、オロロソのなかには、ワインを煮詰め、"アロペ"(ブドウ果汁を煮詰めたもの)を加えて造る濃厚な加糖ワイン、ペドロ・ヒメネスを添加されるものもある。シェリーはソレラ・システムで熟成させるブレンデッド・ワインで、地産のブドウを蒸留して作るアルコールを添加することにより、保存性が高められている。ドライなもの(フィノ)と、ボディのよりしっかりした、ときによりスウィートなもの(オロロソ)の2つに大別される。

シークレスタ・ビターズ
Secrestat Bitters
人気のフランス産ビターズ。現在は生産されていない。

シャルトリューズ
Chartreuse
フランス産ハーバル・リキュールで、40度で瓶詰めされる黄色と、55度で瓶詰めされる緑色の2種類がある。フランスはボアロンの修道院シャルトリューズで修道士が造っていたが、1901年、修道会によるフランスでの生産を禁じる法が通過したことを受け、製造場所がスペインのタラゴナに移された。現在はフランスで生産されている。V.E.P.という熟成版もある。

シャルトリューズ・ジョーヌ(黄)
Yellow Chartreuse
シャルトリューズの項参照。

シャンパン
Champagne
フランス北東部のシャンパーニュ地方で生産される発泡性ワインで、主にピノ・ノワールとシャルドネを原料とする。一次発酵後、糖分と酵母を加え、瓶の中で二次発酵させることにより、かの有名な発泡を含む独特の個性が生まれる。この過程をメトード・シャンプノワ(シャンパーニュ方式)といい、これが発泡性ワインの標準的製法とされている——ただし、"シャンパン"を名乗れるのは同地方で生産されるワインに限られる。シャンパンは残留糖度によって分類される。また、シャンパンにはヴィンテージとノンヴィンテージがあり、前者はヴィンテージ年に収穫されたブドウが80%を占め、最低3年間は熟成させたものでなければならない。

シャンボール
Chambord
フランス産ラズベリー・リキュール製品。セックス・オン・ザ・ビーチやブレイン・トゥーマー(Brain Tumor)、パープル・フーター(Purple Hooter)といったカクテルの材料としてディスコ世代の間で人気を博した。

シューター
Shooters
1オンス[約30ml]グラスに入れたカクテルやイエーガーマイスターなどのリキュールやスピリッツ

のストレートのこと。ひと息に流し込むように飲む。

シュナップス
Schnapps
もともとは、強い無色透明の蒸留酒を指すスカンジナビア語およびドイツ語。スナップスとも呼ばれ、香り付けされているものも、されていないものもある。種類を問わず、強い蒸留酒を指す俗称でもある。現在は、デカイパー、モホーク、ルルーといったメーカーが生産する低価格のフルーツ&スパイス・スピリッツ全般を指す言葉として使われている。

ジュレップ
Julep
18世紀後半に誕生以来、現在も高い人気を誇る米国産ドリンク。もともとはコニャックとピーチ・ブランデーを材料としていたが、バーボンにフレッシュ・ミントと砂糖を合わせ、よく冷やしたシルバー製カップでシェーブド・アイスの上から注いで提供するスタイルに進化発展した。

蒸留
Distillation
液体混合物を蒸発と凝縮によって分離する作業。濃縮飲料用アルコール、エタノール[エチル・アルコール/酒精]の製造に用いられる。

初期シュラブ
Early Shrub
ラム、オレンジ果汁、レモン果汁を合わせたもので、ロンドンの酒場で提供されていた。

ジン
Gin
"ジュニエーヴル"/セイヨウネズをはじめ、コリアンダー、レモン・ピール、ウィキョウ、桂皮、アニス、アーモンド、生姜、オレンジ・ピール、アンジェリカ[セイヨウトウキ]といった植物[ボタニカル]で香り付けした穀物由来の蒸留酒。1600年代、オランダの化学者フランシスクス・シルヴィウスがネズの薬効成分を取り入れる方法を模索するなかで考案した。

シングルモルト・スコッチ
Single-Malt Scotch
1シーズンに単一の蒸留所で製造される大麦ベースのスコットランド産蒸留酒。ストレートで瓶詰めされるか、他のウィスキーとのブレンドに用いられる。

ジンジャー・ビア
Ginger Beer
生姜を原料とするスパイシーなソフト・ドリンクで、一般に炭酸が加えられている。ジャマイカ発祥。

ジンジャー・リキュール
Ginger Liqueur
生姜風味のリキュールには、中国生まれの製品カントン・ジンジャー・リキュール※がある。

シンプル・シロップ
Simple Syrup
砂糖と水をほぼ同量ずつ合わせて作るシロップ。菓子作りには、より濃縮されたものが用いられる。

スウィート・ベルモット
Sweet Vermouth
ベルモット参照。

スウィズル
Swizzle
ラム・スウィズル参照。

スキン
Skin
19世紀に好まれたドリンクのカテゴリーのひとつ。材料はレモン果汁、スピリッツ、湯。

スコッチ
Scotch
発芽させた大麦を原料とする、スコットランドで蒸留されたウィスキー。

ストリチナヤ・オレンジ
Stolichinaya Ohranj
ロシア産のオレンジ風味リキュール。ロシア産のウォッカとスカンジナビア半島産のアクアビットは世界初のフレーバード・ウォッカ。

ストレガ
Strega
70種の香草[ハーブ]/薬草と樹皮をブレンドして造るイタリア産リキュール。アイスクリームにかけると美味。

ストロベリー・リキュール
Strawberry Liqueur
イチゴを中性スピリッツに浸漬[マセラシオン]させて造るリキュール。リキュールの項参照。

スプリッツァー
Spritzer
白ワインをクラブソーダで割ったもの。氷を入れたグラスで提供する。

ズブロッカ
Zubrowka
ズブロッカ草[バイソングラス]で香味付けしたウォッカ。

スペイン産ブランデー
Spanish Brandy
ソレラ熟成の項参照。

スモール・ビール
Small Beer
アルコール度数の低いビール[通常は無濾過]。

スリング
Sling
19世紀中頃、スリングはトディ(スピリッツ、砂糖、水。最後にすりおろしたナツメグを振りかける)とされていた。その後、柑橘類の果汁とリキュールの添加により、20世紀前半のシンガポール・スリングといった、より複雑なカクテルへと発展した。

スロー・ジン
Sloe Gin
スロー・ベリー[アメリカ・スモモ]を原料とする米国産リキュールで、いわゆる"ジン"ではない。

センチリットル(CL)
Centiliter(CL)
ヨーロッパのカクテル・レシピに使用される単位。1Lの100分の1。1オンスは3cl[30ml]。

ソルガム[サトウモロコシ]
Sorghum
大平原諸州に生育するイネ科の植物で、煮詰めて糖蜜[モラセス]の一種を作るのに用いられる。

ソレラ熟成
Solera Aging
スペインのブランデーおよびシェリーの熟成法。何段にも重ねた樽の一番下の段を"ソレラ"、他の段を"クリアデラ"という。ソレラ熟成中、中のワインおよびシェリーを樽から樽へと移し、若いものと古いものをブレンドする。これにより、実年数以上熟成させたものと同様の個性を獲得させられる。この工程をスペイン語では、年かさのブランデーが若いブランデーを鍛える/しつける、と表現する。

ダムソン・ジン
Damson Gin
プラムの一種ダムソンで香り付けしたリキュールで、いわゆる"ジン"ではない。

ダンダー
Dunder
発酵の際に加えられる前回の蒸留残液。ダンダーを用いるのはジャマイカに特有のラム製造法。

チェリー・ヒーリング
Cherry Heering
デンマーク産の高級チェリー・リキュール。地元産チェリーに強力なビタースイート・フレーバーを加えたもので、ピーター・ヒーリングが販売したものがオリジナル。本物のシンガポール・スリングに欠かせない材料としても有名。

チェリー・ブランデー

Cherry Brandy
アプリコット・ブランデーの項参照。

チザン液
Tisane
茶葉を含まないハーブ類の浸出液。しばしばハーブティーとも称される。

チナール
Cynar
アーティチョーク風味のイタリア産食前酒(アペリティーヴォ)。

チャージド・ウォーター
Charged Water
二酸化炭素を注入した水。19世紀の呼称。

ティア・マリア
Tia Maria
ジャマイカ産のコーヒー風味リキュール。

テール／後留
Tails
2回目の蒸留の最後に出てくる部分で、一般に臭いのきついフーゼル油分を多く含む。取り分けておき、再留釜に戻される。

テキーラ
Tequila
メキシコで生産される蒸留酒で、400種にも上るユリ科[現在はキジカクシ科とされている]の植物アガベの仲間、アガベ・テキラーナ・ウェーバー・ブルーを主原料とする。ミクストと100％ブルー・アガベに大別され、ミクストは51％以上がアガベで、発酵工程中、一般にサトウキビなどに由来する他の糖類を添加して造る。100％ブルー・アガベは名称どおり、アガベのみを原料とする。熟成年数により、テキーラは3タイプに分けられる。ビアンコ／シルバーは木樽で熟成させずに瓶詰めし、ステンレス製のタンクで最長60日間休ませる。レポサドも休ませるが、ステンレス製タンクではなく木樽を使い、期間は60日から1年間。アネホは木樽の中で最低1年間熟成させる。ドラードまたはゴールドと呼ばれる種類もあり、これらはカラメルで色づけしたもので、熟成はされていない。

デュボネ・ルージュ
Red Dubonnet
ブドウのオード・ヴィーで酒精強化したフランス産アペリティフ・ワイン。誕生は19世紀で、ルーションの赤ワインをキナ皮[キニーネ]で香り付けしたものを、熱帯の植民地で戦う兵士のマラリア予防薬として用いたのが始まり。

トゥアカ※
Tuaca
柑橘系のフレーバーとバニラ香が際立つイタリアン産スウィート・リキュール。

do.
do.
19世紀のカクテル・レシピ本で用いられた単語。基本的に"同上／ditto"の意。

トゥニー・ポート
Tawny Port
いくつかのヴィンテージ・ポートをブレンドし、5年から40年間、オーク樽で熟成させて造る。初めはルビーまたはヴィンテージ・ポートと同じく濃い赤色をしているが、徐々に明るい褐色に変わっていく。それが名前の由来["tawny／トゥニー"は"黄褐色"の意]。

トディ
Toddy
もともとは、ココナッツ、ナツメヤシ、パルミラヤシの樹液[またはそれを発酵させて造る酒]の意。その後、蒸留酒、砂糖、水で作るホットまたはコールド飲料を指すようになった。

トニック・ウォーター
Tonic Water
キナ皮[キニーネ]と砂糖を含む炭酸水。

ドラクム
Drachm
少量を意味する"ドラム"のスコットランド語。薬衡／薬方ドラムは1/8オンス。

ドランブイ
Drambuie
スコッチにヘザー・ハニーを加えたスウィート・リキュール。

トリプルセック
Triple Sec
キュラソー・オレンジを原料とするリキュール。誕生の地はフランスだが、現在は多くの国で生産されている。一般にミックス・ドリンクの材料として用いるもので、ストレートで飲まれることはほぼない。

トロピコ※
Tropico
バカルディ・ゴールド・ラムと、マンゴー、パッションフルーツ、ガラナ、スターフルーツといった熱帯の果実を原料とするリキュール製品名。ミックス・ドリンクの材料として汎用性が高い。

ニガヨモギ
Wormwood
アブサンの最も重要な材料。現在は違法とされており、アブサンの代用品であるリカールやペルノ、アブサントには使用されていない。ただ、ベルモットなど、アルコール度数の低い酒精強化(フォーティファイド)およびアロマタイズド・ワインの香味材としては依然として用いられている。ニガヨモギ(wormwood)のラテン語名はartemisia absinthiumであり、これをとって、ペルノ社かの悪名高き蒸留酒をアブサン(absinthe)と名付けた。

ノーズ
Nose
ワインまたはスピリッツの芳香(アロマ)のこと。

バー・スプーン
Bar Spoon
カクテルをステアするための柄の長いスプーン。回しやすいように、ステンレス製の柄がねじれているものが多い。

バーテンダー、バーマン、医者(ドクター)、化学者(ケミスト)／薬屋
Bartender, Barman, Doctor, Chemist
業務用施設内のバーで、アルコール飲料を用意、提供する者。現在に至るまで、さまざまな愛称／あだ名で親しまれている。化学者(ケミスト)／薬屋という呼称が生まれたのは19世紀のことで、当時のバーテンダーは使う材料の多くを手作りしていた。医者(ドクター)と呼ばれたのは、その昔、バーテンダーの多くが地元常連客の健康について意見を述べたり、ときには注意まで与えたりしていた慣習に由来する。

パーフェクト
Perfect
スウィート・ベルモットとドライ・ベルモットを半量ずつミックスすることを指すカクテル・レシピ用語。パーフェクト・マンハッタンはその一例。

バーボン
Bourbon
とうもろこしが51～79％（残りは少量の大麦とライまたは小麦）を占めるマッシュを原料とする米国産ウィスキー。通常、チャーリングを施したオーク樽で2年間熟成させる。

バガス
Bagasse
サトウキビを搾ったあとに残る繊維。以前はラム蒸留業者が蒸留器を加熱するための燃料にしていた。現在は絶縁材として利用されている。

バカルディ・ラム
Bacardi Rums
バカルディ社は世界最大のラム製造業者。本社はバミューダ諸島ハミルトンにあり、蒸留所をいくつかの国に構えている。組織の正式名称はバカルディ・マルティーニ・グループといい、設立は1992年。以来、マルティーニ・エ・ロッシのベ

ルモットや食前酒を製造販売している。バカルディ誕生の地はキューバだが、フィデル・カストロが1960年に社を国営化したため、バカルディ家はプエルトリコで生産を始めた。

バスタブ・ジン
Bathtub Gin
禁酒法時代、文字どおりバスタブで密造していた"ジン"のことで、穀物アルコールにセイヨウネズを加えて造った。

バック
Back
スピリッツ系ドリンクと一緒に、あるいはあとで供される水またはソフト・ドリンクのこと。19世紀の伝統的なバーでは、アルコール飲料1杯に対して必ず水を1杯出していた。

発酵
Fermentation
糖の分子を二酸化炭素とエチル・アルコールに分解する過程。糖を含む液体内で急速に繁殖する微生物、酵母の働きによる。

パッションフルーツ・ネクター
Passion Fruit Nectar
砂糖水とパッションフルーツで作る甘く濃いジュース。フレッシュ・パッションフルーツはトロピカル・カクテルとの相性が良いが、使う際には甘味をかなり足す必要がある。

バット
Vat
ウィスキーのブレンドに用いる大型容器。バッテド・モルトとはシングルモルト・ウィスキーのみを複数ブレンドして造ったウィスキーのこと。

バナナ・ラム
Banana Rum
バナナ風味のラム。米領バージン諸島のメーカー、クルーザン・ラム社の製品が有名。

バナナ・リキュール
Banana Liqueur
天然または人工のバナナ・フレーバーで香り付け、砂糖で甘味を加え、アルコール度数25〜35度で瓶詰めした中性アルコール。

バルバンクール
Barbancourt
糖蜜ではなくサトウキビの搾り汁を原料とするハイチ産ラム。製造法はコニャックと同じくフランス式の単式2回蒸留法で、まずはコラム・スティル、続いてポット・スティルで蒸留する。その後、すべてオーク樽で熟成させる。スリー・スターは4年熟成、ファイブ・スターは8年熟成、レゼルヴァ・ドゥ・ドゥメーニュ（du Domain）は15年熟成。

パンチ
Punch
"5"（つの材料）を意味するペルシャ語の"panji"やヒンドゥー語の"paanch"が語源——内訳は蒸留酒（スピリッツ）、砂糖、ライムまたはレモン果汁、香辛料（スパイス）、水または紅茶。同様に、古代ギリシアの飲み物、"pentaploa（ペンタプロア）"も5つの材料——葡萄酒（ワイン）、蜂蜜、チーズ、麦、オリーブ油——から造られていた。パンチはインドで生まれたもので、植民地時代の米国と18世紀の欧州全土で人気を博した。

ピーチツリー・シュナップス
Peachtree Schnapps
フルーツ・シュナップスの爆発的人気を生むきっかけとなったスピリッツ。デカイパー社の製品。30プルーフ。

ピーチ・ビターズ※
Peach Bitters
フィー・ブラザーズ参照。

ピーチ・リキュール
Peach Liqueur
ブドウの蒸留酒にフレッシュ・ピーチを浸漬させて造るフルーツ・リキュール。

ピノ・デ・シャラント
Pineau Des Charentes
ブドウ果汁とコニャックをブレンドして熟成させたもの。食前酒やカクテルの材料として用いられることが多い。レインボー・サワー（p207）参照。

ビバー
Bibber
大酒飲みを意味する英俗語。

ビハインド・ザ・スティック
Behind the Stick
バーカウンターの中で働くことを意味する俗語。"スティック"とはビアタップのこと。

ピムス・カップ
Pimm's Cups
1840年代にロンドンのバーマン、ジェームズ・ピムが考案したカクテル。1870年代、ピムの元同僚と顧客がこのレシピをもとに瓶詰めのカクテルを造り、ピムスの名で販売を始めた。カップ類の例に漏れず、セルツアー水や英国版レモネード、セブンアップ、シャンパンといった発泡飲料を最後に加える作り方が最適。ジン・ベースのNo.1、ウィスキー・ベースのNo.2、ブランデー・ベースのNo.3、ラム・ベースのNo.4、ライ・ベースのNo.5、ウォッカ・ベースのNo.6と、最終的に6種類が開発、販売された。米国で流通しているのはNo.1のみだが、英国ではNo.1とNo.6が現在も流通している。

ピメント・リキュール
Pimento Liqueur
オールスパイス・ベリーを原料とするジャマイカ産リキュール。米国での流通は散発的。

ヒンベアガイスト
Himbeergeist
ラズベリーを蒸留して造るオード・ヴィーで、熟成も甘味付けもされない。アルザス、ドイツ、スイスが発祥の地だが、現在は米国でも生産されている。食後酒として供されるもので、アルコール度数40〜45度。

ファレナム
Falernum
アーモンド、ライム、香辛料（スパイス）で香り付けしたバルバドス産のシュガー・シロップ。アルコール入り（約11度）とノンアルコール版の2種類があるが、前者は米国では入手困難。

フィー・ブラザーズ
Fee Brothers
ピーチ、ミント、アロマティック、オレンジなど、さまざまなビターズを製造販売する、ニューヨークはロチェスターのメーカー。

VS、VSOP、XOコニャック
VS, VSOP, XO Cognac
ベリー・スペシャル、ベリー・スペシャル・オールド・ペール、エクストラ・オールドの略。"スペシャル"を"スーペリア"とするのが日本では一般的。コニャックやアルマニャックに用いられる呼称で、個々のブランドが定める最低熟成年数を表す。各呼称が示す熟成年数はメーカーによって異なる。

フィズ
Fizz
19世紀中頃、"チャージド・ウォーター"の登場を受けて、サワーから派生したドリンク。

フィックス
Fix
19世紀のドリンクで、サワーに似た作りだが、果物をふんだんに飾る点が異なる。

フィノ・シェリー
Fino Sherry
最もドライなシェリー。スペインでは食前酒として人気が高い。

フィロキセラ［ブドウネアブラムシ］
Phylloxera Vastatrix
北米原産のアブラムシ科の昆虫。北米産のブドウ苗木とともにヨーロッパに移入し、多くの国々でワイン用ブドウをほぼ全滅させた。ブドウ樹の根や葉から樹液を吸う虫で、北米産のブドウ樹

にはこの虫に対する耐性があった。南欧のブランデー製造業者が壊滅的被害を受けた一方、北欧および米国のウィスキー製造業者は期せずしてその恩恵に浴した。

ブース・ジン
Booths Gin
ブースはロンドン・ドライ・ジン蒸留所の先駆けとされている会社で、設立は1740年。この製品は現在、米国でライセンス製造されている。

フォー・ザ・マネー
For The Money
禁酒法時代後に使われた隠語で、"多め"の意。給仕がバーテンダーに「2コーク、1フォー・ザ・マネー」と言えば、1杯は多めで、もう1杯は通常の"バック"、つまり無料のコーラ/炭酸飲料の意(バックの項参照)。

酒精強化ワイン(フォーティファイド)
Fortified Wines
ポート、ベルモット、マデイラ、シェリーなど、アルコールを添加したワイン。

フォービドゥン・フルーツ
Forbidden Fruit
グレープフルーツおよび他の柑橘類を原料とし、蜂蜜で甘味付けして造る米国産リキュール。現在はほとんど流通していない。

ブラインド・タイガー(ブラインド・ピッグ)
Blind Tiger(Blind Pig)
入場料を払って"ブラインド・タイガー"/"ブラインド・ピッグ"[目の見えない虎または豚、の意]を観に来た人全員に酒を1杯"無料"でサービスするという名目で、酒場の開設を規制する法の網の目をかいくぐろうとした手口の通称。

ブラックベリー・ブランデー
Blackberry Brandy
フレーバード中性スピリッツで、いわゆる"ブランデー"ではない。ブラックベリーで香り付けし、甘味を加え、アルコール度数35度で瓶詰めしたもの。本物の"ブランデー"はブランデーの項を参照。

フラッペ
Frappé
スノーまたはクラッシュド・アイスの上から注いで提供するドリンク。"ミスト"とも呼ばれる。例:スコッチ・ミスト。

フランジェリコ
Frangelico
ヘーゼルナッツで香り付けしたイタリア産リキュール製品。

ブランチ
Branch
バーボンに加えるための、源泉から流れ出る小川の水。ディッチともいう。

ブランデー
Brandy
発酵した果実を原料とする蒸留酒(スピリッツ)。

フリップ
Flip
もともと、植民地時代にビールまたはラムと甘味材料で作られていたドリンク。ロガーヘッド(鉄球の付いた棒)の先端を火にくべて熱し、それをマグの中に入れて温めることも少なくなかった。その後、カクテル黄金期に洗練され、砂糖、全卵、シェリーまたは他のスピリッツを十分にシェイクし、カクテル・グラスで提供するようになった。

プリュネル
Prunelle
プラム風味のリキュール。

ブルー・アガベ・テキーラ
Blue Agave Tequila
100%ブルー・アガベのテキーラは、発酵させたウェバー・ブルー・アガベの糖化液のみを原料とし、製造および瓶詰めがすべてメキシコ国内で行なわれる。他のテキーラと同じく、100%ブルー・アガベにも熟成と無熟成の両方がある。アガベはテキーラ製造に使用できるまでに生育するのに8年から10年を要するため、100%アガベはミクストやブレンデッド・テキーラよりも高価となる。

フルーツ・ピューレ
Fruit Purée
フードプロセッサーで液状にした果物。レストランではしばしば、シャーベットの素として急速冷凍したフルーツ・ピューレが使用される。急速冷凍したものは小売りもされており、カクテルの材料としても最適。

ブレンデッド・ウィスキー
Blended Whiskey
100プルーフのストレート・ウィスキーと中性グレーン・ウィスキーまたはライト・ウィスキーとのブレンド。前者の割合が20%以上でなければならない。

ブレンデッド・スコッチ・ウィスキー("e"がない[スコットランド産の英語の綴りは"whisky"])、スコッチ・ブレンデッド
Blended Scotch Whisky(No "E"), Scotch Blended
シングルモルト・スコッチ・ウィスキーとグレーン・ウィスキーのブレンド。スコットランド産で、通常の原料はコーンが80〜90%と大麦が少々。使用するグレーン・ウィスキーは190プルーフに蒸留される。それぞれ熟成させてからブレンドし、アルコール度数が瓶詰めにふさわしい値に下がるまで、数カ月間、樽の中で合わせたままにしておく。いくつかの例外を除き、ブレンデッド・スコッチはカクテルに最も適する。

ブレンデッド・ストレート・ウィスキー
Blended Straight Whiskey
異なる蒸留所で、あるいは同じ蒸留所内で異なる季節に造られた、ライ、バーボン、コーンなど、同種の100%ストレート・ウィスキーをブレンドしたもの。

プント・エ・メス
Punt e Mes
カルパノの項参照。

ペイショーズ・ビターズ※
Peychaud's Bitters
ニューオーリンズの薬屋アントワース・ペイショーが1793年、香草(ハーブ)/薬草とカリブ産香辛料(スパイス)で作った、香料としても消化促進剤としても使える汎用トニック。ビターズとしては、北中米初の市販製品とされている。ペイショーはこれをサゼラック・ド・フォルジェ・エ・フィス社のフレンチ・コニャックに合わせたドリンクを考案。これがのちにサゼラックとして知られることになった。

ベイリーズ・アイリッシュ・クリーム
Baileys Irish Cream
生クリーム、アイリッシュ・ウィスキー、砂糖で造るアイルランド産リキュール製品。分離および凝固の問題の解決に初めて成功したクリーム・リキュール。

ヘッド/前留
Heads
2回目の蒸留で最初に出てくる揮発成分の多い部分。通常は別に取り分け、再蒸留されるか、廃棄される。

ペッパー・ウォッカ
Pepper Vodka
唐辛子を漬けて造るウォッカ。

ベネディクティン D.O.M.
Bénédictine D.O.M.
16世紀にベネディクティン修道院の修道士が考案したとされるフランス産リキュール。コニャックと同じく、ベースはグレープ・オー・ド・ヴィーで、そこに薬草(ハーブ)/香草類やシトラス・ピールのほか、さまざまな芳香植物で香り付けする。"D.O.M."とは「「To God Most Good, Most Great[Deo Optimo Maximo/至善至高の神に]」」の意。アルコール度数が40度ある、高プルーフ・リキュールのひとつ。

ペリー
Perry
梨、または梨とリンゴを原料とするサイダー。

ペルノ
Pernod
アブサンの代用品として開発された製品。アブサンの項参照。

ベルモット
Vermouth
酒精強化およびフレーバード・ワイン。スウィートとドライのいずれもあり、割り材および食前酒として用いられる。名称の語源は"ニガヨモギ"を意味するドイツ語の"wermuth（ヴィエムート）"。

ベンダー
Bender
深酒を意味する俗語。

ポート
Port
ポルトガルはドウロ渓谷産の酒精強化ワイン。ヴィンテージ、ヴィンテージ・キャラクター、ルビー、トーニー、ホワイトといった種類がある。使用されるブドウ品種はトウリガ、バスタルド、ティンタ・フランシスカ、ティンタ・サオ、ソウザンなど多数。

ボーネカンプ・ビターズ※
Boonekamp Bitters
オランダ産のアロマティック・ビターズ。

ボストン・シェイカー
Boston Shaker
16オンス[約480ml]のガラス製ミキシング・グラスとそれよりもやや大ぶりの金属製のものからなり、金属製のものをガラス製の上に被せて密閉状態を作る。

ポニー・グラス
Pony Glass
小ぶりの脚付きグラスで、容量1オンス[30ml]。

ポメグラネット・モラセス
Pomegranate Molasses
ザクロ[ポメグラネット]果汁を原料とする濃厚なシロップ。中東の食材を扱う食料雑貨店で入手できる。

ボルス・オレンジ・ビターズ
Bols Orange Bitters
オランダのメーカー、ボルス社による、独特の苦味があるキュラソー・オレンジを原料とするビターズ。

ボルス
Bols Company
1575年、エルヴェン・ルーカス・ボルスがオランダで創業。当初はジンの蒸留所だったが、多くのフルーツ・リキュールを開発するに至った。なかでも、新世界から伝わった、キュラソー島特産の苦味のあるオレンジを原料とするリキュール、オレンジ・キュラソーはよく知られている。ヨーロッパの初期"リキュール師"の多くが、ボルスの蒸留所で技術を学んだ。同社はまた、アルマニャック、コニャック、ヘレスなど、各地の主要蒸留地からグレープ・オード・ヴィーを買い入れ、リキュールの製造に利用してもいる。

ボンデッド・ウィスキー
Bonded Whiskey
政府が管理する保税倉庫で4年から20年間保管、熟成してから瓶詰めされるウィスキーで、ラベルに記された"Bottled In Bond"の文字が目印。ウィスキーは瓶詰めされて初めて課税対象となるが、これは19世紀、ウィスキー製造業者が熟成中に蒸発する分にまで税金を払わなくて済むように講じられた措置の名残り。政府による監督の下、100プルーフ[50度]で瓶詰めされる。

マール
Marc
フランスでのワイン製造工程において、搾ったあとに残る皮と種のこと。これを発酵させて蒸留し、グラッパに似た同名の無熟成ブランデーを製造する。

マウント・ゲイ・ラム
Mount Gay Rum
バルバドスはセント・ルーシーでアベル＆ウィリアム・ゲイが興した世界最古のラム・ブランド（1703年に誕生）。原料には糖蜜と門外不出の酵母が含まれる。単式蒸留釜と連続式蒸留釜でそれぞれ蒸留したラムをブレンドして造る。熟成は小型の樽（減少を防ぐため使用は3回まで）の中で行ない、熟成期間は2年から10年。続いて、ブレンダーが熟成の比較的浅いものと進んだものとを巧みに融合させる。マウント・ゲイには4種類の製品があり、エクリプス・バルバドス・ラム（スタンダード）とプレミアム・ホワイト※はいずれも2年間熟成させたもの。マウント・ゲイ・エクストラ・オールド・ラムは10年もののブレンド比が大きい。シュガー・ケーン・ブランデー※はかなり珍しく、あまり出回っていない。

マセレーション
Maceration
香味材を水またはアルコールに浸したものを再蒸留する、またはより大きなバッチに加える工程。同じ香味材でも、水に浸すか、アルコールに浸すかによって抽出結果が変わる。一般に、アルコールのほうがよりビターなノートを抽出する。

マデイラ
Madeira
ポルトガルはマデイラ島産のスウィートな酒精強化赤ワインで、スペイン産ブランデーと同じく、ソレラ・システムで熟成させる。世界一長寿のワインのひとつとされており、優に100歳を越えるものもある。その昔、マデイラ島は新世界に向かう船の最終寄港地として利用されることが多く、その際、マデイラ・ワインの樽は積荷としてだけでなく、底荷としても積まれた。これらのワインは猛烈に蒸し暑い船倉の中で順調に熟成が進んだものと思われ、長い航海を終える頃には香味が増していた。現在では、こうした船倉の環境を再現すべく、熟成庫の室温を華氏100度[摂氏37度]以上にする"エストゥファゲム"という加熱工程が取り入れられている。

マドラー
Muddler
すりこぎに似た木製ツール（長さ6〜9インチ[約15〜23センチ]）。バー・ミキシング・グラスの底で果物や薬草／香草を砂糖またはリキュールと一緒に潰すのに使う。マドルはオールド・ファッションやカイピリーニャ作りに欠かせない技。

マホガニー
Mahogany
バーカウンターの甲板の俗称。

マラスキーノ・リキュール
Maraschino Liqueur
マラスカ種のさチェリーの実と種から作る無色透明のスウィート・リキュール。初期のパンチやカクテルによく用いられた人気の材料で、言い換えれば、ストレートで飲まれることはほぼない。1920年代、キューバの才能豊かなバーテンダーたちがダイキリのレシピに加えたことで、有名になった。

マルサラ
Marsala
シシリー島マルサラで生産される酒精強化ワイン。製造法はポルトガルやスペイン、マデイラ島の酒精強化ワインのそれよりさらに手が込んでいる。まずベースとなるワインを造り、そこに煮詰めたワインと、スピリッツと合わせた濃縮ブドウ果汁をブレンドし、それをさらにソレラ・システムによって熟成させる。

ミクスト
Mixto
原料の最低51％がブルー・アガベの糖化液で、発酵中にサトウキビなどに由来する糖が加えられる。

ミステル
Mistelle

スピリッツにブドウ果汁を加えて造るもので、ベルモットなどの酒精強化アペリティフ・ワインのベースに使われるほか、ピノー・デ・シャラントといった単独製品もある。

ミスト
Mist
クラッシュド・アイスの上から注いで作るドリンク。使用するスピリッツの種類は問わない。

ミドリ
Midori
日本のメーカー、サントリーのメロン・リキュール製品。緑色がカクテルに重宝され、ミドリマルガリータなどに用いられる。

ミュールド・ワイン
Mulled Wine
香辛料と砂糖を加えて調理したワイン。

ミント・ビターズ※
Mint Bitters
フィー・ブラザーズの項参照。

メスカル
Mescal
テキーラが属するカテゴリーの総称。テキーラはすべてメスカルだが、メスカルは必ずしもテキーラではない。生産地はメキシコのオアハカとその周辺、主原料はエスパディン種のアガベで、瓶の底にイモムシ("グサーノ")が入っていることで悪名高い。もっとも、最近はイモムシが入っていないものも多く、デル・マゲイやエンカンタードなど、いくつかのメーカーが高級製品を製造販売している。メスカルに特徴的なスモーキー香は、土を掘り、溶岩石を積んだ釜の中でアガベのピニャをゆっくりと蒸し焼きにする製法に由来する。

モルティング
Malting
穀物――一般に大麦かライ麦――を発芽させること（ジアスターゼの項参照）。

ユーコン・ジャック
Yukon Jack
カナディアン・ウィスキーにはちみつを加えたリキュール。

ライ
Rye
51～100％がライ麦のマッシュから造り、2年熟成させたウィスキー。

ラスト・コール
Last Call
バー用語。閉店前、客に次が最後の注文にな

ると伝える際に使う言葉。

ラマゾッティ
Ramazotti
アマーロ・フェルシナ・ラマゾッティとも呼ばれる。33種の薬草／香辛料を原料とし、甘苦い香味が特徴。1815年以来、ミラノでラマゾッティ社が生産を続けている。

ラム
Rum
糖蜜、サトウキビの搾り汁または糖液を原料とするもので、新世界初の蒸留酒とされている。誕生の地はバルバドスとジャマイカで、蒸留を2回行なうのが伝統。アグリコール・ラムは糖蜜ではなく、サトウキビの搾り汁を原料とする。

ラム・スウィズル
Rum Swizzle
英領ギアナのジョージタウン・クラブで誕生。ラム、ビターズ、ライム、氷をタンブラーに入れ、グラスの表面にうっすらと霜が付くまでスウィズル・スティックでかき混ぜて作る。

リアル・マッコイ
Real Mccoy
禁酒法時代、ウィリアム・J・マッコイはカリブ海と米東海岸の間をくり返し船で行き来し、米法が定める3マイル域のすぐ外に停泊させては、小舟で買い付けに来る闇業者に密造酒や洋酒を売りさばいていた。マッコイが密輸する酒は質が高いことで知られ、そこから"本物"を[英語で]"リアル・マッコイ"というようになった。

リカール、ペルノ
Ricard, Pernod
アブサンの項参照。

リキュール
Liqueurs
コーディアルの項参照。

リコール43
Licor 43
43種の薬草／香草とグレープ・オー・ド・ヴィーを原料とするスペイン産リキュール。はっきりとしたバニラ香が特徴。アルコール度数34度で瓶詰めされる。

リレ
Lillet
ワイン・ベースのフランス産食前酒で、リレ・ブランとリレ・ルージュの2種類がある。ブランはソーヴィニヨン・ブランおよびセミヨン種のブドウといくつかの果実をブランデーに浸漬した濃縮液を原料とする。ルージュはカベルネおよびメルロー種のブドウと、上記と同様の濃縮液を原料と

する。リレは甘く、フルーティーな味わいが特徴で、ボンド映画『カジノ・ロワイヤル』のために考案された[というのが定説だったが、実際は違うと言われている]ヴェスパーなど、いくつかの有名ドリンクに使われる。古いレシピ本にはキナ・リレと記されている。

ルビー・ポート
Ruby Port
ポート参照。

レイヤード
Layered
グラスの中に異なる材料の層ができた状態を指す。裏返し、先をグラスの内側に当てたスプーンの背を伝わせ、材料をゆっくりと注ぎ入れて作る。最も有名なレイヤード・ドリンクは食後酒のプース・カフェ。

レクティファイ
Rectifying
さまざまな工程を表せるため[修正／矯正、精留など]、誤解されることが多い言葉。基本的には、一旦蒸留してできたスピリッツを変える行為を指し、これには再蒸留や香味または色付け、瓶詰めに適したプルーフに下げるための加水などが含まれる。

レッド・ブル
Red Bull
大量のカフェインと、ラベル表示によれば、炭水化物、糖類、ビタミンを含む"栄養ドリンク"の先駆けのひとつ。"栄養ドリンク"類をウォッカおよび果汁と合わせるカクテルがある。

連続式蒸留器／パテント・スティル
Continuous or Patent Still
2つのコラムからなる蒸留器で、1831年、アイルランドの役人イーニアス・コフィが発明した。

ローズ・ウォーター
Rose Water
バラの花弁をアルコールに浸漬して造る食品香料。中東で広く利用されている。レモネードと相性が良い。

Bibliography
[参考文献]

Barr, Andrew. *Drink: A Social History of America*. New York: Carroll & Graf Publishing, 1999.
Barty-King, Anton, and Hugh Massel. *Rum, Yesterday and Today*. London: Heidelberg Publishing, 1983.
Bergeron, Victor J. *Trader Vic's Rum Cookery & Drinkery*. New York: Doubleday, 1974.
Brown, John Hull. *Early American Beverages*. New York: Crown Books, 1966.
Carson, Gerald. *The Social History of Bourbon*. New York: Dodd, Mead & Company, 1963.
Cipriani, Arrigo. *Harry's Bar*. New York: Arcade Publishing, 1996.
Craddock, Harry. *The Savoy Cocktail Book*. London: Constable and Company, 1930.
Crockett, Albert Stevens. *Old Waldorf Bar Days*. New York: Aventine Press, 1931.
Cunningham, Stephen Kittredge. *The Bartender's Black Book*. Self-published, 1994.
David, Elizabeth. *Harvest of the Cold Months: The Social History of Ice and Ices*. New York: Viking Press, 1994.
Duffy, Patrick Gavin. *The Official Mixer's Manual*. New York: Alta Publications Inc., 1934.
Edmunds, Lowell. *Martini, Straight Up: The Classic American Cocktail*. Baltimore: Johns Hopkins University Press, 1998.
Embury, David A. *The Fine Art of Mixing Drinks*. New York: Doubleday & Co., 1948.
de Fleury, R. *1800 and All That: Drinks Ancient and Modern*. 1937.
Foley, Peter Raymond. *The Ultimate Cocktail Book*. Foley Publishing, 1999.
Foley, Raymond and Jaclyn. *The Williams-Sonoma Bar Guide*. Williams-Sonoma/Time Life, 1999.
Gale, Hyman, and Gerald F. Marco. *The How and When*. Marco Importing Co., 1940.
Goodwin, Betty. *Hollywood du Jour*. Angel City Press, 1993.
Grimes, William. *Straight Up or On the Rocks*. New York: Simon & Schuster, 1993.
Haas, Irvin. *Inns and Taverns*. New York: Arco Publishing Co., 1972.
Haimo, Oscar. *Cocktail & Wine Digest*. 1945.
Hamilton, Edward. *The Complete Guide to Rum*. Chicago: Triumph Books, 1997.
Hills, Phillip. *Appreciating Whisky: The Connoisseur's Guide to Nosing, Tasting and Enjoying Scotch*. New York: HarperCollins, 2000.
Jeffs, Julian. *Little Dictionary of Drink*. London: Pelham Books, 1973.
Johnson, Harry. *New and Improved Bartender's Manual, or How to Mix Drinks of the Present Style*, 1888.
Jones, Andrew. *The Apéritif Companion*. New York: Knickerbocker Press, 1998.
Kappeler, George J. *Modern American Drinks*. Saafield Publishing Co., 1900.
Mason, Dexter. *The Art of Drinking*. Ferrar & Rinehart, Inc., 1930.
Meier, Frank. *The Artistry of Mixing Drinks*. Paris: Fryam Press, 1936.
Mendelsohn, Oscar A. *The Dictionary of Drink and Drinking*. Hawthorne Books, Inc., 1965.
Muckensturm, H.M. Louis. *Louis' Mixed Drinks*. Boston and New York: Caldwell Co., 1906.
Nowak, Barbara. *Cook It Right: The Comprehensive Source for Substitutions, Equivalents, and Cooking Tips*. Sandcastle Publishing, 1995.
Pacult, F. Paul. *Kindred Spirits*. New York: Hyperion, 1997.
Page, David and Barbara Shinn. *Recipes from Home*. New York: Artisan, 2001.
Paul, Charlie. *Recipes of American and Other Iced Drinks*. London: Farrow & Jackson Ltd., 1902.
Poister, John. *The New American Bartender's Guide*. Signet Book, 1999.
Pokhlebkin, William. *A History of Vodka*. London: Versoo, 1991.
The Practical Housewife: A Complete Encyclopedia of Domestic Economy and Family Medical Guide. Philadelphia: J. B. Lippincott and Company, 1860.
Price, Pamela Vandyke. *Dictionary of Wine and Spirits*. London: Northwood Books, 1980.
Ricket, Edward. *The Gentleman's Table Guide*. Published by the author, 1873.
Robert of the American Bar. *Cocktails and How to Mix Them*. London: Herbert Jenkins Ltd.
Schmidt, William. *The Flowing Bowl*. Charles L. Webster Co., 1891.
Schumann, Charles. *The Tropical Bar Book*. New York: Stewart, Tabori and Chang, 1989.
Spalding, Jill. *Blithe Spirits: A Toast to the Cocktail*. Washington, D.C.: Alvin Rosenbaum Projects, Inc., 1988.
Spencer, Edward. *The Flowing Bowl*. New York: Duffield & Co.
Strens, Samuel. *The American Herbal or Materia Medica*, 1801.
Tartling, W. J. *Café Royal Cocktail Book*. London: Pall Mall Ltd., 1937.
Taussig, Charles. *Rum, Romance and Rebellion*. London: William Jarrolds Publishers.
Thomas, Jerry. *The Bartender's Guide, or How to Mix All Kinds of Plain and Fancy Drinks*. New York: Dick & Fitzgerald Publishing, 1887.
Visakay, Stephen. *Vintage Bar Ware*. Schroeder Publishing Co., 1997.
Werner, M. R., *Tammany Hall*. Doubleday, Doran & Company, 1928.

謝辞

　本書の制作に打ち込むわたしのサポートという重労働を最後まで続けてくれた妻のジルに。バーテンダーが書いたとりとめのないメモの山を読みやすい一冊の本に仕上げるというかけがえのない支援をくださったアンソニー・ジグリオに。

　以下の方々にも感謝いたします。レインボー・ルームのプロムナード・バーを世界有数の名店にしてくれたスタッフ全員。わたしをニューヨーク・シティ・バー＆グリルに紹介してくださったロン・ホランド。素敵な思い出を語ってくださったジェリー・ホランド。正しい方向に導いてくださったレイ・ウェリントン。本書を現実のものにしてくださったライターズ・ハウスのジョン・ホッジマンとスーザン・ギンスバーグ。何かにつけてお世話していただいたクラークソン・ポッターのケイティ・ワークマンとクリス・パヴォン。素敵な書名を考えてくださったアビー・シラー。本書の執筆に集中させてくれたシャレン・バトラム（と、集中を削いでくれたカール・バトラム）。人生最後の一杯となったマティーニをお作りするという栄誉をくださったジェリー・ユルスマン。書庫を快く開放してくださったブライアン・レア。わたしのトレードマーク"キング・カクテル"の称号をくださったシンシア・フェイゲン。撮影用にグラス類を提供していただいたマイナーズ・デザインのドン・ギブソンとケヴィン・マクグリンダー。忘れられない逸話を披露してくださったニューヨークはブリックリン、ハンリーズ・タバーンのハリー、ゼイン、アーノルド。ハード・ディスクを救ってくれたブライアン・カブレラ。素敵なパンチ・ボウルをくださったミセス・マッケンナ。貴重なシェイカー・コレクションを見せてくださったスティーヴ・ヴィサケイ。撮影場所を提供してくださったグレースの店主フレッド・マキボン。たっぷりの愛とミートボールをくれたわたしの家族。これまで長年、さまざまな注文と楽しい時間をくださったお客さま方。

　そして最後になりましたが、悩みごとがレモンドロップのように溶けてなくなる場所へとわたしを連れてきてくださったジョー・バウムに、心から感謝いたします。

日本で入手が難しいと考えられる酒・食材のリスト

■酒

ア

アンゴスチュラ・オールド・オーク・ホワイト　Angostura Old Oak White
アンゴスチュラ・プレミアム・ホワイト　Angostura Premium White
アンゴスチュラ1824　Angostura 1824
エボニー・コニャック　Ebony Cognac
エル・テソロ・アネホ　El Tesoro añejo
エルドラド・デメララ25年　Demerara El Dorado 25 years
エルドラド・ホワイト　El Dorado White
オクマレ　Occumare
OP　OP
オフリー・リッチ・トゥニー・ポート　Offley Rich Tawny Port
オヘン　Ojen
オリファント　Olifant

カ

カピタン　Capitán
カリセイ　Calisay
カルバート　Calvert
カントン・ジンジャー・リキュール　Canton Ginger Liqueur
キウイ・ライム・リキュール　Kiwi Lime Liquor
グランガーラ・オレンジ・リキュール　Gran Gala Orange Liqueur
クリスタール　Cristall
クルーザン・エステート・ダーク2年　Cruzan Estate Dark 2 year
クルーザン・エステート・ダイアモンド　Cruzan Estate Diamond
クレーム・イヴェット　Crème Yvette
クレーム・ド・ノワヨー　Crème de Noyaux
ゴールドシュレーガー　Goldschlager

サ

サント・サンカントネール 150周年記念ボトル　Cent Cinquantenaire 150th anniversary
サントネール 100周年記念ボトル　Centenaire 100th anniversary
サンブーカ・ロマーナ・デラ・ノッテ　Sambuca Romana Della Notte
サンラファエル　Saint Raphael
シー・ウインド　Sea Wynde
ジョージディッケル・スペシャル・バレル・リザーブ　George Dickel Special Barrel Reserve
スタッブズ　Stubbs
スヴェッカ　Svedka
ストック・マラスキーノ　Stock Maraschino
スミノフ・オレンジ　Smirnoff Orange
スプリングバンク・キャンベルタウン1967　Soringbank Campbelton 1967

タ

タングルリッジ10年　Tangle Ridge 10 year
テノーチ　Tenoch
トゥアカ　Tuaca

ハ

ハーブサント　Herbsaint
ハーヴェイ・ブリストル・クリーム　Harveys Bristol Cream
パイレートXOリザーブ・プランターズゴールド　Pyrat XO Reserve Planters Gold
パイレート・カスク23　Pyrat Cask 23
バカルディ・トロピコ　Bacardi Tropico
バカルディ・レゼルバ・バカラボトル　Bacardi Reserve Baccarat Bottling
バカルディ151　Bacardi 151
パロ・ビエホ・ゴールド　Palo Viejo Gold
フアレス　Juarez
フィー・ブラザーズ・オレンジ・ビターズ　Fee Brothers Orange Bitters
フィー・ブラザーズ・ピーチ・ビターズ　Fee Brothers Peach Bitters
フィー・ブラザーズ・ミント・ビターズ　Fee Brothers Mint Bitters
フェルナンデス・ダーク　Fernandes Dark
フェルナンデス19ゴールド　Fernandes "Vat 19" Gold
フェルナンデス19ホワイト　Fernandes "Vat 19" White
ブナハーブン1979　Bunnahabhain 1979
フュジニー・ピノー・デ・シャラント　A. De Fussigny Pineau des Charentes
フライシュマンズ・プリファード　Fleischmann's Preferred
ブルガル・ゴールド　Brugal Gold
ペイショーズ・ビターズ　Peychaud's Bitters
ペコニカ　Peconika
ペペ・ロペス　Pepe Lopez
ボーネカンプ・ビターズ　Boonekamp Bitters
ボル　Boru

マ

マウント・ゲイ・シュガー・ケーン・ブランデー　Mount Gay Sugar Cane Brandy
マウント・ゲイ・プレミアム・ホワイト　Mount Gay Premium White
マルガリタビーリェ　Margaritaville
ミドルトン26年　Midleton 26 year
モール　Mor

ラ

ルクスソヴァ　Luksusowa
レイ&ネフュー・ホワイト・オーバプルーフ　Wray & Nephew White Overproof
レイン　Rain
レインボウ・スピリッツ・ホワイト・ラム　Rainbow Spirits White Rum
ロン・カスティーヨ・ホワイト　Ron Castillo White
ロン・マツサレム・クラシック・ブラック・キューバン・トラディション　Ron Matusalem Classic Black Cuban Tradition

■食材

アンゴスチュラ社製ライム・ジュース　Angostura Lime Juice
ココ・ロペス　Coco Lopez
トムオリーブズ　Tomolives
ニューマンズ・オウン・レモネード　Newman's Own Lemonade

Index
[カクテル名 50音順索引]

ア

アークティック・リージョンズ（ブランデー・ミルク・パンチ） Arctic Regions (Brandy Milk Punch) 174
アイス・ハウス・ハイボール Ice House Highball 80
アイス・パンチ（ブランデー・コブラー） Ice Punch (Brandy Cobbler) 107
アイスバーグ Iceberg 80
アイランド・ブリーズ Island Breeze 80
アイランド・ローズ Island Rose 80
アイリッシュ・コーヒー Irish Coffee 80
アイリッシュ・ココナッツ Irish Coconut 81
アガベ・パンチ Agave Punch 81
アケダクト Aqueduct 81
アップサイドダウン・マティーニ Upside-Down Martini 188
アップルジャック・カクテル Apple Jack Cocktail 81
アップルズ・アンド・オレンジズ・マティーニ Apples and Oranges Martini 188
アップル・トディ Apple Toddy 136
アップル・マティーニ Apple Martini 188
アップル・マンハッタン Apple Manhattan 44, 197
アドニス・カクテル11 Adonis Cocktail 81
アネホ・ハイボール Añejo Highball 82
アビー・カクテル Abbey cocktail 82
アビエイション Aviation Cocktail 82
アフィニティ（ロブ・ロイ） Affinity (Rob Roy) 212
アブサン・スイッセス Absinthe Suissesse 83
アブサン・No.2 Absinthe No. 2 82
アブソルートリー・バナナ Absolutely Bananas 84
アプリコット・マンゴー・マティーニ Apricot-Mango Martini 84
アメリカーノ・ハイボール Americano Highball 84
アメリカン・ビューティー American Beauty 85
アラバザム Alabazam 85
アラバマ・スラマー Alabama Slammer 86
アリーゼ・カクテル Alize Cocktail 86
アルゴンキン Algonquin 86
アルフォンソ・カクテル Alphonso Cocktail 86
アルフォンソXIII（デイル版） Alphonso XIII (Dale's Version) 86
アレクサンダー Alexander 86
アレクサンダー（パリジャン・ブロンド・カクテル） Alexander (Parisian Blond Cocktail) 155
アレゲニー Allegheny 87
アンクル・アンジェロズ・エッグ・ノッグ Uncle Angelo's Egg Nog 152
アンバー・ドリーム Amber Dream 87

イ

イースタン・マンハッタン Eastern Manhattan 197
イースト・インディア・カクテル（ミレニアム・カクテル） East India Cocktail (Millennium Cocktail) 199
イエロー・バード Yellow Bird 87
インターナショナル・スティンガー International Stinger 87
インディペンデンス・デイ・パンチ Independence Day Punch 87
イン・マティーニ Yin Martini 188

ウ

ウィスキー・コブラー Whiskey Cobbler 106
ウィスキー・スマッシュ Whiskey Smash 87
ウィスキー・デイジー Whiskey Daisy 88
ウィスキー・ピーチ・スマッシュ Whiskey Peach Smash 34, 88
ウィスキー・フィズ Whiskey Fizz 163
ウィスキー・プラッシュ Whiskey Plush 88
ウィンストン・マティーニ Winston Martini 188
ウォーターメロン・パンチ Watermelon Punch 149
ウォーターメロン・マティーニ Watermelon Martini 189
ウォッカ・スティンガー（ホワイト・スパイダー） Vodka Stinger (White Spider) 89
ウォッカティーニ（シルバー・ブレット） Vodkatini (Silver Bullet) 189
ウォルドルフ Waldorf 89

エ

ABCプース・カフェ ABC pousse café 89
エクストラ・ドライ・マティーニ Extra-Dry Martini 189
エスプレッソ・カクテル Espresso Cocktail 89
エッグ・クリーム（コロラド・ブルドッグ） Egg Cream (Colorado Bulldog) 111
エッグ・ノッグ（アンクル・アンジェロズ） Egg Nog (Uncle Angelo's) 152
エディズ・フィズ Edith's Fizz 90
エルクズ・オウン Elk's Own 90
エレクトリック・アイスティー Electric Iced Tea 90, 210
エンジェルズ・キッス Angel's Kiss 91
エンジェルズ・ティップ Angel's Tip 91
エンバシー・カクテル Embassy Cocktail 90

オ

オイスター・シューター Oyster Shooter 92
オイスター・シューター・トマト・ミックス Oyster Shooter Tomato Mix 92
OPスマッシュ Op Smash 92
オールド・ファッションド Old Fashioned 95
オールド・フレイム Old Flame 95
オレンジ・ブリーズ Orange Breeze 95
オレンジ・ブロッサム Orange Blossom 95

カ

カイピリーニャ Caipirinha 25, 95
カイピリーニャ・チェリー Caipirinha Cherry 96
カイピリーニャ・デ・ウヴァ Caipirinha de Uva (Caipiruva) 96
カイピロスカ Caipiroska 96
カクテル・アルジェリア Coctel Algeria 96
カジノ・ロワイヤル Casino Royale 98
カフェ・ブリュロ Café Brulöt 98
カミカゼ（シューター） Kamikazi (Shooter) 99
カリカチュア・カクテル Caricature Cocktail 99
カリビ・コスモポリタン Caribe Cosmopolitan 99
カリビアン・ブルドッグ Caribbean Bulldog 99

キ

キール Kir 99
キール・ロワイヤル（キール・アンペリアル） Kir Royale (Kir Imperial) 100
ギブソン Gibson 100
ギムレット Gimlet 100
キャデラック・マルガリータ Cadillac Margarita 195
キューバノーラ（バカルディ・カクテル） Cubanola (Bacardi Cocktail) 142
キューバ・リブレ Cuba Libre 100
キューピッズ・カクテル Cupid's Cocktail 100
キング・アルフォンソ King Alfonse 100

ク

クーパーズタウン Cooperstown 101
グラスホッパー Grasshopper 101
クラブ・カクテル Club Cocktail 101
クラム&トマト・ジュース Clam and Tomato Juice 171
クラレット・レモネード Claret Lemonade 102

The Resources of the Cocktail

グリーン・ガスパチョ
Green Gazpacho — 171
グリーン・ティー・パンチ
Green Tea Punch — 102
クレアモント Claremont — 102
グレイハウンド Greyhound — 102
クロウダディ Crawdaddy — 102
クローバー・クラブ Clover Club — 103
グロッグ Glogg — 152

ケ

ケープ・コッド Cape Cod — 103
ケンタッキー・コロネル
Kentucky Colonel — 103

コ

コーヒー・カクテル Coffee Cocktail — 103
コーヒー・ナッジ Coffee Nudge — 110
コープス・リバイバー Corpse Reviver — 110
ゴールデン・ガール Golden Girl — 110
ゴールデン・キャデラック
Golden Cadillac — 110
ゴールデン・ドーン Golden Dawn — 110
ゴールデン・フィズ Golden Fizz — 164
ココズ・パンチ Coco's Punch — 149
ココ・ベリー Coco Berry — 110
コスマライズ Cosmalize — 111
コスモポリタン Cosmopolitan — 104
コスモポリタン・ストロベリー
Cosmopolitan Strawberry — 104
コスモポリタン・デライト
Cosmopolitan Delight — 104
ゴッドファーザー（ゴッドマザー）
Godfather (Godmother) — 111
コニャック・アンド・ソーダ and Soda — 111
コロニー・ルーム・カクテル
Colony Room Cocktail — 111
コロラド・ブルドッグ
Colorado Bulldog — 111

サ

サイダー・ネクター Cider Nectar — 146
サイドカー Sidecar — 26, 113
サウス・オブ・ザ・ボーダー
South of the Border — 113
サウス・コースト・カクテル
South Coast Cocktail — 113
サウスサイド Southside — 113
サウス・ビーチ South Beach — 113
サケ・ティーニ Sake-Tini — 189
ザザ（デュボネ・カクテル）
Zaza (Dubonnet Cocktail) — 134
サザン・スティンガー（ケンタッキー・コロネル）
Southern Stinger (Kentucky Colonel) — 103
サゼラック Sazerac — 15, 115
サタンズ・ウィスカーズ
Satan's Whiskers — 115
サファリング・バスタード
Suffering Bastard — 115
サラトガ・カクテル Saratoga Cocktail — 115
サワー・アップル・マティーニ
Sour Apple Martini — 190
サングリア Sangria — 149
サングリータ Sangrita — 116, 172
サン・サルヴァドール San Salvador — 116
サンセット・ブリーズ Sunset Breeze — 116
サンダウナー Sundowner — 116
サントリー・カクテル Suntory Cocktail — 117
サンフラワー・ハイボール
Sunflower Highball — 117

シ

シー・ブリーズ Sea Breeze — 117
シェリー・カクテル Sherry Cocktail — 117
シェリー・コブラー
Sherry Cobbler — 46, 106
シガー・ラヴァーズ・マティーニ
Cigar Lover's Martini — 117
シティ・リッキー City Rickey — 206
シトラス・クリーム Citrus Cream — 117
ジャカナ Jacana — 117
ジャック・ローズ Jack Rose — 44, 118
ジャパニーズ・カクテル
Japanese Cocktail — 118
ジャパニーズ・コブラー
Japanese Cobbler — 107
ジャパニーズ・フィズ Japanese Fizz — 118
シャンディ・ガフ／シャンディ
Shandygaff or Shandy — 118
シャンパン・カクテル
Champagne Cocktail — 119
シャンパン・コブラー
Champagne Cobbler — 107
シャンパン・トロピカーレ
Champagne Tropicale — 118
シャンパン・パッション
Champagne Passion — 118
シャンパン・パンチ
Champagne Punch — 153
ジャンプ・ショット Jump Shot — 122
シルバー・フィズ Silver Fizz — 164
ジン・アンド・イット Gin and It — 122
ジン・アンド・イット（ジン・アンド・イタリアン、ニッカーボッカー・マティーニ）
Gin and It (Gin and Italian, Knickerbocker Martini) — 186
ジン・アンド・シン Gin and Sin — 122
シンガポール・スリング
Singapore Sling — 122
シンガポール・スリング（大人数分）
Singapore Sling by the Batch — 122
ジン・コブラー Gin Cobbler — 107
ジン・ジン・ハイボール
Gin Gin Highball — 123
ジン・ジン・ミュール Gin Gin Mule — 123
ジン・スリング Gin Sling — 123
ジン・パンチ Gin Punch — 163
ジン・フィズ Gin Fizz — 164
ジン・リッキー Gin Rickey — 206

ス

スウィート・マティーニ（ジン・アンド・イット）
Sweet Martini (Gin and It) — 122
スカーレット・オハラ Scarlett O'Hara — 124
スカーレット・トーチ Scarlett's Torch — 124
スクリュードライバー Screwdriver — 29, 124
スコーピオン Scorpion — 124
スコーピノ Scorpino — 124
スコッチ・アンド・ソーダ
Scotch and soda — 125
スティープルチェイス Steeplechase — 125
スティレット Stilletto — 125
スティンガー Stinger — 43, 125, 126
ステラズ・ローズ Stella's Rose — 125
ストーン・ウォール（コニャック・アンド・ソーダ）
Stone Wall (Cognac and Soda) — 111
ストーク・クラブ・カクテル
Stork Club Cocktail — 126
ストーン・サワー Stone Sour — 126
ストーン・フェンス Stone Fence — 127
ストーン・リッキー Stone Rickey — 206
ストロベリー・ダイキリ（フローズン）
Strawberry Daiquiri, Frozen — 127
スパークリング・ハント・パンチ
Sparkling Hunt Punch — 127
スパイシー・トマト・ジュース
Spicy Tomato Juice — 172
スプリッツァー Spritzer — 127
スミス・アンド・カーンズ
Smith and Kearns — 127
スモーキー・マティーニ Smoky Martini — 190
スリッパリー・ニップル Slippery Nipple — 127
スロー・カンフォタブル・スクリュー
Sloe Comfortable Screw — 127
スロー・ジン・フィズ Sloe Gin Fizz — 127

セ

セックス・オン・ザ・ビーチ
Sex on the Beach — 128
セビリア Sevilla — 128

ソ

ソーホー・マティーニ　Soho Martini ─── 190
ソルティ・ドッグ　Salty Dog ─── 128
ソルト&ペッパー・ハイボール
Salt-and-Pepper Highball ─── 129
ソルト&ペッパー・マティーニ
Salt-and-Pepper Martini ─── 190
ゾンビ　Zombie ─── 129

タ

ダーク・アンド・ストーミー
Dark and Stormy ─── 129
ダーク・アンド・ストーミーⅡ
Dark and Stormy II ─── 129
ダーティ・ホワイト・マザー
Dirty White Mother ─── 129
ダーティ・マザー　Dirty Mother ─── 130
ダーティ・マティーニ　Dirty Martini ─── 190
ダービー・カクテル　Derby Cocktail ─── 130
タキシード　Tuxedo ─── 130
ダグラス・フェアバンクス
Douglas Fairbanks ─── 84, 130
ダスティ・ローズ　Dusty Rose ─── 131
ダブリナー　Dubliner ─── 131
ダルタニアン　D'Artagnan ─── 131
タンジェリン・マルガリータ
Tangerine Margarita ─── 195

チ

チェリー・キッス　Cherry Kiss ─── 131
チェリー・クラッシュ　Cherry Crush ─── 132
チェリー・ブロッサム　Cherry Blossom ─── 132
チチ　Chi Chi ─── 132
チャーリー・チャップリン・カクテル
Charlie Chaplin Cocktail ─── 132
チャイ・トディ　Chai Toddy ─── 132
チョコレート・パンチ　Chocolate Punch ─── 132
チョコレート・マティーニ（ブロークン・ハート・マティーニ）　Chocolate Martini(Broken Heart Martini) ─── 192

テ

ディ・サローノ・パンチ
Di Saronna Punch ─── 133
D.O.M. カクテル　D.O.M. Cocktail ─── 132
ティ・パンチ　Ti Punch ─── 133
ティプンシュ（ティパンチ）
Ti Punch(Ti Punch) ─── 133
デイルズ・アブソルートリー・ギャランティード・アフロディジアック　Dale's Absolutely
Guaranteed Aphrodisiac ─── 133
デイルズ・アルティメット・マンゴリータ
Dale's Ultimate Mango-Rita ─── 196
デイルズ・オレンジシクル
Dale's Orangesicle ─── 133

デイルズ・ジュレップ　Dale's Julep ─── 120
テキーラ・サンライズ　Tequila Sunrise ─── 133
テキサス・ティー　Texas Tea ─── 210
デザート・ヒーラー　Desert Healer ─── 134
デシュラー・カクテル　Deshler Cocktail ─── 134
デニッシュ・メアリー　Danish Mary ─── 169
デビルズ・トーチ　Devil's Torch ─── 134
デボネア・カクテル
Debonair Cocktail ─── 33, 134
デュボネ・カクテル
Dubonnet Cocktail ─── 134

ト

209イースト・カクテル
209 East Cocktail ─── 135
トウェンティース・センチュリー
Twentieth Century ─── 135
トーステッド・アーモンド
Toasted Almond ─── 135
トマト・ジュース・カクテル
Tomato juice cocktail ─── 167
トム・アンド・ジェリー　Tom and Jerry ─── 153
トム・コリンズ　Tom Collins ─── 30, 135
ドライ・マティーニ（冷戦期）
Dry Martini (Cold-War Era) ─── 191
トラディショナル・グロッグ
Traditional Grog ─── 137
ドリーミー・ドリーニ（スモーキー・マティーニ）　Dreamy Dorini Smoky Martini
(Smoky Martini) ─── 190
トリニダード　Trinidad ─── 137
ドロシー　Dorothy, The ─── 137
トロピカル・ウィスキー・パンチ
Tropical Whiskey Punch ─── 137
トロピカル・カクテル
Tropical Cocktail ─── 137
トロピカル・ハイボール
Tropical Highball ─── 138

ナ

ナッティ・アイリッシュマン
Nutty Irishman ─── 138
ナッティ・エンジェル　Nutty Angel ─── 138

ニ

ニッカーベイン・カクテル
Knickerbein Cocktail ─── 138
ニッカーボッカー　Knickerbocker ─── 138
ニッカーボッカー・マティーニ
Knickerbocker Martini ─── 186
ニッカーボッカー・マティーニ（ジン・アンド・イット、ジン・アンド・イタリアン）
Knickerbocker Martini (Gin and It,
Gin and Italian) ─── 186

ニック&ノラ・マティーニ
Nick and Nora Martini ─── 186
ニューオーリンズ・カクテル
New Orleans Cocktail ─── 138
ニューマンズ・オウン・ストーン・サワー
Newman's Own Stone Sour ─── 139

ネ

ネイヴィー・グロッグ　Navy Grog ─── 139
ネグリータ　Negrita ─── 139
ネグローニ　Negroni ─── 139

ハ

バークニン　Bakunin ─── 139
ヴァージン・キール・ロワイヤル
Virgin Kir Royale ─── 139
ヴァージン・シャンパン・カクテル
Virgin Champagne Cocktail ─── 140
ヴァージン・ロイヤル・ハワイアン
Virgin Royal Hawaiian ─── 140
ハーヴェイ・ウォールバンガー
Harvey Wallbanger ─── 140
ハーヴェスト・ムーン・パンチ
Harvest Moon Punch ─── 147
バーボン・ストーン・サワー
Bourbon Stone Sour ─── 140
バーボン・チェリーズ
Bourbon Cherries ─── 140
バーボン・マンハッタン
Bourbon Manhattan ─── 197
バーム・カクテル　Balm Cocktail ─── 140
バイーア（ピニャ・コラーダ）
Bahía (Piña Colada) ─── 141
バイーア・ブリーズ　Bahía Breeze ─── 141
バイカ・カクテル　Pica Cocktail ─── 141
パイナップル・カクテル
Pineapple Cocktail ─── 141
パイナップル・シャンパン・カクテル
Pineapple Champagne Cocktail ─── 141
パイナップル・ジュレップ
Pineapple Julep ─── 120
ハイ・ホー・カクテル　Hi Ho Cocktail ─── 142
バカルディ・カクテル　Bacardi Cocktail ─── 142
バカルディ・マルティーニ
Bacardi Martini ─── 142
バチーダ、フローズン　Batidas, Frozen ─── 143
バックス・フィズ（ミモザ）
Bucks Fizz (Mimosa) ─── 199
パッション・マルガリータ
Passion Margarita ─── 196
ハッピー・ハニー・カクテル
Happy Honey Cocktail ─── 143
バド・ハーマン・ハイボール
Bud Herrmann Highball ─── 143
バナナ・ダイキリ（フローズン）

Banana Daiquiri, Frozen — 143	ピルグリム・カクテル Pilgrim Cocktail 158	Brandy, Cocktail — 173
ハネムーン・カクテル	ピンク・コーラル Pink Coral — 159	ブランデー・クラスタ（クラスタ）
Honeymoon Cocktail — 144	ピンク・ジン Pink Gin — 159	Brandy Crusta (Crustas) — 173
バハマ・ママ Bahama Mama — 144	ピンク・スクァーレル Pink Squirrel — 160	ブランデー・コブラー Cobbler — 107
ハマー Hummer — 144	ピンク・レディ Pink Lady — 160	ブランデー・プラッシュ Brandy, Plush — 173
バミューダ・カクテル（アプリコット・カクテル）		ブランデー・マンハッタン
Bermuda Cocktail (Apricot Cocktail)	**フ**	Brandy Manhattan — 197
— 84	ファジー・ネーブル Fuzzy Navel — 160	ブランデー・ミルク・パンチ
バミューダ・ハイボール（アプリコット・カクテル）	ファンシー・ジン・カクテル	Brandy Milk Punch — 174
Bermuda Highball (Apricot Cocktail)	Fancy Gin Cocktail — 191	ブランブル Bramble — 174
— 84	ファンシー・テキーラ・カクテル	ブルー・トレイン Blue Train — 174
バミューダ・ローズ（アプリコット・カクテル）	Fancy Tequila Cocktail — 160	ブルー・ハワイアン（フローズン）
Bermuda Rose (Apricot Cocktail) — 84	ファンシー・ナンシー Fancy Nancy — 160	Blue Hawaiian, Frozen — 174
パラダイス・カクテル	フィッシュ・ハウス・パンチ（フィラデルフィア・フィッシュ・ハウス・パンチ）	ブルー・マンデー Blue Monday — 175
Paradise Cocktail — 144	Fish House Punch (Philadelphia Fish House Punch) — 148	ブルー・ラグーン Blue Lagoon — 175
パリ Paris — 144	フィッツジェラルド Fitzgerald — 160	ブル・ショット Bull Shot — 169
ハリーズ・カクテル Harry's Cocktail — 145	フィラデルフィア・フィッシュ・ハウス・パンチ	ブルズ・ブラッド Bull's Blood — 175
ハリーズ・ハーヴェイ・パンチ	Philadelphia Fish House Punch — 148	ブルックリン・カクテル
Harry's Harveys Punch — 145	ブース・カフェ Pousse-Café — 160	Brooklyn Cocktail — 175
ハリケーン Hurricanes — 155	フェルネット・ブランカ・カクテル	ブルヴァード Boulevard — 175
パリジャン・ブロンド・カクテル	Fernet Branca Cocktail — 161	ブレイザー Blazer — 175
Parisian Blond Cocktail — 155	フォー・ノッグ Faux Nog — 161	ブレイブ・ブル Brave Bull — 176
ヴァレンシア Valencia — 46, 191	ブザム・カレッサー Bosom Caresser — 161	フレイム・オブ・ラヴ・マーティーニ
ヴァレンシアII Valencia II — 155	プッシュカート・パンチ・カクテル	Flame of Love Martini — 46, 176, 177
ハワイアン・ストーン・サワー	Pushcart Punch Cocktail — 150	プレーリー・オイスター Prairie Oyster — 176
Hawaiian Stone Sour — 155	ブラウン・ダービー・カクテル	プレジデンテ Presidente — 176
バンシー Banshee — 156	Brown Derby Cocktail — 161	プレスビテリアン Presbyterian — 176
パンチ・アンド・スウィート（パンチ・アンド・プレーン） Punch and Sweet (Punch and Plain) — 156	ブラック・ウィドウ Black Widow — 162	ブレックファスト・マーティーニ
	ブラックソーン Blackthorn — 162	Breakfast Martini — 177
パンチ・アンド・プレーン	ブラックベリー・ジュレップ	フレディ・ファッドパッカー
Punch and Plain — 156	Blackberry Julep — 165	Freddie Fudpucker — 177
ヴァンドーム Vendome — 156	ブラック・ベルベット Black Velvet — 165	フレンチ・キッス French Kiss — 177
バンブー・カクテル Bamboo Cocktail — 91	ブラック・ルシアン Black Russian — 165	フレンチ・コネクション
	ブラック・ローズ Black Rose — 165	French Connection — 177
ヒ	ブラッシー・ブロンド Brassy Blond — 165	フレンチ75 French 75 — 178
ビーズ・キッス Bee's Kiss — 156	ブラッディ・サン Bloody San — 169	フレンチ95 French 95 — 178
ビーズ・ニーズ Bee's Knees — 156	ブラッディ・シーザー Bloody Caesar — 169	フレンチ・フラミンゴ French Flamingo — 178
ピーチ・ブランデー・ジュレップ	ブラッディ・バトラム Bloody Butrum — 169	フレンチ・マティーニ French Martini — 192
Peach Brandy Julep — 120	ブラッディ・ブル Bloody Bull — 169	ブロークン・ハート・マーティーニ
ピーチ・メリッサ Peach Melissa — 156	ブラッディ・マリア Bloody Maria — 169	Broken Heart Martini — 192
B-52 B-52 — 156	ブラッディ・マルガリータ	フローズン・ストロベリー・ダイキリ
ピコン・パンチ Picon Punch — 157	Bloody Margarita — 196	Frozen Strawberry Daiquiri — 178
ピコン・パンチII Picon Punch II — 157	ブラッディ・メアリー	フローズン・ダイキリ（パパ・ドブレ）
ビショップ（英国風） Bishop, English — 153	Bloody Mary — 29, 167-170	Frozen Daiquiri (Papa Doble style) — 178
ビショップ（米国風） Bishop, American — 154	ブラッド・アンド・サンド	フローズン・パッション・マルガリータ
ピスコ・サワー Pisco Sour — 157	Blood and Sand — 33, 166	Frozen Passion Margarita — 196
ビッグ・アップル・マルガリータ	ブラッド・オレンジ・コスモ	フローズン・バルセロナ
Big Apple Margarita — 196	Blood Orange Cosmo — 166	Frozen Barcelona — 179
ビトウィーン・ザ・シーツ	ブラッドハウンド Bloodhound — 166	フローズン・マルガリータ
Between the Sheets — 43, 157	フラティーニ Flirtini — 166	Frozen Margarita — 196
ピニャ・コラーダ Piña Colada — 158	フラミンゴ Flamingo — 166	フロラドーラ Floradora — 179
ピニャ・コラーダ（チチ）	プランターズ・パンチ	ブロンクス・カクテル Bronx Cocktail — 179
Piña Colada (Chi Chi) — 132	Planter's Punch — 150, 173	
ピノ・マティーニ Pineau Martini — 191	ブランデー・カクテル	**ヘ**
ピムス・カップ Pimm's Cup — 158		ベイ・ブリーズ Bay Breeze — 141
		ペグ・カクテル Pegu Cocktail — 179

239

ペグ（コニャック・アンド・ソーダ） Peg (Cognac and Soda) 111	マッド・アンド・ブラッド Mud and Blood 184	ヤ
ヴェスパー Vesper 192	マッド・スライド Mud Slide 184	ヤン・マティーニ Yang Martini 193
ヘミングウェイ・ダイキリ Hemingway Daiquiri 180	マティーニ・カクテル Martini Cocktail 185	ラ
ベリーニ Bellini 180	マディソン・アヴェニュー Madison Avenue Cocktail 184	ライ・クラブ・カクテル Rye Club Cocktail 203
ベルベット・ハンマー Velvet Hammer 180	マドラス Madras 194	ライム・リッキー Lime Rickey 206
ベルモット・カシス Vermouth Cassis 181	マラガト Maragato 197	ラスティ・ネイル Rusty Nail 203
ベルモント・ブリーズ Belmont Breeze 181	マリブ・ベイ・ブリーズ Malibu Bay Breeze 194	ラスト・フォー・ライフ Lust for Life 203
ホ	マルガリータ Margarita 22, 26, 195-196	ラッキー・ダブル Lucky Double 204
ポインセチア Poinsettia 181	マルティネス・カクテル（アップデート版） Martinez Cocktail, Update 186	ラテン・ラヴ Latin Love 204
ホーセズ・ネック Horse's Neck 181	マルティネス・カクテル（オリジナル版） Martinez Cocktail, Original 185	ラム・スウィズル Rum Swizzle 204
ポート・ウィスキー・パンチ Port Whiskey Punch 182	マレーネ・ディートリヒ Marlene Dietrich 194	ラム・ランナー Rum Runner 204
ポート・コブラー Port Cobbler 108	マン・オー・ウォー Man O' War 198	ラモス・フィズ Ramos Fizz 164
ボッチ・ボール Bocci Ball 182	マンダリン・チェリー・スマッシュ Mandarin Cherry Smash 194	リ
ホット・アップル・パイ Hot Apple Pie 182	マンハッタン Manhattan 197	リカール・トマート Ricard Tomate 204
ホット・ショット Hot Shot 182	ミ	リジー・サワー Lizzy Sour 205
ホット・スパイスト・サイダー Hot Spiced Cider 148	ミチェラーダ Michelada 199	リッツ・カクテル Ritz Cocktail 205
ホット・トディ Hot Toddy 136	ミモザ Mimosa 199	リンチバーグ・レモネード（デイル版） Lynchburg Lemonade (Dale's Version) 205
ホット・バタード・ラム Hot Buttered Rum 154	ミリオネアズ・マルガリータ（グラン・マルニエ） Millionaire's Margarita (Grand Marnier) 149	ル
ホノルル・カクテル Honolulu Cocktail 182	ミリオンダラー・カクテル Million-Dollar Cocktail 199	ル・ペロケ Le Perroquet 205
ボビー・バーンズ Bobby Burns 182	ミレニアム・カクテル（別名：イースト・インディア・カクテル） Millennium Cocktail (a.k.a. East India Cocktail) 43, 199	ルムトプフ Rumtopf 205
ポメグラネット・マティーニ Pomegranate Martini 192	ミント・ジュレップ Mint Julep 120	レ
ホワイト・スパイダー（ウォッカ・スティンガー） White Spider (Vodka Stinger) 89	ミント・ジュレップ（モヒート） Mint Julep (Mojito) 202	レインボー・サワー Rainbow Sour 207
ホワイト・タイガーズ・ミルク White Tiger's Milk 183	メ	レインボー・ジュレップ Rainbow Julep 121
ホワイト・バット White Bat 183	メアリー・ピックフォード Mary Pickford 199	レインボー・パンチ Rainbow Punch 150
ホワイト・プラッシュ（ウィスキー・プラッシュ） White Plush (Whiskey Plush) 88	メキシカン・ブロンド Mexican Blonde 201	レインボーV-7ジュース Rainbow V-7 juice 172
ホワイト・ルシアン（ブラック・ルシアン） White Russian (Black Russian) 165	メトロポリタン Metropolitan 201	レオ・スペシャル Leo Special 207
ホワイト・レディ White Lady 183	メリー・ウィドウ Merry Widow 201	レッド・スナッパー（ブラッディ・メアリー） Red Snapper (Bloody Mary) 170
ボンド・マティーニ（ヴェスパー） Bond Martini (Vesper) 192	メロンコリー・ベイビー Meloncholy Baby 201	レッド・ビア Red Beer 207
マ	メロン・ダイキリ Melon Daiquiri 202	レッド・マンハッタン Red Manhattan 198
マーク・トウェイン・カクテル Mark Twain Cocktail 183	メロン・ボール Melon Ball 202	レッド・ライオン Red Lion 207
マイアミ・アイスティー Miami Iced Tea 210	メロン・マティーニ Melon Martini 193	レプラコーンズ・デライト Leprechaun's Delight 207
マイアミ・カクテル（ブレックファスト・マティーニ） Miami Cocktail (Breakfast Martini) 177	メロン・ライム・ダイキリ Melon Lime Daiquiri 202	レモネード Lemonade 207
マイタイ Mai Tai 27, 183	モ	レモン・デイジー Lemon Daisy 208
マカレナ・ミスト Macarena Mist 184	モスコー・ミュール Moscow Mule 29, 202	レモン・ドロップ Lemon Drop 208
マスク・ウィー Musk We 184	モヒート Mojito 202	レモン・メレンゲ Lemon Meringue 208
マッチョ・ガスパチョ Macho Gazpacho 170	モンキー・グランド Monkey Gland 203	ロ
マッド・アンド・ブラッド		ロイヤル・カクテル Royal Cocktail 208
		ロイヤル・ハワイアン Royal Hawaiian 208
		ロイヤル・フィズ（ゴールデン・フィズ） Royal Fizz (Golden Fizz) 164

ロイヤル・ロマンス Royal Romance	212
ロージー・マティーニ Rosy Martini	193
ロザリータ Rosarita	212
ロザリータ・ハイボール	
Rosarita Highball	212
ロサンゼルス・カクテル	
Los Angeles Cocktail	212
ロゼッタ Rosetta	212
ロブ・ロイ Rob Roy	33, 212
ロブソン(バカルディ・カクテル)	
Robson Cocktail (Bacardi Cocktail)	142
ロング・アイランド・アイスティー	
Long Island Iced Tea	210
ロンドン・アイスティー	
London Iced Tea	210

ワ

| ワード・エイト Ward Eight | 213 |
| ワンダー・ブラ Wonder Bra | 213 |

Index
[カクテル名 アルファベット順索引]

A

Abbey Cocktail アビー・カクテル	82	
ABC pousse café　ABCプース・カフェ	89	
Adonis Cocktail 11　アドニス・カクテル11	81	
Absinthe No. 2　アブサン・No.2	82	
Absinthe Suissesse　アブサン・スイセス	82	
Absolutely Bananas		
アブソルートリー・バナナ	84	
Affinity（Rob Roy）		
アフィニティ（ロブ・ロイ）	212	
Agave Punch　アガベ・パンチ	81	
Alabama Slammer　アラバマ・スラマー	86	
Alabazam　アラバザム	85	
Alexander　アレクサンダー	86	
Alexander（Parisian Blond Cocktail）		
アレクサンダー（パリジャン・ブロンド・カクテル）	155	
Algonquin　アルゴンキン	86	
Alize Cocktail　アリーゼ・カクテル	86	
Allegheny　アレゲニー	87	
Alphonso Cocktail　アルフォンソ・カクテル	86	
Alphonso XIII（Dale's Version）		
アルフォンソXIII（デイル版）	86	
Amber Dream　アンバー・ドリーム	87	
American Beauty　アメリカン・ビューティー	85	
Americano Highball		
アメリカーノ・ハイボール	84	
Añejo Highball　アネホ・ハイボール	82	
Angel's Kiss　エンジェルズ・キッス	91	
Angel's Tip　エンジェルズ・ティップ	91	
Apple Jack Cocktail		
アップルジャック・カクテル	81	
Apple Manhattan　アップル・マンハッタン	44, 197	
Apple Martini　アップル・マティーニ	188	
Apples and Oranges Martini		
アップルズ・アンド・オレンジズ・マティーニ	188	
Apple Toddy　アップル・トディ	136	
Apricot-Mango Martini		
アプリコット・マンゴー・マティーニ	84	
Aqueduct　アケダクト	81	
Arctic Regions（Brandy Milk Punch）		
アークティック・リージョンズ		
（ブランデー・ミルク・パンチ）	174	
Aviation Cocktail　アビエイション	82	

B

Bacardi Cocktail　バカルディ・カクテル	142
Bacardi Martini　バカルディ・マルティーニ	142
Bahama Mama　バハマ・ママ	144
Bahia Breeze　バイーア・ブリーズ	141
Bahia（Piña Colada）	
バイーア（ピニャ・コラーダ）	158
Bakunin　バクニン	139
Balm Cocktail　バーム・カクテル	140
Bamboo Cocktail　バンブー・カクテル	91
Banana Daiquiri, Frozen	
バナナ・ダイキリ（フローズン）	143
Banshee　バンシー	156
Batidas, Frozen　バチーダ、フローズン	143
Bay Breeze　ベイ・ブリーズ	141
Bee's Kiss　ビーズ・キッス	156
Bee's Knees　ビーズ・ニーズ	156
Bellini　ベリーニ	180
Belmont Breeze　ベルモント・ブリーズ	181
Bermuda Cocktail（Apricot Cocktail）	
バミューダ・カクテル（アプリコット・カクテル）	84
Bermuda Highball（Apricot Cocktail）	
バミューダ・ハイボール（アプリコット・カクテル）	84
Bermuda Rose（Apricot Cocktail）	
バミューダ・ローズ（アプリコット・カクテル）	84
Between the Sheets　ビトウィーン・ザ・シーツ	43, 157
Big Apple Margarita	
ビッグ・アップル・マルガリータ	196
Bishop, American　ビショップ（米国風）	154
Bishop, English　ビショップ（英国風）	153
Blackberry Julep　ブラックベリー・ジュレップ	165
Black Rose　ブラック・ローズ	165
Black Russian　ブラック・ルシアン	165
Blackthorn　ブラックソーン	162
Black Velvet　ブラック・ベルベット	165
Black Widow　ブラック・ウィドウ	162
Blazer　ブレイザー	175
Blood and Sand	
ブラッド・アンド・サンド	33, 166
Bloodhound　ブラッドハウンド	166
Blood Orange Cosmo	
ブラッド・オレンジ・コスモ	166
Bloody Bull　ブラッディ・ブル	169
Bloody Butrum　ブラッディ・バトラム	169
Bloody Caesar　ブラッディ・シーザー	169
Bloody Margarita	
ブラッディ・マルガリータ	196
Bloody Maria　ブラッディ・マリア	169
Bloody Mary	
ブラッディ・メアリー	29, 167-170
Bloody San　ブラッディ・サン	169
Blue Hawaiian, Frozen	
ブルー・ハワイアン（フローズン）	174
Blue Lagoon　ブルー・ラグーン	175
Blue Monday　ブルー・マンデー	175
Blue Train　ブルー・トレイン	174
Bobby Burns　ボビー・バーンズ	182
Bocci Ball　ボッチ・ボール	182
Bond Martini（Vesper）	
ボンド・マティーニ（ヴェスパー）	192
Bosom Caresser　ブザム・カレッサー	161
Boulevard　ブルヴァード	175
Bourbon Cherries	
バーボン・チェリーズ	140
Bourbon Manhattan	
バーボン・マンハッタン	197
Bourbon Stone Sour	
バーボン・ストーン・サワー	140
Bramble　ブランブル	174
Brandy Cobbler　ブランデー・コブラー	107
Brandy Cocktail　ブランデー・カクテル	173
Brandy Crusta（Crustas）	
ブランデー・クラスタ（クラスタ）	173
Brandy Manhattan	
ブランデー・マンハッタン	197
Brandy Milk Punch	
ブランデー・ミルク・パンチ	174
Brandy Plush　ブランデー・プラッシュ	173
Brassy Blond　ブラッシー・ブロンド	165
Brave Bull　ブレイブ・ブル	176
Breakfast Martini	
ブレックファスト・マティーニ	177
Broken Heart Martini	
ブロークン・ハート・マティーニ	192
Bronx Cocktail　ブロンクス・カクテル	179
Brooklyn Cocktail	
ブルックリン・カクテル	175
Brown Derby Cocktail	
ブラウン・ダービー・カクテル	161
Bucks Fizz（Mimosa）	
バックス・フィズ（ミモザ）	199
Bud Herrmann Highball	
バド・ハーマン・ハイボール	143
Bull's Blood　ブルズ・ブラッド	175
Bull Shot　ブル・ショット	169
B-52　B-52	156

C

Cadillac Margarita	
キャデラック・マルガリータ	195
Café Brulôt　カフェ・ブリュロ	98
Caipirinha　カイピリーニャ	25, 95
Caipirinha Cherry	
カイピリーニャ・チェリー	96
Caipirinha de Uva（Caipiruva）	
カイピリーニャ・デ・ウヴァ	96
Caipirosca　カイピロスカ	96
Cape Cod　ケープ・コッド	103
Caribbean Bulldog	
カリビアン・ブルドッグ	99
Caribe Cosmopolitan	
カリビ・コスモポリタン	99
Caricature Cocktail	
カリカチュア・カクテル	99
Casino Royale　カジノ・ロワイヤル	98

Chai Toddy チャイ・トディ 132	**D**	エンバシー・カクテル 90
Champagne Cobbler シャンパン・コブラー 107	Dale's Absolutely Guaranteed Aphrodisiac デイルズ・アブソルートリー・ギャランティード・アフロディジアック 133	Espresso Cocktail エスプレッソ・カクテル 89
Champagne Cocktail シャンパン・カクテル 119	Dale's Julep デイルズ・ジュレップ 120	Extra-Dry Martini エクストラ・ドライ・マティーニ 189
Champagne Passion シャンパン・パッション 118	Dale's Orangesicle デイルズ・オレンジェシクル 133	**F**
Champagne Punch シャンパン・パンチ 153	Dale's Ultimate Mango-Rita デイルズ・アルティメット・マンゴリータ 196	Fancy Gin Cocktail ファンシー・ジン・カクテル 191
Champagne Tropicale シャンパン・トロピカーレ 118	Danish Mary デニッシュ・メアリー 169	Fancy Nancy ファンシー・ナンシー 160
Charlie Chaplin Cocktail チャーリー・チャップリン・カクテル 132	Dark and Stormy ダーク・アンド・ストーミー 129	Fancy Tequila Cocktail ファンシー・テキーラ・カクテル 160
Cherry Blossom チェリー・ブロッサム 132	Dark and Stormy II ダーク・アンド・ストーミーII 129	Faux Nog フォー・ノッグ 161
Cherry Crush チェリー・クラッシュ 132	D'Artagnan ダルタニアン 131	Fernet Branca Cocktail フェルネット・ブランカ・カクテル 161
Cherry Kiss チェリー・キッス 131	Debonair Cocktail デボネア・カクテル 33, 134	Fish House Punch (Philadelphia Fish House Punch) フィッシュ・ハウス・パンチ (フィラデルフィア・フィッシュ・ハウス・パンチ) 148
Chi Chi チチ 132	Derby Cocktail ダービー・カクテル 130	
Chocolate Martini (Broken Heart Martini) チョコレート・マティーニ (ブロークン・ハート・マティーニ) 192	Desert Healer デザート・ヒーラー 134	
	Deshler Cocktail デシュラー・カクテル 134	
Chocolate Punch チョコレート・パンチ 132	Devil's Torch デビルズ・トーチ 134	Fitzgerald フィッツジェラルド 160
Cider Nectar サイダー・ネクター 146	Dirty Martini ダーティ・マティーニ 190	Flame of Love Martini フレイム・オブ・ラヴ・マティーニ 46, 176, 177
Cigar Lover's Martini シガー・ラヴァーズ・マティーニ 117	Dirty Mother ダーティ・マザー 130	Flamingo フラミンゴ 166
Citrus Cream シトラス・クリーム 117	Dirty White Mother ダーティ・ホワイト・マザー 129	Flirtini フラティーニ 166
City Rickey シティ・リッキー 206	Di Saronna Punch ディ・サローノ・パンチ 133	Floradora フロラドーラ 179
Clam and Tomato Juice クラム&トマト・ジュース 171	D.O.M. Cocktail D.O.M.カクテル 132	Freddie Fudpucker フレディ・ファッドパッカー 177
Claremont クレアモント 102	Dorothy, The ドロシー 137	French Connection フレンチ・コネクション 177
Claret Lemonade クラレット・レモネード 102	Douglas Fairbanks ダグラス・フェアバンクス 84, 130	French Flamingo フレンチ・フラミンゴ 178
Clover Club クローバー・クラブ 103	Dreamy Dorini Smoky Martini (Smoky Martini) ドリーミー・ドリーニ (スモーキー・マティーニ) 190	French Kiss フレンチ・キッス 177
Club Cocktail クラブ・カクテル 101		French Martini フレンチ・マティーニ 192
Coco Berry ココ・ベリー 110		French 75 フレンチ75 178
Coco's Punch ココズ・パンチ 149	Dry Martini (Cold-War Era) ドライ・マティーニ(冷戦期) 191	French 95 フレンチ95 178
Coctel Algeria カクテル・アルジェリア 96	Dubliner ダブリナー 131	Frozen Barcelona フローズン・バルセロナ 179
Coffee Cocktail コーヒー・カクテル 103	Dubonnet Cocktail デュボネ・カクテル 134	Frozen Daiquiri (Papa Doble Style) フローズン・ダイキリ(パパ・ドブレ・スタイル) 178
Coffee Nudge コーヒー・ナッジ 110	Dusty Rose ダスティ・ローズ 131	Frozen Margarita フローズン・マルガリータ 196
Cognac and Soda コニャック・アンド・ソーダ 111	**E**	Frozen Passion Margarita フローズン・パッション・マルガリータ 196
Colony Room Cocktail コロニー・ルーム・カクテル 111	Eastern Manhattan イースタン・マンハッタン 197	Frozen Strawberry Daiquiri フローズン・ストロベリー・ダイキリ 178
Colorado Bulldog コロラド・ブルドッグ 111	East India Cocktail (Millennium Cocktail) イースト・インディア・カクテル (ミレニアム・カクテル) 199	Fuzzy Navel ファジー・ネーブル 160
Cooperstown クーパーズタウン 101		**G**
Corpse Reviver コープス・リバイバー 110	Edith's Fizz エディス・フィズ 90	
Cosmalize コスマライズ 111	Egg Cream (Colorado Bulldog) エッグ・クリーム (コロラド・ブルドッグ) 111	Gibson ギブソン 100
Cosmopolitan コスモポリタン 104	Egg Nog (Uncle Angelo's) エッグ・ノッグ (アンクル・アンジェロズ) 152	Gimlet ギムレット 100
Cosmopolitan Delight コスモポリタン・デライト 104		Gin and It ジン・アンド・イット 122
Cosmopolitan Strawberry コスモポリタン・ストロベリー 104	Electric Iced Tea エレクトリック・アイスティー 90, 210	Gin and It (Gin and Italian, Knickerbocker Martini) ジン・アンド・イット(ジン・アンド・イタリアン、ニッカーボッカー・マティーニ) 186
Crawdaddy クロウダディ 102	Elk's Own エルクズ・オウン 90	
Cuba Libre キューバ・リブレ 100	Embassy Cocktail	
Cubanola (Bacardi Cocktail) キューバノーラ (バカルディ・カクテル) 142		
Cupid's Cocktail キューピッズ・カクテル 100		

Gin and Sin　ジン・アンド・シン………122	Ice Punch（Brandy Cobbler）	Los Angeles Cocktail
Gin Cobbler　ジン・コブラー………107	アイス・パンチ（ブランデー・コブラー）…107	ロサンゼルス・カクテル………212
Gin Fizz　ジン・フィズ………164	Independence Day Punch	Lucky Double　ラッキー・ダブル………204
Gin Gin Highball　ジン・ジン・ハイボール…123	インディペンデンス・デイ・パンチ………87	Lust for Life　ラスト・フォー・ライフ………203
Gin Gin Mule　ジン・ジン・ミュール………123	International Stinger	Lynchburg Lemonade（Dale's Version）
Gin Punch　ジン・パンチ………163	インターナショナル・スティンガー………87	リンチバーグ・レモネード（デイル版）…205
Gin Rickey　ジン・リッキー………206	Irish Coconut　アイリッシュ・ココナッツ…81	
Gin Sling　ジン・スリング………123	Irish Coffee　アイリッシュ・コーヒー………80	**M**
Glogg　グロッグ………152	Island Breeze　アイランド・ブリーズ………80	
Godfather（Godmother）	Island Rose　アイランド・ローズ………80	Macarena Mist　マカレナ・ミスト………184
ゴッドファーザー（ゴッドマザー）………111		Macho Gazpacho　マッチョ・ガスパチョ…170
Golden Cadillac	**J**	Madison Avenue Cocktail
ゴールデン・キャデラック………110		マディソン・アヴェニュー………184
Golden Dawn　ゴールデン・ドーン………110	Jacana　ジャカナ………117	Madras　マドラス………194
Golden Fizz　ゴールデン・フィズ………164	Jack Rose　ジャック・ローズ………44, 118	Mai Tai　マイタイ………27, 183
Golden Girl　ゴールデン・ガール………110	Japanese Cobbler	Malibu Bay Breeze
Grasshopper　グラスホッパー………101	ジャパニーズ・コブラー………107	マリブ・ベイ・ブリーズ………194
Green Gazpacho　グリーン・ガスパチョ…171	Japanese Cocktail	Mandarin Cherry Smash
Green Tea Punch	ジャパニーズ・カクテル………118	マンダリン・チェリー・スマッシュ………194
グリーン・ティー・パンチ………102	Japanese Fizz　ジャパニーズ・フィズ………118	Manhattan　マンハッタン………197
Greyhound　グレイハウンド………102	Jump Shot　ジャンプ・ショット………122	Man O' War　マン・オー・ウォー………198
		Maragato　マラガト………197
H	**K**	Mark Twain Cocktail
		マーク・トウェイン・カクテル………183
Happy Honey Cocktail	Kamikazi（Shooter）	Margarita　マルガリータ………22, 26, 195-196
ハッピー・ハニー・カクテル………143	カミカゼ（シューター）………99	Marlene Dietrich　マレーネ・ディートリヒ…194
Harry's Cocktail　ハリーズ・カクテル………145	Kentucky Colonel	Martinez Cocktail, Original
Harry's Harveys Punch	ケンタッキー・コロネル………103	マルティネス・カクテル（オリジナル版）…185
ハリーズ・ハーヴェイ・パンチ………145	King Alfonse　キング・アルフォンソ………100	Martinez Cocktail, Update
Harvest Moon Punch	Kir　キール………99	マルティネス・カクテル（アップデート版）…186
ハーヴェスト・ムーン・パンチ………147	Kir Royale（Kir Imperial）	Martini Cocktail　マティーニ・カクテル…185
Harvey Wallbanger	キール・ロワイヤル（キール・アンペリアル）…100	Mary Pickford　メアリー・ピックフォード…199
ハーヴェイ・ウォールバンガー………140	Knickerbein Cocktail	Melon Ball　メロン・ボール………202
Hawaiian Stone Sour	ニッカーベイン・カクテル………138	Meloncholy Baby
ハワイアン・ストーン・サワー………155	Knickerbocker　ニッカーボッカー………138	メロンコリー・ベイビー………201
Hemingway Daiquiri	Knickerbocker Martini	Melon Daiquiri　メロン・ダイキリ………202
ヘミングウェイ・ダイキリ………180	ニッカーボッカー・マティーニ………186	Melon Lime Daiquiri
Hi Ho Cocktail　ハイ・ホー・カクテル………142	Knickerbocker Martini（Gin and It, Gin and	メロン・ライム・ダイキリ………202
Honeymoon Cocktail	Italian）　ニッカーボッカー・マティーニ（ジン・ア	Melon Martini　メロン・マティーニ………193
ハネムーン・カクテル………144	ンド・イット、ジン・アンド・イタリアン）………186	Merry Widow　メリー・ウィドウ………201
Honolulu Cocktail　ホノルル・カクテル………182		Metropolitan　メトロポリタン………201
Horse's Neck　ホーセズ・ネック………181	**L**	Mexican Blonde　メキシカン・ブロンド………201
Hot Apple Pie　ホット・アップル・パイ………182		Miami Cocktail（Breakfast Martini）
Hot Buttered Rum	Latin Love　ラテン・ラヴ………204	マイアミ・カクテル（ブレックファスト・マティーニ）
ホット・バタード・ラム………154	Lemonade　レモネード………207	………177
Hot Shot　ホット・ショット………182	Lemon Daisy　レモン・デイジー………208	Miami Iced Tea　マイアミ・アイスティー………210
Hot Spiced Cider	Lemon Drop　レモン・ドロップ………208	Michelada　ミチェラーダ………199
ホット・スパイスト・サイダー………148	Lemon Meringue　レモン・メレンゲ………208	Millionaire's Margarita（Grand Marnier）
Hot Toddy　ホット・トディ………136	Leo Special　レオ・スペシャル………207	ミリオネアズ・マルガリータ（グラン・マルニエ）
Hummer　ハマー………144	Le Perroquet　ル・ペロケ………205	………149
Hurricanes　ハリケーン………155	Leprechaun's Delight	Million-Dollar Cocktail
	レプラコーンズ・デライト………207	ミリオンダラー・カクテル………199
I	Lime Rickey　ライム・リッキー………206	Millennium Cocktail
	Lizzy Sour　リジー・サワー………205	（a.k.a. East India Cocktail）
Iceberg　アイスバーグ………80	London Iced Tea　ロンドン・アイスティー…210	ミレニアム・カクテル
Ice House Highball	Long Island Iced Tea	（別名：イースト・インディア・カクテル）…43, 199
アイス・ハウス・ハイボール………80	ロング・アイランド・アイスティー………210	Mimosa　ミモザ………199

Mimosa (Bucks Fizz)
ミモザ（バックス・フィズ） 199
Mint Julep　ミント・ジュレップ 120
Mint Julep (Mojito)
ミント・ジュレップ（モヒート） 202
Mojito　モヒート 202
Monkey Gland　モンキー・グランド 203
Moscow Mule　モスコー・ミュール 29, 202
Mud and Blood　マッド・アンド・ブラッド 184
Mud Slide　マッド・スライド 184
Musk We　マスク・ウィー 184

N

Navy Grog　ネイヴィー・グロッグ 139
Negrita　ネグリータ 139
Negroni　ネグローニ 139
Newman's Own Stone Sour
ニューマンズ・オウン・ストーン・サワー 139
New Orleans Cocktail
ニューオーリンズ・カクテル 138
Nick and Nora Martini
ニック＆ノラ・マティーニ 186
Nutty Angel　ナッティ・エンジェル 138
Nutty Irishman
ナッティ・アイリッシュマン 138

O

Old Fashioned　オールド・ファッションド 95
Old Flame　オールド・フレイム 95
Op Smash　OP スマッシュ 92
Orange Blossom　オレンジ・ブロッサム 95
Orange Breeze　オレンジ・ブリーズ 95
Oyster Shooter　オイスター・シューター 92
Oyster Shooter Tomato Mix
オイスター・シューター・トマト・ミックス 92

P

Paradise Cocktail　パラダイス・カクテル 144
Paris　パリ 144
Parisian Blond Cocktail
パリジャン・ブロンド・カクテル 155
Passion Margarita
パッション・マルガリータ 196
Peach Brandy Julep
ピーチ・ブランデー・ジュレップ 120
Peach Melissa　ピーチ・メリッサ 156
Pegu Cocktail　ペグ・カクテル 179
Philadelphia Fish House Punch
フィラデルフィア・フィッシュ・ハウス・パンチ 148
Pica Cocktail　パイカ・カクテル 141
Picon Punch　ピコン・パンチ 157
Picon Punch II　ピコン・パンチ II 157
Pilgrim Cocktail　ピルグリム・カクテル 158
Pimm's Cup　ピムス・カップ 158

Piña Colada　ピニャ・コラーダ 158
Piña Colada (Chi Chi)
ピニャ・コラーダ（チチ） 132
Pineapple Champagne Cocktail
パイナップル・シャンパン・カクテル 141
Pineapple Cocktail
パイナップル・カクテル 141
Pineapple Julep
パイナップル・ジュレップ 120
Pineau Martini　ピノー・マティーニ 191
Pink Coral　ピンク・コーラル 159
Pink Gin　ピンク・ジン 159
Pink Lady　ピンク・レディ 160
Pink Squirrel　ピンク・スクァーレル 160
Pisco Sour　ピスコ・サワー 157
Planter's Punch
プランターズ・パンチ 150, 173
Poinsettia　ポインセチア 181
Pomegranate Martini
ポメグラネット・マティーニ 192
Port Cobbler　ポート・コブラー 108
Port Whiskey Punch
ポート・ウィスキー・パンチ 182
Pousse-Café　プース・カフェ 160
Prairie Oyster　プレーリー・オイスター 176
Presbyterian　プレスビテリアン 176
Presidente　プレジデンテ 176
Punch and Plain
パンチ・アンド・プレーン 156
Punch and Sweet (Punch and Plain)
パンチ・アンド・スウィート
（パンチ・アンド・プレーン） 156
Pushcart Punch Cocktail
プッシュカート・パンチ・カクテル 150

R

Rainbow Julep　レインボー・ジュレップ 121
Rainbow Punch　レインボー・パンチ 150
Rainbow Sour　レインボー・サワー 207
Rainbow V-7 juice
レインボー V-7 ジュース 172
Ramos Fizz　ラモス・フィズ 164
Red Beer　レッド・ビア 207
Red Lion　レッド・ライオン 207
Red Manhattan　レッド・マンハッタン 198
Red Snapper (Bloody Mary)
レッド・スナッパー（ブラッディ・メアリー） 170
Ricard Tomate　リカール・トマート 204
Ritz Cocktail　リッツ・カクテル 205
Rob Roy　ロブ・ロイ 33, 212
Robson Cocktail (Bacardi Cocktail)
ロブソン（バカルディ・カクテル） 142
Rosarita　ロザリータ 212
Rosarita Highball
ロザリータ・ハイボール 212
Rosetta　ロゼッタ 212

Rosy Martini　ロージー・マティーニ 193
Royal Cocktail　ロイヤル・カクテル 208
Royal Fizz (Golden Fizz)
ロイヤル・フィズ（ゴールデン・フィズ） 164
Royal Hawaiian　ロイヤル・ハワイアン 208
Royal Romance　ロイヤル・ロマンス 212
Rum Runner　ラム・ランナー 204
Rum Swizzle　ラム・スウィズル 204
Rumtopf　ルムトプフ 205
Rusty Nail　ラスティ・ネイル 203
Rye Club Cocktail
ライ・クラブ・カクテル 203

S

Sake-Tini　サケ・ティーニ 189
Salt-and-Pepper Highball
ソルト＆ペッパー・ハイボール 129
Salt-and-Pepper Martini
ソルト＆ペッパー・マティーニ 190
Salty Dog　ソルティ・ドッグ 128
Sangria　サングリア 149
Sangrita　サングリータ 116, 172
San Salvador　サン・サルヴァドール 116
Saratoga Cocktail　サラトガ・カクテル 115
Satan's Whiskers
サタンズ・ウィスカーズ 115
Sazerac　サゼラック 15, 115
Scarlett O'Hara　スカーレット・オハラ 124
Scarlett's Torch　スカーレット・トーチ 124
Scorpino　スコーピノ 124
Scorpion　スコーピオン 124
Scotch and soda
スコッチ・アンド・ソーダ 125
Screwdriver　スクリュードライバー 29, 124
Sea Breeze　シー・ブリーズ 117
Sevilla　セビリア 128
Sex on the Beach
セックス・オン・ザ・ビーチ 128
Shandygaff or Shandy
シャンディ・ガフ／シャンディ 118
Sherry Cobbler　シェリー・コブラー 46, 106
Sherry Cocktail　シェリー・カクテル 117
Sidecar　サイドカー 26, 113
Silver Fizz　シルバー・フィズ 164
Singapore Sling　シンガポール・スリング 122
Singapore Sling by the Batch
シンガポール・スリング（大人数分） 122
Slippery Nipple　スリッパリー・ニップル 127
Sloe Comfortable Screw
スロー・カンフォタブル・スクリュー 127
Sloe Gin Fizz　スロー・ジン・フィズ 127
Smith and Kearns
スミス・アンド・カーンズ 127
Smoky Martini　スモーキー・マティーニ 190
Soho Martini　ソーホー・マティーニ 190
Sour Apple Martini

サワー・アップル・マティーニ 190
South Beach サウス・ビーチ 113
South Coast Cocktail
サウス・コースト・カクテル 113
Southern Stinger（Kentucky Colonel）
サザン・スティンガー（ケンタッキー・コロネル）
 103
South of the Border
サウス・オブ・ザ・ボーダー 113
Southside サウスサイド 113
Sparkling Hunt Punch
スパークリング・ハント・パンチ 127
Spicy Tomato Juice
スパイシー・トマト・ジュース 172
Spritzer スプリッツァー 127
Steeplechase スティープルチェイス 125
Stella's Rose ステラズ・ローズ 125
Stilletto スティレット 125
Stinger スティンガー 43, 125, 126
Stone Fence ストーン・フェンス 127
Stone Rickey ストーン・リッキー 206
Stone Sour ストーン・サワー 126
Stone Wall（Cognac and Soda）
ストーン・ウォール（コニャック・アンド・ソーダ）
 111
Stork Club Cocktail
ストーク・クラブ・カクテル 126
Strawberry Daiquiri, Frozen
ストロベリー・ダイキリ（フローズン） 127
Suffering Bastard
サファリング・バスタード 115
Sundowner サンダウナー 116
Sunflower Highball
サンフラワー・ハイボール 117
Sunset Breeze サンセット・ブリーズ 116
Suntory Cocktail サントリー・カクテル 117
Sweet Martini（Gin and It）
スウィート・マティーニ（ジン・アンド・イット） 122

T

Tangerine Margarita
タンジェリン・マルガリータ 195
Tequila Sunrise テキーラ・サンライズ 133
Texas Tea テキサス・ティー 210
Ti Punch ティパンチ 133
Ti Punch（Ti Punch）
ティプンシュ（ティパンチ） 133
Toasted Almond
トースッテド・アーモンド 135
Tom and Jerry トム・アンド・ジェリー 153
Tomato juice cocktail
トマト・ジュース・カクテル 167
Tom Collins トム・コリンズ 30, 135
Traditional Grog
トラディショナル・グロッグ 137
Trinidad トリニダード 137

Tropical Cocktail トロピカル・カクテル 137
Tropical Highball トロピカル・ハイボール 138
Tropical Whiskey Punch
トロピカル・ウィスキー・パンチ 137
Tuxedo タキシード 130
Twentieth Century
トウェンティース・センチュリー 135

U

Uncle Angelo's Egg Nog
アンクル・アンジェロズ・エッグ・ノッグ 152
Upside-Down Martini
アップサイドダウン・マティーニ 188

V

Valencia ヴァレンシア 46, 191
Valencia II ヴァレンシア II 155
Velvet Hammer ベルベット・ハンマー 180
Vendome ヴァンドーム 156
Vermouth Cassis ベルモット・カシス 181
Vesper ヴェスパー 192
Virgin Champagne Cocktail
ヴァージン・シャンパン・カクテル 140
Virgin Kir Royale
ヴァージン・キール・ロワイヤル 139
Virgin Royal Hawaiian
ヴァージン・ロイヤル・ハワイアン 140
Vodka Stinger（White Spider）
ウォッカ・スティンガー（ホワイト・スパイダー） 89
Vodkatini（Silver Bullet）
ウォッカティーニ（シルバー・ブレット） 189

W

Waldorf ウォルドルフ 89
Ward Eight ワード・エイト 213
Watermelon Martini
ウォーターメロン・マティーニ 189
Watermelon Punch
ウォーターメロン・パンチ 149
Whiskey Cobbler ウィスキー・コブラー 106
Whiskey Daisy ウィスキー・デイジー 88
Whiskey Fizz ウィスキー・フィズ 163
Whiskey Peach Smash
ウィスキー・ピーチ・スマッシュ 34, 88
Whiskey Plush ウィスキー・プラッシュ 88
Whiskey Smash ウィスキー・スマッシュ 87
White Bat ホワイト・バット 183
White Lady ホワイト・レディ 183
White Plush（Whiskey Plush）
ホワイト・プラッシュ（ウィスキー・プラッシュ） 88
White Russian（Black Russian）
ホワイト・ルシアン（ブラック・ルシアン） 165
White Spider（Vodka Stinger）
ホワイト・スパイダー（ウォッカ・スティンガー） 89

White Tiger's Milk
ホワイト・タイガーズ・ミルク 183
Winston Martini ウィンストン・マティーニ 188
Wonder Bra ワンダー・ブラ 213

Y

Yang Martini ヤン・マティーニ 193
Yellow Bird イエロー・バード 87
Yin Martini イン・マティーニ 188

Z

Zaza（Dubonnet Cocktail）
ザザ（デュボネ・カクテル） 134
Zombie ゾンビ 129

数字

209 East Cocktail
209イースト・カクテル 135

Index
[カクテル名 ベース別索引]

ウイスキー・ベース

アイリッシュ・コーヒー Irish Coffee 80
アップル・マンハッタン Apple Manhattan 44, 197
アフィニティ（ロブ・ロイ） Affinity (Rob Roy) 212
アレゲニー Allegheny 87
アンクル・アンジェロズ・エッグ・ノッグ Uncle Angelo's Egg Nog 152
イースタン・マンハッタン Eastern Manhattan 197
ウィスキー・コブラー Whiskey Cobbler 106
ウィスキー・スマッシュ Whiskey Smash 87
ウィスキー・デイジー Whiskey Daisy 88
ウィスキー・ピーチ・スマッシュ Whiskey Peach Smash 34, 88
ウィスキー・フィズ Whiskey Fizz 163
ウィスキー・プラッシュ Whiskey Plush 88
エッグ・ノッグ（アンクル・アンジェロズ） Egg Nog (Uncle Angelo's) 152
エルクズ・オウン Elk's Own 90
オールド・ファッションド Old Fashioned 95
クレアモント Claremont 102
ケンタッキー・コロネル Kentucky Colonel 103
ゴッドファーザー（ゴッドマザー） Godfather (Godmother) 111
サザン・スティンガー（ケンタッキー・コロネル） Southern Stinger (Kentucky Colonel) 103
サゼラック Sazerac 15, 115
ジャパニーズ・フィズ Japanese Fizz 118
スカーレット・トーチ Scarlett's Torch 124
スコッチ・アンド・ソーダ Scotch and soda 125
スティープルチェイス Steeplechase 125
ステラズ・ローズ Stella's Rose 125
ストーン・サワー Stone Sour 126
ストーン・フェンス Stone Fence 127
ダブリナー Dubliner 131
デシュラー・カクテル Deshler Cocktail 134
デボネア・カクテル Debonair Cocktail 33, 134
トロピカル・ウィスキー・パンチ Tropical Whiskey Punch 137
ニューオーリンズ・カクテル New Orleans Cocktail 138
ニューマンズ・オウン・ストーン・サワー Newman's Own Stone Sour 139
ハーヴェスト・ムーン・パンチ Harvest Moon Punch 147
バーボン・ストーン・サワー Bourbon Stone Sour 140
バーボン・チェリーズ Bourbon Cherries 140
バーボン・マンハッタン Bourbon Manhattan 197
パイナップル・ジュレップ Pineapple Julep 120
ハワイアン・ストーン・サワー Hawaiian Stone Sour 155
ブラウン・ダービー・カクテル Brown Derby Cocktail 161
ブラックソーン Blackthorn 162
ブラック・ローズ Black Rose 165
ブラッド・アンド・サンド Blood and Sand 33, 166
ブルックリン・カクテル Brooklyn Cocktail 175
ブルヴァード Boulevard 175
ブレイザー Blazer 175
プレスビテリアン Presbyterian 176
フレンチ95 French 95 178
ベルモント・ブリーズ Belmont Breeze 181
ホーセズ・ネック Horse's Neck 181
ポート・ウィスキー・パンチ Port Whiskey Punch 182
ボビー・バーンズ Bobby Burns 182
ホワイト・プラッシュ（ウィスキー・プラッシュ） White Plush (Whiskey Plush) 88
マーク・トウェイン・カクテル Mark Twain Cocktail 183
マレーネ・ディートリヒ Marlene Dietrich 194
マン・オー・ウォー Man O' War 198
マンハッタン Manhattan 197
ミント・ジュレップ Mint Julep 120
ライ・クラブ・カクテル Rye Club Cocktail 203
ラスティ・ネイル Rusty Nail 203
リンチバーグ・レモネード（デイル版） Lynchburg Lemonade (Dale's Version) 205
レインボー・ジュレップ Rainbow Julep 121
ロサンゼルス・カクテル Los Angeles Cocktail 212
ロブ・ロイ Rob Roy 33, 212
ワード・エイト Ward Eight 213

ブランデー・ベース

アークティック・リージョンズ（ブランデー・ミルク・パンチ） Arctic Regions (Brandy Milk Punch) 174
アイス・パンチ（ブランデー・コブラー） Ice Punch (Brandy Cobbler) 107
アップルジャック・カクテル Apple Jack Cocktail 81
アップル・トディ Apple Toddy 136
アメリカン・ビューティー American Beauty 85
アラバザム Alabazam 85
アレクサンダー Alexander 86
イースト・インディア・カクテル（ミレニアム・カクテル） East India Cocktail (Millennium Cocktail) 199
インターナショナル・スティンガー International Stinger 87
エンバシー・カクテル Embassy Cocktail 90
カクテル・アルジェリア Coctel Algeria 96
カフェ・ブリュロ Café Brulôt 98
クラブ・カクテル Club Cocktail 101
コーヒー・ナッジ Coffee Nudge 110
コスモポリタン・デライト Cosmopolitan Delight 104
コニャック・アンド・ソーダ and Soda 111
サイドカー Sidecar 26, 113
サウス・コースト・カクテル South Coast Cocktail 113
サゼラック Sazerac 15, 115
サラトガ・カクテル Saratoga Cocktail 115
シガー・ラヴァーズ・マティーニ Cigar Lover's Martini 117
ジャック・ローズ Jack Rose 44, 118
ジャパニーズ・カクテル Japanese Cocktail 118
スコーピオン Scorpion 124
スティンガー Stinger 43, 125, 126
ストーン・ウォール（コニャック・アンド・ソーダ） Stone Wall (Cognac and Soda) 111
ダーティ・ホワイト・マザー Dirty White Mother 129
ダーティ・マザー Dirty Mother 130
ダスティ・ローズ Dusty Rose 131
チェリー・ブロッサム Cherry Blossom 132
チャーリー・チャップリン・カクテル Charlie Chaplin Cocktail 132
チョコレート・パンチ Chocolate Punch 132
デイルズ・ジュレップ Dale's Julep 120
トム・アンド・ジェリー Tom and Jerry 153
ネグリータ Negrita 139
パイカ・カクテル Pica Cocktail 141
ハッピー・ハニー・カクテル Happy Honey Cocktail 143
バド・ハーマン・ハイボール Bud Herrmann Highball 143
ヴァレンシアⅡ Valencia II 155
ピーチ・ブランデー・ジュレップ Peach Brandy Julep 120
ピスコ・サワー Pisco Sour 157
ビトウィーン・ザ・シーツ Between the Sheets 43, 157
フィッシュ・ハウス・パンチ（フィラデルフィア・フィッシュ・ハウス・パンチ）

247

Fish House Punch
(Philadelphia Fish House Punch) 148
フィラデルフィア・フィッシュ・ハウス・パンチ
Philadelphia Fish House Punch 148
ブザム・カレッサー　Bosom Caresser 161
ブランデー・カクテル　Brandy Cocktail 173
ブランデー・クラスタ（クラスタ）
Brandy Crusta (Crustas) 173
ブランデー・コブラー　Brandy Cobbler 107
ブランデー・プラッシュ　Brandy Plush 173
ブランデー・マンハッタン
Brandy Manhattan 197
ブランデー・ミルク・パンチ
Brandy Milk Punch 174
フレンチ・コネクション
French Connection 177
フレンチ75　French 75 178
フローズン・バルセロナ
Frozen Barcelona 179
ペグ（コニャック・アンド・ソーダ）
Peg (Cognac and Soda) 111
ホット・トディ　Hot Toddy 136
ホワイト・タイガーズ・ミルク
White Tiger's Milk 183
ミレニアム・カクテル
（別名：イースト・インディア・カクテル）
Millennium Cocktail
(a.k.a. East India Cocktail) 43, 199
リッツ・カクテル　Ritz Cocktail 205

ジン・ベース

アップサイドダウン・マティーニ
Upside-Down Martini 188
アビー・カクテル　Abbey cocktail 82
アビエイション　Aviation Cocktail 82
アブサン・No.2　Absinthe No. 2 82
アプリコット・マンゴー・マティーニ
Apricot-Mango Martini 84
アレクサンダー　Alexander 86
アンバー・ドリーム　Amber Dream 87
イン・マティーニ　Yin Martini 188
ウィンストン・マティーニ
Winston Martini 188
エクストラ・ドライ・マティーニ
Extra-Dry Martini 189
エレクトリック・アイスティー
Electric Iced Tea 90, 210
オールド・フレイム　Old Flame 95
オレンジ・ブロッサム　Orange Blossom 95
カジノ・ロワイヤル　Casino Royale 98
カリカチュア・カクテル
Caricature Cocktail 99
ギブソン　Gibson 100
ギムレット　Gimlet 100
クローバー・クラブ　Clover Club 103
コープス・リバイバー　Corpse Reviver 110

ゴールデン・ドーン　Golden Dawn 110
ゴールデン・フィズ　Golden Fizz 164
コロニー・ルーム・カクテル
Colony Room Cocktail 111
サウスサイド　Southside 113
サケ・ティーニ　Sake-Tini 189
サタンズ・ウィスカーズ
Satan's Whiskers 115
シティ・リッキー　City Rickey 206
シルバー・フィズ　Silver Fizz 164
ジン・アンド・イット　Gin and It 122
ジン・アンド・イット（ジン・アンド・イタリアン、
　ニッカーボッカー・マティーニ）
Gin and It (Gin and Italian,
　Knickerbocker Martini) 186
ジン・アンド・シン　Gin and Sin 122
シンガポール・スリング
Singapore Sling 122
シンガポール・スリング（大人数分）
Singapore Sling by the Batch 122
ジン・コブラー　Gin Cobbler 107
ジン・ジン・ハイボール
Gin Gin Highball 123
ジン・ジン・ミュール　Gin Gin Mule 123
ジン・スリング　Gin Sling 123
ジン・パンチ　Gin Punch 163
ジン・フィズ　Gin Fizz 164
ジン・リッキー　Gin Rickey 206
スウィート・マティーニ（ジン・アンド・イット）
Sweet Martini (Gin and It) 122
ストーク・クラブ・カクテル
Stork Club Cocktail 126
ストーン・リッキー　Stone Rickey 206
スモーキー・マティーニ　Smoky Martini 190
ソルト＆ペッパー・ハイボール
Salt-and-Pepper Highball 129
ソルト＆ペッパー・マティーニ
Salt-and-Pepper Martini 190
ダーティ・マティーニ　Dirty Martini 190
ダービー・カクテル　Derby Cocktail 130
タキシード　Tuxedo 130
ダグラス・フェアバンクス
Douglas Fairbanks 84, 130
チェリー・キッス　Cherry Kiss 131
チェリー・クラッシュ　Cherry Crush 132
D.O.M. カクテル　D.O.M. Cocktail 132
デザート・ヒーラー　Desert Healer 134
トウェンティス・センチュリー
Twentieth Century 135
トム・コリンズ　Tom Collins 30, 135
ドライ・マティーニ（冷戦期）
Dry Martini (Cold-War Era) 191
ニッカーボッカー・マティーニ
Knickerbocker Martini 186
ニッカーボッカー・マティーニ（ジン・アンド・イット、
　ジン・アンド・イタリアン）
Knickerbocker Martini (Gin and It,

Gin and Italian) 186
ニック＆ノラ・マティーニ
Nick and Nora Martini 186
ネグローニ　Negroni 139
ハイ・ホー・カクテル　Hi Ho Cocktail 142
バミューダ・カクテル（アプリコット・カクテル）
Bermuda Cocktail (Apricot Cocktail)
　84
バミューダ・ハイボール（アプリコット・カクテル）
Bermuda Highball (Apricot Cocktail)
　84
バミューダ・ローズ（アプリコット・カクテル）
Bermuda Rose (Apricot Cocktail) 84
パラダイス・カクテル
Paradise Cocktail 144
パリ　Paris 144
ハリーズ・カクテル　Harry's Cocktail 145
ビーズ・ニーズ　Bee's Knees 156
ピンク・ジン　Pink Gin 159
ピンク・レディ　Pink Lady 160
ファンシー・ジン・カクテル
Fancy Gin Cocktail 191
フィッツジェラルド　Fitzgerald 160
フェルネット・ブランカ・カクテル
Fernet Branca Cocktail 161
ブラッドハウンド　Bloodhound 166
ブランブル　Bramble 174
ブルー・トレイン　Blue Train 174
ブレックファスト・マティーニ
Breakfast Martini 177
フロラドーラ　Floradora 179
ブロンクス・カクテル　Bronx Cocktail 179
ペグ・カクテル　Pegu Cocktail 179
ヴェスパー　Vesper 192
ホノルル・カクテル
Honolulu Cocktail 182
ホワイト・レディ　White Lady 183
マイアミ・カクテル（ブレックファスト・マティーニ）
Miami Cocktail (Breakfast Martini) 177
マティーニ・カクテル　Martini Cocktail 185
マルティネス・カクテル（アップデート版）
Martinez Cocktail, Update 186
マルティネス・カクテル（オリジナル版）
Martinez Cocktail, Original 185
ミリオンダラー・カクテル
Million-Dollar Cocktail 199
メリー・ウィドウ　Merry Widow 201
モンキー・グランド　Monkey Gland 203
ヤン・マティーニ　Yang Martini 193
ラモス・フィズ　Ramos Fizz 164
レオ・スペシャル　Leo Special 207
レッド・スナッパー（ブラッディ・メアリー）
Red Snapper (Bloody Mary) 170
レッド・ライオン　Red Lion 207
ロイヤル・カクテル　Royal Cocktail 208
ロイヤル・ハワイアン　Royal Hawaiian 208
ロイヤル・フィズ（ゴールデン・フィズ）

Royal Fizz (Golden Fizz) 164
ロイヤル・ロマンス　Royal Romance 212
ロング・アイランド・アイスティー
Long Island Iced Tea 210
ロンドン・アイスティー
London Iced Tea 210
ワンダー・ブラ　Wonder Bra 213

ウォッカ・ベース

アイスバーグ　Iceberg 80
アイス・ハウス・ハイボール
Ice House Highball 80
アケダクト　Aqueduct 81
アップルズ・アンド・オレンジズ・マティーニ
Apples and Oranges Martini 188
アップル・マティーニ　Apple Martini 188
アブソルートリー・バナナ
Absolutely Bananas 84
アラバマ・スラマー　Alabama Slammer 86
ウォーターメロン・マティーニ
Watermelon Martini 189
ウォッカ・スティンガー（ホワイト・スパイダー）
Vodka Stinger (White Spider) 89
ウォッカティーニ（シルバー・ブレット）
Vodkatini (Silver Bullet) 189
オイスター・シューター　Oyster Shooter 92
オレンジ・ブリーズ　Orange Breeze 95
カイピロスカ　Caipirosca 96
カミカゼ（シューター）
Kamikazi (Shooter) 99
グレイハウンド　Greyhound 102
クロウダディ　Crawdaddy 102
ケープ・コッド　Cape Cod 103
コスモポリタン　Cosmopolitan 104
コスモポリタン・ストロベリー
Cosmopolitan Strawberry 104
ゴッドファーザー（ゴッドマザー）
Godfather (Godmother) 111
サワー・アップル・マティーニ
Sour Apple Martini 190
サントリー・カクテル　Suntory Cocktail 117
サンフラワー・ハイボール
Sunflower Highball 117
シー・ブリーズ　Sea Breeze 117
スクリュードライバー　Screwdriver 29, 124
スコーピノ　Scorpino 124
セックス・オン・ザ・ビーチ
Sex on the Beach 128
セビリア　Sevilla 128
ソーホー・マティーニ　Soho Martini 190
ソルティ・ドッグ　Salty Dog 128
ダーティ・マティーニ　Dirty Martini 190
チチ　Chi Chi 132
チョコレート・マティーニ
（ブロークン・ハート・マティーニ）
Chocolate Martini

(Broken Heart Martini) 192
デイルズ・オレンジェシクル
Dale's Orangesicle 133
デビルズ・トーチ　Devil's Torch 134
ドリーミー・ドリーニ（スモーキー・マティーニ）
Dreamy Dorini Smoky Martini
(Smoky Martini) 190
ナッティ・エンジェル　Nutty Angel 138
バークニン　Bakunin 139
ハーヴェイ・ウォールバンガー
Harvey Wallbanger 140
ヴァレンシア　Valencia 46, 191
ピニャ・コラーダ（チチ）
Piña Colada (Chi Chi) 132
ピノー・マティーニ　Pineau Martini 191
ピンク・コーラル　Pink Coral 159
ファンシー・ナンシー　Fancy Nancy 160
フォー・ノッグ　Faux Nog 161
ブラック・ルシアン　Black Russian 165
ブラッシー・ブロンド　Brassy Blond 165
ブラッディ・サン　Bloody San 169
ブラッディ・シーザー　Bloody Caesar 169
ブラッディ・バトラム　Bloody Butrum 169
ブラッディ・ブル　Bloody Bull 169
ブラッディ・メアリー
Bloody Mary 29, 167-170
ブラッド・オレンジ・コスモ
Blood Orange Cosmo 166
ブルー・マンデー　Blue Monday 175
ブル・ショット　Bull Shot 169
フレイム・オブ・ラヴ・マティーニ
Flame of Love Martini 46, 176, 177
フレンチ・フラミンゴ　French Flamingo 178
フレンチ・マティーニ　French Martini 192
ブロークン・ハート・マティーニ
Broken Heart Martini 192
ベイ・ブリーズ　Bay Breeze 141
ポメグラネット・マティーニ
Pomegranate Martini 192
ホワイト・スパイダー（ウォッカ・スティンガー）
White Spider (Vodka Stinger) 89
ホワイト・ルシアン（ブラック・ルシアン）
White Russian (Black Russian) 165
ボンド・マティーニ（ヴェスパー）
Bond Martini (Vesper) 192
マイアミ・アイスティー
Miami Iced Tea 210
マッチャ・ガスパチョ
Macho Gazpacho 170
マッド・アンド・ブラッド
Mud and Blood 184
マッド・スライド　Mud Slide 184
マドラス　Madras 194
マンダリン・チェリー・スマッシュ
Mandarin Cherry Smash 194
メトロポリタン　Metropolitan 201
メロンコリー・ベイビー
Meloncholy Baby 201
メロン・ボール　Melon Ball 202
メロン・マティーニ　Melon Martini 193
モスコー・ミュール
Moscow Mule 29, 202
ラッキー・ダブル　Lucky Double 204
レッド・マンハッタン　Red Manhattan 198
レプラコーンズ・デライト
Leprechaun's Delight 207
レモン・ドロップ　Lemon Drop 208
レモン・メレンゲ　Lemon Meringue 208
ロージー・マティーニ　Rosy Martini 193
ロゼッタ　Rosetta 212

ラム・ベース

アイランド・ブリーズ　Island Breeze 80
アイリッシュ・ココナッツ　Irish Coconut 81
アネホ・ハイボール　Añejo Highball 82
アルゴンキン　Algonquin 86
アレクサンダー（パリジャン・ブロンド・カクテル）
Alexander (Parisian Blond Cocktail)
 155
イエロー・バード　Yellow Bird 87
ウォーターメロン・パンチ
Watermelon Punch 149
エンバシー・カクテル
Embassy Cocktail 90
カイピリーニャ　Caipirinha 25, 95
カイピリーニャ・チェリー
Caipirinha Cherry 96
カイピリーニャ・デ・ウヴァ
Caipirinha de Uva (Caipiruva) 96
カリビ・コスモポリタン
Caribe Cosmopolitan 99
キューバノーラ（バカルディ・カクテル）
Cubanola (Bacardi Cocktail) 142
キューバ・リブレ　Cuba Libre 100
グリーン・ティー・パンチ
Green Tea Punch 102
ゴールデン・ガール　Golden Girl 110
ココズ・パンチ　Coco's Punch 149
ココ・ベリー　Coco Berry 110
サファリング・バスタード
Suffering Bastard 115
サン・サルヴァドール　San Salvador 116
サンセット・ブリーズ　Sunset Breeze 116
ジャンプ・ショット　Jump Shot 122
ストロベリー・ダイキリ（フローズン）
Strawberry Daiquiri, Frozen 127
スパークリング・ハント・パンチ
Sparkling Hunt Punch 127
ゾンビ　Zombie 129
ダーク・アンド・ストーミー
Dark and Stormy 129
ダーク・アンド・ストーミーⅡ
Dark and Stormy Ⅱ 129

チャイ・トディ　Chai Toddy	132
ティパンチ　Ti Punch	133
ティプンシュ（ティパンチ） Ti Punch（Ti Punch）	133
トラディショナル・グロッグ Traditional Grog	137
トリニダード　Trinidad	137
ドロシー　Dorothy, The	137
トロピカル・カクテル Tropical Cocktail	137
トロピカル・ハイボール Tropical Highball	138
ニッカーボッカー　Knickerbocker	138
ネイヴィー・グロッグ　Navy Grog	139
バイーア（ピニャ・コラーダ） Bahía（Piña Colada）	158
バカルディ・カクテル Bacardi Cocktail	142
バカルディ・マルティーニ Bacardi Martini	142
バチダ、フローズン　Batidas, Frozen	143
バナナ・ダイキリ（フローズン） Banana Daiquiri, Frozen	143
バハマ・ママ　Bahama Mama	144
ハマー　Hummer	144
ハリケーン　Hurricane	155
パリジャン・ブロンド・カクテル Parisian Blond Cocktail	155
ビーズ・キッス　Bee's Kiss	156
ピーチ・メリッサ　Peach Melissa	156
ピニャ・コラーダ　Piña Colada	158
ピルグリム・カクテル　Pilgrim Cocktail	158
プッシュカート・パンチ・カクテル Pushcart Punch Cocktail	150
ブラック・ウィドウ　Black Widow	162
フラミンゴ　Flamingo	166
プランターズ・パンチ Planter's Punch	150, 173
ブルー・ハワイアン（フローズン） Blue Hawaiian, Frozen	174
ブルー・ラグーン　Blue Lagoon	175
ブルズ・ブラッド　Bull's Blood	175
プレジデンテ　Presidente	176
フローズン・ストロベリー・ダイキリ Frozen Strawberry Daiquiri	178
フローズン・ダイキリ（パパ・ドブレ・スタイル） Frozen Daiquiri（Papa Doble Style）	178
ヘミングウェイ・ダイキリ Hemingway Daiquiri	180
ホット・トディ　Hot Toddy	136
ホット・バタード・ラム Hot Buttered Rum	154
ホワイト・バット　White Bat	183
マイタイ　Mai Tai	27, 183
マディソン・アヴェニュー Madison Avenue Cocktail	184

マラガト　Maragato	197
ミント・ジュレップ（モヒート） Mint Julep（Mojito）	202
メアリー・ピックフォード　Mary Pickford	199
メキシカン・ブロンド　Mexican Blonde	201
メロン・ライム・ダイキリ Melon Lime Daiquiri	202
モヒート　Mojito	202
ラテン・ラヴ　Latin Love	204
ラム・スウィズル　Rum Swizzle	204
ラム・ランナー　Rum Runner	204
ルムトプフ　Rumtopf	205
ロブソン（バカルディ・カクテル） Robson Cocktail（Bacardi Cocktail）	142

テキーラ・ベース

アイランド・ローズ　Island Rose	80
アガベ・パンチ　Agave Punch	81
キャデラック・マルガリータ Cadillac Margarita	195
ジャカナ　Jacana	117
タンジェリン・マルガリータ Tangerine Margarita	195
デイルズ・アルティメット・マンゴリータ Dale's Ultimate Mango-Rita	196
テキーラ・サンライズ　Tequila Sunrise	133
テキサス・ティー　Texas Tea	210
209イースト・カクテル 209 East Cocktail	135
バイーア・ブリーズ　Bahía Breeze	141
パッション・マルガリータ Passion Margarita	196
ビッグ・アップル・マルガリータ Big Apple Margarita	196
ファンシー・テキーラ・カクテル Fancy Tequila Cocktail	160
ブラッディ・マリア　Bloody Maria	169
ブラッディ・マルガリータ Bloody Margarita	196
ブレイブ・ブル　Brave Bull	176
フレディ・ファドパッカー Freddie Fudpucker	177
フローズン・マルガリータ Frozen Margarita	196
フローズン・パッション・マルガリータ Frozen Passion Margarita	196
マッチョ・ガスパチョ Macho Gazpacho	170
マルガリータ　Margarita	22, 26, 195-196
ミリオネアズ・マルガリータ（グラン・マルニエ） Millionaire's Margarita（Grand Marnier）	149
ロザリータ　Rosarita	212
ロザリータ・ハイボール Rosarita Highball	212

リキュール・ベース

アブサン・スイッセス Absinthe Suissesse	82
アリーゼ・カクテル　Alize Cocktail	86
ウォルドルフ　Waldorf	89
ABCプース・カフェ　ABC pousse café	89
エスプレッソ・カクテル Espresso Cocktail	89
エンジェルズ・キッス　Angel's Kiss	91
エンジェルズ・ティップ　Angel's Tip	91
カリビアン・ブルドッグ Caribbean Bulldog	99
キューピッズ・カクテル Cupid's Cocktail	100
キング・アルフォンソ　King Alfonse	100
グラスホッパー　Grasshopper	101
ゴールデン・キャデラック Golden Cadillac	110
コスマライズ　Cosmalize	111
コロラド・ブルドッグ Colorado Bulldog	111
サウス・オブ・ザ・ボーダー South of the Border	113
サウス・ビーチ　South Beach	113
サンダウナー　Sundowner	116
スカーレット・オハラ　Scarlett O'Hara	124
スティレット　Stilletto	125
スミス・アンド・カーンズ Smith and Kearns	127
スリッパリー・ニップル Slippery Nipple	127
スロー・カンフォタブル・スクリュー Sloe Comfortable Screw	127
スロー・ジン・フィズ　Sloe Gin Fizz	127
ディ・サローノ・パンチ Di Saronna Punch	133
デイルズ・アブソルートリー・ギャランティード・アフロディジアック Dale's Absolutely Guaranteed Aphrodisiac	133
トーステッド・アーモンド Toasted Almond	135
ナッティ・アイリッシュマン Nutty Irishman	138
ニッカーベイン・カクテル Knickerbein Cocktail	138
ハネムーン・カクテル Honeymoon Cocktail	144
バンシー　Banshee	156
B-52　B-52	156
ピコン・パンチ　Picon Punch	157
ピコン・パンチⅡ　Picon Punch II	157
ピムス・カップ　Pimm's Cup	158
ピンク・スクァーレル　Pink Squirrel	160
ファジー・ネーブル　Fuzzy Navel	160
プース・カフェ　Pousse-Café	160

ブラックベリー・ジュレップ
Blackberry Julep 165
ベルベット・ハンマー　Velvet Hammer 180
ボッチ・ボール　Bocci Ball 182
ホット・アップル・パイ　Hot Apple Pie 182
ホット・ショット　Hot Shot 182
マカレナ・ミスト　Macarena Mist 184
マリブ・ベイ・ブリーズ
Malibu Bay Breeze 194
ラスト・フォー・ライフ　Lust for Life 203
リカール・トマト　Ricard Tomate 204
リジー・サワー　Lizzy Sour 205

ワイン・ベース

アドニス・カクテル11
Adonis Cocktail 11 81
アメリカーノ・ハイボール
Americano Highball 84
アルフォンソ・カクテル
Alphonso Cocktail 86
アルフォンソXIII（デイル版）
Alphonso XIII (Dale's Version) 86
エディズ・フィズ　Edith's Fizz 90
キール　Kir 99
キール・ロワイヤル（キール・アンペリアル）
Kir Royale (Kir Imperial) 100
クーパーズタウン　Cooperstown 101
クラレット・レモネード
Claret Lemonade 102
グロッグ　Glogg 152
コーヒー・カクテル　Coffee Cocktail 103
サイダー・ネクター　Cider Nectar 146
ザザ（デュボネ・カクテル）
Zaza (Dubonnet Cocktail) 134
サングリア　Sangria 149
シェリー・カクテル　Sherry Cocktail 117
シェリー・コブラー
Sherry Cobbler 46, 106
シャンパン・カクテル
Champagne Cocktail 119
シャンパン・コブラー
Champagne Cobbler 107
シャンパン・トロピカーレ
Champagne Tropicale 118
シャンパン・パッション
Champagne Passion 118
シャンパン・パンチ
Champagne Punch 153
スプリッツァー　Spritzer 127
ダルタニアン　D'Artagnan 131
デュボネ・カクテル
Dubonnet Cocktail 134
バーム・カクテル　Balm Cocktail 140
パイナップル・カクテル
Pineapple Cocktail 141
パイナップル・シャンパン・カクテル
Pineapple Champagne Cocktail 141
バックス・フィズ（ミモザ）
Bucks Fizz (Mimosa) 199
ハリーズ・ハーヴェイ・パンチ
Harry's Harveys Punch 145
ヴァンドーム　Vendome 156
バンブー・カクテル　Bamboo Cocktail 91
ビショップ（英国風）
Bishop, English 153
ビショップ（米国風）
Bishop, American 154
ブラック・ベルベット　Black Velvet 165
フラティーニ　Flirtini 166
フレンチ・キッス　French Kiss 177
ベリーニ　Bellini 180
ベルモット・カシス　Vermouth Cassis 181
ポインセチア　Poinsettia 181
ポート・コブラー　Port Cobbler 108
ミモザ　Mimosa 199
ル・ペロケ　Le Perroquet 205
レインボー・サワー　Rainbow Sour 207

ビール・ベース

シャンディ・ガフ／シャンディ
Shandygaff or Shandy 118
ミチェラーダ　Michelada 199
レッド・ビア　Red Beer 207

アクアビット・ベース

OPスマッシュ　Op Smash 92
デニッシュ・メアリー　Danish Mary 169

日本酒ベース

ジャパニーズ・コブラー
Japanese Cobbler 107
メロン・ダイキリ
Melon Daiquiri 202

ノンアルコール

インディペンデンス・デイ・パンチ
Independence Day Punch 87
エッグ・クリーム（コロラド・ブルドッグ）
Egg Cream (Colorado Bulldog) 111
オイスター・シューター・トマト・ミックス
Oyster Shooter Tomato Mix 92
ヴァージン・キール・ロワイヤル
Virgin Kir Royale 139
ヴァージン・シャンパン・カクテル
Virgin Champagne Cocktail 140
ヴァージン・ロイヤル・ハワイアン
Virgin Royal Hawaiian 140
クラム＆トマト・ジュース
Clam and Tomato Juice 171
グリーン・ガスパチョ
Green Gazpacho 171
サングリータ　Sangrita 116, 172
シトラス・クリーム　Citrus Cream 117
スパイシー・トマト・ジュース
Spicy Tomato Juice 172
トマト・ジュース・カクテル
Tomato juice cocktail 167
パンチ・アンド・スウィート（パンチ・アンド・プレーン）　Punch and Sweet (Punch and Plain) 156
パンチ・アンド・プレーン
Punch and Plain 156
プレーリー・オイスター　Prairie Oyster 176
ホット・スパイスト・サイダー
Hot Spiced Cider 148
マスク・ウィー　Musk We 184
ライム・リッキー　Lime Rickey 206
レインボー・パンチ　Rainbow Punch 150
レインボーV-7ジュース
Rainbow V-7 juice 172
レモネード　Lemonade 207
レモン・デイジー　Lemon Daisy 208

Index
[事項・人物名索引]

あ

『アーティストリー・オブ・ミキシング・ドリンクス、ジ』（マイヤー） Artistry of Mixing Drinks, The（Meier）
　　　44, 81, 83, 90, 132, 156, 166, 182
アイリッシュ・ウィスキー Irish whiskey
　　　26, 31-32, 36
　カクテルにおける— in cocktails 34-35
アイリッシュ・コーヒー Irish Coffee 80
　—グラス glass 71, 73, 74
　—用のクリーム cream for 220
アグアミール Aguamiel 37
アッシャー、アンドルー Usher, Andrew 33
アップル・ウォッカ Apple vodka 220
アップル・リキュール Apple liqueur 48
アップルジャック Applejack 13, 44
アニゼット Anisette 47
アニベルサリオ（熟成ラム）
Aniversario aged rum 41
アネホ（熟成）テキーラ
Añejo (aged) tequila 36-37
アブサン・グラス Absinthe glass for 73
アブソルート・ウォッカ Absolut vodka 28
『アプリシエイティング・ウィスキー』（ヒルズ） Appreciating Whiskey (Hills) 27
食前酒 Apéritifs 26, 51
アマーロ Amaro 47
甘酸っぱいカクテル
Sweet and sour cocktails 22
アマレット Amaretto 47
アメリカ先住民、土着の植物と Native Americans, indigenous plants and 15
アメリカン・ウィスキー
American whiskey 32
『アメリカン・ディスティラー、ジ』（クラフト）
American Distiller, The (Kraft) 16
アモンティリャード Amontillado 45
アルコール Alcohol 16-17
　シェリーの—度数 in sherries 45
　—度数　content (proof) 219
　—の香り付け flavoring of 24
アルゴンキンの円卓
Algonquin Round Table 103
アルマニャック Armagnac 43
アロマ Aroma 24
アロマティック・ラム Aromatic rum 38
アロマタイズド・ワイン
Aromatic wines 44-46
アンゴスチュラ・ビターズ
Angostura Bitters 14, 15

い

イギリス領ヴァージン諸島、産のラム
British Virgin Islands, rum from 40
印紙法（1765年） Stamp Act (1765) 14

う

ウィスキー Whiskey 26, 31-33
　アイリッシュ— Irish 31-32
　アメリカン— American 32-33
　カクテルにおける— in cocktails 33-36
　シングルモルト— single malt 33
　スウィート・マッシュ方式とサワー・マッシュ方式　sweet or sour mash 32, 35
　スコッチ— Scotch 31-32
　ブレンデッド対ストレート
　blended vs. straight 33
　—基本用語 terminology of 35-36
　—のテイスティング・グラス tasting glass 73
ウィスキーの穀物（グレーン）
Grain, in whiskeys 32, 33
ウィスク Whisk 61
ウェッジ Wedge 63
ウェンゼル、タイ Wenzel, Ty 165
ウォッカ Vodka 26, 28
　アップル— apple 220
　—のスタイルの違い
　stylistic differences in 28-29
　—のブランド brands of 29

え

熟成（エイジ） Age 26-27
エクストラ Extra
　アルマニャック— Armagnac 44
　コニャックと— Cognac and 43

お

オー・ド・ヴィー Eau-de-vie 42
オーストラリアのラム Australian rum 40
オーバープルーフ・ラム Overproof rum 40
大麦麦芽、ウィスキーの
Malted barley, in whiskey 32, 33
オールド・トム（ジン） Old Tom gin 30
オールド・ファッションド Old Fashioned 95
　—用グラス glass for 71, 72
オーロラ（レストラン）
Aurora (restaurant) 21
『オフィシャル・ミキサーズ・マニュアル、ジ』（ダフィ）
Official Mixer's Manual, The (Duffy) 71
オレンジ Orange
　ガーニッシュ用—スライス
　slices for garnish 65, 69
　フレイミング用—ピール
　twists for flaming 63-64
　マドリング用の— for muddling 70
オレンジ・ゼスト、フレイミング用の
Orange zest, for flaming 63, 66

オレンジ・リキュール Orange liqueurs 49
オロロソ（シェリー）
Oloroso sherry 36, 45-46
オン・ザ・ロックス、用レシピ
On the rocks, recipes for 78

か

ガーニッシュ Garnish 62-69
　ホームパーティに必要な—
　for party bar 52
ガイアナのラム Guiana rum 40
香り付け／風味付け Flavorings
　アルコールの— of alcohol 24
　ホームパーティに必要な香味材
　for party bar 51
『影なき男』 The Thin Man 56
カクテル Cocktails 13-16
　→特定のカクテルについてはレシピも参照
　クラシック— classic 21-22
　シェリーと— sherry and 46
　ホームパーティにふさわしい—
　party bar for 50-52
　—のアルマニャック Armagnac in 44
　—のウィスキー whiskey in 33-35
　—のウォッカ vodka in 29
　—のカルヴァドス Calvados in 44
　—のテキーラ tequila in 37-38
　—の復活 revival of 21
　—のブランデー brandy in 43
　—のメスカル mezcal in 37-38
　—のラム rum in 41
カクテル・シェイカー
Cocktail shaker 54-55
カクテル道具、ホームパーティに必要な
Cocktail tools, for party bar 52, 55-56
ガスコーニュ、アルマニャックと
Gascony, Armagnac and 43
合衆国憲法修正第18条
Eighteenth Amendment 19
カップ Cups 74
カラブリーズ、サルヴァトーレ
Calabrese, Salvatore 177
ガリアーノ Galliano 48
カナディアン・ウィスキー
Canadian whiskey 34-36
カリブ諸島のラム Caribbean rum 38-39
カルヴァドス Calvados 44
缶オープナー Can opener 60-61

き

キーフト、ウィルヘルム Kieft, Wilhelm 13
ギャント、アーネスト・レイモンド・ボーモント
Gantt, Ernest Raymond Beaumont 129
キューバ、産のラム Cuba, rum from 40
角氷（キューブド・アイス） Ice cubes 25

キュラソー、グラン・マルニエと
Curaçao, Grand Marnier and — 148
禁酒法 Prohibition — 19
　ウィスキーのブレンドと—
　whiskey blending and — 33

く

クォーター quarter — 70
薬 Medicines — 13
グッドマン、ベニー
Goodman, Benny — 143
クネット、ルドルフ Kunett, Rudolph — 29
クラシック・カクテル
Classic cocktail — 21-22
グラス Glasses — 70-75
　—の標準的サイズ
　standard sizes of — 71
　—ホームパーティに必要な
　for party bar — 52
グラスの縁の飾り方（リム） Rimming — 74-75
クラックド・アイス Cracked ice — 25
クラッシュド・アイス Crushed ice — 25
グラッパ Grappa — 42
クラフト、マイケル Kraft, Michael — 16
グラン・マルニエ Grand Marnier — 149
クリーム、アイリッシュ・コーヒー用の
Cream, for Irish Coffee — 220
クルーザン・エステート・ダイアモンド（ラム）
Cruzan Estate Diamond rum — 41
クルボアジェ Courvoisier — 43
グレーン・スピリッツ Grain spirits — 35
グレナデン、自家製
Grenadine, homemade — 220
クレーム／クリーム・リキュール
Crème Liqueurs — 48
グローブ、カットガード
Gloves, cut-resistant — 57
クロケット、アルバート・スティーヴンス
Crockett, Albert Stevens — 89
クロフト＝クック、ルパート
Croft-Cooke, Rupert — 45

け

ゲイ、ウィリアム Gay, William — 40

こ

酵母 Yeast — 23
コーディアル Cordials — 46
　—・グラス glass — 72-74
ゴードンのロンドン・ドライ・ジン
Gordon's London Dry gin — 30
とうもろこし、を原料とするウィスキー
Corn, whiskey from — 16
コクティエ、"カクテル"の語源

Coquetier, origins of word "cocktail"
and — 15
コニャック Cognac — 24, 42-43
コフィ（蒸留器） Coffey still — 30
コブラー・シェイカー Cobbler shaker — 54
コブラー類 Cobblers — 106-109
コリンズ Collins
　フィズと— Fizz and — 163
　スクリュー
コルク抜き Corkscrew — 60-61
コロンブス、クリストファー
Columbus, Christopher — 13, 38
コンジナー Congeners — 28
コンディメント、ホームパーティに必要な
Condiments, for party bar — 51
コンパウンド・バター
Compound butter — 152
コリンズ・グラス Collins glass — 75

さ

サービス情報 Services sources — 216-218
リンゴ酒 Cider — 13
材料 Ingredients — 23
酒類、ホームパーティにふさわしい
Liquors, for party bar — 50-51
ザッツ・アモーレ That's amore — 177
サトウキビ、ラムと
Sugarcane, rum and — 38
砂糖法 Sugar Act — 14
夏のパンチ＆ピッチャー・ドリンク類
Summer punch and pitcher drinks
— 149-151
サルーン
酒場 Saloons — 16
サワー・マッシュ式（ウィスキー）
Sour mash whiskey — 32
サワー類 Sours — 114
サンダース、オードリー
Saunders, Audrey — 93
サンブーカ Sambuca — 49

し

シーグラムのジン Seagram's gin — 30-31
シーゲルト、J.G.B. Siegert, J. G. B. — 15
シェイカー Shakers — 54-55
シェイク対ステア Shaking, vs. stirring — 57
シェリー Sherry — 42, 45-46
『シェリー』（クロフト＝クック）
Sherry (Croft-Cooke) — 45
シェリー・フリップ Sherry Flip — 46
ジガー Jigger — 56
刺激の度合い、ウォッカの
Heat, in vodka — 28-29
シトラス・ジューサー Citrus juicer — 61
シナトラ、フランク Sinatra, Frank — 177
社交クラブ Social clubs — 18
ジャクソン、ヴィクトリア

Jackson, Victoria — 142
しゃっくり止め Hiccup cure — 13
ジャマイカのラム Jamaica rum — 40
シャンパレルのレシピ
Shamparelle recipes — 43
シャンパン Champagne — 119
ジュース Juice
　ジューサーと果汁搾り
　juicers and juicing — 61-62
　ホームパーティに必要な—
　for party bar — 51
　—レシピ recipes — 171-172
シュナップス Schnapps — 49-50
シュミット、ウィリアム
Schmidt, William — 85, 132, 137
ジュレップ類 Juleps — 120-121
消化促進剤 Digestifs — 15
蒸気、吸引 Vapors, inhaling — 27
漏斗（ファンネル） Funnel — 61
蒸留 Distillation — 13, 15, 18, 23, 24
ショット・グラス Shot glass — 74, 75
ショパン（ウォッカ） Chopin vodka — 28, 29
ジョンソン、ハリー
Johnson, Harry — 19, 22, 71
シルヴィウス、フランシスクス
Sylvius, Franciscus — 30
シロップ類 Syrups — 22
　—のレシピ recipes for — 220
ジン Gin — 24, 26, 27, 30-31
　—の種類 types of — 30-31
　—のブランド brands of — 31
シングルモルト・ウィスキー
Single malt whiskey — 33
シングルモルト・スコッチ
Single malt scotch — 34
ジンジャー・ビア Ginger beer — 220
ジンのセイヨウネズ（ジュニパー）
Juniper, in gin — 30
ジン・フィズ（デルモニコ）
Gin Fizz (Delmonico) — 164
シンプル・シロップ Simple syrup — 220

す

スウィズル Swizzles — 57, 123
スーパー・プレミアム・ブランド
Super-premium brands — 26
　ウィスキーの— of whiskey — 35
　ウォッカの— of vodka — 29
　テキーラの— of tequila — 38
　ラムの— of rum — 39-40
　ジンの— of gin — 31
スキーダム Schiedam — 30
スコッチ・ウィスキー
Scotch whiskey — 26, 31-32, 33
　カクテルの— in cocktails — 33-34
スタイル Style — 27

スタイン（グラス） Stein (glass) 75
スタッフ、ホームパーティの
Staffing, of bar 51
ステア、シェイク対
Stirring, vs. shaking 57
ストリチナヤ（ウォッカ）
Stolichnaya vodka 28
ストレート・アップのレシピ
"Straight-up" recipes 78
ストレート・ウィスキー Straight whiskey 32
ストレーナー Strainer 54-56, 59
スノー・アイス Snow ice 25
スパイス Spices 136
スパイスト・シンプル・シロップ
Spiced simple syrup 220
スパイスト・ラム Spiced rum 38-39
スピークイージー Speakeasies 19
スピリッツ Spirits
　ビッグ・セブン Big Seven 26
　ホームパーティにふさわしい―
　for party bar 51
　―の価格 price of 26
　―の製造 creation of 23
スピリッツの価格と品質
Price of spirits, quality and 26
スペインのブランデー Spanish brandy 42
スミノフ（ウォッカ） Smirnoff vodka 29
スリー・スター、アルマニャックの
Three Stars, on Armagnac 44
スリー・スター・コニャック
Three-Star Cognacs 43
スリング Slings
　トディと― Toddies and 136

せ

税制 Taxation 14, 15, 16
製品、サービス、情報
Resources, products, services,
and sources 216-218
セルシアル（マデイラ） Sercial Madeira 46

そ

ソーサー型シャンパン・グラス
Saucer champagne glass 75
ソレラ・システム Solera system 43, 45, 46

た

ダイキリ Daiquiri 25, 27, 130
　―用フルーツ fruit for 62
フェアバンクス、ダグラス
Fairbanks, Douglas 84, 130
"ダッチ・カレッジ"（ジン）
Dutch courage" (gin) 30
ダッチ・ジン Dutch gin 30

ダフィ、パトリック・ギャヴィン
Duffy, Patrick Gavin 20, 71
樽熟成 Barrel aging 16, 27

ち

チェイセンズ Chasen's 177
チムニー・グラス Chimney glass 72, 75
チャーチル、ウィンストン
Churchill, Winston 197
チャーリー・オーズ Charley O's 9
チャンネル・ナイフ Channel knife 61

て

"ティー"ドリンク類 Tea Drinks 210-211
テイスティング Tasting 27
ディ・タッジア、マルティーニ・ディ・アルマ
Di Taggia, Martini di Arma 185, 186
ブラッドセル、ディック
Bradsell, Dick 89, 174
ディナー、カクテルと
Dinner, cocktails with 92
テイラー、エリザベス
Taylor, Elizabeth 126
テキーラ Tequila 26, 36-38
　―のタイプ Tequila types of 36-37
質感、ウォッカの
Texture, of vodka 28
デザート・ワイン・グラス
Dessert wine glasses 71-74
テトン（ウォッカ） Teton vodka 28, 29
テネシー・ウィスキー
Tennessee whiskey 32, 34, 35, 36
エンベリー、デヴィッド・A
Embury, David A. 95
でんぷん質の植物 Starchy plants 24

と

糖 Sugar 23, 24
道具類 Tools 54-61
　―の供給源 sources of 216-218
糖蜜法（1733年）
Molasses Act (1733) 14
トーマス、ジェリー Thomas, Jerry 22, 136
独立戦争 Revolutionary War 14
トディ類 Toddies 136
ロマーノ、トニー Romano, Tony 101
ドミニカ共和国のラム Dominican rum 40
ドラム、ジョージ・S Drum, George S. 142
ドランブイ Drambuie 48
ドリンクの層作り Layering drinks 162
ドリンク名 Drink names 78
トルーマン、ハリー・S
Truman, Harry S. 178
トレーダー・ヴィック Trader Vic
→バージェロン、ヴィクター参照

な

ナイフ、チャンネル Knife, channel 61
ナツメグ Nutmeg 67

に

西インド諸島、ラムと
West Indies, rum and 38, 41
『ニュー・アンド・インプルーヴド・イラストレイテッド・バーテンダーズ・マニュアル・オア・ハウ・トゥ・ミックス・ドリンクス・オブ・ザ・プレゼント・スタイル）』（ジョンソン）
New and Improved Illustrated
Bartender's Manual, or How to Mix
Drinks of the Present Style (Johnson) 71
ニューイングランド
New England 14, 15, 38
ニューマン、ポール Paul, Newman 139
ニルソン、ハリー Nilsson, Harry 88, 93

ね

『ネバー・ビフォー、ネバー・アゲイン』（アルバム）
Never Before, Never Again (album) 101

は

バー Bars 16-19
バージェロン、ヴィクター（トレーダー・ヴィック）
Bergeron, Victor (Trader Vic)
27, 129, 158, 183
　―とマイタイ and Mai Tai 21
バー・スプーン
Long-handled cocktail spoon 56
バーテーブル Bar table 50
バーテンダー Bartender 18, 19
『バーテンダーズ・マニュアル』（ジョンソン）
Bartender's Manual (Johnson)
19, 81, 88, 102
ヴァーノン、エドワード
Vernon, Edward 119
ハーブ類 Herbs 69
　ホームパーティに必要な―
　for party bar 52
バーブ、エイドリアン Barbe, Adrian 20
バーボン
Bourbon 14, 16, 24, 26, 31, 32, 36
ハーマン、バド Herrmann, Bud 128, 143
ハイチのラム Haiti rum 40
パイナップル Pineapple
　マドリング用の― for muddling 70
　―ウェッジ wedges 63, 64

ハイボール Highballs	Pitcher drinks, summer punch and	whiskey 32
20	149-151	テキーラの— of tequila 37
—グラス glasses 70, 72	ヒューブライン社、スミノフ・ウォッカと	ラムの— of rum 40
パイント・グラス Pint glass 75	Heublein Inc., Smirnoff vodka and	プルケ Pulque 36
バウム、ジョー Baum, Joe 8, 21	167	フレイミング Flaming 79
バカルディ・シルバー（ラム）	ビラノバ、アルナウ・デ Vilanova, Arnáu 46	—用のオレンジ・ゼスト
Bacardi Silver rum 41	ピルスナー・グラス Pilsner glass 75	orange zest for 65
パスティス Pastis 50	ヒルズ、フィリップ Hills, Phillip 27	—用のレモン・ゼスト
バター、コンパウンド	品質、スピリッツの価格と	lemon zest for 65, 67
Butter, compound 152	Quality, price of spirits and 26	フレーバード・ウォッカ Flavored vodka 29
蜂蜜シロップ Honey syrup 220		フレーバード・ラム Flavored rums 38, 39
発酵 Fermentation 23, 24	**ふ**	フレーバード・ワイン Flavored wines
パッサーズ（ラム） Pusser's rum 40	フィズ Fizz 163-164	→香味付けワインを参照
『バランス・アンド・コロンビアン・リポジトリー、ザ』	コリンズと— Collins and 163	プレミアム・ブランド Premium brands 26
Balance and Columbian Repository,	フィノ・シェリー Fino sherry 45-46	ウィスキーの— of whiskey 34
The 14	フィロキセラ禍 Phylloxera epidemic 33	ウォッカの— of vodka 29
ハバナクラブ（ラム） Havana Club rum 40	プース・カフェ Pousse-Café 160	ジンの— of gin 31
バリュー・ブランド Value brands 26	—グラス glass 74	テキーラの— of tequila 37-38
ウィスキーの— of whiskey 34	—のレシピ recipes 43	ラムの— of rum 39
ウォッカの— of vodka 29	プエルトリコのラム Puerto Rican rum 40	フレンチ・ホイップ（ウィスク）
ジンの— of gin 31	酒精強化ワイン Fortified wines 44-46	French whip (whisk) 61
テキーラの— of tequila 37	不純物 Impurities →コンジナー参照	ブレンデッド・ウィスキー
フレーバード・ウォッカの—	ブラインド・ピッグ（ブラインド・タイガー）	Blended whiskey 32, 33
of flavored vodka 29	Blind pigs""(""blind tigers"") 18	—アメリカン American 32
ラムの— of rum 39	ブラウンシュガー・シロップ	ブレンデッド・スコッチ Blended scotch 33
バルーン型ワイン・グラス	Brown sugar syrup 220	フロール（酵母） Flor (bacteria) 45
Balloon wineglass 72, 75	ブラウン・ダービー・レストラン	分量単位 Measures 219
バルバドスのラム Barbados rum 40	Brown Derby Restaurant 144	
バルバンクール（ラム）	ブラッディ・メアリー・ブッフェ	**へ**
Barbancourt rum 38, 40	Bloody Mary Buffet 171-172	ペイショー、アントワーヌ
パンチ Punch 146-154	フラッペ・グラス Frappé glass 73	Peychaud, Antoine 15, 43
インデペンデンス・デイ—	フランス、産のブランデー	米領ヴァージン諸島、産のラム
Independence Day 87	France, brandy from 42-44	U.S. Virgin Islands, rum from 41
夏の— summer 149-151	ブランデー Brandy 26, 41-44	ベイル・クリーム（シェリー）
秋と冬の— fall and winter 146-148	アルマニャック Armagnac 43	Cream sherry 45
祝祭日の— holiday 152-154	カルヴァドス Calvados 44	ペコニカ（ウォッカ）
パンチ・ボウルとカップ	コニャック Cognac 42	Peconika vodka 28, 29
Punch bowl and cups 74, 75	スペインの— Spanish 42	ヴェヌーティ、ジョー Venuti, Joe 101
ハンドホイップ・アイリッシュ・コーヒー・クリーム	—スニフター snifter 71-73, 75	ヘネシー・マティーニ
Hand-whipped Irish Coffee cream 220	ブランデー・デ・ヘレス・ソレラ・グラン・レゼルバ	Hennessy Martini 43
	Brandy de Jerez Solera Gran Reservas	ベネズエラのラム Venezuelan rum 41
ひ	42	ベネディクティン Bénédictine 48
ピアノ・ホイッパー Piano whip 61	ブランド Brands →特定の飲物を参照	ヘビー・ラム Heavy-bodied rum 38
B＆B B & B 48	フリップ Flip 174	V. S. O. P. V.S.O.P.
ヴィザケイ、スティーヴ Visakay, Steve 54	ブルー・アガベ、テキーラの原料となる植物	アルマニャック Armagnac 44
『ヴィンテージ・バー・ウェア』（ヴィサケイ）	Blue agave plant, in tequila 36	コニャック Cognac 43
Vintage Bar Ware (Visakay) 54	ブルーガル（ラム） Brugal rum 40	V. S.、コニャック V.S., Cognac 43
ビターズ Bitters 14, 15	果物／果実 Fruit →ジュースの項を参照	ヴェルデーリョ（マデイラ）
ビール Beer	ダイキリ用— for daiquiris 62	Verdelho Madeira 46
ホームパーティで用意しておくべき—	ホームパーティにふさわしい—	ペルノ Pernod 51
for party barb 51	for party bar 52	ベルムデス、ロン（ラム）
ビッグ・セブン（スピリッツの種類）	フルーツ・ブランデー Fruit brandy 42	Ron Bermudez rum 40
Big Seven spirits categories 26, 27	フルート・シャンパン	ベルモット Vermouth 44-45
必需品、ホームパーティの	Champagne flute 73, 75	ヘレス Jerez 42
Staples, for party bar 51	プルーフ／アルコール度数 Proof 26, 219	ベレンツェンのアップル・リキュール
ピッチャー Pitcher 74	アメリカン・ウィスキーの— of American	Berentzen's apple liqueur 48
ピッチャー・ドリンク類、夏のパンチと		

255

ほ

ボアル／ブアル・マデイラ
Bual Madeira 46
ボウル Bowls 74
ホーセズ・ネック Horse's Neck 181
　—のガーニッシュ garnish 65, 66
ポート Port 46
ポート・グラス Port glass 74, 75
ホームパーティ Party bar 50-52
　—にふさわしい道具 tools for 50-52
ボストン・シェイカー・セット
Boston shaker set 54-55
保存、アルコール飲料の
Storage, of alcoholic beverages 33
ホット・トディ・マグ Hot Toddy mug 73
ホット・ドリンク・グラス
Hot drink glasses 74
ボトル・オープナー Bottle opener 60-61
ポニー・グラス Pony glass 74
ポマース Pomace 42
ホランド、ロン Holland, Ron 8
祝祭日のパンチ
Holiday Punches 152-154
ポルトガルのポート Portuguese port 46
ホロヴィッツ、ウラディミール
Horowitz, Vladimir 128
ホワイトワイン・グラス
White wine glasses 72
本日のドリンク Drink du jour 50
『ボン・ヴィヴァンツ・コンパニオン・オア・ハウ・トゥ・ミックス・ドリンクス、ザ・』（トーマス）
Bon Vivant's Companion, or How to Mix Drinks, The (Thomas) 22, 173, 136

ま

マーティン、ディーン Martin, Dean 177
マール Marc 42
マイヤー、フランク Meier, Frank 44, 81, 83, 90, 156, 166, 182
マウント・ゲイ・エクリプス（ラム）
Mount Gay Eclipse rum 39, 40
マケルホーン、ハリー
McEelhone's, Harry 145, 203
糖化液、バーボンの
Mash, in bourbon 32
マティーニ Martini 185-193
　→特定の種類も参照
　カクテルの復活と—
　rebirth of cocktail and 21
　—の香味付けワイン
　aromatic wines in 45
　—のウォッカ vodka in 29
　—用のグラス glasses for 72, 75, 193

マデイラ Madeira 46
マドリング Muddling 69, 70
マドンナ Madonna 104
マラスキーノ Maraschino 48
マルヴァジア（マデイラ）
Malvasia Madeira 46
マルティニーク、産のラム
Martinique, rum from 40
マルムジー（マデイラ）
Malmsey Madeira 46
マンゴー（マドル用）
Mangos, for muddling 70
マンサニーリャ Manzanilla 45
マンハッタン Manhattan 197-198
　—の香味付けワイン
　aromatic wines in 45

み

ミキシング用語とテクニック
Mixing terms and techniques 221
ミクスト（テキーラ） Mixto tequilas 29
水 Water 36-37
ミックス、への依存
Mixes, reliance on 22
ミックスベリー・マリナーデ
Mixed-berry marinade 199
ミディアム・ラム
Medium-bodied rum 38
ミント Mint 69
　—の小枝 sprigs 65

め

メイタグ、フリッツ Maytag, Fritz 203
メキシコとテキーラおよびメスカル
Mexico, tequila, mezcal, and 36, 38
メスカル Mezcal 36-38

も

モーニング・カクテル
Morning Cocktail 43
モナルデス、ニコラス
Monardes, Nicolas 13
モノンガヘラ（ウィスキー）
Monongahela (whiskey) 16
廃糖蜜、ラムと
Molasses, rum and 38
モルト・スコッチ Malt scotch 33, 35

ゆ

輸入品、への関税
Imports, taxation of 14

よ

用意するもの、ホームパーティに
Stocking, of bar 51-52
用語、ウィスキー関連
Terminology, of whiskey 35-36

ら

ラーセン兄弟、ミルトとビル
Larsen, Milt and Bill 142
ライ Rye 26, 32, 35-36
ライト・ラム Light-bodied rum 38
"ライミー"、英国水夫の呼称
"Limeys," British seamen as 119
ライム Lime
　—ウェッジ wedges 64
　—クォーター（マドル用）
　quarters for muddling 64, 66, 70
ラベル Label 26
ラム Rum 13-15, 26, 38-41
ラム・ビュー、セントジェームス
Rhum Vieux St. James rum 40
ランプ・アイス Lump ice 25

り

リーガン、ゲイリー Regan, Gary 33
リーダー、アーノルド Leader, Arnold 126
リカール Ricard 50
リキュール Liqueurs 26, 46-50
　特定の種類も参照
　—造りの過程
　processes for making 46-47
　—のプルーフ proof of 26
リッキー類 Rickeys 206
リバライグァ、コンスタンテ
Ribailagua, Constante 41

る

ルーズヴェルト、セオドア大統領、バーテンダーを語る Roosevelt, Theodore, on 18
ルクスソヴァ（ウォッカ）
Luksusowa vodka 28, 29
マードック、ルパート
Rupert Murdoch 9, 190

れ

レイ&ネフュー（ラム）
Wray & Nephew rums 40
レインボー・ルーム Rainbow Room 22
レゼルバ、コニャックと
Reserve, Cognac and 43
レッドワイン・グラス Red wine glasses 75
レポサド（テキーラ）
Reposado tequila 36-37
レモン Lemon

―ウェッジ　wedges　63, 64
―スパイラル・ピール（ガーニッシュ用）
peel spiral garnish　65, 66-69
―クォーター（マドル用）
quarters for muddling　64, 70
―ピール／ゼスト（フレイミング用）
twists for flaming　63-66
レモン・ハート　Lemon Hart　39, 40

ろ

ローリング　Rolling　55
ロック・グラス　Rock glass　72, 75
ロマーノ、トニー　Romano, Tony　101
ロンドン・ドック・グラス
London dock glass　71, 72, 75
ロンドン・ドライ・スタイル、ジンの
London Dry style, of gin　30

わ

ワイン　Wine
　初期の―
　ヨーロッパから持ち込まれた
　early, from Europe　13
　デザート―　dessert　71-74
　酒精強化および香味付け
　fortified and aromatic　44-46
　ホームパーティに必要な―
　for party bar　51
ワイン・グラス　Wineglass　72, 75
割り材，ホームパーティに必要な
Mixers, for party bar　52

[著者]
デイル・デグロフ　Dale DeGroff

世界的に著名なバーテンダー。「現代カクテルの父」「カクテル王（King Cocktail）」などとも呼ばれる。

1948年、米国東海岸のロードアイランド州生まれ。俳優を志し、ロードアイランド州立大学に学ぶ。69年に大学を中退しニューヨークへ。勤務先での仕事を通じて、高名なレストラン事業家ジョー・バウムの知遇を得る。レストラン"チャーリー・オーズ"でバーテンダーとしての経験を積んだのち、78年、俳優業に再挑戦するためロサンゼルスへ。ロサンゼルス在住中、老舗高級ホテル"ホテル・ベルエア"にバーテンダーとして勤務。84年、ジョー・バウムの誘いを受けてニューヨークへ戻り、バウムが掲げる"米国のカクテル黄金時代のバーを現代によみがえらせる"という目標を実現すべく、古いカクテル・ブックの収集、黄金期のレシピの現代化などに尽力。長らく忘れ去られていたサゼラック、シンガポール・スリングなどのクラシック・カクテルを、フレッシュな材料を使用して現代向けに復刻し、ヘッドバーテンダーを務める"レインボー・ルーム"で提供。のちに全世界的な広がりを見せるカクテル・ルネッサンス・ムーブメントの先駆となった。現在一般に使われているミクソロジー（mixology）という言葉も、古書にあった言葉をデグロフがレインボー・ルームで使い始めたことがきっかけで広まった。

ニューヨーク・ナイトライフの頂点に立つレストランと言われたレインボー・ルームを退職したのちも、99年に開業したバー"ブラックバード"や、2006年に共同で始めたバーテンダー訓練プログラム"Beverage Alcohol Resource（BAR）"を通じて数多くの著名バーテンダーを育てるなど、カクテル業界の発展に寄与し続けている。

「料理界のアカデミー賞」と呼ばれるジェイムズ・ビアード賞を2度受賞。また本書の原著の出版に対しては、国際料理専門家協会（IACP）からジュリア・チャイルド賞が贈られた。2人の男子の父。

[日本語版監修者]
上野秀嗣（うえの・ひでつぐ）

一般財団法人カクテル文化振興会理事。一般社団法人日本バーテンダー協会専務理事。「バー ハイ・ファイブ（BAR HIGH FIVE）」オーナーバーテンダー。1968年札幌生まれ。大学在籍中、米国に留学。大学卒業後、日本バーテンダースクールに入学し、コースを修了。銀座のバーで働きはじめる。2000年～2008年、「スタア・バー・ギンザ」ヘッドバーテンダー。2008年7月、「バー ハイ・ファイブ」を開店。同店は「世界のベストバー50」に選出されるなど、日本を代表するオーセンティック・バーとして世界的にその名を知られている。

[訳者]
新井崇嗣（あらい・たかつぐ）

翻訳家、音楽ライター。中央大学法学部法律学科卒。メンフィス大学英語学部言語学科修士課程修了。主な訳書に『歴史を変えた6つの飲物』『英国レコーディング・スタジオのすべて』『アレサ・フランクリン　リスペクト』『サウンド・マン』『私はリズム＆ブルースを創った』『エレクトロ・ヴォイス』『ポストパンク・ジェネレーション　1978-1984』『スタックス・レコード物語』『スウィート・ソウル・ミュージック』など。雑誌記事、CDライナー訳、歌詞対訳のほか、音楽誌の記事やCDライナーも多数執筆。

DTP　　　株式会社ユニオンワークス
編集協力　齋藤美帆

[図版クレジット]
p41, by courtesy of Amargura Cultura.
p128, ©Gerrits, Roland/Anefo 1986, Auteursrechthebbende Nationaal Archief, CC-BY-SA.
p144, ©Chalmers Butterfield probably after 1967, CC-BY-2.5.
（以下は原著にはない日本語版独自の図版:p19右上、p22、p41、p56、p85、p88、p101、p119、p126、p128、p130、p137、p144、p177、p201。上記以外の、カクテルおよびその材料・道具類の写真は、ジョージ・アームルの撮影による）

The Craft of the Cocktail
Text copyright ©2002 by Dale DeGroff
Photographs copyright ©2002 by George Erml
First published 2019 in Japan by Rakkousha, Inc.
Japanese translation rights arranged with
Writers House LLC through Japan UNI Agency, Inc.

カクテル パーフェクト・ガイド

2019年5月4日　第1刷

著者
デイル・デグロフ

写真
ジョージ・アームル

日本語版監修
上野秀嗣

訳者
新井崇嗣

発行所
株式会社 楽工社
〒190-0011
東京都立川市高松町3-13-22春城ビル2F
電話 042-521-6803
www.rakkousha.co.jp

印刷・製本
大日本印刷株式会社

ブックデザイン
トサカデザイン

978-4-903063-87-4

本書の一部あるいは全部を無断で複写複製することは、
法律で認められた場合を除き、著作権の侵害となります。

好評既刊

風味の事典

ニキ・セグニット著
定価(本体7200円+税)

豚肉とリンゴ、サーモンとディル、チョコレートと唐辛子――。
おいしい「風味」を作りだす「食材の組合せ」を、
料理の実例と共に紹介する唯一の事典。980項目の組合せを収録。
「こんな風味があったのか!」「こんな組合せがあったのか!」
伝統料理から有名シェフの料理まで、意外な実例多数収載。
ミシュラン三つ星シェフ、ヘストン・ブルーメンソール氏 推薦。
「ひらめきを得られる、独創的な本」

はじめに／ロースト風味／肉の風味／チーズ風味／土の風味／ピリッとした刺激の風味／硫黄のような風味／海の風味／オイル漬／塩漬の風味／草の風味／スパイシー風味／森の風味／さわやかなフルーツ風味／クリーミーなフルーツ風味／柑橘系の風味／低木と多年草の風味／花の香り系のフルーツ風味／人物紹介／参考文献／索引

西洋料理の黄金比

マイケル・ルールマン著
定価(本体2500円+税)

「料理界のハーバード大」と呼ばれる、
米国最高峰の料理大学で伝授されてきた、
門外不出の黄金比を初公開!
パン＝小麦粉5:水3、ソーセージ＝肉3:油脂1など、
33種の黄金比を収録・解説。
プロには必須、家庭料理にもすぐ取り入れられる、
「基本配合比率」の総合解説書。

黄金比一覧表／黄金比とは何か なぜ比率が重要なのか／容積ではなく〈重さ〉を基本に／1章 小麦粉の生地／2章 ストック(出汁)――スープ、ルーなどもあわせて／3章 肉と魚介――ソーセージ、ベーコン、コンビーフなど／4章 油脂ベースのソース／5章 カスタード――プリン、アイスクリーム、バニラソース他／黄金比の意義と役割／索引

好評既刊

料理の科学①②
素朴な疑問に答えます

ピッツバーグ大学名誉化学教授　ロバート・ウォルク著
定価（本体各1600円＋税）

「パスタをゆでるとき、塩はいつ入れるのが正解？」
「赤い肉と紫の肉、どちらが新鮮？」
──料理に関する素朴な疑問に科学者が楽しく回答。
「高校生でもわかる」「類書の中で一番わかりやすい」と評判の、
「料理のサイエンス」定番入門書。

[1巻] 1章 甘いものの話／2章 塩──生命を支える結晶／3章 脂肪──この厄介にして美味なるもの／4章 キッチンの化学／5章 肉と魚介

[2巻] 6章 熱いもの、冷たいもの──火と氷／7章 液体──コーヒー・茶、炭酸、アルコール／8章 電子レンジの謎／9章 キッチンを彩る道具とテクノロジー

続・料理の科学①②
素朴な疑問に再び答えます

ピッツバーグ大学名誉化学教授　ロバート・ウォルク著
定価（本体①巻2000円＋税、②巻1800円＋税）

大好評ロングセラー、待望の続編！
「スープストックを作るとき、お湯でなく水から煮るのはなぜ？」
「玉ねぎを泣かずに切る究極の方法は？」
一般読者もプロの料理人も、ノーベル賞受賞者も賞賛する
「料理のサイエンス」定番入門書の第2弾！

[1巻] 1章 何か飲み物はいかがですか？／2章 乳製品と卵／3章 野菜──色鮮やかな大地の恵み／4章 果実／5章 穀物──最古の農作物

[2巻] 6章 魚介──海の恵み／7章 肉──鳥肉、赤身肉、スープストック／8章 スパイスとハーブ／9章 キッチン家電と台所道具／10章 探究心のためのおまけの章

好評既刊

ビール大全

ランディ・モーシャー著／[日本語版監修] 日本ビアジャーナリスト協会
定価（本体5800円＋税）

世界的に著名なビア・ライターによる本格入門書、待望の邦訳！
歴史、ビアスタイル、醸造法から、化学、食物との組合せ方まで。
多様なビールの世界をまるごと網羅。
米国ではビア・ソムリエ資格の副読本として広く活用されている、
業界人御用達の定番書。カラー図表170点収録。

ビールの世界へようこそ／1章 ビールの物語／2章 五感による吟味／3章 ビールの醸造法と、その風味を表わす語彙／4章 ビールの品質／5章 テイスティング、品評、査定／6章 ビールのプレゼンテーション／7章 ビールと食べ物／8章 スタイルの分析／9章 英国のエール／10章 ラガーのグループ／11章 大陸部のエール、ヴァイスビール、エールとラガーのハイブリッド／12章 ベルギーのビール／13章 アメリカほかのクラフト・ビール／14章 もう一杯／用語集／補足解説／索引・訳註

スペシャルティコーヒー物語
最高品質コーヒーを世界に広めた人々

マイケル・ワイスマン著／[日本語版監修・解説] 旦部幸博
定価（本体2200円＋税）

1杯のコーヒーには、無数の人間ドラマが詰まっている！
世界各地のスペシャルティコーヒーの現場を探訪し、
業界のレジェンドたちに密着取材。
彼らの発言・行動・苦悩・歓喜を通して、
コーヒー業界の実像を描く傑作ルポ。
日本語版監修者・旦部幸博氏による詳細な解説、
「現代コーヒー史の理解に必須の書」を巻末に収録。

プロローグ／1章 スペシャルティコーヒー業界の人々／2章 カップの中の神／3章 ニカラグア・グラナダ／4章 ルワンダ、ブルンジ、そしてエチオピアへ／5章 パナマ／6章 オレゴン州ポートランド／7章 ロサンゼルス／8章 ノースカロライナ州ダーラム／エピローグ／解説／索引

好評既刊

歴史を変えた6つの飲物
ビール、ワイン、蒸留酒、コーヒー、茶、コーラが語るもうひとつの世界史

トム・スタンデージ著
定価（本体2700円＋税）

17カ国語で翻訳版が刊行されている世界的ベストセラー！
古代から現代まで、歴史に残る文化・大事件の影には、
つねに"飲物"の存在があった！
6つの飲料を主人公として描かれる、人と飲物の1万年史。
「こんなにも面白くて、しかも古代から現代まで、
人類史を短時間で集中的に説得力をもって教えてくれる本は、
そうそうない」――ロサンゼルス・タイムズ紙

プロローグ 生命の液体／第1部 メソポタミアとエジプトのビール／第2部 ギリシアとローマのワイン／第3部 植民地時代の蒸留酒／第4部 理性の時代のコーヒー／第5部 茶と大英帝国／第6部 コカ・コーラとアメリカの台頭／エピローグ 原点回帰／註／索引

1日5分かけるだけで本格パンが焼ける！
①ベーシックブレッド編／②バラエティブレッド編

ジェフ・ハーツバーグ＋ゾーイ・フランソワ著
定価（本体各1980円＋税）

全米でシリーズ累計50万部突破！
お店で出せるレベルの本格パンが、1日5分の作業で焼ける、
まったく新しいパンの作り方！
飲食店やホテルで自家製パンを出したい方にも、
個人で本格パンを楽しみたい方にも、お薦めの本。
各巻にレシピ50種超を収録。

[1巻] 1日5分でパンを焼く「秘密」――冷蔵庫で保存可能な生地を作っておいて（2週間保存可能）都合の良い時に焼く／1章 イントロダクション／2章 材料／3章 道具／4章 ヒントとテクニック／5章 基本のレシピ／6章 田舎パン

[2巻] 7章 ピザと平焼きパン／8章 リッチなパンとペイストリー

好評既刊

デス・アンド・コー
モダンクラシック・カクテル

カプラン、フォーチャルド、デイ著／[日本語版監修]岸 久
定価(本体12000円＋税)

"カクテル王"デイル・デグロフ氏 推薦!
「本書は、次世代のバーテンダーたちの
奮起をうながす啓蒙書になるだろう。
デス・アンド・コーの試みは広く影響を及ぼしているが、
本書によって、彼らがもたらす影響はさらに大きくなるだろう」
数々の賞を受賞したバー"Death & Co"が、そのノウハウを公開。
岸久氏 賞賛! 「最良書。日本のバー関係者にとっても、
とても参考になる」

1章デス・アンド・コーのある夜の営業／2章 バーをつくる／3章 ドリンクをつくる／4章 ニュークラシックを創作する／5章 スペック(レシピ)

パーフェクト・カクテル
ニューヨーク最先端バーのスーパーテクニック

デイヴ・アーノルド著／[日本語版監修]岸 久
定価(本体12000円＋税)

"世界のベストバー"ランキング第1位獲得バーテンダー
ジム・ミーハン氏 推薦!
「革新的なカクテルを創造するために、
著者が10年以上かけて蓄積してきた研究成果を、
本書で楽しみながら学ぶことができる。
カクテルに携わるすべての人にとっての必読書だ」

1章 計量・単位・道具／2章 材料／3章 氷と氷を入れた酒と基本法則／4章 シェイクとステア、ビルドとブレンド／5章 カクテル計算法:レシピの内部構造／6章 カクテルの新しい冷やし方／7章 ニトロマドリングとブレンダーマドリング／8章 レッドホット・ポーカー／9章 急速インフュージョンと圧力シフト／10章 清澄化／11章 ウォッシング／12章 炭酸化／13章 リンゴ／14章 コーヒー／15章 ジン・トニック／索引